Jack Barsky mit Cindy Coloma

Der falsche Amerikaner

Ein Doppelleben als deutscher KGB-Spion in den USA

JACK BARSKY

MIT CINDY COLOMA

DER FALSCHE AMERIKANER

Ein Doppelleben als deutscher
KGB-Spion in den USA

Aus dem amerikanischen Englisch von Silvia Lutz und Sandra Binder

SCM

Hänssler

SCM

Stiftung Christliche Medien

SCM Hänssler ist ein Imprint der SCM Verlagsgruppe, die zur Stiftung Christliche Medien gehört, einer gemeinnützigen Stiftung, die sich für die Förderung und Verbreitung christlicher Bücher, Zeitschriften, Filme und Musik einsetzt.

Dieses Buch beruht auf Tatsachen. Dennoch wurden zum Schutz der Persönlichkeitsrechte einige Namen und Umstände geändert. Der vorliegende Text gibt ausschließlich die persönliche Meinung des Autors wieder.

1. Auflage in neuer Ausführung 2023 (3. Gesamtauflage)

© der deutschen Ausgabe 2023 SCM Hänssler in der
SCM Verlagsgruppe GmbH · Max-Eyth-Straße 41 · 71088 Holzgerlingen
Internet: www.scm-haenssler.de · E-Mail: info@scm-haenssler.de

Originally published in English under the title:
*Deep Undercover: My Secret Life and Tangled Allegiances
as a KGB Spy in America*
© 2017 Jack Barsky
Published by Tyndale House Publishers, Inc.

Die Bibelverse sind folgender Ausgabe entnommen:
Neues Leben. Die Bibel, © der deutschen Ausgabe 2002 und
2006 SCM R.Brockhaus in der SCM Verlagsgruppe GmbH Holzgerlingen.

Übersetzung: Silvia Lutz und Sandra Binder
Umschlaggestaltung: Stephan Schulze, Stuttgart
Titelbild: © Peter Lüders
Autorenfoto: © Tyndale House Publishers
Bildteil: © Jack Barsky und Peter Lüders (S. 6 oben und rechts unten)
Satz: typoscript GmbH, Walddorfhäslach
Druck und Bindung: GGP Media GmbH, Pößneck
Gedruckt in Deutschland
ISBN 978-3-7751-6133-6
Bestell-Nr. 396.133

INHALT

STIMMEN ZUM BUCH

»Ein kalter Krieger mit fünf Kindern. Eine krasse Spionage-Biografie.«

Claas Meyer-Heuer, Spiegel-TV

»Jack Barsky starb 1955 und erwachte 1978 zu neuem Leben. Die außergewöhnlichste Doppelgänger-Story des Kalten Krieges.«

Dr. Christopher Nehring,
Leiter Forschung, Deutsches Spionagemuseum

»Eine Story aus dem James-Bond-Milieu. Nur alles ganz real. Und ein Hauptdarsteller, der sein Leben völlig neu justiert: ein Profi-Lügner, der mit Lebenslügen abrechnet. Unglaublich.«

Christoph Irion,
Geschäftsführer Christlicher Medienverbund KEP

»Der Kalte Krieg aus der Nähe betrachtet: Selten gab es einen so nahen, authentischen und erhellenden Blick auf die Menschen hinter den Machthabern. Spannend bis zur letzten Zeile.«

Ralf Schuler, Leiter BILD Parlamentsredaktion

PROLOG

Dezember 1988

Während ich flott auf meine U-Bahn-Station an der Ecke 80. Straße und Hudson in Queens zuschritt, warf ich aus jahrelanger Gewohnheit beiläufig einen Blick auf einen Stahlträger neben dem Eingang zum U-Bahnhof. Was ich dort erblickte – einen harmlos aussehenden roten Punkt –, bremste einen Moment meine Schritte. Dieser Punkt war eine Geheimbotschaft des KGBs: *Große Gefahr. Notfallplan aktivieren.*

Fast zwei Jahre lang war es mir gelungen, meine Welten sauber voneinander zu trennen, aber jetzt musste ich eine Entscheidung treffen.

Zwei Wochen später widersetzte ich mich immer noch hartnäckig dem Rückzugsbefehl. Statt meine Notfallpapiere zu holen und mich nach Kanada abzusetzen, marschierte ich jeden Morgen an dem roten Punkt vorbei, stieg in den Zug und fuhr zur Arbeit. Ich versuchte, Zeit zu schinden, aber ich wusste, dass die Zeit nicht für mich stehen bleiben würde. Der rote Punkt war eine deutliche tägliche Erinnerung daran, dass ich Befehle missachtete. Die Schwere meiner Situation zehrte Tag und Nacht. Ich fühlte mich, als hätte ich eine Schlinge um den Hals, die sich immer enger zog und der ich mich nicht entziehen konnte. Wie lang konnte ich die endgültige Entscheidung noch hinauszögern?

Dann, eines trüben Dezembermorgens, als ich mich darauf vorbereitete, meine Wohnung im ersten Stock zu verlassen, öffnete ich leise die Tür zu Chelseas Zimmer, um einen kurzen

Blick auf meine kleine Prinzessin zu werfen. Vor dem Fenster war es immer noch pechschwarz, aber das Nachtlicht erhellte den Raum trotzdem so weit, dass ich ihre schönen Augen sehen konnte, die im friedlichen Schlaf geschlossen waren, und die ungezähmten dunklen, lockigen Haare, die zu streicheln ich nie müde wurde. Ich widerstand dem Drang, mich zu ihr zu beugen und sie zu küssen. Ich wollte sie nicht wecken, denn ich musste dringend zur Bahn. Trotzdem fragte ich mich, wie etwas so Perfektes zu mir gehören konnte.

Dieses Kind hatte ohne jede Frage mein Herz erobert. Sie war nicht mein erstes und nicht mein einziges Kind, aber sie war das erste Kind, mit dem mir Zeit vergönnt war, die ganzen anderthalb Jahre, die sie nun schon lebte. Jedes Mal, wenn sie die Hände nach mir ausstreckte, an meiner Schulter einschlief oder mit ihren daunenweichen Händen mein Gesicht berührte, erfüllte eine Liebe mein Herz, die ich nie für möglich gehalten hätte: bedingungslos und alles verzehrend.

Ich warf einen Blick auf meine Uhr, dann schlich ich, vorsichtig darauf bedacht, dass der Holzboden nicht knarrte, aus dem Zimmer. Nachdem ich meine Aktentasche geholt hatte, ließ ich Chelsea und meine Frau in der Wohnung schlafend zurück und ging in die feuchte Dezemberdunkelheit hinaus. In der Stadt, die niemals schläft, würde es eine weitere halbe Stunde dauern, bis die Sonne die Ränder des Morgenhimmels berührte.

Auf dem Weg zur U-Bahn-Station dachte ich über die Verflechtungen nach, die ich geschaffen und in denen ich mich jetzt verfangen hatte. Ich hatte mich in Amerika mit der Tarnung als Computeranalyst Jack Barsky erfolgreich als Geheimagent, als Spion der Sowjetunion, integriert. Zu Hause in der DDR war ich ein anderer Mensch mit einem anderen Namen und einem anderen Leben gewesen. Dieses Leben rief mich jetzt zurück. Als KGB-Agent im Einsatz wurde von mir erwartet, Vorgesetzten zu gehorchen und Befehle zu befolgen.

Der rote Punkt befahl mir zu verschwinden – meine Deckung musste aufgeflogen sein –, aber dieses kleine Mädchen, das zu Hause schlief, hielt mich zurück. Und noch etwas anderes hielt mich auf, obwohl ich nicht genau sagen konnte, was es war.

Nach meinen üblichen zehn Minuten Fußweg kam ich an dem Stahlträger mit dem Punkt vorbei und trat auf den Bahnsteig für die Züge, die von der 80. Straße und Hudson in westliche Richtung fuhren. Auf dem Bahnsteig hielten sich um diese Uhrzeit nur wenige andere Pendler auf, die wie ich früh aufgebrochen waren, um dem morgendlichen Berufsverkehr zu entgehen.

Als ich in die Richtung schaute, aus der mein Zug bald einfahren würde, fiel mir am rechten Rand meines Blickfeldes eine ungewöhnliche Bewegung auf: die dunkle Gestalt eines Mannes, der nicht wie ein typischer Pendler aussah. Er schien sich auf mich zuzubewegen, wenn auch vorsichtig, wie man sich einer ahnungslosen Beute nähert. Noch bevor ich die Situation ganz erfassen konnte, stand er neben mir.

»Du musst nach Hause kommen«, flüsterte er mit schwerem russischen Akzent, während er sich zu mir beugte, »oder du bist tot.«

TEIL I

KINDHEIT
UND JUGEND
EINES SPIONS

1

Meine Eltern kauerten am Küchentisch und drückten die Ohren an ein kleines Röhrenradio, ein Relikt, das den Krieg überlebt hatte, mit dem man aber nur drei Sender empfangen konnte. Während mein Vater an den Knöpfen drehte und versuchte, das Rauschen zu verringern, schob ich mich an den kleinen Holztisch heran, um herauszufinden, was los war. Meine Mutter wiegte meinen kleinen Bruder und brachte ihn sanft zum Schweigen, damit wir verstehen konnten, was im Radio gesagt wurde. Die theatralisch klingende Stimme erhob sich in einer Sprache, die ich nicht verstand, über Chopins schwermütigem »Trauermarsch«. Darüber war der deutsche Übersetzer mit genauso schwermütiger Stimme zu hören.

An diesem Tag Anfang März 1953 wurde auf allen drei Rundfunksendern dasselbe Ereignis übertragen: die Beerdigung des großen sowjetischen Führers Josef Stalin. Überall im gesamten Ostblock saßen die Menschen genauso wie wir wie gebannt vor ihren Radios.

»Vati«, fragte ich, »wer war dieser Stalin? Warum ist er tot? Was ist die Sowjetunion?«

Mein Vater bemühte sich nach Kräften, die Dinge so zu erklären, dass ich sie mit meinem vier Jahre alten Verstand verstehen konnte.

»Genosse Stalin war ein großer Revolutionär. Er war der Führer der Sowjetunion. Das ist ein riesiges Land, das Hitler besiegt hat. Unter seiner Führung wollten wir einen Staat aufbauen, in dem jeder glücklich sein kann. Heute nehmen wir Abschied von einem der größten Männer der Geschichte.«

»Und wird dann alles wieder gut? Kaufst du mir trotzdem zum sechsten Geburtstag ein Fahrrad, wie du es versprochen hast? Bekomme ich am Sonntag wieder einen Pudding?«

»Ja, Albrecht, ich denke, es wird alles gut werden. Ohne Stalin wird es vielleicht ein wenig schwerer. Und es gibt einige Dinge, die du erst verstehen wirst, wenn du älter bist.«

Das war seine Art, mir zu sagen, dass ich keine weiteren Fragen stellen sollte.

Als ich später meine Wurzeln und meine Herkunft aufzuspüren begann, war dies ein Prozess über mehrere Jahre. An einiges konnte ich mich erinnern, anderes hörte ich zufällig, und wieder anderes wurde mir erzählt, als ich alt genug war, um Fragen zu stellen. Die meisten Informationen über meine frühe Kindheit erhielt ich in Gesprächen mit meiner Mutter.

Eines kann ich mit Gewissheit sagen: Ich wurde zu einer ungünstigen Zeit an einem ungünstigen Ort geboren – vier Jahre nachdem Adolf Hitlers Selbstmord den Zweiten Weltkrieg in Europa endgültig beendet hatte. Während die Amerikaner, Briten und Franzosen die westlich besetzten Zonen in Deutschland wieder aufbauten, war das Leben im von den

Sowjets beherrschten Ostdeutschland ein täglicher Überlebenskampf. Nicht nur hatte der Krieg schlimme Zerstörungen hinterlassen, die Sowjets verschärften die Situation noch weiter, indem sie alles Wertvolle, das die Luftangriffe der Alliierten überlebt hatte, außer Landes schafften, einschließlich ganzer Fabriken und eines großen Teils der Infrastruktur. Als Folge davon wurde Ostdeutschland wirtschaftlich und technologisch um mindestens dreißig Jahre zurückgeworfen. So stark wie zu keiner anderen Zeit im zwanzigsten Jahrhundert wurde der Kampf um Nahrung zur Priorität Nummer eins im Land.

Meine Eltern lernten sich im Januar 1948 bei einer Lehrerfortbildung im Dorf Rietschen kennen, das in einer besonders armen Gegend in Ostdeutschland lag, nur wenige Kilometer von der polnischen Grenze entfernt. Trotz eines Altersunterschieds von sechs Jahren schlossen Judith Faust und Karl-Heinz Dittrich gleichzeitig das *Neulehrer*-Programm ab, das von den Alliierten in Nachkriegsdeutschland initiiert worden war. Es schulte Akademiker und junge Arbeiter zu Lehrern um, die keine Verbindung zum Naziregime hatten.

Meine beiden Eltern hatten als Kinder die Weltwirtschaftskrise, Hitlers Machtergreifung und die Not während des verheerendsten Krieges der Menschheitsgeschichte erlebt. Für sie bedeutete ihre erste Lehrerstelle einen Neuanfang und ließ vorsichtige Zukunftsträume in ihren Herzen aufkeimen. Beide hatten vor dem Programm bei ihren Eltern gewohnt, und beide hatten fast einen ganzen Tag für die fünfzig Kilometer lange Reise nach Rietschen gebraucht. In jener Zeit gab es fast keine öffentlichen Busse, und Zugreisen waren ärgerliche Abenteuer mit ungewissem Ausgang. Fahrpläne waren das Papier nicht wert, auf dem sie gedruckt waren, und das Einzige, das an Eisenbahnen vorhersehbar war, war ihre Unvorhersehbarkeit.

Während Direktor Panzram den Lehrplan und die Aufgaben für das kommende Schuljahr erläuterte, wanderten Judiths Augen immer wieder zu dem adrett gekleideten Karl-Heinz mit den leuchtenden Augen, der aufmerksam zuhörte. Mit seinen feinen Gesichtszügen, hohen Wangenknochen, durchdringenden grauen Augen und glatten schwarzen Haaren sah er aus wie ein Filmstar.

Karl-Heinz war noch nicht ganz zwanzig Jahre alt und das jüngste Mitglied der Gruppe. Sein schlaksiger Wuchs ließ ihn sogar noch jünger aussehen, wie jemanden, um den man sich kümmern musste. Im Gegensatz zu Karl-Heinz, der gerade erst zu arbeiten anfing, hatte Judith sechs Jahre mehr Lebenserfahrung und sechs Jahre mehr Leid hinter sich.

Meine Mutter wurde 1922 in Kaltwasser geboren, wo ihre Eltern, Bernhard und Zilla, als Oberförster und Köchin auf dem Gut eines deutschen Grafen arbeiteten. Sie hatte zwei Schwestern, Ruth und Eva. Aufgrund der biblischen Namen und weil meine Mutter in einem Kirchenchor sang, bevor sie meinen Vater heiratete, gehe ich davon aus, dass sie in einer lutherischen Familie aufgewachsen ist, obwohl ich in meiner Familiengeschichte keine weiteren Hinweise auf eine geistliche Prägung gefunden habe und Gott bei uns zu Hause nie erwähnt wurde.

Da meine Mutter auf einem Landgut aufwuchs, hatte sie immer genug zu essen. Das könnte erklären, warum sie so gesund aussah, als so viele andere ausgemergelt waren. Ihre funkelnden blauen Augen strahlten Intelligenz und Unabhängigkeit aus, aber ihre schlichten, weiten, langen Kleider verrieten, dass sie ein Mädchen vom Land war. Sie trug keinen Lippenstift und ihre schulterlangen Haare hatte sie in ihrem Nacken zu einem konservativen Dutt hochgesteckt.

Trotz ihrer vielen Unterschiede hatten Karl-Heinz und Judith zwei Dinge gemeinsam, als sie sich trafen: Sie waren beide Neulehrer und sie waren beide Fremde im Dorf Rietschen. Folgerichtig verbrachten sie zwischen den Unterrichtsstunden und manchmal auch am Ende des Unterrichtstages ihre Zeit miteinander.

Im Frühling 1948 fing sich Karl-Heinz eine gefährliche Tuberkulose ein. Es gab keine Antibiotika, um diese Krankheit zu bekämpfen. Der Landarzt konnte nur Bettruhe und gesundes Essen verschreiben. Bettruhe war kein Problem, aber gesundes Essen war fast unmöglich aufzutreiben.

An dieser Stelle schalteten sich Judiths Mutterinstinkte ein, und sie begann, ihren kranken Freund und Kollegen zu pflegen. Jeden Tag kam sie nach der Schule in Karl-Heinz' kleine Wohnung, um ihm Gesellschaft zu leisten und ihm alles Essen zu bringen, das sie hatte auftreiben können. Irgendwie gelang es ihr, bei einem Bauern mehrere Pfund Roggenmehl zu ergattern, aus dem sie zusammen mit Wasser einen Brei anrührte, der für meinen Vater zu einem Hauptbestandteil seiner Nahrung wurde, während er sich erholte.

Nachdem ihn Judith zwei Monate lang liebevoll gepflegt hatte, überwand Karl-Heinz die Krankheit und verliebte sich prompt in die Frau, die ihm höchstwahrscheinlich das Leben gerettet hatte. Im Oktober 1948 schlossen diese zwei Freunde, die so überhaupt nicht zusammenpassten, im Haus meiner Großeltern in Kaltwasser den Bund fürs Leben.

Auf lange Frist gesehen, hatte ihre Ehe wenig Chancen auf Erfolg; ihr dünnes Fundament war der Umstand, dass mein Vater eine Mutterfigur brauchte und meine Mutter den starken Wunsch hatte, diese Rolle einzunehmen. Sie war stolz darauf, dass sie sich einen so gut aussehenden jungen Mann geangelt hatte, während im ganzen Land großer Mangel an heiratsfähigen Männern herrschte.

Anscheinend hat mein Vater seine Dankbarkeit ausgedrückt, sobald er wieder bei Kräften war. Bei der Hochzeit wusste meine Mutter wahrscheinlich schon, dass sie schwanger war.

Ende April 1949 begann für meine Mutter der Mutterschutz. Mein Vater begleitete sie zum Haus seiner Eltern in Reichenbach, ungefähr fünfzig Kilometer von Rietschen entfernt. Sie planten, dass sie dort entbinden sollte.

Mein Vater war kurz zuvor in die Sozialistische Einheitspartei Deutschlands (SED) eingetreten, was bedeutete, dass er an der Parade zu Ehren des Internationalen Tags der Arbeit teilzunehmen hatte. Er überredete seinen Vater mitzukommen und schlug vor, dass sie nach der Parade für einen Frühschoppen einkehren könnten.

Das Wetter war unangenehm am Morgen des 1. Mai 1949 in Reichenbach: grauer Himmel, Temperaturen um die fünfzehn Grad und Dauernieselregen. Die Maiparade sollte ein Fest sein, doch die Stimmung der bunt zusammengewürfelten Menge, die langsam durch die verlassene Innenstadt marschierte, war wenig festlich. Was hatten sie auch zu feiern? Dank Hitler und der

Nazis waren Scham und Resignation an die Stelle des deutschen Stolzes getreten. Die sowjetische Besatzungsmacht war hart und unberechenbar, und es gab immer noch nicht genug zu essen. Die durchschnittliche Tagesration lag im besetzten Deutschland unter tausendfünfhundert Kalorien.

Die Auswirkung dieser Mangelernährung war besonders den Männern anzusehen, die an dem Marsch teilnahmen, auch bei meinem Vater und meinem Großvater, die für diesen Tag ihre Sonntagskleidung angezogen hatten. Keiner von ihnen füllte seinen Anzug aus, ihre Hosen wurden von Hosenträgern gehalten, und ihre Jacken waren viel zu weit für ihre schmalen Schultern. Es waren wirklich nicht die besten Zeiten, um ein Kind auf die Welt zu bringen.

Aber das alles interessierte am späten Abend des 17. Mai nicht mehr, als Judiths Wehen stärker wurden und meine Großmutter die Hebamme holte. Die drei Frauen verbrachten die ganze Nacht in dem kleinen Schlafzimmer, in dem normalerweise meine Großeltern schliefen.

Für meinen Vater und meinen Großvater war es ebenfalls eine harte und schlaflose Nacht. In die winzige Küche des Hauses verbannt, tranken sie tapfer mehrere Flaschen selbst gemachten Apfelwein. Sie leerten so viele Gläser, dass sie starke Kopfschmerzen bekamen, und behaupteten später, sie hätten genauso viele Schmerzen ertragen müssen wie meine Mutter in den Wehen.

Doch in dieser Nacht hätte wahrscheinlich sowieso niemand schlafen können. Ab vier Uhr morgens zog eine scheinbar endlose Parade sowjetischer Truppen in der Nähe des Hauses vorbei. Das Dröhnen, Quietschen und Poltern der russischen

Panzer auf dem Granitkopfsteinpflaster der Löbauer Straße war fast unerträglich. Kein Nachbar fand viel Ruhe.

In der Nachkriegswelt, in die ich geboren wurde, eskalierten die Spannungen zwischen Ost und West schnell. Nur vier Wochen nach der Aufhebung der sowjetischen Blockade von Westberlin, fünf Tage nach meiner Geburt, schlossen sich die westlichen Besatzungszonen Deutschlands zusammen und bildeten die Bundesrepublik Deutschland. Die darauf folgende Gründung der Deutschen Demokratischen Republik (DDR) in Ostdeutschland sorgte für die endgültige Teilung, die zum Brennpunkt des Kalten Krieges wurde.

Der gesamte Verlauf meines Lebens wurde von der geografischen Lage meines Geburtsorts bestimmt. Als Stalin 1953 starb, war Ostdeutschland längst zu einer kommunistischen Diktatur geworden, zu dem Staat, der mich eines Tages in den Dienst der kommunistischen Sache rufen würde. Es ist wirklich ein interessanter Zufall, dass meine erste Kindheitserinnerung die Beerdigung von Genosse Stalin ist, des Mannes, der hauptsächlich dafür verantwortlich war, dass Ostdeutschland kommunistisch wurde.

2

Die Schaufel schepperte dumpf, als ich sie verzweifelt in den Haufen aus gefrorenem Stroh, Erde und Schnee stieß. Der eisige Januarwind brannte auf meinem Gesicht und ließ meine Finger taub werden. Meine dünnen Strickhandschuhe konnten meine zarten jungen Hände kaum schützen, während ich den eisigen Haufen bearbeitete und nach den kostbaren Kartoffeln suchte, die wir im vergangenen Herbst dort gelagert hatten. Bald war sogar der Schleim in meiner Nase gefroren. Meine Nase schien in dieser Zeit immer zu laufen und wegen meiner entzündeten Mandeln hatte ich oft Halsschmerzen. Aber das alles spielte keine Rolle. Meine Aufgabe war es, die Kartoffeln für unsere Mahlzeiten an diesem Wochenende auszugraben.

Ich zählte zehn Kartoffeln ab, verstaute sie in einem Jutesack und schleppte mich durch die Kälte zum Schulgebäude zurück, in dem meine Eltern unterrichteten und wir drei Zimmer im zweiten Stock über den Klassenzimmern bewohnten. Im Winter wurde unsere Wohnung durch zwei Kohleöfen und den Holzofen in der Küche geheizt, für den wir Holz in einem Wald in der Nähe sammelten. Da wir keine Toilette im Haus hatten, trabte ich als Kind immer die Treppe hinunter und über den Hof zu den Schultoiletten. Aber wenigstens hatten wir eine ordentliche Wohnung, sogar mit fließend kaltem Wasser.

Wir waren arm, aber meinem Bruder und mir war das nicht bewusst. Alle, die wir kannten, lebten unter ähnlichen oder noch schlimmeren Bedingungen.

Ich kam mit meiner wertvollen Kartoffelladung im zweiten Stock an, drückte die Wohnungstür auf und schlüpfte aus meinen matschigen Schuhen.

»Tür zu!«, rief meine Mutter, noch bevor ich in der Wohnung war. Ich war ihre schroffen Befehle gewohnt und wusste, dass sie sofortigen Gehorsam erwartete.

Diese Wohnung ist das erste Zuhause, an das ich mich erinnere. Dort machte ich meine ersten Schritte, allerdings – aufgrund schlechter Ernährung, ständiger Krankheiten und der erbärmlichen Gesundheitsversorgung in der DDR – erst mit achtzehn Monaten.

Ich ließ die erdigen Kartoffeln in einen Eimer in der Küche fallen und schälte die Handschuhe vorsichtig von meinen gefrorenen Fingern.

»Hast du die Kartoffeln gezählt?«, fragte mein Vater.

»Ja. Es sind genau zehn.«

»Gut. Jetzt wasch dir die Hände und komm an den Tisch.«

»Kann ich vorher meine Hände aufwärmen?«, fragte ich mit einem Blick zum Küchenofen.

»Beim Essen tauen sie schon auf«, lautete die Antwort.

In der schäbigen Spüle fühlte sich das eiskalte Wasser überraschend warm auf meinen gefrorenen Händen an. Als ich die Anweisung befolgt hatte, trat ich an den Küchentisch, wo meine Mutter mit dem grauenhaften Lebertran wartete. Dieses allabendliche quälende Ritual hatte mein Großvater Alwin eingeführt, der das eklige dunkelbraune Zeug – »Aber es ist gut für

dich!« – aus dem Krieg kannte, als er mit anderen Wehrmachts-
soldaten in der eisigen Kälte Norwegens ausgeharrt hatte.

Mutter goss Tee in die Blechtasse meines Vaters und setzte
uns allen dicke Scheiben Roggenbrot vor, die mit Schweinefett
bestrichen waren. Ich sah, wie Hans-Günther, der drei Jahre
jünger war als ich, lustlos mit seinem Essen spielte. Offenbar
schmeckte es ihm nicht.

Wie üblich bestand das Abendessen aus belegten Broten.
Unser Mittagessen bekamen wir in der Schule. Oft war es kaum
genießbar, aber wenigstens hatten wir etwas zu essen.

Bis zur vierten Klasse nahmen die Schüler kleine, verbeulte
Aluminiumtöpfe mit in die Schule, die an ihren Schulranzen
hingen. Die Mahlzeiten wurden in einem anderen Gebäude
gekocht und in Aluminium-Milchkannen auf einer hölzernen
Handkarre in die Schule gebracht, gezogen von einer klein-
wüchsigen Frau, die Ulla hieß. Wenn Ulla auf dem Schulhof
ankam, standen wir bereits in einer ordentlichen Schlange und
begrüßten sie mit einer klirrenden Kakofonie, indem wir unsere Metalllöffel auf unsere kleinen Töpfe schlugen.

»Ulla, was gibt es heute?«, riefen wir.

»Nichts Besonderes«, lautete ihre ehrliche Antwort.

Es gab ein Gericht, das noch schlimmer war als »nichts
Besonderes«. Es bestand aus einem Löffel wässriger Rühreier,
ein wenig Kartoffelbrei und der großzügigen Portion einer ver-
kochten grünen Pampe, die irgendwann einmal Spinat gewesen war. Wenn dieses Essen auf dem Speiseplan stand, leerten
die meisten meiner Klassenkameraden und ich unsere kleinen
Töpfe unauffällig hinter den Sträuchern aus. Wir blieben lieber

hungrig und freuten uns auf eine Scheibe Brot und ein Stück Wurst zum Abendessen.

Am Samstag war Suppentag, und der Sonntag war der einzige Tag in der Woche, an dem es entweder Fisch oder Fleisch gab. Die Lebensmittelknappheit bedeutete, dass es bei uns zu Haus eine eiserne Regel gab: Man steht erst vom Tisch auf, wenn der Teller leer ist. »Das schmeckt mir nicht« oder »Davon wird mir schlecht« galten nicht als Ausrede.

Neben frischen Tomaten gab es zwei Gemüsesorten, die ich absolut hasste: Rote Bete und Sellerie. Es gelang mir zwar, die Rote Bete hinunterzuwürgen, aber bei Sellerie hatte ich keine Chance.

Als ich mich eines Tages zwang, das grauenhafte Gemüse zu schlucken, kam es zusammen mit allem anderen wieder heraus. Meine Mutter sprang vom Tisch auf, warf mir einen nassen Lappen zu und forderte mich auf, sauber zu machen.

»Jetzt setz dich wieder an den Tisch und iss auf«, befahl sie dann.

Ich wollte protestieren, aber ihre zusammengekniffenen Lippen und Augen ließen mich stumm an meinen Teller zurückkehren. Ich atmete tief ein und schluckte den nächsten Bissen hinunter. Er kam genauso postwendend zurück wie der vorherige.

Meine Mutter hatte die Wahl: Entweder bestand sie auf der Einhaltung der Regel und hatte jedes Mal so eine Bescherung auf dem Tisch oder sie lockerte die Regel. Schließlich gab sie nach. Ich musste immer noch Rote Bete und alles andere auf meinem Teller aufessen, aber zum Glück keinen Sellerie mehr.

Allein beim Gedanken daran zieht sich mein Magen heute noch ein wenig zusammen.

Das Leben in der DDR war Mitte der Fünfzigerjahre immer noch schwer. Um sich ein neues Leben aufzubauen, brauchte man sowohl Intelligenz als auch Überlebenstechniken. Meine Eltern hatten beides.

Meine Mutter war gut auf die Aufgabe vorbereitet, eine Familie in schweren Zeiten durchzubringen. Sie hatte während einer Lehre als Haushaltsgehilfin viele Fertigkeiten erworben. Dass sie Socken stopfen konnte, war sehr praktisch, da wir nur eine begrenzte Menge an Strümpfen besaßen. Uns Dittrichs traf man nie mit Löchern in den Socken an.

Irgendwie trieb sie eine mechanische Nähmaschine aus der Zeit vor dem Krieg auf, mit deren Hilfe sie unsere Kleidung flickte und änderte. Wir trugen lange Zeit seidene Unterwäsche, genäht aus einem Fallschirm, den mein Vater im Wald gefunden hatte.

Alle Lebensmittel waren rationiert, auch die Grundnahrungsmittel wie Milch, Brot, Mehl, Zucker und Fleisch. Eines Tages schickte mich meine Mutter los, um Milch zu kaufen, und gab mir einen Geldbeutel mit, in dem sich etwas Geld und alle Lebensmittelmarken für einen gesamten Monat befanden. Ich löste die Marken ein, die gebraucht wurden, und verstaute den Rest wieder in der Börse. Als ich in die Wohnung zurückkam, stellte ich mit großem Entsetzen fest, dass der Geldbeutel fehlte.

Dass unsere Essensration für einen ganzen Monat verloren war, ließ sich nicht verheimlichen.

»Mutti, ich muss dir etwas sagen, aber werde bitte nicht böse.«

Meine Mutter bedachte mich mit dem strengen Blick, vor dem ich mich so fürchtete, und fragte: »Was hast du jetzt schon wieder angestellt?«

»Mama«, sagte ich mit meiner süßesten Stimme. »Ich habe den Geldbeutel mit den Marken verloren.«

Das Entsetzen im Gesicht meiner Mutter war beängstigend. »Ach du meine Güte!«, rief sie aus. »Ist dir klar, was du angestellt hast? Das war unser Essen für den ganzen Monat! Jeder, der den Geldbeutel findet, kann die Lebensmittelmarken einlösen. Geh in dein Zimmer. Heute Abend bekommst du nichts zu essen!«

Mit hängendem Kopf ging ich in mein Zimmer und weinte mich in den Schlaf.

Am nächsten Morgen erklärte meine Mutter nüchtern: »Albrecht, du hast Glück. Eine Nachbarin hat den Geldbeutel gefunden und zurückgebracht. Aber du musst deine Lektion lernen: Du bekommst einen ganzen Monat keine Süßigkeiten!« Und so ging ich in den nächsten dreißig Tagen ins Bett, ohne etwas Süßes zu bekommen.

Unsere Abendroutine lief unabhängig von der Jahreszeit oder dem Wochentag immer gleich ab: Um Punkt achtzehn Uhr war Schluss mit Spielen. Selbst wenn es draußen noch lange hell blieb, steckte meine Mutter den Kopf aus dem Fenster im zweiten Stock und rief: »Albrecht, Schlafenszeit!«

Mein Freund und Spielkamerad Rainer durfte länger draußen bleiben und staunte immer über diese unnachgiebige Strenge. Aber ich trabte die Treppe hinauf, wusch mir die Hände fürs Abendessen, schluckte den verhassten Lebertran, aß mein Brot und machte mich fürs Bett fertig.

An den meisten Abenden bestand die abendliche Wäsche daraus, Hände und Gesicht mit einem Waschlappen und kaltem Wasser abzuschrubben. Samstags war dann Badetag, wir wuschen uns zuerst in einer Holzwanne, für die Wasser auf dem Küchenofen aufgeheizt wurde, später dann im Gemeinschaftsbad der örtlichen Fabrik.

Jeden Abend sagte ich meinem Vater Gute Nacht, dann folgte mir meine Mutter in mein Zimmer, deckte mich zu und gab mir einen Gutenachtkuss. Sie schaltete das Licht aus und machte die Tür hinter sich zu. Nie gab es eine Gutenachtgeschichte oder ein Schlaflied; sie brachte uns Jungen sehr effizient zu Bett.

Als ich ungefähr fünf war, drehte ich eines Abends aus Scherz mein Gesicht zur Wand, damit meine Mutter mich nicht küssen konnte, und sagte: »Mutti, ich bin jetzt schon groß. Ich brauche keinen Gutenachtkuss mehr.«

Sie stutzte einen kurzen Moment, fing sich aber schnell wieder. »Wie du willst«, sagte sie knapp und verließ das Zimmer.

Völlig verstört lag ich alleine in der Dunkelheit. Verstand meine Mutter nicht, dass ich nur einen Witz gemacht hatte? Ich sehnte mich nach *mehr* Umarmungen und Küssen, nicht nach weniger. Ich hätte meinen albernen Scherz gern korrigiert, aber das dunkle Zimmer und die Angst, dass meine Mutter meine innersten Gedanken und Gefühle nicht verstehen würde, hielten mich davon ab. Stattdessen weinte ich mich leise in den Schlaf.

Jahrelang erzählte meine Mutter anderen diesen Vorfall und war stolz darauf, wie frühreif ich gewesen war. Ihre Freundinnen schmunzelten, als wäre mein Handeln sowohl komisch als auch lobenswert, während ich grinste und den Kopf einzog. Aber meine Sehnsucht nach Zuneigung verschwand nicht, auch wenn meine Mutter diese Geschichte noch so oft erzählte. Was für eine verpasste Gelegenheit, einander die Liebe zu schenken, nach der sich meine Mutter vermutlich ebenso sehnte wie ich mich selbst.

Ab diesem Abend bekam ich jedenfalls keinen Kuss mehr.

3

Jedes Kind freut sich auf seinen ersten Schultag und seine Schultüte. Obwohl in der DDR viele Waren knapp waren, blieb diese Tradition bestehen.

An diesem Morgen lag auf dem Tisch neben der großen Schultüte, die meine Eltern für mich vorbereitet hatten, eine kleinere Tüte mit Süßigkeiten für meinen Bruder, damit er nicht traurig war, und eine zwanzig mal fünfundzwanzig Zentimeter große Tafel in einem Holzrahmen, die für den Unterricht sehr wichtig war, da Papier immer noch knapp war.

Trotz der Ermahnungen meiner Mutter, langsam zu essen, verschlang ich den klumpigen Roggenbrei, den es zum Frühstück gab, und war startbereit. Da wir im Schulhaus wohnten, musste ich nur eine Treppe hinuntergehen, um in mein neues Klassenzimmer zu kommen. Als ich ankam, setzte ich mich in die erste Reihe, wie ich es ab diesem Tag in jedem Klassenzimmer machen würde.

Jetzt, da wir in die Schule gingen, traten meine Klassenkameraden und ich in die kommunistische Jugendorganisation, die Jungpioniere, ein. Die Uniform – blaues Halstuch über weißem Hemd – gab mir das Gefühl, etwas Besonderes zu sein. Meine Mutter zeigte mir, wie man das Halstuch bügelte und den Knoten band. Für den Fahnen-Appell am Montagmorgen war ich immer bereit.

Ich strengte mich sehr an, die Zehn Gebote der Jungpioniere auswendig zu lernen, die wir bei unseren Treffen regelmäßig aufsagten:

1. Wir Jungpioniere lieben unsere Deutsche Demokratische Republik.
2. Wir Jungpioniere lieben unsere Eltern.
3. Wir Jungpioniere lieben den Frieden.
4. Wir Jungpioniere halten Freundschaft mit den Kindern der Sowjetunion und allen Ländern.
5. Wir Jungpioniere lernen fleißig, sind ordentlich und diszipliniert.
6. Wir Jungpioniere achten alle arbeitenden Menschen und helfen überall tüchtig mit.
7. Wir Jungpioniere sind gute Freunde und helfen einander.
8. Wir Jungpioniere singen und tanzen, spielen und basteln gern.
9. Wir Jungpioniere treiben Sport und halten unsere Körper sauber und gesund.
10. Wir Jungpioniere tragen mit Stolz unser blaues Halstuch.

Die Jungpioniere waren die erste Stufe in der Hierarchie kommunistischer Organisationen, in die wir in unserer Kindheit und Jugend eintraten. In der fünften Klasse stiegen die Jungpioniere zu den Thälmann-Pionieren auf. Mit vierzehn Jahren kamen wir automatisch zur FDJ, der Freien Deutschen Jugend, und fast jeder Arbeiter und jede Arbeiterin trat später in den Freien Deutschen Gewerkschaftsbund ein. In meinem Umfeld wurden auch einige wenige Mitglieder der SED.

In der zweiten Klasse wurde unser Jahrgang aus dem Schulhaus, in dem wir wohnten, in ein Gebäude am Stadtrand verlegt. Jeden Morgen versammelte sich um 7:30 Uhr die gesamte Klasse in der Ortsmitte von Rietschen, um gemeinsam den anderthalb Kilometer langen Fußweg zur Schule anzutreten. Egal, ob bei Regen, Sonne, Kälte oder Schnee, wir marschierten diszipliniert ohne Aufsicht auf einer Straße ohne Gehweg zur Schule.

Ab dem Beginn der dritten Klasse wurden wir von Fachlehrern unterrichtet. Mein absoluter Lieblingslehrer war Herr Lehmann, unser neuer Mathematiklehrer. Mathematik kam mir überhaupt nicht wie ein Unterrichtsfach vor. Für mich war Mathematik Spaß und Spielerei; »nebenbei« prägte ich mir die Grundrechenarten ein.

Eines Morgens im Oktober 1957 kam Herr Lehmann noch aufgeregter als sonst in den Unterricht. Er hielt einen Metallkasten mit vielen Ziffern und Knöpfen hoch. Als er an einem der Knöpfe drehte, gab der Kasten ein Piepsen von sich. Er ließ dieses Piepsen eine Weile laufen, während wir geduldig auf eine Erklärung warteten.

Nach ungefähr einer halben Minute schaltete Herr Lehmann das Geräusch ab und sagte aufgeregt: »Das, Jungen und Mädchen, ist eure Zukunft!«

Unsere Zukunft war ein Kasten, der piepste?

Herr Lehmann erklärte, dass das Piepsen von etwas erzeugt wurde, das Sputnik hieß, ein Satellit, der etwa 90 Minuten brauchte, um die ganze Erde zu umkreisen.

Ich konnte das Ausmaß dieses Ereignisses nicht ganz fassen, aber ich begriff, dass gerade etwas wirklich Großes geschah.

Die Tatsache, dass dieser Sputnik von der Sowjetunion, unserem engsten Freund und Verbündeten, in die Erdumlaufbahn gebracht worden war, bestärkte unseren aufkeimenden Glauben, dass uns wirklich eine große Zukunft bevorstand.

In der dritten Klasse wurde ein weiteres Wahlfach – Religiöse Unterweisung – in den Lehrplan aufgenommen. Der Unterricht fand jeden Samstag am Ende des regulären Schultages statt.

Als ich meinen Vater fragte, ob ich dieses neue Fach besuchen dürfe, nahm seine spontane Reaktion die Antwort voraus. Als überzeugtes Mitglied der SED würde er seinem Sohn nie erlauben, dieses Fach zu belegen.

»Aber warum denn nicht?«, fragte ich.

»Albrecht«, sagte mein Vater mit einem Blick zu meiner Mutter. »Die Sachen, die in diesem Unterricht erzählt werden, sind zum Großteil Märchen. Das ist nicht gut für dich.«

Ich schaute ihn verständnislos an. »Märchen sind nicht gut für mich? Ich habe gerade das ganze Buch der Gebrüder Grimm gelesen und ich mag Märchen.«

Meinen Vater schien meine vorlaute Widerrede zu verärgern, und er versuchte, mir seine Antwort ausführlicher zu erklären.

»Die christlichen Märchen sollen die Leute von Dingen überzeugen, die nicht gut für sie sind. In der Vergangenheit hat das den Reichen geholfen, die Armen zu unterdrücken. Ich will es dir nicht weiter erklären. Glaub mir einfach: Dieses Zeug ist schlecht für dich.«

Damit war das Gespräch zu Ende, ohne dass er mir ein überzeugendes Argument genannt hätte. Das geschah oft, wenn ich Fragen stellte, bei denen sich mein Vater nicht wohlfühlte. Aber dass seiner Antwort jede echte Information fehlte, verstärkte meine Neugier nur noch.

Als am nächsten Samstag der reguläre Unterricht vorbei war, verließen mein Freund Rainer und ich das Schulhaus, während alle anderen Klassenkameraden zum Religionsunterricht blieben. Rainers Vater war Chef der örtlichen Polizei und ebenfalls Mitglied in der SED. Er hatte seinem Sohn auch verboten, das Wahlfach zu belegen.

»Worum geht es dabei wohl?«, fragte Rainer, während wir vor dem Schulhaus herumlungerten.

»Mein Vater hat behauptet, Religion wäre schädlich für die Leute«, sagte ich.

»Warum erlauben sie den Unterricht dann?«

Seine Augen weiteten sich, und ich wusste, dass er wissen wollte, worum es in diesem gefährlichen Unterricht ging.

»Was hat dein Vater gesagt?«, fragte ich.

»Nichts. Nur, dass ich nicht teilnehmen darf.«

Als die Stunde begann, schlichen wir auf Zehenspitzen außen um das Gebäude herum und platzierten uns unter dem halb geöffneten Fenster. Von dort konnten wir den Unterricht verfolgen.

Der Lehrer schien den Schülern tatsächlich ein Märchen zu erzählen, aber statt aus einem Werk der Brüder Grimm zu lesen, hatte er ein Buch, das *Die Bibel* hieß. Wir hörten gebannt zu, wie der Lehrer eine Geschichte von drei Königen erzählte, die eine beschwerliche Reise antraten. Sie ritten auf Kamelen

durch die Wüste, von einem hellen Stern geführt, um ein neugeborenes Baby namens Jesus zu besuchen.

Die Geschichte wurde gerade richtig spannend, als Rainer
niesen musste. Wir hörten ein Kichern im Klassenzimmer und
einen Moment später steckte unser Lehrer den Kopf aus dem
Fenster.

»Albrecht, Rainer, geht sofort nach Hause!«

Wir sprangen auf und liefen davon.

Als ich nach Hause kam, sah ich meinen Vater die Hühner
füttern und versuchte, mit ihm zu reden.

»Papa, weißt du etwas über dieses Jesus-Märchen?«

Sein Gesicht drückte sofort Missbilligung aus. »Wo hast du
denn von Jesus gehört?«, wollte er wissen.

»Na ja … Rainer und ich haben den Lehrer durch ein offenes
Fenster gehört«, sagte ich.

Mein Vater hatte die Angewohnheit, die Zunge innen gegen
die Lippen zu drücken, wenn ich etwas tat, das seinen Unmut
oder Ärger entfachte. Als er jetzt sprach, waren seine Worte
streng und unmissverständlich. »Ab sofort kommst du nach
der letzten Stunde sofort nach Hause. Hast du verstanden?«

Ich nickte und wich zurück, bevor er sich eine noch härtere
Bestrafung einfallen lassen konnte. Rainer bekam von seinem
Vater eine ähnliche Standpauke, und wir waren eingeschüchtert
genug, um die Sache nicht weiterzuverfolgen. Ab diesem Tag
liefen Rainer und ich jeden Samstagmittag auf direktem Weg
nach Hause.

Einige Monate später hatte ich Gelegenheit, mehr über die Bibel herauszufinden. Wir fuhren an Weihnachten zu Opa Alwin und Oma Hedwig, bei denen ich die Feiertage am liebsten verbrachte.

Opa Alwin war der einzige Erwachsene in unserer Familie, bei dem ich das Gefühl hatte, dass er mich mochte. Er war ein freundlicher Mann, und ich fand es manchmal sonderbar, dass mein Vater sein Sohn war. Opa war sehr muskulös und einen Meter achtzig groß, ein Riese für mich, aber seine leuchtenden blauen Augen funkelten immer fröhlich.

Ich erinnere mich, dass ich ihm einmal zuschaute, wie er durch ein offenes Fenster Kohle in den Schulkeller schaufelte. Er zeigte mir, wo die Kohle landete und wo mit ihr im nächsten Winter die Schule geheizt werden würde. Während ich den riesigen Haufen anstarrte, konnte ich nicht begreifen, dass ein einzelner Mensch diese ganze Arbeit bewältigt hatte.

»Opa, ich kann nicht glauben, dass du diesen großen Berg ganz allein in den Keller geschaufelt hast. Wie hast du das gemacht?«, fragte ich.

»Eine Schaufelvoll nach der anderen«, sagte er mit einem stolzen Lächeln.

Meine Großeltern lebten in einer Wohnung auf dem Gelände einer riesigen Kreisoberschule, zu der auch ein Internat gehörte. Zur Schule gehörten ein Tennisplatz, ein Fußballplatz, eine Turnhalle und ein Park. Natürlich war zur Weihnachtszeit das ganze Gebäude leer, da alle Schüler in den Ferien nach Hause gefahren waren. Ich hatte die langen, gekachelten Flure ganz für mich allein und warf entweder einen Ball gegen die

Wände oder raste auf meinem Roller mit seinen Gummirädern durch die Gänge.

Weihnachten war für uns das größte Fest des Jahres, aber bei unserer Feier gab es nicht den geringsten Hinweis auf Jesus. Unsere Familientradition war rein weltlich, einschließlich einer sorgfältig geschmückten Tanne und eines Weihnachtsmannes, der hin und wieder kam, den ich jedoch schnell als verkleideten Nachbarn enttarnte.

Als ich alt genug war, wurde mir die wichtige Aufgabe übertragen, den Baum zu schmücken. Zuerst mussten die Kerzen so befestigt werden, dass sie sich nicht direkt unter einem überhängenden Zweig befanden. Schweres Lametta (das ein Prozent Blei enthielt, damit es gerade nach unten hing) wurde Faden für Faden aufgehängt (und auch Faden für Faden wieder abgenommen, damit es im nächsten Jahr wieder verwendet werden konnte), der ganze andere Schmuck folgte als Letztes. Am Heiligabend wurden die Geschenke ausgepackt.

Unter den Paketen, auf denen mein Name stand, befand sich nur eines, das wirklich von Interesse war. Socken, Schuhe und andere Kleidungsstücke wurden auf der Suche nach dem einen Päckchen, das das *echte* Geschenk enthielt, beiseitegelegt. Egal, ob es ein Bastelspielzeug, ein Fußball, ein Feuerwehrauto oder ein Modellzug war, es gab immer nur ein einziges Spielzeug.

Es waren noch ein paar Tage bis Weihnachten, und ich war ins Haus gekommen, nachdem ich in den kalten, leeren Schulfluren gespielt hatte. Mein Bruder leistete mir bei meinen Abenteuern selten Gesellschaft und meine Eltern verbrachten die meiste Zeit in der Küche und unterhielten sich mit Oma Hedwig.

Nachdem ich mich mit einer Tasse Pfefferminztee aufgewärmt hatte, suchte ich Opas Bücherregal nach etwas Interessantem zu lesen ab. Während mein Blick über das Regal wanderte, fiel mir ein Buchtitel auf: *Die Bibel*. Das Buch, das im Mittelpunkt des Unterrichts am Samstag nach Schulschluss stand! Das Jesus-Märchen stand irgendwo auf diesen Seiten.

Ich schaute mich um, um mich zu vergewissern, dass niemand in der Nähe war, dann schlug ich das Buch auf und blätterte in den dünnen Seiten. Die Worte waren in der schwer zu lesenden alten Frakturschrift gedruckt, genauso wie das Buch von den Brüdern Grimm, das ich so gern las.

Mein Herz schlug höher, als ich die Seiten dieses verbotenen Buches aufblätterte und bei 1. Mose zu lesen begann. Von Jesus stand da nichts. Als ich bei 1. Mose 10 und 11 und den Nachkommen von Noah und Abraham angekommen war, hatte ich so oft gegähnt, dass ich beschloss, das riesige Buch wieder zuzuklappen.

Was machte dieses Buch so interessant, dass es eine eigene Unterrichtsstunde dafür gab? Und warum sollte es verboten sein? Meine Eltern konnte ich das nicht fragen. Nicht einmal Opa Alwin durfte ich auf die Bibel ansprechen. Also stellte ich das Buch ins Regal zurück, um mich interessanteren Themen zu widmen.

Ich schlug fünfundvierzig Jahre lang keine Bibel mehr auf.

4

Einige Vorfälle in meiner Kindheit illustrieren, wie meine Eltern mich unbewusst lehrten, meine Schmerzen zu ignorieren und meine Gefühle zu unterdrücken: Fähigkeiten, die mir die für die Karriere eines Spions nötige Eigenständigkeit gaben, die aber für menschliche Beziehungen nicht unbedingt hilfreich waren.

Als ich ungefähr neun war, fuhr ich in ein Sommerlager und verbrachte dort eine herrliche Zeit – wir spielten Fußball und andere Spiele, schwammen in einem eiskalten Fluss, besuchten einen Zoo, sangen Lieder und erzählten Geschichten –, bis drei Tage vor unserer Heimfahrt.

An diesem Tag spielten einige von uns auf einer Wiese Fußball. Wie üblich spielten wir alle barfuß. Irgendwann lief ich zwischen einige Sträucher, weil der Ball dort gelandet war. Plötzlich spürte ich einen stechenden Schmerz in meiner linken Fußsohle. Ich weiß nicht, worauf ich getreten war, aber mein Fuß blutete wie verrückt, während ich ins Hauptgebäude zurückhumpelte und eine Lehrerin rief. Sie erschrak, als sie das viele Blut sah, das aus der Wunde strömte.

Da im Lager keine Sanitäter waren, holte die Lehrerin einen Verband aus dem Erste-Hilfe-Kasten und versorgte die Wunde, so gut sie konnte. In den nächsten drei Tagen musste ich im Haus bleiben, da mein verbundener Fuß in keinen Schuh passte.

Trotz meiner Verletzung war die Busfahrt nach Hause sehr lustig. Wir sangen alle Lieder, die wir im Lager gelernt hatten, und die vier Stunden vergingen wie im Flug. Aber als der Bus uns vor dem Schulgebäude absetzte, das ungefähr anderthalb Kilometer von unserer Wohnung entfernt war, machte sich die Lehrerin Sorgen, wie ich nach Hause kommen sollte.

Zu meiner Überraschung tauchte mein Vater auf einem nagelneuen, glänzend schwarzen Jawa-Motorrad auf, das er gekauft hatte, während ich fort war. Er sah meinen verbundenen Fuß und fragte: »Was hast du denn jetzt schon wieder angestellt?« Als ich erklärte, was passiert war, sagte er: »Ich hoffe, du hast daraus gelernt, dass man nicht ohne Schuhe in Büsche läuft. Komm jetzt, wir fahren nach Hause.«

Ich kletterte auf den Rücksitz, legte die Arme fest um den Bauch meines Vaters und wir fuhren los.

Zu Hause standen meine Mutter und mein Bruder vor dem Haus. Hans-Günther zeigte gleich seine Besorgnis, als ich zur Tür humpelte, aber meine Mutter reagierte ganz nüchtern.

»Komm mit nach oben, damit ich mir die Bescherung anschauen kann«, sagte sie.

Oben in der Wohnung ließ ich meinen Rucksack mit der schmutzigen Freizeitkleidung unter den Küchentisch fallen und setzte mich auf einen Stuhl, während meine Mutter den schmutzigen, blutverklebten Verband entfernte. Das letzte Stück klebte am Schorf über der Wunde fest, und ich verzog das Gesicht, als sie es von meinem Fuß zog.

»Das ist wahrscheinlich entzündet«, sagte sie mit einem Blick zur Uhr an der Wand. »Du musst zu Dr. Harbers, bevor er für heute schließt.«

»Jetzt?«, fragte ich. Sie erwartete doch sicher nicht, dass ich die zwanzig Minuten zur Arztpraxis zu Fuß zurücklegte.

»Ja, jetzt. Ich wickle dir einen dünneren Verband um den Fuß, damit du in deine Sandalen passt.«

»Aber ...«

Ich dachte an das neue, glänzende Motorrad meines Vaters und dass es ihn nur wenige Minuten kosten würde, mich vor Dr. Harbers' Praxis abzusetzen. Aber zum einen fühlte ich mich schuldig, weil ich mich verletzt hatte, und zum anderen wollte ich nicht schwach erscheinen. Beides hielt mich davon ab, meinen Vater darum zu bitten. Und er bot es nicht an.

»Zieh frische Socken an, bevor du gehst«, sagte meine Mutter, die sich wieder ihrer Hausarbeit zugewandt hatte.

Ich hüpfte auf einem Fuß in mein Zimmer, zog vorsichtig eine frische Socke über meinen verletzten Fuß und schlüpfte in ein Paar Sandalen. Dann humpelte ich ohne ein weiteres Wort an meine Eltern zur Tür hinaus. Ich kam mir vor wie eine verwundete Schnecke, die einen weiten Weg antritt, und die Schmerzen wurden mit jedem Schritt stärker.

Als ich Dr. Harbers' Praxis endlich erreichte, war das Wartezimmer voller Patienten. Ich saß auf einer harten Holzbank und wartete, während mein Fuß vor Schmerzen heftig pochte. Als schließlich mein Name aufgerufen wurde und Dr. Harbers die Wunde untersuchte, sprach die Sorge, die über sein Gesicht zog, Bände.

»Wir müssen diese Wunde sauber machen. Wo ist deine Mutter?«

»Sie ist zu Hause«, antwortete ich.

»Du bist zu Fuß gekommen?«

Ich nickte.

Dr. Harbers runzelte die Stirn, sagte aber nichts. Stattdessen stand er auf und rief die Arzthelferin, eine stramme Frau mittleren Alters, die mich kaum anschaute, als sie ins Zimmer kam. Kein freundlicher Gruß, keine tröstenden Worte. Nach einer kurzen Anweisung durch den Arzt hielt sie mich wie ein Schraubstock auf dem Untersuchungstisch fest.

»Moment! Ich …«

Dr. Harbers ging an die Arbeit und Schmerzen schossen wie glühendes Feuer durch jeden Zentimeter meines Körpers. Ich wand mich und wehrte mich gegen die Hände der Arzthelferin, während der Arzt eine gefühlte Ewigkeit gnadenlos in meinem Fuß bohrte. Einen kurzen Moment lang ließ der Schmerz nach, und ich dachte schon, es wäre geschafft, aber dann sah ich einen harten Gegenstand in Dr. Harbers' Hand, der wie ein übergroßer Lippenstift aussah. Einen Moment später schrie ich vor Schmerzen auf, als glühende Hitze aus der Richtung meines Fußes kam, während er die Wunde ausbrannte.

Nachdem der Arzt die Wunde verbunden und sich vom Tisch aufgerichtet hatte, nickte die Arzthelferin kurz und ging dann hinaus, um den nächsten wehrlosen Patienten an die Reihe zu nehmen.

»Wenn du zu Hause bist«, sagte der Arzt, »solltest du versuchen, nicht zu oft aufzutreten, bis es verheilt ist. Wenn es in einem oder zwei Tagen nicht besser ist, kommst du wieder.«

Während das Sonnenlicht hinter mir verblasste, humpelte ich nach Hause. Ich hüpfte eine Weile auf einem Fuß und versuchte dann, nur auf der Seite meines linken Fußes aufzutreten, auf der Ferse oder nur auf den Zehen. Bei jedem Schritt jagten neue Schmerzen an meinem Bein hinauf, bis mir richtig schlecht wurde. Das war einer der längsten und auf jeden Fall schmerzhaftesten Wege meines Lebens.

Wie sich herausstellte, blieb das nicht das einzige Mal, dass mich meine Eltern mit einer Verletzung allein zum Arzt schickten. Mit fünfzehn Jahren hatte ich einen Bluterguss am linken Knie, der das Gelenk vollkommen versteifte. Ich kam ins Krankenhaus. Nach vier Wochen musste ich selbst sehen, wie ich nach Hause kam. Mit einem Bein, dessen Muskeln nach der langen Bettruhe stark zurückgebildet waren.

Mit siebzehn hatte ich eine akute Blinddarmentzündung. Die Schmerzen waren so stark, dass ich weder gehen noch gerade stehen konnte. Meine Mutter riet mir einfach, mit dem Bus ins Krankenhaus zu fahren, wo ein Chirurg eine Notoperation vornahm.

Während meiner ganzen Kindheit und Jugend versorgten mich meine Eltern mit Essen und einem Dach über dem Kopf – und sie sorgten dafür, dass ich nicht aus der Reihe tanzte –, aber wenn ich Schmerzen hatte, war ich auf mich allein gestellt. Ich lernte früh im Leben, bei anderen keine Hilfe oder Trost zu suchen.

Der Fleiß meines Vaters und sein Einsatz für die marxistisch-leninistische Ideologie zahlten sich schließlich aus: Er wurde eines Tages nach dem Unterricht zu einem Gespräch bei Direktor Panzram gerufen. Diese Gespräche bedeuteten selten etwas Gutes.

Als mein Vater nach dem Gespräch nach Hause kam, machten meine Mutter und ich gerade den Abwasch: Sie spülte das Geschirr und ich trocknete ab. Meine Mutter drehte sich um und fragte: »Was wollte er?«

»An der Mittelschule in Bad Muskau wird die Stelle des Direktors frei. Die Bezirksschulverwaltung und die Parteiführung haben beschlossen, dass ich der beste Mann für diese Position bin.«

»Nimmst du an?«, fragte meine Mutter.

»Natürlich. Das bedeutet eine Beförderung und mehr Geld. Außerdem sagt man nur ein einziges Mal Nein zur Partei.«

Im Mai 1959 luden wir unsere Habseligkeiten auf einen ausgeliehenen Pritschenwagen und zogen in unsere neue Wohnung, die fünfundzwanzig Kilometer entfernt lag. Fünfundzwanzig Kilometer waren damals eine große Entfernung, und ich wusste, dass ich meine alten Freunde nie wiedersehen würde. Aber die Freude darüber, dass wir in eine viel bessere Wohnung zogen, überdeckte meine Trauer darüber, dass ich von vielen für immer Abschied nehmen musste.

Unsere neue Wohnung lag in einem alten, zweistöckigen Landschulhaus, das in drei Bereiche unterteilt war: die zwei Klassenzimmer, in denen die Klassen eins und zwei und die Klassen drei und vier zusammen unterrichtet wurden, und zwei Wohnungen, eine für die Lehrer und eine für uns. Das Gebäude war in einem guten Zustand, auch wenn die schmutzige graue Fassade von Kugeleinschlägen durchlöchert war, eine düstere Erinnerung an die großflächige Zerstörung der ganzen Gegend im Zweiten Weltkrieg. Auf der Nordseite des Schulhauses stand in großen roten Pinselstrichen auf Russisch вперёд на Берлин (Vorwärts nach Berlin).

Verglichen mit den beengten Zimmern in Rietschen, war unsere neue Wohnung riesig: Küche, Schlafzimmer, Wohnzimmer und Arbeitszimmer unten und ein Zimmer für uns Jungen im oberen Stock. Dieses Zimmer konnte nicht geheizt werden, und wenn die Temperaturen im Haus unter den Gefrierpunkt sanken, was im Winter oft der Fall war, waren mein Bruder und ich auf die schweren, fünfundzwanzig Zentimeter dicken Federbetten angewiesen, die uns warm hielten. Nur unsere Nasen wurden kalt.

Obwohl es im Haus fließend kaltes Wasser gab, hatten wir immer noch keine Toilette im Haus, und der Weg über den Hinterhof zum Toilettenhäuschen war oft ein beängstigendes Abenteuer, besonders in dunklen, bitterkalten Winternächten. Toilettenpapier gab es so gut wie überhaupt nicht, also benutzten wir Zeitungspapier, das in kleine Rechtecke geschnitten war. Trotzdem war unser Zuhause nach den ostdeutschen Maßstäben jener Zeit eine luxuriöse Wohnung.

In diesem Herbst kam ich in die Mittelschule in Bad Muskau, an der mein Vater Direktor war und außerdem Biologie und Englisch unterrichtete. Ich war ein sehr guter Schüler und musste dafür nicht viel lernen. Doch manchmal war ich mit Hindernissen konfrontiert, die nichts mit dem Unterrichtsstoff zu tun hatten: Eines Tages hörte ich, wie mein Vater zu einem Nachbarn sagte: »Der einzige Schüler, der in Biologie eine Eins verdient hätte, ist Albrecht, aber als sein Vater kann ich ihm keine geben.« Das ärgerte mich sehr.

Als sich das Schuljahr dem Ende zuneigte, fing ich an, die Tage bis zu den Sommerferien zu zählen, die in der ersten Juliwoche begannen und in der letzten Augustwoche endeten. Ich konnte das Sommerlager und den langen Besuch bei Opa Alwin kaum erwarten. Er lächelte immer, wenn er mich sah, und ich hatte eine Vertrautheit mit ihm, die ich mit sonst niemandem in meiner Familie teilte.

Wenn ich zu Besuch kam, zeigte mir Opa Alwin, was er in diesem Jahr in seinem Garten angepflanzt hatte, und ich stopfte mich mit köstlichen reifen Erdbeeren voll. Oder er nahm mich mit zu einem zehn Ar großen Weizenfeld, und ich durfte zuschauen, wie er mit einer scharfen Sense die goldenen Halme mähte, wie es die Bauern schon seit Jahrhunderten taten.

Aber am aufregendsten war es, wenn er seine vier Schweine abends aus ihrer matschigen Suhle in den Stall trieb, in dem sie die Nacht verbrachten. Ich werde nie vergessen, wie er mich das erste Mal aufforderte, ihm zu helfen. Ich sollte mich mitten in die Einfahrt stellen, damit sie in den Stall liefen und nicht auf die Straße stürmten.

»Opa«, sagte ich. »Und wenn sie mich über den Haufen rennen? Sie sind viel größer als ich.«

»Sei nur mutig«, sagte er mit funkelnden Augen. »Schweine respektieren Menschen, aber nur, wenn sie keine Angst zeigen.«

Ich atmete tief ein und stellte mich darauf ein, überrannt zu werden. Aber genau wie mein Opa angekündigt hatte, bog die erste Sau bei meinem Anblick scharf nach links ab und lief in den Stall. Opa kam zu mir und zerzauste mir mit seiner schwieligen Hand sanft die Haare.

»Gut gemacht«, sagte er. »Gut gemacht.«

Ich strahlte vor Stolz über meine großartige Leistung und die seltenen Worte der Ermutigung.

An einem kalten Herbsttag 1960 spielte ich draußen, als mich mein Vater ins Haus rief. Ich folgte ihm in die Küche und setzte mich an den Tisch. Eine ganze Weile sagte er kein Wort, aber ich wusste, dass ihn etwas beunruhigte; seine Zunge bewegte sich hinter den geschlossenen Lippen hin und her.

Schließlich sagte er: »Opa Alwin ist im Krankenhaus. Er musste operiert werden, aber mach dir keine Sorgen, er ist ein starker Mann und wird bald wieder gesund sein.«

Ich wusste, dass das stimmte. Mein ganzes Leben lang hatte ich gesehen, wie stark Opa war.

Aber zwei Wochen später kam die niederschmetternde Nachricht. Wieder wurde ich in die Küche gerufen. Aber dieses Mal setzten wir uns nicht. Mein Vater schaute mich betrübt an und berührte sanft meinen Kopf, etwas, das er sehr selten machte.

»Albrecht, ich muss dir leider sagen, dass dein Opa gestern von uns gegangen ist.«

Ich stand verwirrt da, während mein Vater die Fassung verlor und in Tränen ausbrach. Es war das einzige Mal, dass ich ihn je weinen sah.

»Was meinst du mit ›von uns gegangen‹?«, fragte ich nach einer respektvollen Pause.

»Er ist gestorben, mein Junge.«

»Aber, aber ... du hast doch gesagt, dass er stark ist und bald wieder gesund wird«, sagte ich, während mir die Tränen in die Augen schossen.

»Ich habe mich geirrt.«

Mein Vater drehte sich um und ging in den Garten hinaus, ich lief in mein Zimmer und weinte sehr lange. Niemand folgte mir, niemand kam zu mir, um mich zu trösten.

Als sich die kleine Trauergemeinde um das frisch ausgehobene Grab versammelte, stand ich zwischen meinem Vater und meiner Mutter und wünschte mir verzweifelt, einer von ihnen würde meine Hand halten. Aber mir war beigebracht worden, nicht um so etwas zu bitten. Während wir auf den Leichenwagen warteten, war mir kalt bis auf die Knochen, zum Teil wegen des kalten Windes und zum Teil, weil ich den einen Menschen verloren hatte, der mich bestätigt und ermutigt hatte.

Nachdem der Sarg in seine letzte Ruhestätte hinabgelassen worden war, sagte ein Beamter einige Worte und schloss mit dem üblichen »Erde zu Erde, Asche zur Asche, Staub zum Staube«. Dann trat jeder vor und warf eine Schaufelvoll Erde ins Grab.

Ich war dran. Mein Vater gab mir einen leichten Stoß, und ich trat vor und starrte auf die kalte Erde hinab. Während ich auch ein wenig Erde in das Loch warf, begriff ich, dass mein Held »Eine Schaufelvoll nach der anderen« zur letzten Ruhe gelegt wurde.

Als wir danach wieder in der Wohnung meiner Großeltern waren, servierten Oma Hedwig und ihre Schwägerin etwas zu essen und zu trinken. Bier und Wein hellten die Stimmung bald auf und lösten die Zungen der Trauernden. Das war für mich unerträglich. Deshalb verließ ich das Wohnzimmer und trauerte in Einsamkeit und Stille. Ich wollte das Leben und den Tod verstehen, aber es gab niemanden, mit dem ich über diese Dinge sprechen konnte. Wieder war ich auf mich allein gestellt, und wieder vergrub ich den Schmerz so tief in mir, wie ich konnte – eine Gewohnheit, die ich als Erwachsener leider weiter perfektionierte.

5

Als ich zwölf Jahre alt wurde, hatte sich unser Lebensstandard deutlich verbessert. Die Lebensmittel wurden nicht mehr rationiert, und Fleisch gab es viel häufiger, sogar beim Schulessen. Lehrer wurden in Ostdeutschland gut behandelt, und das doppelte Einkommen meiner Eltern sorgte dafür, dass sie auf Dinge sparen konnten, die noch kurz vorher unerreichbare Luxusgüter gewesen waren.

Unglücklicherweise steigerten die nun verfügbaren Mittel nicht den Modegeschmack meiner Mutter. Sie verhielt sich nach wie vor wie das Mädchen vom Lande, bestand darauf, sich schlicht und einfach zu kleiden und – was viel schlimmer war – auch meine Garderobe in diesem Sinne auszuwählen. Zum Glück verschwanden wenigstens die Lederhosen, zwei Nummern zu groß gekauft und durch Hosenträger an ihrem Platz gehalten, und auch die farbigen Kniestrümpfe (in Grün!), die durch Strumpfhalter gesichert waren, kamen fort. Doch inzwischen konkurrierte ich mit meinen Klassenkameraden und Freunden um die Gunst der Mädchen und manche Kleidungsstücke in meinem Schrank waren zunehmend peinlich. Als schlimmster Einkauf sind mir ein Paar Schuhe mit Seitenschnürung in Erinnerung geblieben – kein junger Mann außerhalb Bayerns trug Schuhe, bei denen die Schnürsenkel an der Seite saßen. Aber diese bittere Pille musste ich schlucken. Was die Erniedrigung noch verstärkte: Meine Mutter überlegte kurz und entschied dann, dass ihr die Schuhe so gut gefielen, dass sie sich auch ein Paar kaufte. O welche Schande!

Ich hatte noch gehofft, diese Peinlichkeit verbergen zu können, aber ich hatte keine Chance. Eines Tages, als ich die verflixten Schuhe in der Schule anhatte, kam meine Mutter zu Besuch. Wir trafen uns in der Pause im Gang, und während wir dastanden und redeten, hörte ich ein paar Mädchen im Hintergrund kichern. Anscheinend hatten meine Klassenkameradinnen etwas sehr Lustiges entdeckt. Ich achtete nicht auf sie, bis meiner Mutter ein Stift hinunterfiel. Er landete neben ihren Füßen, und als ich ihn aufhob, fiel ich fast in Ohnmacht. Wir trugen die gleichen Schuhe! Was für ein unerträglich peinlicher Moment! Wochenlang riefen mir die Mädchen – in eines von ihnen hatte ich mich verguckt – »Seitenschnürer« hinterher, wenn sie mich entdeckten. Ich hatte großes Glück, dass das nicht zu meinem Spitznamen wurde.

Eines Tages im Frühling 1961 spielte ich draußen, als ein glänzendes dunkelgrünes Auto langsam in unseren Hof fuhr. Es war ein Wartburg 311, das beste Auto, das in der DDR produziert wurde, und es war wirklich ein gutes Auto. Ich war vorher noch nie nahe genug an ein Auto herangekommen, um es zu berühren, geschweige denn war ich in einem gefahren. Man kann sich also vorstellen, wie erschrocken und überrascht ich war, als ich meinen Vater hinter dem Lenkrad sitzen und dann aussteigen sah.

»Vati, das ist ja ein Ding! Hast du dir das Auto geliehen?«

»Nein«, antwortete er mit einem Lächeln, das seinen Stolz kaum verbergen konnte. »Ich habe es gerade gekauft.«

In jener Zeit in der DDR an ein Auto zu kommen, war fast unmöglich. Normalerweise wartete man zehn bis fünfzehn Jahre darauf. Aber offenbar hatten die 15 Mark geholfen, die mein Vater dem Verkäufer hingeblättert hatte. Und so waren wir die erste Familie im ganzen Dorf, die eines besaß.

In jenem Sommer machten wir zum ersten Mal nicht bei den Großeltern Urlaub. Unser neuer Wartburg war für die vierhundert Kilometer lange Fahrt zum Ferienort Heringsdorf an der Ostsee perfekt geeignet. Als ich zum ersten Mal das weite, grenzenlose Wasser erblickte und die Schiffe in der Ferne sah, fragte ich mich, was auf der anderen Seite war und ob es möglich war, dorthin zu gelangen. Meine Eltern erklärten, dass wir auf diesen Schiffen nicht fahren durften, weil sie in fremde Länder fuhren, aber das ließ mir diese Sache nur noch reizvoller erscheinen.

Unsere zwei Wochen am Strand vergingen wie im Flug, und am 13. August packten wir wieder alles in den Wartburg, verabschiedeten uns von dem Urlaubsparadies und traten die Heimfahrt an. Da Berlin direkt auf unserem Weg lag, beschlossen meine Eltern, einen Zwischenstopp in der Hauptstadt einzulegen und in den Westteil der Stadt zu fahren. Dort gab es Sachen zu kaufen, die man im Osten nicht bekam.

Nach ungefähr zweieinhalb Stunden Fahrt befanden wir uns auf einem dicht befahrenen Abschnitt der Autobahn, einer der Hauptverkehrsadern, die die Küste im Norden mit dem Rest

Ostdeutschlands verband. Mein Vater schaute meinen Bruder und mich über die Schulter an und sagte: »Wir sind schon fast in Berlin. Bereitet euch auf die Großstadt vor.«

Ich setzte mich schnell auf und schaute auf die Straße vor uns. So viele Autos hatte ich noch nie zuvor gesehen, aber der Verkehr bewegte sich zügig.

Plötzlich wurden mein Bruder und ich gegen die Rücklehnen der Vordersitze geworfen, als mein Vater unerwartet auf die Bremse trat. Nun ging es nur noch im Schritttempo weiter. Aus Minuten wurde eine Stunde, während die Sonne unser dunkelgrünes Auto stark aufheizte. Wir mussten die Fenster geschlossen halten, denn die dicken, stinkenden Abgase der Zweitaktmotoren waren schlimmer als die Hitze.

Obwohl andere Autos vor uns anfingen zu wenden, fuhr mein Vater unbeirrt weiter, auch wenn er dabei Worte murmelte, die ich noch nie zuvor aus seinem Mund gehört hatte.

Schließlich sahen wir zwei Soldaten in Uniform vor uns mit angelegten Maschinengewehren. Sie hielten die Autofahrer an und bedeuteten ihnen zu wenden.

Mein Vater kurbelte die Scheibe hinunter und fragte: »Was ist hier los? Mit wie viel Verzögerung müssen wir noch rechnen?«

Der größere der beiden Soldaten antwortete mit einem hämischen Grinsen: »Verzögerung? Sie kommen hier nicht weiter.« Sein Tonfall machte deutlich, dass Widerspruch zwecklos war.

Mein Vater versuchte es noch einmal: »Können Sie uns sagen, was los ist?«

»Das erfahren Sie schon früh genug«, antwortete der Soldat. »Jetzt wenden Sie und fahren Sie nach Hause. Das ist ein Befehl.«

Wir waren alle enttäuscht, dass wir Berlin nicht sehen würden, aber die unklare Situation machte uns auch Angst. Was konnte passiert sein? War es zu einer militärischen Konfrontation mit den Besatzungsmächten von Westberlin gekommen? Oder schlimmer, war Krieg ausgebrochen? In den folgenden Stunden war es sehr still im Auto, während mein Vater einen weiten Bogen um Berlin machte und dann in südlicher Richtung nach Bad Muskau fuhr.

Die Antwort auf unsere Fragen bekamen wir, als wir zu Hause ankamen und das Radio einschalteten. Anstelle des regulären Programms gab es klassische Musik, die in regelmäßigen Abständen durch lautstarke Nachrichten unterbrochen wurde.

Zur Unterbindung der feindlichen Tätigkeit der revanchistischen und militaristischen Kräfte Westdeutschlands und Westberlins wird eine solche Kontrolle an den Grenzen der Deutschen Demokratischen Republik einschließlich der Grenzen zu den Westsektoren von Groß-Berlin eingeführt, wie sie an den Grenzen jedes souveränen Staates üblich ist. Es ist an den Westberliner Grenzen eine verlässliche Bewachung und eine wirksame Kontrolle zu gewährleisten, um der Wühltätigkeit den Weg zu verlegen.[1]

Als die Musik wieder einsetzte, sagte mein Vater mit einem Nicken: »Das wurde auch Zeit. Wir müssen das beschützen, was wir uns so schwer erarbeitet haben.«

Tatsächlich hatte der Bau der Berliner Mauer für mich in jenen Jahren keine große Bedeutung. Es passierten viel aufregendere Dinge wie der erste bemannte Raumflug vier Monate vor dem Mauerbau. Juri Gagarins Erdumkreisung war ein weiteres deutliches Zeichen dafür, dass die Sowjetunion den USA auf technischem Gebiet voraus war. Es war ein weiterer Beweis für den unausweichlichen Triumph des Kommunismus über den Kapitalismus. Als junger Mann, der in der DDR aufwuchs, sah ich eine verheißungsvolle Zukunft voraus.

Am Ende der achten Klasse teilte sich der Bildungsweg. Die meisten Schüler gingen noch weitere zwei Jahre zur Schule und erlernten danach einen Beruf. Aber die besten zehn Prozent setzten ihre Schulbildung an der regionalen Erweiterten Oberschule (EOS) fort, dem ostdeutschen Äquivalent zum traditionellen Gymnasium. Der Hauptzweck der EOS war es, die Schüler auf ein Universitätsstudium vorzubereiten.

Meine Mutter hatte als Schülerin ein Internat besucht und war fest entschlossen, dass das auch mein Weg sein sollte. Meine Bewerbung an der EOS *Karl Marx* in der nahe gelegenen Stadt Spremberg wurde angenommen, vorausgesetzt, ich bestand eine schriftliche Eignungsprüfung, in der ich mein Wissen in Mathematik und Deutsch unter Beweis stellen musste. Mein Vater fuhr mich die siebenundzwanzig Kilometer nach Spremberg. Ich war einer der letzten Schüler, die das Klassenzimmer betraten, in dem die Prüfung stattfinden würde. Als ich mich im Zimmer umsah, fühlte ich mich sehr unwohl, als wäre ich am falschen Ort. Die Jungen sahen alle größer und stärker aus und die gut gekleideten, gepflegten Mädchen schüchterten mich noch mehr ein. Während sie in kleinen Gruppen herumstanden und sich unterhielten, erschienen sie mir wie Menschen aus einer anderen Welt.

Im Gegensatz zu ihnen sah ich mit meiner kurzen Hose, die durch Hosenträger gehalten wurde, wie die dürre Bohnenstange vom Land aus. Und das war ich auch. Zum Glück schenkte mir niemand Beachtung, während ich leise in die letzte Reihe ging, mich in eine Schulbank am Fenster setzte und wartete, bis die Prüfung begann.

Sobald der Lehrer das Kommando gab, beugten sich alle Köpfe über die Prüfungsbögen, und es wurde still im Raum. Man hörte nur das Kratzen der Stifte auf dem Papier. Ich war jetzt vollkommen in meinem Element, arbeitete mich schnell und problemlos durch die Fragen und war lange vor Ablauf der Zeit fertig. Ich hatte immer ein gutes Gespür dafür, wie ich in Prüfungen abschnitt, und als ich an jenem Tag den Raum verließ, wusste ich, dass ich bestanden hatte. Als die Ergebnisse bekannt gegeben wurden, war ich tatsächlich einer der vierzig Bewerber, die in die Schule aufgenommen wurden.

Am 1. September 1963 luden mein Vater und ich mein Bettzeug, meine Schulsachen und andere Habseligkeiten in den Wartburg und brachen zu der halbstündigen Fahrt zum Wohnheim der EOS *Karl Marx* auf.

Als mein Vater das Auto am Straßenrand abstellte, starrte ich das riesige Gebäude an, das in den nächsten vier Jahren mein Zuhause sein würde. Verglichen mit allem, was ich gewohnt war, sah dieses Gebäude wie ein Schloss aus. Es lag dreißig Meter von der Straße zurückgesetzt und war von saftigem Grün umgeben. Die dreistöckige Villa erhob sich majestätisch und beherrschte die umgebende Nachbarschaft. Durch die mit Stuck verzierte Fassade, die ungewöhnlich großen Fenster und das komplexe, steile Dach fiel das Gebäude in der ganzen Stadt Spremberg auf.

Später erfuhr ich, dass das Gebäude in den Zwanzigerjahren von einem vermögenden Textilfabrikanten und seiner Frau erbaut worden war. Nach Kriegsende waren sowohl die Textilfabrik als auch die Villa zum Staatseigentum erklärt worden. Ich weiß nicht, was aus dem Fabrikbesitzer geworden ist, aber die Behörden erlaubten seiner Frau, in der Zweizimmerwohnung im ersten Stock der Villa zu wohnen und das eindrucksvolle Gebäude mit vierundzwanzig lebhaften und respektlosen Jugendlichen zu teilen. Die Witwe lebte sehr zurückgezogen und die Schüler behandelten sie wie ein Gespenst aus der Vergangenheit. Bei den seltenen Gelegenheiten, wenn sich unsere Wege kreuzten, gingen wir schweigend an ihr vorbei.

Obwohl mich das Gelände und das schöne Gebäude beeindruckten, war für mich viel wichtiger, dass es ein gemischtes Wohnheim war. Auch wenn diese Regelung den Heimleitern, die ebenfalls dort wohnten, viel Kopfzerbrechen bereitete, eröffnete sie für mich wunderbare Möglichkeiten. Endlich kam ich diesen unwirklichen und faszinierenden Geschöpfen, *Mädchen* genannt, näher.

An einem normalen Schultag hatten wir bis vierzehn Uhr Unterricht. Im EOS-System gab es keine Wahlfächer, nur eine starke Betonung auf folgende Fächer: Mathematik, Deutsch, Chemie, Physik, Russisch, Englisch, Geschichte, Biologie, Geografie, Sport, Staatsbürgerkunde, Philosophie, Kunst und Musik. Wir hatten auch von der Schule geförderte außerlehrplanmäßige Veranstaltungen in der kommunistischen Jugendbewegung (FDJ) und der kommunistischen Militärsportbewegung (GST), um unseren Glauben an die kommunistische Sache zu stärken.

Religion fehlte im Lehrplan, und selbst der Philosophieunterricht beschränkte sich auf die Grundlagen des marxistischen dialektischen Materialismus, also die Vorstellung, dass die Einheit der Welt in der Materie, die ewig und unendlich ist, begründet ist. Größen der deutschen Philosophie wie Kant und Hegel wurden kaum erwähnt. Das Konzept offener Diskussionen, von Argumenten und Gegenargumenten, und des sokratischen Dialogs waren uns völlig unbekannt. Die Lücken in unserer Bildung befanden sich nicht nur auf geistlicher, sondern auch auf intellektueller Ebene.

Es gab nur eine Wahrheit, eine einzige Wahrheit: die Lehren von Marx, Engels und Lenin, wie sie die kommunistischen Führer unserer Zeit interpretierten. Der dialektische Materialismus wurde auf das Niveau einer Wissenschaft erhoben, er stand auf gleicher Ebene mit Mathematik und Physik. Deshalb waren seine Ergebnisse und Schlussfolgerungen, wie sie hinsichtlich der Menschheitsgeschichte angewandt wurden, unangreifbar.

Außerdem waren wir, da der Kapitalismus gewiss einstürzen und dem Kommunismus – dem Höhepunkt der Gesellschaftsentwicklung – weichen würde, eindeutig auf der richtigen Seite der Geschichte, und kritisches Denken war nicht mehr nötig. Existenzielle Themen waren im Großen und Ganzen tabu.

Durch diese einseitige Heranführung an das Leben musste sowohl unser geistliches als auch unser intellektuelles Wachstum unweigerlich ins Stocken geraten. Wir hungerten nach Antworten, wussten aber oft nicht einmal die Fragen.

Nach dem Abendessen gehörte die Sendung »Die Aktuelle Kamera« zum Pflichtprogramm im Wohnheim, die in erster Linie aus Staatspropaganda neben zwei Minuten Wetterbericht und Sportmeldungen bestand. Im Mittelpunkt jeder Sendung stand ein Bericht über heldenhafte Bemühungen einer Gruppe von Arbeitern oder Bauern, die Ziele des Zentralplans zu erreichen. Nicht einmal die glühendsten Anhänger des kommunistischen Regimes (zu denen ich gehörte) nahmen diese Berichte ernst.

Am Abend des 22. November 1963 ging ich, kurz bevor die Nachrichten anfingen, auf die Toilette. Als ich durch die Doppelschiebetür zurückkam, sprang mein Freund Helmut von seinem Stuhl auf und rief: »Kennedy wurde ermordet!« Der ganze Raum, in dem normalerweise albernes Geplänkel und Lachen zu hören war, war verstummt, während wir einander ungläubig anschauten.

Obwohl Kennedy als Präsident der USA unseren größten Feind personifizierte – wie wir während der Kubakrise 1962, bei seinem Besuch in Westberlin und seiner berühmten Rede »Ich bin ein Berliner« im Juni 1963 deutlich gesehen hatten –, besaß er einen geheimnisvollen Nimbus, der sogar bis hinter den Eisernen Vorhang strahlte. JFK und seine Frau waren attraktiv und elegant – ein unwiderstehlicher Gegensatz zu den behäbigen politischen Führern der DDR und ihren mürrischen Frauen. Und es gab Hoffnung, dass er es schaffen könnte, die Spannungen zwischen dem Osten und dem Westen abzubauen.

Auch wenn die Berichterstattung über seine Ermordung und Beerdigung kalt und sachlich war und obwohl den meisten Ostdeutschen ein tieferes Verständnis dafür fehlte, was damals in der Welt passierte, spürten wir, dass Kennedys unerwarteter Tod ein großer Verlust für die Menschheit war. Schüler und Lehrer waren durch dieses tragische Ereignis gleichermaßen erschüttert.

Am nächsten Tag schlurfte eine kleine Gruppe Schüler über eine staubige Seitenstraße zum Bahnhof, um mit dem Wochenendzug nach Hause zu fahren. Der kalte November-nieselregen und die kahlen Bäume spiegelten unsere trübselige Stimmung wider. Selbst das Transistorradio, aus dem normaler-weise Rock-and-Roll-Musik dröhnte, wenn wir draußen waren, blieb stumm.

In der Oberstufe teilte ich mir das Klassenzimmer mit zwei Mädchen und neunzehn Jungen. Hätte man jemanden gebeten, unser Lieblingsfach zu erraten, hätte er höchstwahrscheinlich nicht den Musikunterricht genannt. Aber genau das war die beliebteste Stunde der ganzen Woche. Der Grund dafür: Herr Sonntag.

Papa Sonntag, wie wir ihn nannten, war der pensionierte Dirigent eines lokalen Sinfonieorchesters und hatte eine unge-brochene Leidenschaft für alles, was mit Musik zu tun hatte. Er war Anfang sechzig, aber seine unbändige Energie ließ ihn alterslos erscheinen. Seine gesamte Person war kugelförmig: Runde blaue Augen blitzten aus einem kugeligen Schädel mit

Halbglatze, der auf einem kurzen Hals und einem rundlichen Körper saß.

Jede Musikstunde war ein großer Spaß. Papa Sonntag betrat das Klassenzimmer, setzte sich ans Klavier, drehte sich zu uns und sagte: »Heute tue ich so, als wäre ich Franz Liszt.« Dann führte er eine urkomische, pompöse Show auf, strich sich über sein nicht existierendes Haar und verbeugte sich, bevor er ein paar Takte einer ungarischen Rhapsodie in die Tasten hämmerte.

Papa Sonntags Enthusiasmus war so ansteckend, dass sogar wir Jungen in der Klasse unter seiner Leitung Volkslieder schmetterten, die wir eigentlich gar nicht mochten. Manchmal steckte der Lehrer einer anderen Klasse seinen Kopf in unser Klassenzimmer und bat: »Könnten Sie vielleicht etwas leiser sein? Meine Schüler können nicht denken.«

In Musik bekamen wir alle eine Eins; Papa Sonntags Ausstrahlung sorgte dafür, dass sich kein anderer Lehrer über diese Notengeschenke beschwerte.

Was Papa Sonntag in unseren Augen ganz besonders cool machte: Er hörte die gleichen verbotenen Radiosender wie wir und er bezeichnete die Beatles ganz offen als talentierte, professionelle Musiker. Damit stand er der offiziellen Parteilinie diametral gegenüber, was seine berufliche Laufbahn hätte schädigen können.

Mitte der Sechzigerjahre machte der Beat die ganze Welt verrückt und ritt auf den Radiowellen über alle Grenzen hinweg. Als ich das erste Mal »She Loves You« von den Beatles hörte, war ich fasziniert und beschloss, Gitarre spielen zu lernen. Also bestellten mein Zimmerkamerad Wolfgang und ich uns jeder eine elektrische Gitarre im Versandhandel. Als die glänzenden Instrumente ankamen, meine in Rot, seine in Silbergrau, waren wir im siebten Himmel. Sie sahen so aus wie die Instrumente der Profis, und sie funktionierten auch genauso, Tremolo und alles. Wir übten, bis unsere Fingerspitzen bluteten.

Die Übungsstunden zahlten sich aus. Am Ende der elften Klasse gründeten wir eine Vier-Mann-Band und spielten auf einigen kleineren Schulpartys: Wolfgang an der Rhythmusgitarre, Hans-Peter am (geliehenen) Bass, ich an der Leadgitarre und Gerhard am (ebenfalls geliehenen) Schlagzeug. Drei Gitarren und ein Mikrofon waren viel zu viel für unseren Röhrenverstärker mit zehn Watt (!) Leistung; wenn wir ihn ganz aufdrehten, gab er nur noch ein gequältes Quietschen von sich, das mit Musik nicht mehr viel zu tun hatte.

Unser Schlagzeuger Gerhard hatte zwar Rhythmusgefühl, kannte aber die Stücke nicht. Vor jeder Nummer beugte er sich zu mir und flüsterte: »Langsam oder schnell?« Abhängig von meiner Antwort wählte er dann eine der beiden Rhythmusarten, die er spielen konnte.

Die Schulabschlussparty am Ende unseres vorletzten Schuljahres sollte der Höhepunkt unserer Saison werden. Unsere Band war mit Feuereifer dabei, der Verstärker heulte und so auch die Schüler auf der Tanzfläche. Doch auf dem Höhepunkt der Ekstase wurde es im Raum auf einmal völlig still. Als ob jemand einen Film in einem spannenden Moment angehalten hätte, verharrten alle regungslos. Der Sittenwächter vom Dienst, ein humorloser, steifer Mathelehrer, hatte genug von unserem Unsinn und wandte die einzige Waffe an, die er zur Verfügung hatte: Er zog den Stecker. Die plötzliche Stille wirkte auf die begeisterte Menge nicht nur so ernüchternd wie ein Schwall kaltes Wasser, sie hatte auch symbolische Bedeutung. Die ältere Generation konnte unseren jugendlichen Überschwang nicht tolerieren und wollte alles dafür tun, um ihn in seine Grenzen zu weisen.

Vier Jahre später, in meinem dritten Jahr an der Universität. Ich hatte gerade das begehrte Karl-Marx-Stipendium erhalten, für das exzellente Noten und Ideologietreue Voraussetzungen waren. Eines Abends hörte ich wieder einmal eines meiner Lieblings-Radioprogramme (aus dem Westen und ausdrücklich verboten). Anscheinend hatte ich den Kurzwellenempfänger zu laut gedreht, denn mein Zimmernachbar belauschte mein Vergehen durch die dünnen Wände. Zwei Tage später wurde ich in das Büro des lokalen Parteisekretärs bestellt. Ich hatte keine Ahnung, warum, aber ich fand es schnell heraus. Sobald ich in sein Zimmer getreten war, schloss Genosse Dr. Mikkeleit die Tür hinter uns und sagte mit ernster Miene: »Genosse Dittrich, ich bin sehr enttäuscht von Ihnen.« Er machte eine Pause, um meinem Hirn Zeit zu geben, fieberhaft nachzudenken, welchen Verbrechens ich mich schuldig gemacht hatte. Er fuhr fort: »Sie müssen diskreter sein, stellen Sie Ihr Radio leiser. Ich will nicht noch einmal so einen Bericht erhalten«, und wedelte mit einer handgeschriebenen Notiz vor meinem Gesicht. Dem gab es nichts hinzuzufügen. Er verabschiedete mich mit einem kleinen, verschwörerischen Grinsen, das ich nie vergessen werde.

Zwei Jahre später durften Dr. Mikkeleit und sein Kollege Dr. Hauke, auch ein Parteimitglied, eine wissenschaftliche Konferenz in London besuchen. Solche Reisen waren große Privilegien und natürlich mussten sie nach ihrer Rückkehr beim nächsten Parteigruppentreffen ausführlich Bericht erstatten. Für beide war es die Reise ihres Lebens gewesen und der Höhepunkt war: ein Live-Konzert der Rolling Stones!

6

Ich saß an einem heißen Juniabend am Tisch meines Wohnheimzimmers und kämpfte mit einer verzwickten Mathematikaufgabe, als Rosi ins Zimmer trat. Rosi war eines der Mädchen im Wohnheim, das sich öfter mit den Jungen unterhielt. Sie war klug, witzig, attraktiv und freundlich.

»Hey Albrecht, ein paar von uns schauen uns heute Abend *Die drei Musketiere* im Freilichtkino an. Wir haben die Erlaubnis, länger auszugehen. Willst du mitkommen?«

Ich schaute sie überrascht an und sagte scheu: »Ich weiß nicht recht. Ich habe noch viele Hausaufgaben.«

Rosi lachte. »Seit wann brauchst du so viel Zeit für Hausaufgaben? Ich wünschte, ich wäre so schlau wie du. Komm schon, es wird bestimmt lustig!«

Rosi war fast ein Jahr älter als ich und sie war bereits eine voll entwickelte junge Frau. Für einen dürren, unerfahrenen Jungen vom Land war sie eindeutig eine Klasse zu hoch. Und doch … Konnte es sein? Es war zwar keine richtige Verabredung, aber hatte mich diese hübsche junge Frau nicht gerade gefragt, ob ich mit ihr ausgehen wollte?

Bis zu diesem Moment hatte ich Mädchen nur aus der Ferne heimlich angestaunt. Seit dem Kindergarten hatte es immer wieder das eine oder andere hübsche Mädchen gegeben, das ich gern als Freundin gehabt hätte, aber ich war immer zu scheu gewesen, um sie anzusprechen. Für mich waren Mädchen magische Wesen, die verehrt, bewundert und mit Freundlichkeit und Liebe behandelt werden sollten, besonders die schönen.

Und jetzt zeigte eine schöne junge Frau so viel Interesse an mir, dass sie mich fragte, ob ich mit ins Kino gehen würde. Ich hoffte, dass Rosi nicht merkte, wie mein Herz schneller schlug, als ich mich zurücklehnte, mich am Kopf kratzte und mit mühsam gespielter Gelassenheit antwortete: »Also gut, du hast mich überredet. Wann gehen wir?«

»Jetzt!«, sagte sie.

Mir war plötzlich schwindelig, und jeder Vorsatz, am Tisch zu bleiben und Mathematikaufgaben zu lösen, war wie weggeblasen.

Für diesen besonderen Kinobesuch hatte die Wohnheimaufsicht die Nachtruhe von zweiundzwanzig Uhr auf Mitternacht verlegt. Gegen einundzwanzig Uhr machten wir uns auf den zwanzigminütigen Fußweg zum Freilichtkino. Unsere Gruppe bestand aus mehreren Jungen und Mädchen, aber als hätten wir uns abgesprochen, blieben Rosi und ich ein paar Meter hinter den anderen zurück und schlenderten schweigend Seite an Seite einen sich schlängelnden Seitenweg durch eine Kleingartenanlage entlang, in der die Sommerblumen blühten. Es war immer noch etwa sechsundzwanzig Grad warm und Rosi trug ein ärmelloses, geblümtes Sommerkleid.

Durch ihre Nähe ermutigt, streifte ich »versehentlich« ihre Hand, und zu meiner Überraschung und Freude ergriff sie meine. Den Rest des Weges hielten wir uns an den Händen, sagten aber kein Wort.

Nach der Filmvorführung, von der mir nichts in Erinnerung geblieben ist, machten wir uns auf den Heimweg und gingen wieder ein paar Meter hinter der Gruppe. Im Schutz der Dunkelheit versuchte ich unbeholfen, ihre Lippen zu finden. Als ich sie fand, reagierte sie leidenschaftlich und (rückblickend) mit Erfahrung. Bevor wir uns gegen Mitternacht in unsere jeweiligen Wohnheimzimmer begaben, folgte ein weiterer süßer Gutenachtkuss und unsere erste Umarmung.

Am nächsten Morgen waren meine Lippen wund und mein Kinn schmerzte, aber ich schwebte wie auf Wolken, und das verliebte Grinsen, das unauslöschlich in mein Gesicht eingegraben war, war für niemanden zu übersehen. Nach sechzehn Jahren ohne nennenswerte Liebe und nach vielen Jahren, in denen ich mich nach weiblicher Gesellschaft gesehnt hatte, war ich sicher, die Liebe meines Lebens und das Mädchen, das ich eines Tages heiraten würde, gefunden zu haben. Was für Rosi wahrscheinlich nur ein belangloser Flirt war, war für mich vollkommene Leidenschaft.

Zu meinem Kummer blieben nur noch zwei Wochen bis zu den Sommerferien. Ich konzentrierte also meine ganzen aufgestauten Gefühle auf meine neue Freundin und verbrachte jede freie Minute in Rosis Gegenwart. Wenn wir nicht zusammen waren, träumte ich von ihr und schrieb ihren Namen auf Bücher, Taschen, Tische, meine Hände – alles, was meinem klecksenden Kugelschreiber zum Opfer fiel. Ich schickte ihr kleine Zettel mit Liebeserklärungen wie: »Ich bin du und du bist ich.«

Die Sommerferien ohne sie würden schmerzlich lang werden, aber ich würde ihr schreiben und die ganze Zeit an sie denken. Und ich war sicher, dass sie das Gleiche tun würde.

★ ★ ★

Obwohl das Schuljahr fast zu Ende war, schaffte ich es noch, mich vor dem Beginn der Sommerferien in Schwierigkeiten zu bringen.

Meine Mutter verkündete immer jedem, der ihr zuhörte, voll Stolz: »Albrecht ist sehr, sehr klug und folgsam.« Angesichts der gelegentlichen Prügel, die ich von meinem Vater bekam, war das »folgsam« vielleicht mehr Traum als Wirklichkeit. Jedenfalls konnte die elterliche Züchtigung zu Hause an meinem Verhalten in der Schule nichts ändern. Und je weiter sich meine Fähigkeiten, zu denken, zu argumentieren und zu antworten, entwickelten, umso öfter forderte ich Autoritäten heraus.

Oma Hedwig hatte mir immer geraten: »Zähle bis zehn und atme tief ein, bevor du den Mund aufmachst.« Aber an diesen weisen Rat dachte ich nicht, als ich eines warmen Juninachmittags meinen Mathematiklehrer vor der ganzen Klasse herausforderte.

Wir quälten uns durch einen Berg der langweiligsten Rechnungen der Algebra: Quadratwurzeln und Logarithmen. Während Herr Traubach die Tafel mit Formeln füllte, die er aus einem großen Notizbuch abschrieb, hob ich die Hand.

»Ja, Herr Dittrich?« Unsere Lehrer siezten uns und wie üblich stand ich für die Antwort von meinem Platz auf.

»Könnten Sie uns erklären, warum wir diesen ganzen Quatsch lernen müssen?«, fragte ich.

Herrn Traubachs Gesicht lief knallrot an und im Klassenzimmer herrschte Totenstille.

»Setzen Sie sich!«, war seine ganze Antwort, und die letzten zehn Minuten dieser Schulstunde vergingen unter einer Wolke schweren Unbehagens. Am nächsten Tag wurde ich von der vordersten in die hinterste Reihe versetzt, außerdem wurde ich zum Direktor bestellt. Er war ein kleiner, drahtiger Mann mit durchdringenden Augen, Adlernase und gewellten dunkelbraunen Haaren. Er strahlte Autorität aus und war einer der wenigen an der Schule, die ich wirklich respektierte. Als ich die Tür hinter mir schloss und vor seinem Schreibtisch stand, war nicht zu verkennen, dass ich in Schwierigkeiten steckte.

»Herr Dittrich, Ihr Verhalten im Unterricht ist inakzeptabel. Sie sind ein sehr kluger junger Mann, aber Ihr Verhalten wird dem Potenzial, das in Ihnen steckt, absolut nicht gerecht. Der Besuch der Oberschule ist ein Privileg. Verspielen Sie es sich nicht mit Ihren albernen Scherzen. Sie müssen das ändern oder Sie werden Strafen erhalten.«

Bla, bla, bla, dachte ich auf dem Rückweg ins Klassenzimmer. *Die Hand meines Vaters ist viel gefährlicher als dein Mund.* Aber ich sollte bald schmerzlich daran erinnert werden, dass die Worte eines Direktors ernst zu nehmen sind.

Am Montag der letzten Schulwoche versammelten sich die Schüler zum üblichen Fahnenappell. Wie sonst auch achtete ich nicht besonders darauf, was vorne gesagt wurde, bis plötzlich mein Name genannt wurde und ich brutal aus meinen Tagträumen gerissen wurde.

»Herr Wlochal und Herr Dittrich, treten Sie vor die Versammlung!«

Ich hatte kaum genug Zeit vorzutreten, als der Direktor schon begann, den versammelten Schülern und Lehrern eine

Erklärung vorzulesen. »Herr Dittrich, Sie erhalten hiermit einen öffentlichen Tadel wegen mangelnder Disziplin, Störung des Unterrichts und Aufwiegelung Ihrer Klassenkameraden zu einem Verhalten, das eines jungen Kommunisten nicht würdig ist. Sie bekommen eine Verwarnung. Wenn Sie sich nicht ändern, werden Sie der Schule verwiesen.«

Das »Blablabla« war zu einer echten Bedrohung meiner Zukunft geworden. Ein Schulverweis würde sich sehr negativ auf meine Zukunft auswirken. Mein Magen schmerzte und ich konnte den ganzen Tag keinen einzigen klaren Gedanken fassen. Auf dem Weg vom Klassenzimmer zum Wohnheim – normalerweise eine Gelegenheit, sich ausgelassen zu unterhalten – schlurfte ich hinter der Gruppe her, ließ den Kopf hängen und sinnierte über meine Zukunft nach.

Das war die erste ernsthafte Krise in meinem Leben. Als ich Rosi traf, sagte sie: »Albrecht, wenn dir etwas an unserer Beziehung liegt, dann ändere bitte, bitte dein Betragen!«

Ich wollte ihr zeigen, dass ich ihrer Liebe würdig war. Das motivierte mich mehr als alles andere zusammengenommen.

Ich war während der zwei Monate Sommerferien sehr beschäftigt – ich unternahm Campingausflüge und arbeitete in einer Fabrik –, aber ohne Rosi erschien mir das ganze Leben völlig sinnlos. Wir hatten uns versprochen, abends aneinander zu denken und um Punkt einundzwanzig Uhr den hellsten Stern am Himmel anzusehen. Ich machte das treu jeden Abend und es war sehr emotional für mich. Die wenigen Briefe, die wir uns schrieben, machten das Warten erträglicher, aber ich konnte es trotzdem kaum erwarten, im September wieder zur Schule zu gehen.

Eines Sonntagmorgens wachte ich früh auf und ging vorsichtig die knarrenden Stufen der Holztreppe hinab, die die Wohnräume mit dem ersten Stock verband. Meine Eltern schliefen sonntags oft länger, also schlich ich ins Arbeitszimmer, um mir ein Buch zu suchen und bis zum Frühstück zu lesen. Zu meiner Überraschung waren meine Eltern bereits wach und stritten im Wohnzimmer. Es ging ziemlich heftig zu, auch wenn sie ihre Lautstärke zu drosseln versuchten. Als ich mich der Tür näherte, konnte ich verstehen, was sie sprachen.

»Mir reicht's«, sagte mein Vater. »Ich lasse mich scheiden.«

Ich hörte meine Mutter lachen und sagen: »Beruhige dich, Heinz. Es ist doch normal, dass sich Ehepartner streiten. Wir sollten mit dieser albernen Diskussion aufhören, bevor wir die Jungen wecken. Soll ich das Frühstück machen?«

Diese Antwort machte meinen Vater noch wütender und er erhob die Stimme.

»Du verstehst mich anscheinend nicht: Ich lasse mich scheiden. Ich habe deine Bevormundung so satt. Immer musst du alle Regeln im Haus aufstellen. Ich will leben! Ich will atmen! Ich lasse mich scheiden!«

Damit verließ er das Haus, stieg ins Auto und fuhr davon. Ich schlich wieder die Treppe hinauf, fassungslos und voller Schuldgefühle, weil ich gelauscht hatte.

Bevor ich jedoch im ersten Stock ankam, hörte ich einen lauten, dumpfen Schlag im Wohnzimmer. Ich lief wieder hinunter und fand meine Mutter bewusstlos auf dem Boden liegen. Ich setzte sie auf und zog sie aufs Sofa. Für einen dürren Sechzehnjährigen keine leichte Aufgabe. Bevor ich Zeit hatte zu überlegen, was als Nächstes zu tun war, kam meine Mutter zu sich und setzte sich auf, ohne zu sprechen. In ihrem Gesicht stand ein benommener Blick wie aus einer anderen Welt. Sie starrte eine gefühlte Ewigkeit ins Leere. Schließlich riss sie sich zusammen, stand mit einem Ruck auf und eilte die Treppe hinauf.

Als ich direkt über mir schwere Schritte auf dem Dachboden hörte, tauchte unweigerlich das gruselige Bild meiner Mutter an einem Seil am Deckenbalken vor meinem geistigen Auge auf. Also ging ich die Treppe zum Speicher hinauf und spähte durch die halb offene Tür. Zu meiner Erleichterung beschäftigte sie sich mit irgendwelchen Putzarbeiten.

Meine Mutter und ich sprachen den Rest dieses Sonntags kaum ein Wort. Ich fragte nicht, wo mein Vater war, und falls mein Bruder fragte, bekam ich es nicht mit. In der folgenden Woche beschränkten sich unsere Gespräche auf das absolute Minimum, um die Logistik des Haushalts zu regeln.

Mein Bruder und ich erfuhren nie Genaueres über das Scheidungsverfahren. Eines Tages rief mich mein Vater ins Wohnzimmer. Während wir uns am Tisch gegenüberstanden, sagte er: »Albrecht, das Gericht wird bald die Scheidung aussprechen. Da du sechzehn bist, hast du bei der Entscheidung, bei wem du leben willst, wenn du nicht im Internat bist, ein Mitspracherecht.«

Ich hatte für mich die Entscheidung bereits getroffen und verlor keine Zeit, das klarzustellen.

»Vati«, sagte ich, »Hans-Günther und ich würden gern hier bei Mutti bleiben.«

Das typische Zucken seiner Zunge verriet, dass mein Vater von meiner Antwort enttäuscht war, aber er sagte kein Wort. Stattdessen nickte er kurz und marschierte zur Tür hinaus.

Ende Juli zog er in eine Einzimmerwohnung nahe der Schule in Bad Muskau. Aber obwohl ich ihn auf seinen Wunsch hin einmal besuchte, war klar, dass wir uns nichts mehr zu sagen hatten. Die Beziehung, die nie eine richtige Beziehung gewesen war, hatte ihr Ende erreicht – endgültig. Nach einigen Minuten unangenehmen Schweigens redete ich mich heraus, dass ich einem Freund helfen müsse, sein Fahrrad zu reparieren. Dann stand ich auf und ging. Er wirkte fast erleichtert, als er mir nachsah. Nach diesem Tag verlor ich kaum noch einen Gedanken an den Mann, der mich gezeugt hatte.

An unserem ersten Schultag nach den Ferien sah ich Rosi erst nach Unterrichtsende. Wir schlenderten gemeinsam zum Wohnheim zurück, spazierten über die Spree und eine Schotterstraße entlang. Ich war außer mir vor Freude, wieder mit meiner einzigen wahren Liebe zusammen zu sein, aber irgendetwas stimmte nicht.

Als Rosi schließlich den Mund aufmachte, sprach sie zuerst zögernd, doch dann kam sie schnell zur Sache.

»Albrecht, du weißt, dass ich dich wirklich mag…«

Ich schaute sie von der Seite an, aber sie hatte die Augen abgewandt und den Kopf gebeugt.

»Was ist los, Rosi?«

Sie atmete ein und setzte erneut an. »Albrecht, ich hatte

vor dir einen Freund und jetzt bin ich wieder mit ihm zusammen. Er ist aus meinem Dorf und er studiert im zweiten Jahr Medizin. Er hat mich im Sommer besucht und wir sind wieder zusammengekommen.«

Ich blieb abrupt stehen. Einen Moment lang wirbelte in meinem Kopf alles durcheinander. Schließlich stammelte ich: »Aber ... aber ... was ist mit deinem Versprechen? Was ist mit unserem Stern? Was ist mit allem, was uns beide verbindet? Weißt du denn nicht, wie sehr ich dich liebe?«

Rosi antwortete leise und schaute mir immer noch nicht in die Augen: »Ich dachte, wir hätten einfach Spaß miteinander. Du hast alles viel zu ernst genommen. Aber ich hätte es dir sagen sollen. Es tut mir wirklich leid.«

Es war unvorstellbar, sie zu verlieren, aber ich konnte schon in diesem Moment fühlen, dass die Distanz zwischen uns größer wurde.

»Können wir trotzdem Freunde bleiben?«

»Ja, natürlich«, sagte sie mit hörbarer Erleichterung, und zum ersten Mal, seit wir die Schule verlassen hatten, schaute sie mir in die Augen.

Für mich ließ ihre Antwort eine Hintertür offen, und ich beschloss, dass ich sie zurückgewinnen würde. Vor uns lagen immer noch zwei volle Schuljahre, in denen ich in ihrer Nähe sein würde. Während des gesamten Schuljahres suchte ich Rosis Gesellschaft und machte mich nützlich, wo ich konnte. Ich half ihr bei ihren Hausaufgaben, trug auf dem Weg zur Schule ihre Taschen und hörte ihr zu, wenn sie über etwas sprechen wollte. Ich verfolgte hartnäckig meinen Plan, sie zurück-

zugewinnen, und täuschte einmal sogar einen Ohnmachtsan-
fall vor. Aber nichts half, und als wir uns am Schuljahresende
trennten und jeder nach Hause fuhr, waren wir immer noch
lediglich gute Freunde. Aber ich gab nicht auf.

7

Am Ende der elften Klasse reiste meine Klasse nach Weimar und besuchte das Konzentrationslager Buchenwald. Diese obligatorische Exkursion war eine brillante Strategie der DDR-Behörden, ausgedacht mit dem Ziel, künftige Generationen fest auf das antifaschistische, prokommunistische Erbe unseres Volkes zu verpflichten.

Im Bus nach Weimar saßen vierzig Schüler, ein fröhlicher Haufen, der während der vierstündigen Fahrt Lieder sang und lachte. Aber alle Ausgelassenheit verschwand, als wir vor dem Eingang des ehemaligen Konzentrationslagers mit der berühmten Aufschrift *Jedem das Seine* über dem schmiedeeisernen Tor aus dem Bus stiegen. Unsere Ausgelassenheit wich einem bedrückten Schweigen, das während unseres gesamten Besuchs auf dem Gelände anhielt.

Wir folgten dem Museumsführer in den großen Innenhof, wo der Morgenappell stattgefunden hatte. Die Wachtürme, von Stacheldraht umgeben, ragten drohend über uns in die Höhe. Wir wurden durch das Museum in ein Gebäude geführt, in dem früher die Lagerverwaltung untergebracht gewesen war. Wir gingen an Wänden mit unzähligen Bildern vorbei, die ausgemergelte, halb nackte Insassen zeigten, Leichen, die in ein Massengrab geworfen wurden, Bilder von unbeschreiblicher Grausamkeit, deren Anblick uns den Magen umdrehte.

Im nächsten Raum waren Lampenschirme aus tätowierter Menschenhaut und sogar zwei Schrumpfköpfe ausgestellt. Das war kaum zu ertragen. Ich hörte, dass mehrere Mädchen zu schluchzen begannen, während sie sich den Mund zuhielten und versuchten, ihre Tränen zu unterdrücken. Wie die meisten anderen Jungen senkte ich den Kopf vor Entsetzen über das, was hier geschehen war, blieb aber äußerlich unbewegt.

Doch die Führung war noch nicht zu Ende. Wir gingen weiter in das Krematorium, in dem die Toten verbrannt worden waren, bis von den Menschen, die noch wenige Stunden zuvor gelebt hatten, nur noch Asche übrig gewesen war.

Von der Museumsleitung klug geplant, endete die Führung in dem Raum, in dem eine Genickschussanlage nachgebaut war. Ahnungslosen Opfern wurde gesagt, man wolle ihre Größe messen, dann stellte man sie an die Wand vor eine Messlatte. Sobald sie dort standen, wurde ein Loch in der Latte geöffnet, und ein Schütze auf der anderen Seite der Mauer tötete das Opfer mit einer Kugel in den Nacken. Man sagte uns, dass Ernst Thälmann, der Anführer der Kommunistischen Partei Deutschlands, auf diese Weise getötet worden sei.

Thälmann war in der DDR ein fast mythischer Held. Er hatte sehr früh gegen Hitler und die Nazis gekämpft und war angeblich ein durch und durch guter Mensch gewesen, der im Kampf gegen die Geißel des Faschismus gestorben war.

Für mich schloss sich der Kreis: Hitler war der personifizierte Satan; die Sowjetunion hatte Hitler besiegt. Ernst Thälmann war im Kampf gegen Hitler gestorben und die SED setzte jetzt in Ostdeutschland Thälmanns Kampf gegen die Neonazis in Westdeutschland und ihre amerikanischen Verbündeten fort.

In diesem Moment schwor ich, mein Bestes zu geben, falls ich je eine Gelegenheit bekäme, einen Beitrag zur Zerstörung der bösen Mächte des Faschismus und Kapitalismus zu leisten. Dieser Schwur wurde zur treibenden Kraft für Entscheidungen, die ich in späteren Jahren traf.

Nachdem wir Buchenwald verlassen hatten, besuchten wir Weimar, wo Johann Wolfgang von Goethe und Friedrich Schiller viele Jahre gelebt hatten. Von dort fuhren wir weiter nach Jena, um die Universität und das berühmte Carl-Zeiss-Planetarium zu besichtigen. Ich verliebte mich auf Anhieb in Jena und traf eine weitere Entscheidung, die meinen Lebensweg bestimmte: Ich wollte in Jena zur Universität gehen und Chemie studieren.

Die Sommerferien kamen und gingen und bald begann mein letztes Jahr an der Schule. Inzwischen hatten sich meine Noten deutlich verbessert, und ich war auf dem besten Weg, mein Abitur mit Auszeichnung zu machen. Ich hatte gelernt, erfolgreich im System zu funktionieren, und alle Lehrer behandelten mich jetzt mit Respekt.

Für mich war das der Anfang einer zehnjährigen Phase, in der ich akademische Höchstleistungen erbrachte und zu Ruhm und einer großen Karriere im ostdeutschen System bestimmt zu sein schien. Die Kombination aus akademischem Erfolg und dem Fehlen einer Vaterfigur oder eines erfahrenen Mentors, der mir die Richtung weisen und mir die dringend benötigte Dosis Demut hätte verabreichen können, führte leider dazu, dass ich ein zu großes Selbstvertrauen entwickelte. Es grenzte an Arroganz; dazu kamen ein starker Drang nach Unabhängigkeit und eine tief verwurzelte Verwundbarkeit. Diese Eigenschaften waren, wie sich herausstellte, entscheidende Elemente einer psychischen Veranlagung, die mich zu einem ausgezeichneten Kandidaten für den riskanten Beruf des Geheimagenten machte.

Als ich am Schuljahresbeginn nach Spremberg ins Internat zurückkehrte und erfuhr, dass Rosi mit ihrem Medizinstudenten Schluss gemacht hatte, war ich begeistert. Jetzt hatte ich freie Bahn, ohne Konkurrenten, wie ein Fußballspieler vor dem Tor, der die gesamte Verteidigung ausgespielt hat und den Ball nur noch locker über die Linie drücken muss.

An Weihnachten zahlten sich meine Geduld und Hartnäckigkeit schließlich aus und Rosi wurde wieder meine Freundin. Im Laufe des Schuljahres sprachen wir davon, unsere Beziehung auf die nächste Ebene zu bringen, und kurz nach meinem achtzehnten Geburtstag wurden wir ein Liebespaar. Aber als die Abschlussprüfungen näher rückten und unsere Zukunftspläne konkreter wurden, bewegte sich unser Leben in unterschiedliche Richtungen. Rosi würde nach Berlin gehen, um Psychologie zu studieren, und ich würde meinen Plan verwirklichen und in Jena mit dem Studium der Chemie anfangen.

Obwohl man mit dem Zug von Jena nach Berlin acht Stunden brauchte und Telefone immer noch selten waren, ignorierte ich diese ungünstigen Faktoren in ungezähmtem Optimismus. Ich war überzeugt, dass es nicht lange dauern würde, bis Rosi und ich wieder zusammenleben und schließlich heiraten würden. Mir fiel nicht auf, dass Rosi unsere gemeinsame Zukunft bei Weitem nicht so rosig sah wie ich.

Der 16. Juni 1967 war ein besonders trüber Tag in Spremberg. Schwere Wolken hingen über der Stadt, und ein kalter Dauerregen setzte jedem zu, der sich ins Freie wagte. Das trübe Wetter spiegelte meine Stimmung wider: Es würde mein letzter Tag mit Rosi sein, bevor sich unsere Wege trennten. Die meisten anderen Schüler waren bereits abgereist und das Wohnheim war leer. Nachdem wir alle unsere Sachen gepackt hatten, saßen wir auf meinem Bett und schauten uns nur an.

Im verzweifelten Versuch, die Zeit anzuhalten, klammerten wir uns aneinander, bevor Rosi fahren musste. Ich schaute ihr nach, während sie den Weg entlangging und aus meinem Blickfeld verschwand, aber sie drehte sich kein einziges Mal mehr um.

Nachdem sie gegangen war, nahm ich meinen Koffer und stapfte in den trüben Nachmittag hinaus, während sich meine heißen Tränen mit den kühlen Regentropfen vermischten. Als ich am Bahnhof ankam, war ich völlig durchnässt, aber das Elend meines äußeren Zustands verblasste im Vergleich zu der unbeschreiblichen Leere, die sich in meiner Seele aufgetan hatte.

Vielleicht wusste ich tief in meinem Herzen, was unweigerlich kommen musste. Trotzdem traf es mich schwer, als im August Rosis endgültiger Abschiedsbrief eintraf. Es war ihr erstes Schreiben, nachdem wir uns Lebewohl gesagt hatten. Ich öffnete den Brief mit einer Mischung aus Hoffnung und Angst.

Lieber Albrecht,
es tut mir sehr leid, Dir sagen zu müssen, dass unsere Beziehung zu Ende ist. Wir hatten in unserer gemeinsamen Zeit an der

Schule viel Spaß, aber jetzt ist die Zeit gekommen, getrennte Wege zu gehen. Bitte versteh, dass wirklich Schluss ist. Es gibt keine andere Möglichkeit. Es tut mir sehr leid, wenn Dich das verletzt, aber letztendlich ist das für uns beide die beste Lösung.

Viele Grüße
Rosi

Nun erstreckte sich die Leere, die ich in den letzten beiden Monaten gefühlt hatte, in ganz neue Dimensionen: Sie war zu meiner Zukunft geworden. Als ich später bei einem Besuch in Berlin einen letzten Versuch unternahm, Rosi zurückzugewinnen, scheiterte ich ein letztes Mal kläglich und musste mich mit meiner Niederlage abfinden.

Das Ende unserer Beziehung hinterließ tiefe, unauslöschliche Spuren in meiner Seele. In den ersten zwei Jahren in Jena vergrub ich mich in mein Studium und vermied den Kontakt zu Frauen. Nachdem ich mich für die Liebe geöffnet und daraufhin einen Schlag ins Gesicht bekommen hatte, schwor ich mir, dass mir das nie wieder passieren würde. In Zukunft würde nichts und niemand meine Schutzmauer durchdringen. Erst später fand ich heraus, dass die Fähigkeit, auf ein Ziel zuzumarschieren, ohne sich von Gefühlen oder Beziehungen zurückhalten zu lassen, die wichtigste Bedingung für einen Undercover-Einsatz in einem feindlichen Land ist. Aber damals hatte ich keine Ahnung, wie tief greifend meine Beziehung zu Rosi den Verlauf meines Lebens beeinflusst hatte.

8

An einem schwülen Tag Anfang September schleppte ich meine schweren Taschen den letzten Kilometer vom Bahnhof zum Studentenwohnheim in Jena. Mein Magen knurrte, mein Mund war trocken und meine Muskeln waren müde, aber ich war bester Laune. Dies war der erste Tag meines Lebens als Erwachsener.

Jena war die Erfüllung eines Traums, eine Stadt mit öffentlichen Verkehrsmitteln und unzähligen Geschäften jeder Art – Metzgereien, Bäckereien, Bekleidungsgeschäften und Restaurants. Und dann war da natürlich die eindrucksvolle Universität mit ihren 10 000 Studenten und ihrer vierhundert Jahre alten Geschichte.

Als ich schließlich in der Nollendorfer Straße 26 ankam, blieb ich einen Moment lang stehen und schaute verwundert an dem ungewöhnlich aussehenden dreistöckigen Hotel hinauf, das kurz nach der Jahrhundertwende gebaut worden war und jetzt als Studentenwohnheim diente. Ich meldete mich bei der Wohnheimverwaltung, bekam mein Zimmer zugewiesen und begab mich in die achtzehn Quadratmeter große Kammer mit kahlen Wänden, in der drei Metall-Stockbetten, ein verkratzter Holztisch und ein spartanischer Kleiderschrank standen. Dieses Zimmer sollte ich in den nächsten zehn Monaten mit fünf anderen klugen jungen Männern teilen. Als ich sah, dass ich der Erste war, belegte ich das, wie ich aus meiner Wohnheimerfahrung wusste, beste Bett: das obere Bett mit dem größten Abstand zur Tür.

Inzwischen hatte ich großen Hunger, verschlang die zwei belegten Brote, die mir meine Mutter für die Fahrt eingepackt hatte, und setzte mich auf mein Bett, um auf das Eintreffen meiner Zimmergenossen zu warten. Während ich aß, überkam mich plötzlich große Dankbarkeit für meine Mutter. Auch wenn sie mir nicht die Liebe hatte zuteilwerden lassen, die ich als Kind gesucht hatte, hatte sie meinen Bruder und mich doch gut versorgt. Ich holte also einen Stift und ein Blatt Papier heraus und schrieb ihr einen Brief, in dem ich meinen aufrichtigen Dank ausdrückte und mich auch für allen Kummer entschuldigte, den ich ihr in der Vergangenheit bereitet hatte.

Als meine Zimmergenossen eintrudelten, schaute ich mit einer gewissen Belustigung zu, wie sie versuchten, ihre Kleider in dem überquellenden Schrank zu verstauen. Die meisten Sachen blieben in ihren Koffern, die unter die Betten geschoben wurden. So beengt und spärlich möbliert unsere Wohnverhältnisse auch waren, stellten wir doch bald fest, dass wir Glück hatten. Der Rest der männlichen Erstsemester in Chemie – die besten und klügsten Schüler der DDR – waren alle zusammen in einem einzigen großen Raum in einem Gebäude am anderen Ende der Stadt untergebracht.

Der letzte meiner Mitbewohner, der eintraf, war Klaus, ein Rotschopf mit aufmerksamen, tief sitzenden Augen. Ich fand schnell heraus, dass Klaus auf dem Campus eine Rarität war: Er war Katholik und unternahm keinen Versuch, seinen Glauben an Gott zu verstecken. Aber er war klug genug, keine Bekehrungsversuche bei seinen fünf atheistischen Zimmergenossen zu starten. Klaus war der einzige sich offen bekennende Christ, den ich in meinen sechs Jahren an der Universität traf. Was von der früher lebendigen Theologischen Fakultät übrig geblieben war, hatte jetzt auf dem Campus keine Stimme mehr; in unseren Philosophiekursen lernten wir Marxismus-Leninismus, jede andere Philosophie oder Religion fiel unter den Tisch.

Als das Semester anfing, wurde die Arbeitslast bald erdrückend. Wir wurden von allen Seiten mit Wissenschaft bombardiert – Vorlesungen, Seminare, Laborstunden, dazu unzählige Seiten Pflichtlesestoff und eine scheinbar endlose Reihe von Laborberichten, die wir einreichen mussten. Da nur die besten zehn Prozent der Studenten zu diesem Studiengang zugelassen worden waren, hatte die Elitefakultät einen Studienplan erstellt, der einem wissenschaftlichen Frontalangriff gleichkam. Die Anforderungen dieses »Chemie-Bootcamps« waren so hoch, dass ein Viertel der Studienanfänger bis zum Ende des Jahres sein Studium abbrach.

Wir hatten bald einen Tagesplan, der uns an den Wochentagen von sechs bis dreiundzwanzig Uhr auf Trab hielt, dazu vier Stunden Pflichtunterricht im Labor am Samstagvormittag. Danach fuhren die meisten Studenten, die nahe Jena wohnten, nach Hause. In meinem Zimmer blieben an den Wochenenden nur Spencer und ich zurück, da wir beide mehrere Stunden Fahrt entfernt wohnten.

Ich verbrachte viel Zeit mit meinem neuen Freund Günter, der in Jena wohnte. Seine Familie nahm mich mit offenen

Armen auf. Günter und ich spielten Schach, unterhielten uns über alles Mögliche oder hörten Schallplatten aus seiner gro-ßen Musiksammlung – er hatte alles von Klassik über Beat bis zu Jazz. Samstagabends gingen wir oft in den Studentenklub *Rosenkeller* auf ein Bier und zum Tanzen – nun ja, meistens nur auf ein Bier. Ich hatte dort immer die Hoffnung, eine hüb-sche junge Frau kennenzulernen, aber ich ging jedes Mal etwas angetrunken und ohne weibliche Begleitung gegen Mitternacht ins Wohnheim zurück.

Schon ganz am Anfang meines ersten Semesters sprach ich den Basketballtrainer der Universität an. Obwohl ich bisher an der Oberschule nur ein einziges Spiel gespielt hatte, wusste ich, dass ich die Voraussetzungen hatte. Mit meiner Körpergröße von 1,90 Metern gehörte ich zu den größten Studenten auf dem Campus und ich konnte es im Laufen und Springen mit den Besten aufnehmen.

Trainer Stange stellte mich in meinem ersten Jahr in der zweiten Mannschaft auf, aber indem ich mich im Training gegen den 1,96 Meter großen Center in der Startmannschaft behauptete, erwarb ich mir den Respekt meiner Mitspieler, und zum Beginn der nächsten Saison hatte ich mich in die erste Mannschaft hochgearbeitet.

In den nächsten vier Jahren genoss ich das Training, die Spiele und die Turniere – und vor allem die Kameradschaft. Es war das allererste Mal, dass ich Teil eines Teams war, das zusammenarbeiten musste, um Erfolg zu haben. Das habe ich geliebt. Wir schimpften zusammen über den Trainer und wir gewannen oder verloren die Spiele gemeinsam als Mannschaft. Egal, wie ein Spiel ausging, es floss danach immer Bier.

Die Basketballmannschaft wurde für mich zu einer Familie, der ich mich näher fühlte als meiner Familie zu Hause. Einmal ließ ich sogar eine Pflichtkonferenz der Kommunistischen Partei ausfallen, weil ich ein wichtiges Turnier hatte.

Während meiner Studienzeit spielte Basketball in meinem Leben eine sehr wichtige Rolle. Ich fühlte mich geliebt und geschätzt, selbst an Tagen, an denen ich nicht sehr gut spielte. Durch den Zusammenhalt in der Mannschaft und die Kameradschaft entwickelten sich Freundschaften, wie ich sie nie zuvor erlebt hatte. Ich lernte zu schätzen, wie wertvoll der Einsatz für etwas war, das größer war als ich selbst.

Während ich mich in die Basketballmannschaft fügte und dort meinen Platz fand, entdeckte ich im Unterricht Möglichkeiten aufzufallen – ob beabsichtigt oder nicht. Obwohl ich nicht unbedingt der Klügste in dieser Elitegruppe war, schaffte ich es, mir durch harte Arbeit, Intelligenz und ein wenig Glück einen Ruf als brillanter Kopf zu erwerben.

Das intensivste Seminar unseres ersten Studienjahres war der Kurs in Allgemeiner Chemie. Der Dozent, Dr. Walther, war ein klein gewachsener, dürrer Mann, dessen scharfe Gesichtszüge mich an Pinocchio erinnerten. Dr. Walther war das klassische Beispiel eines Eliteakademikers in der DDR: klug, prägnant und sehr von sich eingenommen. Er behandelte uns Studenten, als könnte ihm keiner das Wasser reichen, was bei vielen von uns vermutlich auch zutraf. Die meisten meiner Kommilitonen schienen sich von dem mächtigen Dr. Walther einschüchtern zu lassen, aber Günter und ich sahen seine Arroganz eher als Herausforderung, wir strotzten ebenfalls vor Selbstvertrauen.

Als der »Doktor«, wie wir ihn nannten, dem Kurs riet, für eine Prüfung eine Schlüsselformel der Thermodynamik auswendig zu lernen, konnte ich mein großes Mundwerk nicht halten und platzte heraus: »Macht euch keine Sorgen. Wenn ihr die Formel vergesst, könnt ihr sie einfach ableiten.«

Günter, der wie immer neben mir saß, zog mich entsetzt am Arm und flüsterte: »Bist du verrückt?« Er wusste, was kommen würde, aber er wusste nicht, dass ich am Abend zuvor die fünfzehn Schritte der Ableitung auswendig gelernt hatte.

Der Ausdruck von Dr. Walthers Gesicht sagte alles: *Jetzt habe ich dich, du arroganter Angeber!* Mit einem hämischen Grinsen trat er großzügig zur Seite und forderte mich auf, an die Tafel zu kommen.

»Also dann, Herr Dittrich, leiten Sie mal ab!«

Ich ging in aller Seelenruhe an die Tafel und nahm die Kreide. Nachdem ich meinen Kommilitonen einen Blick zugeworfen hatte, begann ich, die Formel Schritt für Schritt herzuleiten. Als ich fertig war, unterstrich ich das Endergebnis schwungvoll und drehte mich um, um den Ruhm für meine Leistung einzustreichen. Dr. Walther war völlig verblüfft und der Kurs konnte seine Freude angesichts des Triumphs über unseren Peiniger kaum bändigen. Günter grinste mich breit an und zeigte mir heimlich das Siegeszeichen.

Dr. Walther drückte seine Achtung vor meiner Leistung offen aus, als er sich zur Klasse umdrehte und sagte: »Sie haben gerade den Auftritt eines Studenten gesehen, der eines Tages ein echter Wissenschaftler sein wird.«

Ab diesem Zeitpunkt war ich im Unterricht derjenige, an den sich die Dozenten wandten, wenn andere Studenten auf eine schwere Frage keine Antwort wussten. Gelegentlich seufzte ein Professor und stellte die Frage, die fast schon zur Redewendung geworden war: »Muss ich schon wieder Dittrich fragen?« Das bedeutete natürlich, dass ich immer vorbereitet sein musste. Ich lernte, mich auf die kompliziertesten Sachverhalte zu konzentrieren, wusste aber oft auf ganz einfache Fragen keine Antwort. Trotzdem lehrte mich diese Schlinge, die ich mir selbst um den Hals gelegt hatte, die Unterscheidung dessen, was nützlich und zentral wichtig war.

Ich lernte weiter fleißig, erzielte gute Prüfungsergebnisse und das blieb an der Universität nicht ohne Konsequenzen. Offenbar sprach sich mein Ruf als Wunderkind in der Chemischen Fakultät herum, und die Professoren versuchten daraufhin immer wieder, mir ein Bein zu stellen. Einmal gab mir der Leiter des Labors in organischer Chemie eine rätselhafte Flüssigkeit, die ich analysieren sollte. Bei solchen Arbeitsaufträgen war das üblicherweise irgendeine organische Flüssigkeit wie Benzol oder ein Ester. Aber nachdem ich die Flüssigkeit drei Tage vergeblich untersucht hatte, dämmerte es mir schließlich: Es war Leitungswasser. Als Beweis für die Lösung sollte ich ein Derivat liefern, eine andere Substanz, die aus der Grundsubstanz abgeleitet war. Als ich dem Professor ein gekochtes Ei überreichte, wuchs die Dittrich-Legende wieder ein Stück.

Im Labor war ich ein schlampiger – und manchmal gefährlicher – Wissenschaftler. Wie einer meiner Professoren einmal bemerkte: »Albrechts theoretisches Genie scheint seinem praktischen Können weit voraus zu sein.« Das fasste meine Leistungen gut zusammen.

Eines Tages unterhielt ich mich mit Günter, der auf der anderen Seite des Gangs arbeitete. Statt mich auf meinem Hocker umzudrehen, setzte ich mich auf meinen Arbeitstisch, und mein Rücken kam nahe an einen brennenden Bunsenbrenner. Als ich ungewöhnliche Wärme spürte, drehte ich mich langsam zu meinem Nachbarn herum und sagte nüchtern: »Ich glaube, ich brenne.«

»Das stimmt!«, rief er.

Günter löschte die Flammen sofort mit einem sehr großzügigen Schwall Wasser, andere Studenten kamen dazu und »halfen«, bis ich triefend nass war. Dann lachten wir alle herzhaft.

Eines Tages sollten wir im Labor ein Experiment durchführen und ich kam mit der Aufgabe einfach nicht weiter. Ich zog die wissenschaftliche Literatur zurate, um sicherzugehen, dass ich die Aufgabe richtig verstanden hatte. Ja, alles war korrekt: Um das Experiment durchzuführen, brauchte ich Senfgas – eine chemische Waffe, die im Ersten Weltkrieg eingesetzt worden war. Sie verursacht bei Berührung schwerste Verbrennungen und führt oft zu einem schmerzvollen Tod.

Wie bei vielen schwierigen Laborversuchen beriet ich mich mit Günter.

»Hör zu«, flüsterte ich. »Ich soll diese Aufgabe lösen. Sie sieht ziemlich einfach aus, aber ich brauche dazu Senfgas.«

»Machst du Witze?«, antwortete Günter.

»Nein, ich mache keine Witze. Schau selbst.« Ich zeigte ihm die Seite in der Chemiezeitschrift, wo ich die Beschreibung des Experiments gefunden hatte.

»Lass die Finger davon! Das ist verrückt!«, sagte Günter eindringlich.

»Aber wenn ich einen anderen Versuch durchführe, bekomme ich bestenfalls eine Zwei.«

»Dann bekommst du eben eine Zwei«, antwortete Günter, »aber wir bleiben am Leben und spielen am Sonntag Schach.«

Er verstand offensichtlich nicht, dass für Albrecht Dittrich eine Zwei nicht akzeptabel war. Ich überlegte einen Moment und fasste einen Plan. Während ich zur Tür ging, rief ich Günter noch zu: »Ich bin vorsichtig und am Sonntag schlage ich dich beim Schach.«

Nachdem ich die entsprechende Erlaubnis meines Professors eingeholt hatte, suchte ich den Hausmeister, der für mich das Senfgas aus einem abgeschlossenen Keller in einem der Gebäude holte. Meine Zuversicht schwand beträchtlich, als er eine schwere, mittelgroße Gasflasche herausschleppte, die schon beim ersten Anblick Furcht einflößend wirkte – mit abblätternder hellgrüner Farbe und einigen größeren Rostflecken.

Fest entschlossen, jetzt keinen Rückzieher zu machen, baute ich die Versuchsanordnung unter freiem Himmel auf. Der Aufbau war ziemlich einfach: eine Flasche auf einem Dreifuß, gefüllt mit einer Lösung und mit einem Pfropfen verschlossen. Der Pfropfen hatte zwei Löcher, durch eines wurde das Senfgas eingeleitet, durch das andere das entstehende Gas in einen anderen Behälter geleitet, der auf einem Bett aus Trockeneis stand. Der Pfropfen passte nicht richtig, aber ich hätte eine halbe Stunde gebraucht, um aus dem Materialraum einen anderen zu holen. Also beschloss ich, den Versuch mit dem zu starten, was ich hatte.

Ich setzte meine Gasmaske auf und drehte den Bunsenbrenner auf. Dann trat ich an die Senfgasflasche und drehte langsam das Ventil auf, bis ich sah, dass Blasen in der jetzt kochenden Flüssigkeit aufstiegen.

Es gab nur ein Problem: Der große Hund des Hausmeisters saß in der Nähe unter einem Baum. Sobald er mich mit der Gasmaske sah, regte er sich ziemlich auf und ging laut bellend auf mich los. Mit hämmerndem Herzen entfernte ich mich vom Versuchsaufbau und nahm die Gasmaske ab. Der Hund beruhigte sich sofort und trabte davon.

Ich sah mich suchend nach dem Hausmeister um und hoffte, er würde seinen Hund wegbringen, damit ich die Gasmaske wieder aufsetzen und das Experiment abschließen konnte. Da sah ich plötzlich Flammen aus dem Behälter mit der blubbernden Flüssigkeit schießen.

Ich verfluchte den Pfropfen, als wäre er schuld daran, dass er nicht richtig auf den Behälter passte. Ich hatte zwei Möglichkeiten: Ich konnte entweder die Gasmaske aufsetzen und das Risiko eingehen, dass mich der Hund wieder angriff, oder ich konnte die Gasmaske weglassen und eine Senfgasvergiftung riskieren.

Ich entschied mich für die zweite Möglichkeit, die mir irgendwie weniger riskant erschien, atmete tief ein, lief zu dem Dreifuß hinüber, löschte die Flammen, schloss das Senfgasventil und beendete das Experiment.

In den nächsten vierundzwanzig Stunden kontrollierte ich immer wieder meine Haut, meinen Mund und meine Augen nach Spuren einer Vergiftung. Und ich musste dem Professor gestehen, dass mein Experiment gescheitert war. Er gab mir eine andere Aufgabe, und ich bekam die verhasste Zwei, aber ich hatte das Experiment überlebt. Um noch Salz in die Wunde zu streuen, besiegte mich Günter an diesem Wochenende auch noch beim Schach, nachdem er klargestellt hatte: »Habe ich es dir nicht gleich gesagt!«

Wenn ein Haufen Zwanzigjähriger dicht an dicht in engen Quartieren lebt, entsteht zwangsläufig jede Menge Unsinn. In der berühmten großen Schlacht der Wohnheime wurde Tränengas zur bevorzugten Waffe. Für uns als Chemiestudenten war es ein Leichtes, ekelerregende Substanzen zusammenzumischen. Es gibt viele chemische Stoffe, die einem die Tränen in die Augen treiben, aber am einfachsten lässt sich Bromaceton herstellen. Man muss nur ein paar Tropfen Brom mit ein wenig Aceton mischen und schon geht der Spaß los.

Während der großen Schlacht heckten beide Parteien kreative Methoden aus, diese »Waffe« einzusetzen. Ich erinnere mich an diese beiden Tricks: Entweder haben wir das Gift einfach mit einer Spritze durch das Schlüsselloch gespritzt. Die andere Methode nahm wie ein Omen meine Zukunft voraus; wir schickten nämlich einen unverdächtigen »Undercover«-Agenten (oft ein Mädchen) in das anvisierte Zimmer im Wohnheim. Dieser Agent platzierte dann in einem unbeobachteten

Moment einen Lappen hinter die Heizung, der mit dem Stoff getränkt war, und machte sich dann schnell aus dem Staub. Wir anderen lauerten am Türspalt in unseren Zimmern und beobachteten heimlich, wie nach und nach alle Bewohner des Zimmers in den langen Flur hinausliefen, der zwischen den Räumen lag.

Doch eines Tages zogen wir unsere Show in aller Öffentlichkeit durch und forderten dadurch das Schicksal heraus. Unser Ziel war die lokale Eisdiele. Wir setzten uns an einen Tisch in der Nähe der Tür und tropften ein wenig Bromaceton auf eine Untertasse. Eine ganze Weile passierte gar nichts. Wir waren schon enttäuscht, weil unser Experiment anscheinend fehlgeschlagen war, und wollten gerade gehen, als wir bemerkten, dass sich einige Gäste weiter hinten im Raum die Augen rieben. Einige Minuten später verließen die ersten Kunden das Café und dann leerte sich langsam der gesamte Raum von hinten nach vorne. Die Erklärung für dieses uns zuerst unverständliche Phänomen: Das flüchtige Bromaceton war verdunstet, zur Decke gestiegen, dort in die hintere Ecke des Raums gewandert und hatte sich dann auf die ahnungslosen Gäste hinabgesenkt.

In diesem Moment erst ging uns auf, dass wir die öffentliche Ordnung gestört hatten. Und das war in der DDR eine strafbare Handlung, die nicht nur einen Klaps auf die Finger nach sich ziehen konnte. Wir schnappten uns die beweiskräftige Untertasse und verließen eilig den Ort des Geschehens. Wären wir von den Behörden erwischt worden, hätten wir zumindest eine Verwarnung von der Universität erhalten, viel wahrscheinlicher aber hätten wir zusätzlich eine Nacht im Gefängnis verbracht.

Dieser dumme Scherz hätte zu einem herben Rückschlag für den steilen Aufstieg werden können, der vor mir lag. Im Nachhinein erkenne ich, dass der Verlauf meines Lebens oft durch kleine Begebenheiten gelenkt wurde, die ernste Folgen hatten. Denken Sie einmal an Ihr bisheriges Leben – ich bin mir sicher, Sie werden ebenfalls solche Ereignisse entdecken. Was erzählt uns das über unsere Fähigkeit, das Steuer unseres Lebens in der Hand zu halten?

9

Eines Tages im Frühling 1968 forderte mich Günter auf, mit ihm vor dem Labor eine Zigarette zu rauchen. Nachdem er mir eine Zigarette aus einer Packung filterloser *Karos* angeboten hatte – bei Weitem die stärksten auf dem ostdeutschen Markt –, kam er sofort zur Sache.

»Albrecht, du musst in die Partei eintreten.«

Seine Direktheit überraschte mich. Zum zweiten Mal seit der Oberschule wollte mich jemand für die SED anwerben. Mein Drang nach Unabhängigkeit hielt mich eher davon ab, mich an eine Organisation zu binden, aber das Beispiel meines Vaters hatte mir gezeigt, dass die Mitgliedschaft in der Partei Voraussetzung für eine Karriere war.

»Warum sollte ich das tun?«, fragte ich Günter.

»Weil du der schlauste Kopf in unserer Gruppe bist und wir Leute wie dich in der Partei brauchen. Wir werden die Führungskräfte der Zukunft sein«, sagte er und sprach damit sowohl meine Logik als auch mein Ego an. »Also, was sagst du?«

»Ich denke drüber nach. Aber dräng mich nicht.«

»In Ordnung.«

Ohne sein Wissen bekam Günter einen Verbündeten für seinen Plan, mich für die Partei zu gewinnen: unseren Seminarleiter für marxistische Philosophie, Siegmund Nowak. Nowak, später auch unser Professor, glaubte fest an die kommunistische

Sache. So fest, dass er sich entschieden hatte, Marxismus statt Chemie zu unterrichten, sein eigentliches Studienfach.

Eines Tages nahm er mich nach dem Seminar beiseite.

»Sie sollten sich wirklich überlegen, in die Partei einzutreten, Albrecht. Sie haben großes Potenzial. Würden Sie nicht gerne eng mit Ihren Freunden Günter und Matthias zusammenarbeiten?«

»Sie sind nicht der Erste, der mich darauf anspricht«, antwortete ich, »aber können Sie mir sagen, was von mir erwartet wird und was mir die Mitgliedschaft in der Partei ganz konkret bringt?«

»Das ist sehr einfach«, erwiderte Herr Nowak. »Sie werden in der Leitung der Universität mitarbeiten. Sie werden Informationen erhalten, bevor sie der breiten Öffentlichkeit mitgeteilt werden, falls sie überhaupt veröffentlicht werden. Und Sie werden darauf vorbereitet, einer der Führer Ihrer Generation zu werden. Klingt das nicht gut?«

Bevor ich antworten konnte, verstärkte er seine Bemühungen noch einmal und lud mich in seine Wohnung ein.

»Wissen Sie was?«, sagte er. »Kommen Sie doch in den nächsten Tagen zu uns zum Abendessen. Dann können wir alles besprechen und ich kann Ihnen Ihre Fragen beantworten.«

Eine Einladung von einem Hochschullehrer! Das war wirklich etwas Besonderes! Obwohl sich die Wohnung als eine typische, schlecht beleuchtete Einzimmerwohnung im zweiten Stock ohne Aufzug herausstellte und das lauwarme Hammelfleisch, das seine Frau zum Essen servierte, zu wünschen übrig ließ, war die Tatsache, dass ich, ein Erstsemester, mich mit einem Lehrer in seiner Privatwohnung unterhielt, viel wichtiger. Unser Gespräch drehte sich um die Zukunft der Welt. Als Philosoph hatte Herr Nowak das große Bild vor Augen.

»Denken Sie darüber nach, Herr Dittrich. Wir werden Marx' Theorie in die Praxis umsetzen und das zu Ende führen, was Lenin begonnen hat. Wir bauen eine gerechte Welt auf, die frei ist von jeder Art von Unterdrückung, und wir laden Sie ein, an diesem großen Plan mitzuwirken.«

Seine Begeisterung war ansteckend, und kurz nach diesem Abend stellte ich einen Antrag auf Parteimitgliedschaft, der von Herrn Nowak und von Günter unterstützt wurde. Nach einem Gespräch mit der Leitung der Parteigruppe der Chemischen Fakultät wurde ich als Kandidat für die übliche einjährige Probezeit ausgewählt.

Langsam begann ich zu erfassen, wo ich nun Mitglied war. Und ich fand es toll, Teil einer Gruppe von intelligenten Menschen zu sein, die an dieselben Ideale glaubten wie ich und die die Möglichkeit hatten, ihre Überzeugungen in die Tat umzusetzen. Als Parteimitglieder hatten wir uns der Ideologie verpflichtet und für uns waren alle Schwierigkeiten nur unbedeutende Hindernisse auf dem Weg zu einem voll funktionsfähigen kommunistischen Staat. Die aufrichtigen Bemühungen um intellektuelle Ehrlichkeit und die Offenheit dieser Gruppe waren die letzten Bausteine für mein ideologisches Fundament. Ich glaubte von ganzem Herzen an die Ziele der Partei, und ich hätte nie erwartet, dass ich in späteren Jahrzehnten die Welt mit völlig anderen Augen sehen würde. Damals war für mich alles so klar und einleuchtend:

1. Der Marxismus-Leninismus ist eine Wissenschaft mit einem stabilen wirtschaftlichen und philosophischen Fundament. Die Menschheit hat sich von der Sklaverei zum Feudalismus und weiter zum Kapitalismus entwickelt. Der logische nächste Schritt ist der Kommunismus.

2. Kapitalismus bedeutet die Ausbeutung der Arbeiter durch die reichen Besitzer der Produktionsmittel. Die marxistische Maxime »Jeder nach seinen Fähigkeiten, jedem nach seinen Bedürfnissen« garantiert allen Menschen Glück, unabhängig von ihren angeborenen Fähigkeiten.

3. Die Sowjetunion und ihre Verbündeten werden die Welt erfolgreich von der Geißel des Kapitalismus befreien. Zeichen für Fortschritt sind bereits auf der ganzen Welt sichtbar, da neu befreite Kolonien in der Dritten Welt oft sozialistische Regierungen wählten.

4. Die Arbeiterklasse spielt die führende Rolle beim Sturz des Kapitalismus, sie hat ihre rechtmäßige Führungsrolle in der Sowjetunion und den Ostblock-Ländern eingenommen. Die Kommunistische Partei ist das Schlüsselinstrument der Arbeiterklasse, um ihre Ziele zu erreichen.

5. Westdeutschland ist der Nachfolger von Hitlerdeutschland. Es wird vollständig vom größten Feind der ganzen Menschheit, den Vereinigten Staaten, regiert.

Es gab natürlich einige Tatsachen, die Zweifel in mir weckten: Wie konnte die Arbeiterklasse die Führungsrolle einnehmen, wenn die meisten Arbeiter, die ich kannte, nicht besonders schlau waren? Warum klangen unsere Anführer, Walter Ulbricht und später Erich Honecker, so dumm und langweilig?

Warum hatten unsere Lehrer *keine überzeugenden Antworten auf die Frage nach dem Sinn des Lebens?*

Aber ich war frischgebackenes Mitglied einer Elite und war sehr daran interessiert, dass die bestehende Ordnung erfolgreich war. Meine Überzeugung war felsenfest und ich kehrte Fragen und Zweifel schnell unter den Teppich.

Nach meiner ersten Parteiversammlung rauchte ich mit Günter, der schon Vollmitglied war, vor dem Gebäude eine Zigarette.

»Hey, das war gut«, sagte ich. »Danke, dass du mich eingeladen hast. Das ist der richtige Platz für mich.«

Günter lächelte stolz. »Ja, mein Freund, jetzt ist eine sehr gute Zeit, um in die Partei einzutreten. Die schwere Arbeit wurde von der älteren Generation erledigt, und bald liegt es an uns, das Werk zu vollenden. Schau nur, wie weit wir seit dem Krieg gekommen sind. Wir können bessere Produkte herstellen, meine Eltern haben sich vor Kurzem einen Farbfernseher gekauft, unsere Sportler gehören zu den besten der Welt und die DDR wird in der ganzen Welt geachtet.«

Bald wurde ich aufgefordert, eine leitende Position in der FDJ zu übernehmen. Vor meinem Studium war ich nicht ins Rampenlicht getreten und hatte freiwillig die bescheidene Aufgabe des Schatzmeisters übernommen, aber jetzt spielte ich in der obersten Liga. Ich konnte und würde den Ruf, Pflichten zu übernehmen, nicht ablehnen.

Zum Anfang des dritten Semesters wurde ich zum Sekretär unserer Jugendgruppe gewählt, die aus zwölf Studenten bestand. Im darauffolgenden Jahr wurde ich erster Sekretär des ganzen Jahrgangs aus ungefähr fünfundsechzig Studenten; und in meinem letzten Studienjahr war ich zum ersten FDJ-Sekretär der gesamten Chemischen Fakultät aufgestiegen, die fast vierhundert Studenten umfasste.

Im Mai 1970 wurde ich aufgrund meines ehrenamtlichen Engagements und meiner herausragenden Noten für das Karl-Marx-Stipendium vorgeschlagen und angenommen, eine begehrte Auszeichnung, die nur ungefähr hundert Studenten landesweit zuteilwurde. Dazu gehörte ein monatliches Stipendium von vierhundertfünfzig Mark, was für mich ein Vermögen war.

In meinen ersten drei Studienjahren hatte ich fast nur Einser-Noten und als Studentenführer war ich ein angesehenes Mitglied der Führung der Chemischen Fakultät. Mir standen viele Berufslaufbahnen offen. Obwohl ich immer noch den Traum hatte, Professor für Chemie zu werden, ein Ziel, das jetzt in greifbare Nähe rückte, gab es konkurrierende Möglichkeiten – Karrierechancen innerhalb der Partei oder Regierung. Ich wurde von Parteioffiziellen an der Universität angesprochen, ob ich nicht die Parteileitung an der Chemischen Fakultät übernehmen wolle. Es war höchst ungewöhnlich, dass einem so jungen Mann eine so wichtige Position angeboten wurde. Gleichzeitig wurde ich gebeten, die Position des Bezirksjugendleiters der gesamten Universität zu übernehmen. Nach dem üblichen Aufstiegsmuster wäre ich innerhalb von zwei Jahren Leiter von ungefähr zehntausend Studenten geworden.

Aber bald schon tat sich eine andere unerwartete Möglichkeit auf, eine Entwicklung, die mit einem einfachen Klopfen an meiner Zimmertür im Wohnheim begann.

TEIL II

AUSBILDUNG EINES SPIONS

10

Das Klopfen, das mein Leben veränderte, hörte ich im September 1970, direkt am Beginn meines vierten Studienjahres.

Ich war in den Jahren davor mehrmals umgezogen und wohnte jetzt in einem dreistöckigen Wohnheim ganz in der Nähe der Chemiegebäude in der August-Bebel-Straße 26. Spencer, der von Anfang an mein Zimmergenosse gewesen war, teilte mit mir ein Zimmer im ersten Stock, dessen Fenster auf die Straße hinausging.

An diesem Samstagnachmittag war ich allein in unserem Zimmer. Spencer hatte beschlossen, an diesem Wochenende die lange Heimfahrt auf sich zu nehmen und seine Eltern zu besuchen. Günter war auch nicht da. Deshalb beschloss ich, an einigen Laborberichten zu arbeiten, bis ich am Abend wie jeden Samstag in den *Rosenkeller* gehen konnte.

Als es klopfte, blickte ich von meinen Berichten auf und wartete, dass die Tür aufging. Es war unter Studenten üblich, anzuklopfen und einzutreten, ohne auf Antwort zu warten.

Ungewöhnlich, dachte ich, als sich die Tür nicht öffnete. Nach ungefähr zehn Sekunden rief ich: »Herein.«

Die Tür ging langsam auf, und vor mir stand ein kleiner, fast unscheinbarer Mann mit kurz geschnittenen Haaren und einer Hakennase, die ihn wie ein Wiesel aussehen ließ. Seinen linken

Unterarm trug er in einem Gips. Dieser Mann war definitiv kein Student und auch keiner unserer Dozenten.

»Sind Sie Albrecht Dittrich?«, fragte er, noch bevor ich den Mund aufmachen konnte.

»Ja?«, antwortete ich in fragendem Tonfall, wie um zu sagen: »Und wer sind *Sie*?«

Der Mann trat ins Zimmer, zog einen der alten Holzstühle heran und setzte sich rechts neben mich.

»Ich komme von Carl Zeiss Jena«, sagte er. »Ich möchte mit Ihnen über Ihre berufliche Zukunft sprechen. Haben Sie ein paar Minuten Zeit?«

Das war seltsam. Firmen warben keine Studenten an und mein Gast hatte nicht einmal seinen Namen genannt.

Das Wort *Stasi* schoss mir durch den Kopf. Eine andere Erklärung gab es nicht. Dieser Mann musste vom Ministerium für Staatssicherheit kommen.

»Ja, ich habe ein paar Minuten«, sagte ich langsam, während ich meine Laborberichte zusammenschob.

Er setzte das Gespräch mit Small Talk fort.

»Sie sind fleißig, wie ich sehe. Sogar an einem Samstag.« Er deutete mit dem Kopf auf die Sammlung loser Blätter, die ich auf einen sauberen Stapel geschoben hatte.

»Sicher«, antwortete ich. »Chemie ist ein schweres Fach, besonders da wir jede Woche zwanzig Stunden im Labor verbringen.«

»Und wie sehen Ihre Pläne nach dem Studium aus?«

»Ich werde meinen Doktor machen und dann Professor werden. Ich liebe Jena und diese Universität.«

Er nickte, als wolle er mich ermutigen weiterzusprechen.

»Ich denke, ich habe gute Chancen, dieses Ziel zu erreichen. Ich habe die besten Noten in meinem Jahrgang und ich habe das Karl-Marx-Stipendium erhalten.« Ich konnte es mir nicht verkneifen, ein wenig zu prahlen.

»Glückwunsch«, sagte der Mann mit dem Anflug eines Lächelns. »Das ist mir bekannt. Genau genommen ist das der Grund, warum ich hier bin. Wir wissen, dass Sie ein ganz besonderer Student sind und dass eine große Zukunft vor Ihnen liegt, egal, für welche Laufbahn Sie sich entscheiden. Und jetzt muss ich Ihnen ein Geständnis machen: Ich komme nicht von Carl Zeiss. In Wirklichkeit arbeite ich für die Regierung.« Er beugte sich vor, als versuche er, eine verschwörerische Atmosphäre zwischen uns beiden zu schaffen.

Jetzt war die Katze aus dem Sack. Obwohl ich diesen Mann instinktiv nicht mochte, beschloss ich, das Spiel mitzuspielen, indem ich mich ebenfalls leicht zu ihm beugte.

»Oh, wie interessant!«, sagte ich aufgeregt. »Für welchen Teil der Regierung?« Ich war immer noch fest überzeugt, dass er von der Stasi sein musste.

»Dazu kommen wir später. Im Moment habe ich nur eine einzige Frage: Könnten Sie sich vorstellen, eines Tages für die Regierung zu arbeiten?«

Ich legte meine linke Hand an mein Kinn, als würde ich nachdenken. Nach einer längeren Pause antwortete ich: »Ja, das könnte ich mir vorstellen. Aber nicht als Chemiker.«

Er hatte den Köder ausgeworfen und ich hatte bereitwillig und voller Absicht angebissen. Ich war neugierig, wohin unser Gespräch führen würde. Vielleicht zu etwas Ungewöhnlichem und Aufregendem. Ich war für Herausforderungen immer zu haben.

Der Mann war über meine Antwort sichtlich erfreut. Er lehnte sich zurück und lächelte mich freundlich an. »Mehr wollte ich heute nicht erfahren. Wir sollten uns wieder treffen. Wie wäre es am nächsten Donnerstagabend in der *Sonne*? Kennen Sie dieses Restaurant?«

»Ja, natürlich. Dort gehe ich sonntags immer hin. Es ist zwar ziemlich teuer, aber einmal in der Woche kann ich es mir leisten. Bei der Mensa hier braucht man wenigstens einmal in der Woche ein anständiges Essen.«

Mit einem bestätigenden Nicken stand mein Besucher auf, schüttelte mir die Hand und verließ das Zimmer. Nachdem er gegangen war, wurde mir bewusst, dass ich seinen Namen immer noch nicht wusste.

Ich hatte jetzt also eine Verabredung mit einem anonymen Fremden, den ich nicht wirklich mochte und dessen wahre Absichten im Dunkeln lagen. Spannend. Mein Verstand arbeitete auf Hochtouren und spielte die verschiedenen Möglichkeiten durch. Ich konnte mich nicht mehr auf meine Laborberichte konzentrieren. Wohin würde das alles führen?

Die Zeit bis Donnerstag zog sich scheinbar endlos hin, und als es endlich fünf Uhr schlug, packte ich schnell meine Sachen zusammen und brach zu Fuß in die Stadtmitte auf, wo sich das Restaurant *Die Sonne* befand.

Als ich eintrat, entdeckte ich meinen Besucher vom Wochenende im hintersten Winkel des Raumes. Ich nahm an, dass er sich absichtlich diesen Platz ausgesucht hatte, um außer Hörweite der anderen Gäste zu sitzen, aber zu meiner Überraschung sah ich noch einen anderen Mann an seinem Tisch. Ohne zu wissen, wer das sein könnte, trat ich vorsichtig auf den Tisch zu. Mein Kontaktmann stand auf. Er unterließ es erneut, sich vorzustellen, und erklärte sachlich: »Albrecht, ich möchte Ihnen Hermann vorstellen. Wir beide arbeiten mit unseren sowjetischen Genossen zusammen.«

Das war alles. Sollte ich etwa für die Sowjets »arbeiten«? Die ganze Sache wurde noch spannender, da jetzt ein Vertreter einer der zwei Supermächte vor mir saß.

Hermann, ein blonder Mann Mitte dreißig mit blauen Augen und von durchschnittlicher Größe, stand auch auf und reichte mir die Hand. »Es freut mich, Sie kennenzulernen, Albrecht.« Ich hörte nur einen leichten russischen Akzent in seiner Stimme.

Ich gab ihm die Hand und setzte mich an den Tisch.

»Bestellen Sie sich doch etwas zu essen«, sagte mein namenloser deutscher Kontaktmann und schob mir die gedruckte Speisekarte hin.

»Ich weiß, was ich hier am liebsten esse.« Dann fügte ich etwas scheu hinzu: »Es ist allerdings das teuerste Gericht auf der Karte.«

»Keine Sorge«, sagte der Namenlose mit einer Großspurigkeit, die irgendwie nicht ganz zu seinem Wiesel-Gesicht passte.

»Danke. In diesem Fall nehme ich das Rumpsteak mit Kräuterbutter und Pommes frites. Sie sollten es auch probieren. Es schmeckt wirklich gut.«

Inzwischen hatte Hermann eine Runde Bier für uns drei bestellt und wir stießen auf die deutsch-sowjetische Freundschaft an. Dann kamen wir ohne Umschweife zum Grund für das Treffen. Hermann ergriff das Wort, während sich Herr Namenlos zurücklehnte, an seinem Bier nippte und zuhörte.

»Wir haben viel Gutes von Ihnen gehört«, sagte Hermann leutselig. »Das Karl-Marx-Stipendium. Das verrät mir, dass Sie einer der klügsten und aktivsten Studenten des ganzen Landes sind. Vielleicht können wir in Zukunft zusammenarbeiten. Wie gefällt Ihnen Jena und die Universität?«

»Ich bin sehr gern hier«, sagte ich. »In dieser Stadt fühle ich mich mehr zu Hause als an jedem anderen Ort, an dem ich je gelebt habe. Die Menschen sind nett, ich habe viele Freunde, und ich beabsichtige, noch mindestens zehn Jahre in der Basketballmannschaft zu spielen.«

»Wie sehen Ihre Berufspläne aus?«, fragte Hermann.

Ich berichtete erneut von meinem Plan, Professor zu werden. Ich wusste, dass der Stasi-Offizier ihm schon von meiner Offenheit für andere Optionen berichtet hatte.

»Nun ja«, sagte Hermann mit dem Anflug eines Lächelns, »vielleicht können wir Ihnen etwas anbieten, das noch ein wenig interessanter ist. Reisen Sie gern?«

»Sicher. Im letzten Sommer habe ich mit einem Freund am Schwarzen Meer gezeltet.«

»Ah, das Schwarze Meer. Schön. An der sowjetischen Küste?«

»Nein, ich war in Bulgarien. Burgas.«

»Würden Sie gerne noch andere Länder sehen?«

»Ich würde gern eines Tages nach Frankreich fahren. Ich möchte die Orte sehen, die Honoré de Balzac in seinen berühmten Romanen beschreibt.«

Hermanns Lächeln verzog sich zu einem freundlichen Grinsen. »Darüber sollten wir weitersprechen, wenn wir uns das nächste Mal treffen.«

Ich verstand, dass dies das Ende des offiziellen Gesprächs für diesen Tag war, und ich war vorsichtig genug, keine weiteren Fragen zu stellen. Wir schlossen das Essen mit einer Tasse Kaffee und einigen schrecklichen russischen Zigaretten ab, die uns Hermann anbot. Wir vereinbarten, uns in einer Woche wieder zu treffen. Am selben Ort, zur selben Uhrzeit.

Obwohl unser Gespräch ziemlich unverfänglich geblieben war, war ich sicher, dass es dem Versuch diente, mich als *Kundschafter des Friedens* anzuwerben, wie Spione der DDR offiziell hießen.

Auf dem Rückweg ins Wohnheim arbeitete mein Verstand auf Hochtouren und malte sich alle möglichen aufregenden Szenarien aus. War es möglich, dass ich einen wichtigen Beitrag zum Triumph des Kommunismus auf der Welt leisten durfte?

Ich dachte an die Aura, mit der die Sowjets und die Ostdeutschen historische Spione umgaben. Sie waren ein wichtiger Teil des Mythos vom Kampf gegen den Klassenfeind.

Im Geschichtsunterricht hatten wir von der *Roten Kapelle* gehört, einer antifaschistischen Gruppe, die unter Hitlers Herrschaft in Deutschland operiert hatte. Wir hatten von Richard Sorge erfahren, der für Stalin spioniert hatte, aber von den Japanern gefasst und während des Zweiten Weltkriegs hingerichtet worden war. Durch Lektüre hatte ich auch die Lebensgeschichte von Rudolf Abel kennengelernt, dem sowjetischen Meisteragenten, der 1962 gegen Gary Francis Powers ausgetauscht worden war, den U-2-Piloten, den die Russen in großer Höhe über sowjetischem Territorium abgeschossen hatten. Dann war da noch der Superagent Kim Philby, der den britischen MI6 zum Narren hielt und damit ungeschoren davonkam.

In dieser Zeit stand in der ostdeutschen politischen Zeitschrift *Der Horizont* ein Bericht über George Blakes Flucht aus einem englischen Gefängnis, also über einen anderen prominenten KGB-Agenten.

Es gab zahlreiche Filme und Bücher, die heldenhafte Geheimagenten darstellten, am bekanntesten war der furchtlose Stasi-Agent in der Fernsehserie *Das unsichtbare Visier*, gespielt von Armin Müller-Stahl.

Und jetzt hatte sich anscheinend für mich die Tür zu diesem Heldenpantheon aufgetan. Es lohnte sich, mir über diese Möglichkeit ernsthaft Gedanken zu machen.

Die Verheißung von etwas Neuem und vollkommen Unerwartetem lag in der Luft, als ich allein in mein Wohnheim zurückging.

Hermann und ich trafen uns eine Woche später wieder in der *Sonne*. Dieses Mal kam er allein und ich fragte nicht nach Herrn Namenlos. Hermann war mir sowieso viel sympathischer.

Nach einem weiteren Rumpsteak mit Pommes frites schlug Hermann vor, dass wir unsere künftige Zusammenarbeit ernster angehen sollten.

»Das, worüber ich mit Ihnen sprechen will, lässt sich nicht in einem Restaurant besprechen. Ab sofort treffen wir uns jede zweite Woche in meinem Auto.«

Auch wenn ich es schade fand, dass mir der KGB mein Lieblingsessen nicht mehr bezahlen würde, war es spannend, dass Hermann nur im Geheimen mit mir sprechen wollte. Wir beschlossen, uns am nächsten Mittwoch um zwölf Uhr an der Ecke Beethovenstraße und Ebertstraße zu treffen, unweit meines Wohnheims in einer Wohngegend der Stadt, in der sich Studenten normalerweise nicht aufhielten.

Und so brach ich eine Woche später zum ersten Geheimtreffen meines Lebens auf. Ich ging einen großen Umweg zum Treffpunkt und schaute mehrmals hinter mich, um sicherzugehen, dass mich niemand erkannte. Obwohl überhaupt keine Gefahr bestand, schlug mein Herz wie wild, als ich auf Hermanns nagelneuen beigefarbenen Wartburg zutrat. Als er die Tür aufmachte, drehte ich noch einmal den Kopf, um meine Umgebung abzusuchen, und schlüpfte dann schnell ins Auto.

Hermann fuhr ungefähr zehn Minuten aus der Stadt hinaus und stellte das Auto gleich hinter einer verlassenen Landstraße auf einem Waldweg ab.

»Albrecht, als Allererstes musst du wissen, dass alles, worüber wir sprechen werden, streng geheim ist. Du darfst nichts weitersagen, nicht einmal deiner Mutter oder deinem besten Freund. Es geht hier nicht um *dein* Geheimnis, sondern um ein Staatsgeheimnis der Sowjetunion, das du hüten musst.«

»Kein Problem«, antwortete ich eifrig. »Ich kann Geheimnisse für mich behalten.«

»Heute beginnen wir einen sehr langen Prozess, um dich *möglicherweise* auf eine Geheimdiensttätigkeit auf feindlichem Gebiet vorzubereiten.«

Endlich lag das, was ich schon die ganze Zeit vermutet hatte, offen auf dem Tisch. Beim Gedanken daran, dass ich vom mächtigen KGB für eine Geheimmission in Betracht gezogen wurde, wurde meine Brust vor Stolz ganz weit.

Hermann sprach weiter: »Wir haben Grund zu der Annahme, dass du für eine solche Arbeit gut geeignet bist, aber bevor du oder ich eine Entscheidung treffen können, ist noch viel zu tun. Wir müssen dich kennenlernen, und du musst herausfinden, ob du einer solch herausfordernden Aufgabe gewachsen bist. Glaub mir, die Entscheidung liegt letztendlich bei dir. Ein Agent, der zu seinem Dienst gezwungen wird, wird unausweichlich ein schlechter Agent sein. Und noch etwas: Alle Agenten brauchen einen Decknamen.«

»Einen Decknamen?«

»Alle Agenten haben einen Decknamen, und ich habe beschlossen, dich Dieter zu nennen.«

Ich überlegte einen Moment. »Wie wäre es mit einem etwas interessanteren Namen wie ›Zitteraal‹?«

Das Grinsen verschwand aus Hermanns Gesicht. Offensichtlich missbilligte er meine lockere Einstellung zu diesem sehr ernsten Unterfangen.

»Wir sind hier nicht im Kino, Albrecht. Das hier ist die Realität.«

Ich nickte und sagte: »Dann also Dieter.«

In den nächsten fünfzehn Jahren sammelten sich in den KGB-Archiven neun Ordner mit der Aufschrift »Dieter« an.

Zweifellos steht auf den ersten Seiten ein Bericht über dieses Treffen.

Erleichtert, dass eine endgültige Entscheidung anscheinend noch in weiter Ferne lag, fragte ich: »Und wie fangen wir an?«

»Darüber sprechen wir bei unserem nächsten Treffen. In unserem Geschäft ist es wichtig, gründlich und gewissenhaft zu sein. Du erfährst, was du wissen musst, dann, wenn du es wissen musst.«

Nachdem wir den offiziellen Teil unseres Treffens beendet hatten, unterhielten wir uns noch eine halbe Stunde über Belanglosigkeiten, bevor Hermann den Motor anließ und in die Stadt zurückfuhr. Unterwegs kamen wir an einigen grasenden Kühen und einem Kartoffelfeld vorbei, bevor wir die Straße erreichten, die in die Stadt führte und von hübschen Einfamilienhäusern gesäumt war.

Eines Tages, sagte ich mir, *werde ich in einem dieser Häuser wohnen.*

So begann meine inoffizielle Zusammenarbeit mit Hermann und dem KGB. Viele Monate lang waren diese Treffen nur eine interessante Unterbrechung des Alltags und wirkten sich kaum auf mein Studium an der Universität aus. Größtenteils ging mein Leben weiter wie gewohnt. Mit einer Ausnahme: Jeden Montagmorgen um halb neun rief ich Hermann an, und er sagte mir, ob, wann und wo wir uns treffen würden. Zuerst trafen wir uns nur in seinem Auto; aber nach drei Monaten verlegte er die Treffen in eine konspirative Wohnung. Dort wohnte eine alleinstehende Frau mittleren Alters, ein Parteimitglied. Sie stellte uns Kekse und Tee hin, bevor sie die Wohnung verließ und uns für zwei Stunden allein ließ.

Hermann brachte immer einige westdeutsche Zeitschriften mit, besonders den *Stern* und den *Spiegel*, in denen ich blätterte, während wir zusammen waren. Damit bewegte ich mich zum ersten Mal außerhalb des Gesetzes.

Mit der Zeit gab mir Hermann kleine geheimdienstliche Aufgaben, hauptsächlich zur Übung, aber gelegentlich erfüllten sie auch noch einen anderen Zweck. Um meine Beobachtungsgabe zu prüfen, ließ er mich Berichte über die politische Situation an der Uni schreiben sowie Profile von einer Vielzahl von Kommilitonen erstellen, zu denen ich regelmäßig Kontakt hatte. Er führte mich auch in die Grundlagen des Agentengeschäfts ein: Geheimprotokolle, Operationen im Feld und Beschattungstechniken.

Nach ungefähr drei Monaten mit eher informellen Gesprächen und etwas anspruchsvoller Theorie gab mir Hermann meine erste richtige Aufgabe.

»Wir interessieren uns für eine bestimmte Person, die in Westdeutschland lebt«, sagte er. »Sie hat Verwandte in Jena. Ich will, dass du zu diesen Verwandten Kontakt aufnimmst und so viel wie möglich über die westdeutsche Zielperson herausfindest.«

Ich war ein wenig verwirrt. »Wie soll ich das anstellen, ohne dass die Leute misstrauisch werden?«

»Du bist klug genug, denk dir etwas aus. Überleg einen Moment.«

Ich ließ mir einige Minuten Zeit, die Situation zu analysieren, dann sagte ich: »Ich denke, ich werde mir eine Geschichte ausdenken, um den Kontakt herzustellen, und dann das Gespräch unauffällig auf die Zielperson lenken.«

»Ausgezeichnet«, sagte Hermann. »So macht man das. Das Objekt sollte deine wirklichen Absichten niemals erahnen. Mach dich an die Arbeit. Ich erwarte bei unserem nächsten Treffen einen schriftlichen Bericht.«

Diese Art von Aufgabe machte mich sehr nervös und weckte in mir ein starkes Unbehagen. Erstens musste ich lügen, was mir überhaupt noch nicht leichtfiel. Zweitens musste ich Kontakt zu Fremden aufnehmen, eine weitere schwere Aufgabe. Also übte ich ausgiebig in einem abgelegenen Teil eines Parks und sagte mir laut vor, was ich sagen wollte.

Als ich bereit war, ging ich zu der Adresse, atmete tief durch und klingelte an der Tür. Die Tür wurde von einer Frau mittleren Alters geöffnet, deren Kleidung verriet, dass sie mit Hausarbeit beschäftigt war. Ich versuchte es mit einer freundlichen Einleitung.

»Guten Tag, mein Name ist Volker. Ich studiere Soziologie. Mein Professor verlangt ein Referat über Familienbeziehungen, und ich führe eine Umfrage durch, um Daten zu sammeln. Hätten Sie ein paar Minuten Zeit, um einige einfache Fragen zu beantworten? Die Umfrage ist anonym; in meinem Referat tauchen keine Namen auf.«

»Kein Problem, junger Mann. Kommen Sie herein. Mein Name ist Reimann. Was wollen Sie wissen?«

Ich schlug mein Notizbuch auf und las ihr mehrere unverdächtige Fragen zu ihrer Familie vor. Ich tat, als schriebe ich ihre Antworten auf. Allmählich gelang es mir, mich dem Ziel meiner Nachforschungen zu nähern.

»Ihr Neffe Klaus, der in Hamburg lebt. Kommt er manchmal zu Besuch?«

»Ja. An Weihnachten ist er wieder bei uns.«

An dieser Stelle beschloss ich, dass diese Information Hermann zufriedenstellen würde. Wenn man über die Zielperson mehr herausfinden musste, würden meine Kollegen beim KGB (oder ich?) Kontakt zu Klaus selbst aufnehmen, wenn er zu Besuch in Jena war.

Ich habe diese Technik der unauffälligen Befragung während meiner Ausbildung mehrmals verwendet, aber nie in den USA.

11

Zu Beginn des Jahres 1971 war ich bereit für ein Abenteuer. Ich war seit viereinhalb Jahren in Jena und beschäftigte mich mit meinem Studium, mit Basketball, der Partei und den Aufträgen von Hermann. Günter hatte auch Lust auf etwas Abwechslung, und so planten wir eine Sommerreise per Anhalter nach Bulgarien, insgesamt ungefähr zweitausend Kilometer.

Als ich Hermann über diesen Plan informierte, unterstützte er ihn und verlangte, dass ich unterwegs Notizen mache. Als der Sommer näher rückte, kaufte ich Wanderschuhe und borgte mir von einem Freund eine Jeans. Günter und ich beschafften uns zwei große Rucksäcke und befestigten unsere Schlafsäcke daran. Wir lernten diese Schlafsäcke schätzen, als wir fünf Nächte im Freien verbrachten. Wir schliefen einfach dort, wo uns der letzte Fahrer, der uns mitnahm, absetzte. Mit einem Stoß Landkarten, damit wir unsere ungefähre Route planen konnten, wanderten wir am Straßenrand entlang und hielten den Daumen hoch.

So begann »Günters und Albrechts wunderbares Abenteuer«.

Die Reise gab uns einen Einblick in das Leben im südlichen Teil des Ostblocks. Die Tschechoslowakei und Ungarn waren ziemlich weit entwickelt, und der Lebensstandard dort war mit dem vergleichbar, was wir aus der DDR kannten, aber in Rumänien und Bulgarien sah es ganz anders aus.

In Prag trank ich meine erste echte Coca-Cola – *köstlich!* – und konnte mir meine ersten amerikanischen Zigaretten kaufen, eine Packung *Kent*. In Budapest gingen wir in die Lobby des *Hilton* und gewannen den ersten Eindruck eines amerikanischen Hotels. Als Günter von der Toilette zurückkam, verkündete er aufgeregt: »Diese Toiletten schalten die Wasserspülung ein, sobald man die Tür aufmacht!«

Als wir durch Rumänien und weiter nach Bulgarien fuhren, stellten wir fest, dass beide Länder sehr ländlich geprägt waren. Viele Gebäude sahen aus, als wären sie hundert Jahre alt. Auch die Menschen sahen aus, als kämen sie aus einem anderen Jahrhundert. Sie trugen meistens dunkle, abgetragene Kleidung und Schuhe, die selbst meine modisch völlig unbedarfte Mutter abgelehnt hätte. In der Sommerhitze liefen fast alle kleineren Kinder halb nackt und barfuß herum.

»Es ist, als wären wir auf einer Zeitreise ins Mittelalter«, sagte ich und beugte mich zu Günter hinüber, der neben mir auf der Ladefläche eines Traktors durch ein Dorf fuhr.

An unserem zweiten Tag in Rumänien wurden wir vormittags in einem kleinen Dorf vor einem baufälligen Gebäude aus ausgebleichten Ziegeln abgesetzt. Das Holzschild über der Eingangstür verkündete, dass es ein Restaurant war, aber aufgrund der verwitterten Fassade und des kaputten Strohdachs erwartete ich nicht viel von seinem Angebot. Allerdings waren wir seit dem frühen Morgen unterwegs und sowohl Günter als auch ich hatten Hunger und Durst.

Während wir auf der Straße standen und über unsere Möglichkeiten nachdachten, sahen wir einige düstere Gestalten das Gebäude betreten und andere herauskommen. Ich schaute Günter an und er schaute mich an.

»Sollen wir?«, fragte ich.

»Warum nicht? Auf dem Schild steht *Restaurant*. Es sollte hier also etwas zu essen und zu trinken geben.«

Wir öffneten vorsichtig die Tür und standen in einem Raum voll dunkelhäutiger, ungekämmter rumänischer Dorfbewohner, die anscheinend einen Trinkwettkampf veranstalteten. Sie prosteten sich mit Schnapsgläsern zu, die mit einer klaren Flüssigkeit gefüllt waren, und kippten den Inhalt dann schnell hinunter. In dem Raum ging es lebhaft zu, aber sobald die Leute uns im Türrahmen stehen sahen, wurde es schlagartig still. Sie schauten uns mit verschleierten Blicken an, als wollten sie sagen: *Ihr habt hoffentlich einen guten Grund, hier zu sein, Jungs.*

Jetzt gab es kein Zurück mehr.

Günter und ich lehnten unsere Rucksäcke an die Wand und setzten uns an einen Tisch. Gabeln, Löffel und stumpfe Messer waren mit Ketten am Tisch befestigt, damit sie nicht gestohlen werden konnten.

»Wir hätten ein rumänisches Wörterbuch mitnehmen sollen«, sagte ich, während ich die fettverschmierte Speisekarte anstarrte, die aus einer einzigen Seite bestand.

»Such einfach etwas aus«, antwortete Günter.

Ich winkte die Wirtin herbei, eine faltige, dunkelhäutige Frau, deren Alter nicht erkennbar war und die eine kurze Schürze über einem knöchellangen schwarzen Kleid trug. Ich zeigte auf etwas auf der Speisekarte, hielt zwei Finger hoch und deutete in Günters Richtung, um ihr zu erklären, dass ich für uns beide bestellte. Ohne ein Wort verschwand die Frau in einem Durchgang, der vermutlich in die Küche führte.

In diesem Moment sah ich, dass sich einer der Einheimischen langsam unserem Tisch näherte.

»Was will dieser Kerl?«, fragte ich.

»Frag ihn doch einfach«, antwortete Günter scherzhaft.

»Er starrt die Packung *Kent* in deiner Hemdtasche an«, sagte ich. »Gib ihm am besten eine.«

Mit einem Seufzen trennte sich Günter von seiner letzten amerikanischen Zigarette, die der junge Mann mit einem dankbaren Nicken entgegennahm. Aber statt sie anzuzünden, begann er, das kostbare Geschenk vorsichtig im Raum herumzureichen. Jeder durfte die Zigarette bewundern, berühren und daran schnuppern, bevor sie dem ursprünglichen Besitzer zurückgegeben wurde, der sie sich vorsichtig hinter das linke Ohr steckte.

Die Wirtin kam mit dem Essen, einem kaum genießbaren, dunkelbraunen Brei. Eine Minute später kam sie mit zwei Schnapsgläsern zurück, in denen sich die klare Flüssigkeit befand, und stellte sie vor uns auf den Tisch.

»Hast du dieses Zeug bestellt?«, fragte Günter.

»Bist du verrückt! Schnaps am Morgen?«

Auf der anderen Seite des Raums sah ich, dass der Kerl mit der Zigarette hinter dem Ohr sein Schnapsglas in unsere Richtung hob. Er sagte etwas auf Rumänisch.

»Es sieht so aus, als hätte uns dein neuer Freund den Schnaps spendiert«, sagte ich zu Günter.

Wir prosteten ihm auch zu und kippten tapfer die schrecklich schmeckende Flüssigkeit hinunter, die wahrscheinlich eine Version von *Rakija* war, einem beliebten Obstbrand auf dem Balkan. Mutig zwangen wir ein paar Löffelvoll der fremdartigen, dicken Suppe hinunter, als uns eine zweite Runde Schnapsgläser vorgesetzt wurde.

»Wir sollten lieber von hier verschwinden, solange wir noch können«, sagte ich. »Ich glaube, wenn ich noch ein Glas von diesem Zeug trinke, wird mir schwindlig.«

Ich legte genug Geld für das Essen auf den Tisch, dann nahmen wir unsere Rucksäcke und gingen lächelnd und der trinkfreudigen Menge zuwinkend zum Ausgang. Draußen angekommen, wanderten wir schnellen Schrittes die staubige Straße entlang und schauten uns von Zeit zu Zeit um, um sicherzustellen, dass uns niemand folgte.

Zwei Tage später erlebten wir erneut die magische Macht amerikanischer Zigaretten.

Die Brücke über die Donau, die die Grenzstädte Giurgiu in Rumänien und Russe in Bulgarien miteinander verbindet, hieß Freundschaftsbrücke. Aber als wir sie überqueren wollten, war von Freundschaft nichts zu spüren.

Während wir zu Fuß über die zwei Kilometer lange Brücke gingen, konfrontierte uns ein letzter rumänischer Grenzposten, der sich mitten auf der Straße aufgebaut hatte und mit seinem Gewehr in der Luft herumfuchtelte.

Etwas eingeschüchtert sagte ich: »Was um Himmels willen will dieser Kerl?«

»Keine Ahnung«, antwortete Günter. »Er deutet immer wieder auf deine Hosentasche. Hast du darin deine Brieftasche?«

»Ja, aber ich habe kein rumänisches Geld mehr. Glaubst du, er versucht, eine persönliche Grenzgebühr zu kassieren?«

»Weiß ich nicht«, sagte Günter. »Aber ich habe eine Idee.«

Er griff in seine Hemdtasche und reichte dem Grenzsoldaten eine kleine grüne Schachtel, die er mit schrecklichen rumänischen Zigaretten gefüllt hatte.

Als er sah, dass er kostbare amerikanische Zigaretten geschenkt bekam, zog ein breites Grinsen über das Gesicht des Soldaten, bei dem er mehrere Lücken zwischen seinen tabakbraunen Zähnen zeigte. Wir lächelten ihn ebenfalls an und marschierten mit schnellen Schritten auf die bulgarische Seite der Brücke.

Sobald wir das Schild passierten, das Bulgarien ankündigte, schauten wir über die Brücke zurück, wo der rumänische Grenzsoldat gerade unseren Betrug entdeckte. Mit einem Blick voll Abscheu warf er die Packung »Kent« auf die Straße und begann, darauf herumzutrampeln und uns zu verfluchen. Wir drehten uns schnell um, marschierten weiter in die Stadt Russe hinein und entgingen nur knapp einem Drei-Nationen-Grenzkonflikt.

Nachdem wir uns die Hauptstadt Sofia angesehen hatten, brachen wir zu unserem letzten Ziel auf, der Stadt Burgas am Schwarzen Meer. Unterwegs besuchten wir das Rila-Kloster und unternahmen eine dreitägige Wanderung im Rila-Gebirge.

Als wir endlich in Burgas ankamen, gratulierten Günter und ich uns gegenseitig zu diesem erfolgreich bestandenen Abenteuer. Zurück in Jena würden wir viel erzählen und angeben können.

Nach einer zweitägigen Rückfahrt mit dem Zug kamen wir völlig erschöpft, aber braun gebrannt und mit Vollbart an der Universität an. Da wir nur noch zwei Tage Erholung hatten, bevor das Herbstsemester begann, nahm ich mir Zeit, um meiner Mutter einen langen, ausführlichen Bericht zu schreiben. Sie freute sich sehr über den Brief und gab ihn sogar meiner Lehrerin aus der ersten Klasse, Frau Greiner, zu lesen.

Am 6. September meldete ich mich an der Universität zurück, wo ich jetzt einen festen Laborplatz am Institut für Fotochromie hatte, das von Professor Pätzold geleitet wurde – für mich der beste Dozent aller Zeiten. Dort konnte ich Forschungen anstellen, die später zu meiner Diplomarbeit führen würden.

Genau wie ich hatten sich meine Kommilitonen auf ein Gebiet der Chemie spezialisiert und wir verteilten uns auf verschiedene Gebäude des Campus. Als Folge davon sahen wir uns nur noch selten. Als ich eines Tages gegen Mittag zur Mensa ging, sah ich Edeltraud, die in den letzten drei Jahren in meiner Laborgruppe gewesen war. Ich winkte ihr über die Straße hinweg zu und wollte weitergehen. Aber sie kam herüber und baute sich vor mir auf.

»Albrecht«, sagte sie in ungewöhnlich scharfem Tonfall, »wir müssen reden.«

»Brauchst du bei irgendetwas Hilfe?«, fragte ich arglos.

»Allerdings«, antwortete sie. »Komm mit, wir setzen uns dort drüben auf die Bank.«

Sobald wir saßen, platzte sie heraus: »Ich bin schwanger, und ich bin hundertprozentig sicher, dass du der Vater bist!«

Ich merkte, wie mir das Blut aus dem Gesicht wich, und war froh, dass ich saß. Vor einiger Zeit hatten Edeltraud und ich nach einer fröhlichen Party mit Kommilitonen die Nacht miteinander verbracht. Jetzt informierte sie mich über die Folgen.

»Bist du sicher?«, fragte ich nach einer langen Pause.

»Absolut. Ich war schon beim Arzt.«

Die nächste Pause war noch länger. Ein Kind und vielleicht sogar die Heirat mit einer Frau, die ich zwar mochte, in die ich aber nicht verliebt war, hatte ich nicht geplant. Ich war für eine solche Verpflichtung einfach noch nicht bereit.

Als ich endlich den Kopf hob, bemerkte ich den entschlossenen Blick in Edeltrauds Augen. Sie wollte Mutter werden, egal, ob verheiratet oder nicht! Wir wussten beide, dass der ostdeutsche Staat alleinerziehende Mütter sehr unterstützte, und an der Universität gab es sogar ein Wohnheim für Frauen mit kleinen Kindern. Edeltraud würde ihr Studium abschließen können, auch mit der zusätzlichen Belastung.

»Natürlich werde ich für das Kind Unterhalt zahlen«, versicherte ich ihr zögernd. Ich fühlte mich unsicher und begriff, dass ich ihr sonst nichts zu sagen hatte. Deshalb murmelte ich: »Man sieht sich«, stand auf und ging.

Wir trafen uns erst wieder, nachdem unser Sohn Günther geboren war. Ich erfuhr es von einem gemeinsamen Freund und ging Edeltraud und das Baby in ihrem neuen Wohnheimzimmer besuchen. Ich hielt den kleinen Günther auf den Armen, aber ich fühlte mich ihm nicht nahe und war genauso wenig bereit, Vater zu sein, wie vor seiner Geburt. Statt mich der Situation zu stellen und mit der Mutter meines Kindes – die das auch nicht geplant hatte – eine gemeinsame Lösung zu suchen, benahm ich mich wie ein egoistischer Feigling und ließ sie einfach allein. Das war wahrscheinlich der schamvollste Moment meines Lebens.

Edeltraud hatte das Glück, einen Mann zu finden, der Günther wie sein eigenes Kind aufzog. Ich bin sicher, dass er ein besserer Vater war, als ich es je gewesen wäre. Es war auch interessant zu beobachten, dass die SED, die normalerweise streng auf das moralische Verhalten ihrer Mitglieder achtete, nie ein Wort über diese Situation verlor. Ich war ein zu großer kommender Star, um von dem Podest gestoßen zu werden, auf das man mich stellte.

Für meine Abschlussarbeit hatte ich mich dafür entschieden, mehrere Farbstoffe aus der Gruppe des Indigos zu untersuchen, die ihre Zusammensetzung und damit ihre Farbe verändern (meistens von Blau zu Rot und von Rot zu Blau), wenn sie mit Licht einer bestimmten Wellenlänge bestrahlt werden. Damals dachte man, fotochrome Chemikalien wären die Zukunft von Computerspeichern, aber diese Hoffnung ging nie in Erfüllung.

Nach einem halben Jahr voller Experimente schrieb ich meine Ergebnisse zusammen und ließ meine Arbeit professionell drucken. Dann reichte ich sie bei dem zuständigen Ausschuss ein und am 1. Februar 1972 um vierzehn Uhr erschien ich vor dem Ausschuss aus sechzehn Fakultätsmitgliedern und stellte meine Arbeit vor.

Nach vierzig Minuten kamen sie zu einem einstimmigen Ergebnis. Ich bekam für meine Abschlussarbeit eine Eins und schloss mein Studium vier Monate früher als meine Kommilitonen *summa cum laude* ab. Man hatte mir bereits klargemacht, dass die Universität mich unmittelbar nach meinem Studienabschluss als Assistenzprofessor einstellen würde. Mein Abschluss wurde vorgezogen, damit ich Erster Sekretär der FDJ an der Sektion Chemie werden konnte, eine Aufgabe, die die Hälfte meiner Zeit in Anspruch nahm.

Obwohl mein Studium abgeschlossen war, besuchte ich gelegentlich Vorlesungen von Professor Hartmann. Bei einer jener Gelegenheiten brachte er mich furchtbar in Verlegenheit.

»Herr Dittrich, würden Sie bitte einmal nach vorne kommen?«, fragte er. Ich war verunsichert, aber wenigstens trug ich mein rostfarbenes Lieblingsjackett und die Parteinadel am Revers.

Ich fragte mich, ob mich Herr Hartmann auf die Probe stellen wollte, aber stattdessen setzte er zu einer großen Lobesrede an: »Werte Studenten, im Namen der gesamten Dozentenschaft der Chemischen Fakultät möchte ich diesem jungen Mann mein Lob aussprechen. Er ist klug, fleißig und hat große Führungsqualitäten. Ich rechne damit, dass er einen großen Beitrag für unser Land und den Weltkommunismus leisten wird.«

Am liebsten wäre ich aus dem Raum gelaufen und hätte mich irgendwo versteckt, aber der herzliche Applaus meiner Kommilitonen half mir, diesen Moment zu ertragen, der sehr peinlich hätte werden können.

Ich war jetzt auf dem besten Weg, mit ungefähr sechsundzwanzig Jahren meinen Doktortitel zu erhalten. Und wenn ich wollte, konnte ich meinen Traum verwirklichen und Professor an einer der besten Universitäten Europas werden. Aber natürlich war da noch diese andere Möglichkeit, die meine Aufmerksamkeit erregt hatte. Hermann und ich trafen uns weiterhin und ich sollte bald vor die wichtigste Entscheidung meines jungen Lebens gestellt werden.

12

»Berlin will dich sehen«, sagte Hermann, als er eines Tages in der konspirativen Wohnung ankam. Das machte mich neugierig, aber ich wartete, bis er weitersprach.

»Der Tag der Entscheidung rückt näher. Kannst du dir für drei Wochen von der Universität freinehmen?«

Ich setzte mich auf die Armlehne des Sofas und überlegte einen Moment.

»Sicher, aber nur, wenn ich ein offizielles Dokument habe«, sagte ich.

»Kein Problem.«

Hermann brachte zu unserem nächsten Treffen ein offizielles Schreiben mit, in dem ich aufgefordert wurde, mich für eine dreiwöchige außerordentliche Wehrübung in einer militärischen Einrichtung in der Nähe von Berlin einzufinden.

Während wir die Details besprachen, fühlte ich, wie mich Aufregung durchströmte.

»Was kannst du mir sagen?«, fragte ich Hermann, als wir uns in der Küche an einen kleinen Tisch setzten.

»Du wirst dich mit Agenten in Berlin treffen und möglicherweise einer oder zwei leitenden Personen vorgestellt werden«, sagte er. »Und für diese Aufgabe wirst du dich undercover mit einem unbekannten Kontaktmann in einer großen Stadt treffen. Ich nenne dir Ort, Uhrzeit und ein Passwort, das du auswendig lernen musst.«

Ich wusste, dass dies meine erste Gelegenheit war, in die dunkle, aber ach so aufregende Welt der Geheimoperationen einzutauchen. Es gab dabei keinen Plan B. Wenn ich das Treffen verpasste oder die Details durcheinanderbrachte, würde die ganze Fahrt vergeblich sein und meine Karriere als Geheimagent ungewiss. Ich war mir jedoch sicher, dass ich das Treffen nicht verpassen würde. Pünktlichkeit war nie ein Problem für mich gewesen. Ich habe oft scherzhaft behauptet, dass dort, wo andere ein Herz haben, bei mir eine Uhr sitzt.

Ich fuhr mit dem Zug nach Ostberlin und dann weiter zum Treffpunkt im Stadtteil Karlshorst. Es war eine Wohngegend mit wenig Verkehr. Meine Kontaktperson und ich würden als Erkennungszeichen beide eine Ausgabe der *Fußballwoche* in der linken Hand halten.

Zur vereinbarten Zeit näherte ich mich der Straßenecke, machte meinen Kontaktmann ausfindig und begrüßte ihn mit dem Passwort: »Entschuldigen Sie. Ich suche die Lindenstraße.«

»Wohnt dort nicht Helmut?«, antwortete der Mann, ebenfalls dem Code entsprechend.

Nachdem wir uns vergewissert hatten, dass wir es mit dem richtigen Mann zu tun hatten, stellten wir uns als »Dieter« und »Boris« vor.

Boris war ein untersetzter Mann durchschnittlicher Größe Ende vierzig mit einem typisch runden russischen Gesicht. Charakterlich hatte er viel Ähnlichkeit mit Hermann, er war beherrscht, sehr nett und freundlich.

Er ging mit mir zu seinem Auto und wir besprachen den Terminplan der nächsten drei Wochen. Wir würden uns jeden dritten Tag zu einer bestimmten Zeit an einem bestimmten Ort in Berlin-Lichtenberg treffen. Er sagte, ich solle mir zwei Tage Zeit nehmen, um mir die Stadt anzusehen und eine Unterkunft zu finden. Der KGB würde die Miete zahlen.

Ich fand schnell ein Privathaus, in dem ich ein Zimmer mieten konnte, und verbrachte dann den Rest meiner freien Zeit damit, meine neue Umgebung zu erkunden.

Ah, Berlin, unsere große Hauptstadt und Metropole von internationalem Ruf! Hier pulsierte das Leben. Und ich war *hier!*

Zu jener Zeit waren Teile Ostberlins von den architektonischen Beschränkungen der Stalinära befreit worden, die sich an der Karl-Marx-Allee immer noch deutlich abzeichneten. Besonders der Alexanderplatz war vollständig neu gestaltet worden und wies jetzt den zweithöchsten Fernsehturm der Welt auf (der heute immer noch das größte frei stehende Gebäude in Deutschland ist), eine Weltuhr, einen kunstvollen Springbrunnen und andere Details, die diesem Teil der Stadt ein gewisses modernes Flair verliehen, das sonst in der DDR nicht zu finden war.

Ein Besucher aus dem Westen hätte schnell bemerkt, dass es auf dem Platz an Gelegenheiten für menschliche Begegnungen fehlte – es gab keine Geschäfte, keine Unterhaltung, man konnte nichts tun, außer herumzuschlendern, sich vielleicht auf den Springbrunnenrand zu setzen und sich zu unterhalten –, aber für uns im Osten war der Alexanderplatz ein Zeichen für echten Fortschritt und Anlass zu großem Stolz. Sobald der Abend dämmerte, zerstreuten sich die Menschen jedoch schnell. Der Platz war dann nur noch eine gespenstische, düstere Fläche mit leblosen Monumenten in einer schwach beleuchteten Stadt, die sich in die Wohnungen zu verkriechen schien, sobald es dunkel wurde.

Während meiner drei Wochen in Berlin diskutierten Boris und ich viele Stunden lang die Details eines Lebens als Geheimagent. Er betonte, dass man die Techniken des Agentenlebens lernen konnte, aber der Umgang mit der psychischen Belastung war etwas ganz anderes.

»Du wirst aus deinem jetzigen Leben verschwinden müssen, und niemand – nicht einmal deine Mutter – wird wissen, wo du abgeblieben bist. In den Augen der meisten Menschen wirst du dich in Luft aufgelöst haben. Wohin du auch gehst, du wirst auf feindlichem Gebiet sein. Du wirst dich mit deinen Feinden anfreunden und so tun müssen, als wärst du einer von ihnen. Die Kommunikation mit der Zentrale wird immer indirekt geschehen und immer eine gewisse Zeit brauchen, und du wirst viele Entscheidungen spontan treffen müssen, ohne jemanden um Rat fragen zu können.«

Ich hörte aufmerksam zu und nickte gelegentlich, während Boris beobachtete, wie ich diese Informationen aufnahm. Ich warf einen Blick auf eine Straßenbahn voller Menschen und begriff, dass ein normales Leben nicht mein Ziel war.

»Noch ein letzter Punkt und ich will darin ganz offen sein: Ein großer Prozentsatz der Geheimagenten wird enttarnt und landet im Gefängnis. Könntest du das verkraften? Zögerst du oder hast du davor Angst? Denk über das alles nach und versuche, dich in dieses Szenario zu versetzen. Das sollte die Grundlage für deine Entscheidung sein.«

Während ich diese Worte auf mich wirken ließ, war ich überrascht, dass ich keine Angst empfand.

Bevor wir uns trennten, zog Boris Ausgaben des *Spiegels* und des *Sterns* aus seiner Aktentasche. Meine Augen wurden ganz groß, als ich sie sah. Ich hatte mit Hermann viele westliche Zeitschriften durchgeblättert, aber er hatte sie danach immer wieder mitgenommen.

»Lies sie«, sagte Boris. »Du bekommst davon noch mehr.«

Ich genoss es, diese Publikationen zu lesen. Im Gegensatz zu unseren Zeitschriften und Zeitungen im Osten waren sie bunt und unterhaltsam. Ich blendete die antikommunistischen Argumente als kapitalistische Propaganda aus und betrachtete die Lektüre als Lernstoff über das Leben auf der anderen Seite der Mauer.

Als ich mich mit Boris eines Morgens in seinem Auto traf, reichte er mir einen großen Umschlag. »Du gehst in den Westen«, sagte er.

Ich blieb äußerlich unbeeindruckt, aber ich war sehr aufgeregt. Ich hatte die Erlaubnis, dorthin zu gehen, wohin die meisten DDR-Bürger nie kamen. Der neugierige Wissenschaftler konnte es kaum abwarten.

Aus dem Umschlag zog ich einen ostdeutschen Pass und dreißig D-Mark. Das war das erste Mal, dass ich Westwährung in den Händen hielt. Die bunten Papierscheine waren gleichbedeutend mit einem Zauberstab; damit konnte man sich alle möglichen wunderbaren Dinge kaufen, die in unserem Land nicht zu bekommen waren.

Am nächsten Tag fuhr ich über die U-Bahn-Station Friedrichstraße nach Westberlin. Dieser Grenzübergang wurde nur von sowjetischem Militär bewacht, was ihn für den KGB zum idealen Ort machte, um Menschen nach Westberlin zu schleusen und sie wieder zurückzuholen.

Obwohl der uniformierte Grenzwachmann, der meinen Pass überprüfte, aus einem befreundeten Land stammte, hämmerte mein Herz, während ich wartete. Schließlich gab er mir die Papiere zurück und winkte mich durch.

Als ich aus der U-Bahn stieg, hatte ich das Gefühl, in eine andere Welt einzutauchen. In der ersten Stunde meiner Entdeckungsreise fiel mir auf, welche Leichtigkeit das Westberliner Stadtbild prägte, und mir wurde bewusst, wie schlecht erhalten die historischen Gebäude im Ostteil der Stadt waren, wie trist die mehrstöckigen Wohnblöcke. Westberlins Architektur und Straßen waren sauber und modern. Selbst die Menschen sahen netter aus und sie waren besser gekleidet. Außerdem fuhren auf den Straßen viele unterschiedliche Automarken und -modelle, von denen ich nie etwas gehört hatte. Viel später, als ich versuchte, den Unterschied zwischen Ost- und Westberlin zu erklären, sagte ich: »Der Osten war ein Schwarz-Weiß-Film. Der Westen war Farbfilm.«

Der Zweck dieses Ausflugs bestand eindeutig darin, dass ich erste Erfahrungen sammelte. Boris hatte mir gesagt, dass ich spazieren gehen, mir einige Läden anschauen, die Luft schnuppern und mich an die Umgebung gewöhnen sollte. Das war alles noch völlig harmlos, aber während ich herumging und mir alles ansah, waren meine Nerven zum Bersten gespannt. Mir war immer bewusst, dass ich mich auf einer Ausbildungsmission für den KGB befand. Mein Herz stockte jedes Mal, wenn ich einen Polizisten in seiner unaufdringlichen hellblauen Uniform erblickte. Im Osten erkannten wir die Polizei an ihrer leuchtend grünen Uniform schon aus der Ferne, aber hier nicht. Konnten sie spüren, dass ich nicht hierhergehörte? Verriet mich mein Gesicht oder die Art, wie ich ging? Würden sie mich als ungebetenen Eindringling erkennen und zum Verhör abführen?

Mein letzter Halt vor der Rückkehr in den Osten war eine Imbissbude, wo ich eine köstliche Bratwurst verdrückte, die ich mit einem ebenfalls köstlichen Bier hinunterspülte. Dann ging ich zum Bahnhof, passierte die Grenzkontrolle und kehrte nach Ostberlin zurück. Als ich auf der anderen Seite der Mauer herauskam, regte sich in mir ein starker Stolz. Ich hatte es geschafft!

Monate später traf ich einen früheren Schulkameraden von der Oberschule, der von der Stasi rekrutiert worden war und als Geheimagent nach Westdeutschland gehen sollte. Während wir uns unterhielten, ahnte ich, dass er wusste, dass ich ebenfalls involviert war – entweder bei der Stasi oder einer anderen Institution. Er schien darüber Bescheid zu wissen, ohne dass wir darüber sprachen. Ich erwähnte nichts von meinem Ausflug nach Westberlin, aber er erzählte mir, dass ihn die Stasi entlassen hatte, nachdem er bei einem ähnlichen Übungsausflug versagt hatte. Es habe keine direkte Bestrafung gegeben, erzählte er, doch er habe nicht nur seine Chance verloren, Angehöriger des ostdeutschen Geheimdienstes zu werden. Er habe auch seine Berufslaufbahn als Ingenieur nicht wieder aufnehmen können.

★ ★ ★

Mein Ausflug nach Westberlin hatte seinen Zweck erfüllt. Ich hatte mir und meinen Ausbildern bewiesen, dass ich es aushalten konnte, auf der anderen Seite der Mauer zu sein.

An meinem vorletzten Tag in Ostberlin sagte mir Boris, dass ich einem sehr wichtigen KGB-Beamten vorgestellt werden würde. Er holte mich an unserem üblichen Treffpunkt ab und wir fuhren zum sowjetischen Militärkomplex in Karlshorst.

Boris fuhr zu einem umzäunten Gebäude mit Wachen am Eingang. Er stellte das Auto ab und bedeutete mir, ihm zu folgen. Als ich die Umgebung betrachtete, einen Komplex aus großen Gebäuden mit verwitterten graugrünen Fassaden, war es aus mit meiner Gelassenheit. Jetzt wurde es ernst.

Nachdem wir die Wachen passiert und das Gebäude betreten hatten, schritten wir durch einen dunklen Flur und betraten das Vorzimmer eines größeren Büros. Boris und ich setzten uns auf eine Holzbank und warteten in respektvollem Schweigen. Zehn Minuten später öffnete eine attraktive junge Russin die Tür zum Büro und winkte uns hinein.

»Войдите пожалуйста«, sagte sie. »Bitte kommen Sie herein.«

Ich folgte Boris in das geräumige Büro, in dessen Mitte ein großer dunkler Schreibtisch stand. An der Wand hingen zwei Porträts: Wladimir Lenin und Feliks Dzierżyński, der Gründer der Tscheka, des Vorläufers des KGB. Dzierżyński war außerdem in Form einer Bronzebüste auf dem Schreibtisch präsent.

Hinter dem Schreibtisch saß ein überraschend schmächtiger Mann Ende fünfzig. Er trug einen verknitterten Anzug über einem weißen Hemd mit einer hässlichen Krawatte. Die wenigen Haare, die er noch hatte, waren kurz geschnitten und glatt nach hinten gekämmt.

Dieser Kerl soll ein hohes Tier sein?, dachte ich bei mir.

Dann sprach er.

»Guten Tag«, sagte er mit lauter, stahlharter Stimme und mit starkem russischem Akzent. Es waren offenbar die einzigen zwei Worte, die er auf Deutsch konnte, denn den Rest des Gesprächs mit uns führte er auf Russisch. Aber es stand außer Frage, wer hier das Sagen hatte. Er bedeutete Boris und mir, uns zu setzen.

Dieser kleine Mann, aller Wahrscheinlichkeit nach der Leiter der Spionageabteilung des Sowjetkontingents in Berlin, begann das »Gespräch« mit einem fünfminütigen Vortrag über den Klassenkampf und die Bedeutung des KGB im Kampf gegen den Feind des Proletariats. Mein Schulrussisch ermöglichte mir, wenigstens einem Teil des Vortrags zu folgen, und es gelang mir, mit dem einen oder anderen verwirrten Kopfnicken zu antworten. Aber zum größten Teil war ich darauf angewiesen, dass Boris übersetzte, was er sagte.

Nach einigen Komplimenten für meine akademischen Leistungen und der Erwähnung des Lobes, das ich von Hermann und Boris bekommen hatte, kam er ohne Umschweife zur Sache.

»Sind Sie bereit, sich zu verpflichten? Es ist Zeit, eine Entscheidung zu treffen. Sind Sie dabei oder nicht?« Dieser Teil des Gesprächs bedurfte keiner Übersetzung; seine Worte wurden von der universellen Geste – Daumen nach oben und Daumen nach unten – begleitet.

Auf diesen unvermittelten Frontalangriff war ich nicht vorbereitet und jetzt starrte mich dieser einschüchternde kleine Mann an und wartete auf eine Antwort.

»Ich … ich kann mir das wirklich gut vorstellen, aber ich glaube, ich bin noch nicht gut genug dafür ausgebildet.«

Der Mann brach in ein lautes Lachen aus, das sich schnell in einen längeren Hustenanfall verwandelte. Er hatte wahrscheinlich zu viele von diesen giftigen *Belomorkanal-Papirosi*-Zigaretten geraucht, die billigsten und beliebtesten russischen Zigaretten während des Krieges und noch viele Jahre danach.

Er trank einen Schluck Wasser aus dem Glas, das vor ihm auf dem Schreibtisch stand, und sagte: »Machen Sie sich darüber keine Gedanken. Sie bekommen von uns die Ausbildung, die Sie brauchen. Aber jetzt brauchen wir eine Entscheidung. Echte Revolutionäre sind entscheidungsfreudig. Sie haben bis morgen Zeit, um uns eine Antwort zu geben.«

Damit machte er eine unmissverständliche Handbewegung Richtung Tür. Das Gespräch war vorbei.

Ich blieb still während des größten Teils der Autofahrt zum S-Bahnhof Hirschgarten, wo mich Boris absetzte. Ich hatte zum ersten Mal erlebt, wie gnadenlose Autorität aussah.

Bevor ich aus dem Auto stieg, erinnerte mich Boris: »Wir brauchen deine Entscheidung bis morgen. Sieh das als Ultimatum an.«

»Was soll das heißen?«, fragte ich unschuldig. »Mehr Zeit habe ich nicht, um mir das alles durch den Kopf gehen zu lassen?«

»Nein. Der Chef hat gesprochen, und wenn er spricht, sollten wir gehorchen. Wir treffen uns morgen um fünfzehn Uhr hier und ich erwarte eine klare Antwort.«

Normalerweise brauchte ich von dem Punkt, an dem ich immer ausstieg, bis zu meiner temporären Wohnung nur ungefähr zehn Minuten zu Fuß. Aber dieses Mal ließ ich mir viel Zeit und ging so langsam wie möglich den gewundenen Weg durch einen Park entlang.

Es war ein typischer Herbsttag in Berlin. Die Bäume hatten ihr Laub verloren, und die leeren Äste ragten zum bewölkten Himmel hinauf, als suchten sie dort eine Antwort auf die Frage: »Und was nun?«

Für meine aufgestachelte Fantasie war das eine fast surreale Szenerie. Ich wünschte mir sehr, diese Bäume wären lebendig, sie wären jemand, mit dem ich sprechen und der mir Rat geben konnte. Aber es gab keinen Rat. Ich stand ganz allein vor dieser Weggabelung und es gab kein Zurück.

Eigentlich hatte ich mich jahrelang auf eine Laufbahn als Universitätsprofessor gefreut und hatte schwer dafür gearbeitet, um dieses Ziel zu erreichen. Ich unterrichtete gern. Ich war gern geachtet und ich stand gern im Rampenlicht. Ich mochte Chemie, ich wohnte gern in Jena und vor allem war ich gern Mitglied meiner Basketballmannschaft. Um Geheimagent zu werden, würde ich das alles aufgeben müssen. Ich musste außerdem völlig verschwinden, meine Familie und meine Freunde verlassen, die ich möglicherweise nie wiedersehen würde.

Während ich weiterging, formte sich in meinem Kopf eine Entscheidung. Dieses Angebot war eine sehr große Ehre, eine größere Ehre konnte man sich kaum vorstellen. Keine menschliche Bindung war so stark – nicht einmal die Zugehörigkeit zu meinen Mannschaftskameraden, meinem Freund Günter oder zu meiner Mutter –, dass sie den Verlockungen dieser einmaligen Gelegenheit etwas entgegensetzen konnte. Ich würde etwas Besonderes tun und jemand Besonderes sein.

Kim Philby drückte meine innersten Gedanken aus, als er gefragt wurde, warum er zum KGB gegangen war. Er antwortete: »Wenn man angeboten bekommt, Teil einer Elite-Truppe zu werden, überlegt man nicht lange.«[2]

Am nächsten Morgen traf ich Boris zum letzten Mal vor meiner Abreise aus Berlin.

»Hast du deine Entscheidung getroffen?«, fragte er.

»Ja, ich bin dabei. Es kann losgehen.«

13

Weihnachten 1972 waren die letzten Feiertage, die ich mit meiner Familie verbringen würde. Mein Bruder hatte vor Kurzem seinen Wehrdienst angetreten und meine Mutter wollte nach den Feiertagen wieder heiraten. Deshalb beschlossen wir, uns in ihrer neuen Wohnung in der Stadt Weißwasser zu treffen, um miteinander Weihnachten zu feiern und an der standesamtlichen Hochzeit im kleinen Rahmen teilzunehmen, die einige Tage danach stattfinden sollte. Meine Mutter und ich waren während meiner Zeit an der Universität durch Briefe in Kontakt geblieben, aber dies war mein erster Besuch seit längerer Zeit.

Ihre Wohnung war typisch für die damalige DDR: eine kleine Wohnung im dritten Stock ohne Aufzug mit Küche und Wohnzimmer auf einer Seite, einem Badezimmer auf dem Flur und zwei kleinen Schlafzimmern auf der anderen Seite. Der Staat hatte Tausende solcher Wohnungen in Plattenbauten im ganzen Land gebaut, um der Wohnungsnot zu begegnen. Für meinen Bruder und mich war das nicht unser Zuhause; wir kamen hauptsächlich, um uns zu sehen und das Essen unserer Mutter zu genießen. Am ersten Weihnachtsfeiertag setzte sie uns ihre köstlichen Schweinerippchen mit Kartoffeln und Sauerkraut vor. Ich aß, bis ich fast platzte.

Während wir nach dem Essen um den Tisch saßen und noch etwas tranken, verkündete ich meine Nachricht.

»Mutti, ich werde die Universität verlassen.«

Sie schaute mich an, als hätte ich ihr eine Ohrfeige gegeben. Was sollte dieser Unsinn aus dem Mund ihres erfolgreichen Jungen, ihres Studenten, der nur Einsen hatte und das Karl-Marx-Stipendium bekommen hatte? Wenn meine Mutter eines mit Bestimmtheit wusste, dann dies, dass ihr ältester Sohn eines Tages ein angesehener Professor an einer angesehenen Universität werden würde.

»Du verlässt die Universität?«

Die Frage klang eher wie eine Herausforderung.

»Warum willst du die großartige Karriere, die vor dir liegt, wegwerfen?«

»Im Februar wechsle ich ins Außenministerium und werde Diplomat. Stell dir das nur einmal vor, Mutti. Ich werde nach Berlin ziehen und später werde ich in viele fremde Länder reisen können.«

Sie schaute mich verständnislos über den Tisch hinweg an. Schließlich platzte sie heraus: »Bist du ein Spion?«

Jetzt verschlug es mir die Sprache, aber Hans-Günther kam mir zu Hilfe, ohne es zu merken.

»Doch nicht unser Albrecht! So etwas Zwielichtiges würde er nie machen.«

Meine Mutter runzelte die Stirn, dann stand sie auf, um das Geschirr abzuräumen. Ich wusste nicht, ob sie mir glaubte, aber damit war das Gespräch über meine Berufslaufbahn beendet, und das Thema wurde nie wieder angesprochen.

Ende Januar kündigte ich meine Stelle an der Universität und übergab einem Vertreter des Sekretariats mein SED-Parteibuch. Ich verstand nicht ganz, warum es nötig war, das Parteibuch abzugeben, aber anscheinend würden sie es für mich aufheben, bis oder falls ich es wieder bräuchte. Als ich einen Moment mit dem Sekretär sprach, machte er eine vielsagende Bemerkung über nicht besungene Helden. Offensichtlich war es nicht das erste Mal, dass dieser Genosse ein Parteibuch einzog.

Am nächsten Tag packte ich meine Sachen in einen Koffer und eine große Aktentasche und stieg in den Zug nach Berlin. Während ich mich der Hauptstadt näherte, wurde mir bewusst, dass ich mich auf eine Fahrt nach Nirgendwo begab, ohne Rück- fahrkarte. Es sollten noch viele solche Fahrten folgen, aber diese Zugfahrt war der Anfang einer sehr ungewöhnlichen Reise. Über dem Zielort meines Lebens standen deutlich ein Hammer, eine Sichel und ein großes Fragezeichen.

Am Montag, den 5. Februar 1973, traf ich am frühen Nach- mittag am Ostbahnhof in Berlin ein, einem der größeren Bahn- höfe der Stadt. Nachdem ich meine Taschen in ein Schließfach gesperrt hatte, ging ich zum vorher vereinbarten Treffpunkt an einer Straßenkreuzung in Karlshorst, wo ich mich mit meinem neuen Ausbilder treffen sollte. Das Protokoll dieses Treffens lief genauso ab wie das, nach dem Boris und ich uns zu meiner Übungsfahrt vor drei Monaten getroffen hatten, und alles lief nach Plan.

Um Punkt fünfzehn Uhr entdeckte ich einen untersetzten Mann mittleren Alters in einem dicken Mantel, der eine Ziga- rette rauchte. Er stand neben einem Gebäude ein Stück entfernt auf der Straße. Nach dem üblichen Austausch von Passwörtern und einigen Höflichkeiten gingen wir zu seinem Auto, um die nächsten Schritte zu besprechen.

Im Gegensatz zu Hermann, der ein Freund geworden war, und Boris, der immer freundlich gewesen war, sprach und benahm sich dieser neue Mann, Nikolai – ein Ukrainer mit eckigem Gesicht und dickem Hals –, wie ein strenger Chef.

»Willkommen in Berlin, Genosse. Ich kann dir sagen, dass deine Ausbildung nicht leicht sein wird.« Nikolai drehte sich auf seinem Sitz herum, damit er mir in die Augen schauen konnte. »Wir fangen so realitätsnah wie möglich an. Stell dir vor, du bist gerade in einem neuen Land angekommen und musst eine Wohnung finden.«

»In Ordnung…«

»Das ist deine erste Aufgabe: Such dir eine Wohnung und ruf mich am nächsten Montag um 9:00 Uhr unter dieser Nummer an.«

Ich war wie vor den Kopf gestoßen. Nachdem ich fünf Jahre lang mit mehreren Leuten in einem Wohnheimzimmer gewohnt hatte, hatte ich mich darauf gefreut, eine neue Wohnung zu beziehen. Der KGB würde seinem neuen Agenten-Trainee doch bestimmt eine nette Bleibe zur Verfügung stellen. Aber Nikolai hatte soeben klargemacht, dass ich auf mich selbst gestellt war. Ich wusste, dass die Wohnungsknappheit, die im ganzen Land herrschte, in Berlin besonders schlimm war. Es war nichts Ungewöhnliches, dass sich mehrere Leute eine Wohnung teilten, besonders junge Menschen, die oft bei ihren Eltern wohnen bleiben mussten, während sie jahrelang auf einer Warteliste für eine eigene Wohnung standen.

Worauf habe ich mich nur eingelassen?

Ich verzog keine Miene, aber mein Verstand arbeitete auf Hochtouren.

Fängt so meine große Karriere als Geheimagent an? Ich soll mir eine Wohnung suchen, obwohl es keine gibt?

Ich merkte mir die Telefonnummer, dann stieg ich aus dem Auto und schloss mich dem Strom der Fußgänger an, die durch die kalten Straßen Berlins von der Arbeit nach Hause gingen. Es war zu spät, um noch an diesem Tag mit meiner Wohnungssuche zu beginnen, deshalb holte ich mein Gepäck und nahm mir für die Nacht ein Zimmer in einem Hotel. Morgen sollte der offizielle Beginn meines neuen Lebens sein und es würde ein sehr unangenehmer Beginn werden.

Am nächsten Tag begann ich meine Suche mit der Frage: Wie stellt es ein Neuankömmling an, in einer riesigen Stadt, in der Hunderttausende auf eine eigene Wohnung warten, eine Wohnung zu finden?

Die Antwort war einfach: von Tür zu Tür gehen.

Ich wusste, je näher ich dem Stadtzentrum war, umso zweckloser würde die Suche werden. Deshalb fuhr ich mit der S-Bahn in die Stadt Erkner, fünfzig Kilometer südöstlich der Stadtmitte und die letzte Haltestelle dieser Linie. Als ich aus dem Zug auf das Kopfsteinpflaster des Bahnsteigs trat, war der düstere Bahnhof menschenleer. Das war ermutigend. Je weniger Leute, umso größer waren die Chancen, eine Wohnung zu finden. Das hoffte ich wenigstens.

Als ich aus dem Bahnhof trat, bog ich scharf nach links ab und marschierte auf mehrere Einfamilienhäuser zu. In den nächsten drei Stunden klopfte ich an Türen oder klingelte und sprach mit den Bewohnern. Schließlich führten meine Bemühungen zu einer möglichen Spur. Ein Hausbesitzer schickte mich zu einem kleinen Haus in einer Straße, die von schönen Birken gesäumt war. Die Straße hatte den passenden Namen *Unter den Birken.*

Die Frau, die mir die Tür öffnete, sah krank aus, mit losen Strähnen ungekämmter, schmutzig blonder Haare und einer großen Zahnlücke zwischen ihren oberen Schneidezähnen.

»Ich kann Ihnen ein Zimmer vermieten«, sagte sie, »aber es ist nicht sehr komfortabel.«

Bald sollte ich herausfinden, dass »nicht sehr komfortabel« die Untertreibung des Jahres war.

Die Frau führte mich durch den Garten zu einem baufälligen Schuppen, der in zwei Zimmer unterteilt war, eines mit einem Bett und einem Stuhl und das andere mit einem Kohleofen und einem Waschbecken mit fließend kaltem Wasser. Andere Möbel gab es nicht. Die Toilette war ein Häuschen im Garten.

Das war also meine erste eigene Wohnung: ein Bett, ein Ofen, ein Stuhl und fließendes Wasser. Nicht gerade das, was ich mir erträumt hatte, aber wenigstens konnte ich sagen, dass ich ein Dach über dem Kopf und ein Bett zum Schlafen hatte.

Die spartanische Unterkunft störte mich nicht. In meiner Kindheit hatte ich mich daran gewöhnt, wenig zu verlangen und noch weniger zu bekommen. Und für die große Sache mussten Opfer gebracht werden. Immerhin hatte mein größter Held Wladimir Lenin drei Jahre in einem sibirischen Gefangenenlager gelitten, bevor er siegreich nach Russland zurückgekehrt war und die Führung des ersten kommunistischen Staates übernommen hatte. Ich hatte ja keine Ahnung, dass meine

KGB-Bosse im Luxus schwelgten und gedankenlos festlegten, dass sich neue Rekruten in einer überfüllten und unbekannten Stadt selbst eine Wohnung suchen mussten.

Ich zog mit der Überzeugung, die mir meine Eltern vermittelt hatten, in meine bescheidene Wohnung in Erkner: Wenn du gute Leistungen bringst, passieren gute Dinge. Ich ging diese neue Situation also mit jugendlichem Optimismus an. Diese Wohnung war kein Zuhause, nur ein Schlafplatz.

Jeden Morgen fuhr ich mit dem Zug in die Stadt und verbrachte meine Zeit in der Bibliothek, in Museen oder erkundete zu Fuß die verschiedenen Stadtteile, um mir Kenntnisse für künftige Operationen anzueignen. Ich schloss mich auch der Basketballmannschaft an der Hochschule für Ökonomie in Karlshorst an, so hatte ich regelmäßige persönliche Kontakte und mindestens eine Dusche pro Woche. Ich verlor gegenüber Nikolai nie ein Wort über meine Wohnverhältnisse und das war weise. Chefs wollen keine Klagen oder Probleme hören; sie wollen Lösungen.

Für mich, der ich so eifrig darauf wartete, endlich loslegen zu können, zog sich meine Ausbildung wie Kaugummi. Nie hatte ich einen schriftlichen oder strukturierten Plan mit Terminen, zu erbringenden Ergebnissen und Bewertungskriterien. Nikolai gab mir zwar einen Überblick über die Themen, die wir abdecken würden, aber die Umsetzung schien Woche für Woche eher spontan zu geschehen. Die einzige Konstante in meiner Ausbildung war mein wöchentliches Treffen mit Nikolai. Jeden

Montag um Punkt neun Uhr rief ich ihn von einer Telefonzelle in der Nähe meiner Wohnung an, und er teilte mir mit, wo und wann wir uns treffen würden. Das einzige Regelmäßige an unseren Treffen waren die Berichte, die ich jeden Monat abgeben musste: einen Tätigkeitsbericht und eine Spesenaufstellung.

Bei unserem zweiten Treffen in Nikolais Auto gab er mir mein erstes Monatsgehalt. Einen Umschlag mit achthundert Mark. Das waren zweihundert Mark mehr als mein Nettoeinkommen an der Universität.

»Wir zahlen im Voraus und wir ziehen keine Steuern ab«, sagte Nikolai mit dem Anflug eines Lächelns.

Anfangs fanden unsere Treffen in Nikolais Auto statt, das er am Fürstenwalder Damm in der Nähe des Bahnhofs Friedrichshagen parkte. Er brachte mir immer einen Stapel westdeutscher Zeitungen und Zeitschriften mit, was mich stets freute; die Lektüre war ein Höhepunkt in meinem ansonsten langweiligen Leben.

Unsere Treffen dauerten normalerweise nur zwanzig Minuten, in denen wir über Belanglosigkeiten sprachen, bevor mir Nikolai meine nächsten Instruktionen gab. Es dauerte zwanzig Jahre, bis ich begriff, dass es zwischen einem Agenten und seinem Ausbilder so etwas wie Small Talk nicht gibt: Nikolai analysierte jedes Wort, das ich sagte.

Ich lernte schnell, keine Fragen in Bezug auf meine Ausbildung zu stellen. Ich hörte einfach zu und lernte. Aber ich brauchte nicht lang, um zu erkennen, dass die Ausbildung grob in zwei Kategorien unterteilt war: technische Fertigkeiten, also das Spionage-Handwerk, und Sozialkompetenz, bei der es um meine persönliche Entwicklung ging.

Die technischen Fertigkeiten wurden von sehr kompetenten Fachleuten vermittelt. Ich bekam von meinen Ausbildern immer Einzelunterricht, und Nikolai war der Einzige, der außer uns anwesend sein durfte. Da die meisten Technikspezialisten weder Deutsch noch Englisch sprachen, fungierte Nikolai oft als Dolmetscher. Die scheinbar immensen Ressourcen, die für mich zur Verfügung standen, ließen mich glauben, dass die Zahl gründlich vorbereiteter Geheimagenten ziemlich begrenzt war. Ich konnte mir nicht vorstellen, dass es weltweit Tausende Geheimagenten gab. Ich lernte kein einziges Mal einen aktiven Kollegen kennen; aber ein solches Treffen hätte natürlich auch gegen die Grundlagen der Geheimhaltung verstoßen.

Die Ausbildung umfasste folgende Themen:

a) *Kurzwellenfunk und Morsecode.* Die Ausbildung im Morsecode beschränkte sich ausschließlich auf den Empfang von Nachrichten. Nachdem ich die zehn Ziffern und das Alphabet in langsamem Tempo beherrschte, konzentrierten wir uns darauf, meine Empfangsgeschwindigkeit zu erhöhen. Schließlich schaffte ich respektable hundert Zeichen in der Minute. Ich wurde auch in die Benutzung der verschiedenen kommerziell erhältlichen Kurzwellenradios eingewiesen und lernte, wie ich Kurzwellenmitteilungen meiner KGB-Ausbilder im Westen empfangen konnte.

b) *Kryptografie.* Alle Botschaften, die ich über Kurzwelle bekam, waren verschlüsselt, und ich wurde angewiesen, in meinen Botschaften an die KGB-Zentrale jede konkrete Information (Namen, Adressen, Telefonnummern etc.) zu codieren. Der Algorithmus, den man mich lehrte, enthielt eine doppelte

Verschlüsselung. Zuerst wurden alle Buchstaben in Ziffern umgewandelt, die mit anderen Ziffern aus einem gesonderten Algorithmus addiert oder subtrahiert wurden. Dass das einzige KGB-Dokument, das ich je mit meinem vollständigen echten Namen unterschrieben habe, die Erklärung war, nie irgendwelche Informationen über diese Algorithmen weiterzugeben, zeigt, welchen Wert der KGB seinem Code beimaß. Laut meinem Lehrer war der Code nicht zu knacken und konnte ungefähr zweihundert Mal eingesetzt werden.

c) *Geheimtinte*. Die Praxis der Geheimschrift, beziehungsweise die Verwendung von unsichtbarer Tinte, ist so alt wie das geschriebene Wort. Was sich im Laufe der Jahre verändert hat, ist die Technik. Die Chemikalien, die ich benutzte, waren fast unmöglich zu entdecken. Wenn ich eine Geheimbotschaft erstellte, schrieb ich zuerst einmal einem fiktiven Freund einen Brief. Dieser wurde *offener Text* genannt. Dieses Blatt Papier wurde dann auf eine saubere Glasplatte oder einen Spiegel gelegt, darauf kam ein spezielles Papier und wieder ein Blatt normales Schreibpapier. Die Geheimbotschaft wurde auf das oberste Blatt mit einem Bleistift der Härte zwei und mit wenig Druck geschrieben, um keine sichtbaren Abdrücke auf dem unteren Blatt zu hinterlassen. Der Brief mit dem offenen Text, der jetzt auch die Geheimbotschaft enthielt, wurde mit der regulären Post an eine Adresse im Ausland geschickt (die Adressen, die ich benutzte, waren in Westberlin, Kolumbien und Österreich), wo ein Mittelsmann den Brief einem dort wohnenden KGB-Agenten übergab, der ihn wiederum via Diplomatenpost an die Zentrale weitergab, wo die Schrift im Labor sichtbar gemacht wurde. Die Reise einer Botschaft nach Moskau dauerte zwei bis drei Wochen.

d) *Fotografie.* Als leidenschaftlichem Amateurfotograf musste man mir nicht sagen, wie man eine Kamera bediente oder einen Schwarz-Weiß-Film entwickelte. Allerdings wurde mir beigebracht, mit einem Mikroskop einen Mikropunkt zu schaffen – ein Negativ, das nicht größer ist als ein Quadratmillimeter und sich leicht unter einer Briefmarke verstecken oder in die Innenseite eines Umschlags kleben lässt.

Viel Aufmerksamkeit wurde den Operationen im Feld gewidmet, zu denen die Enttarnung von Beschattung, die Abhaltung von Geheimtreffen und tote Briefkästen gehörten.

a) *Persönliche Treffen.* Bei diesen Treffen wurden mündliche Instruktionen erteilt, Pässe ausgetauscht und Geld übergeben. Sie unterlagen einem strengen Protokoll, einschließlich Erkennungsmerkmalen und bei beiden Seiten bekannten Passwörtern. Mein übliches Erkennungszeichen war, dass ich ein Exemplar der Zeitschrift *US News & World Report* zusammengerollt über einer braunen Aktentasche trug. Wenn ich auf Gefahr hinweisen wollte, trug ich die Zeitschrift und die Aktentasche getrennt. Meine Kontaktperson begann die Passwortsequenz immer mit den Worten: »Entschuldigen Sie, suchen Sie Susan Greene?« Ich antwortete dann: »Ja, Sie müssen David sein.«

b) *Tote Briefkästen.* Eine Toter-Briefkasten-Operation ist eine Möglichkeit, ohne persönlichen Kontakt Material wie Geld, einen Pass, einen Mikrofilm oder ein wertvolles Dokument zu übergeben. Der zu übergebende Gegenstand wird in einen unauffälligen Behälter wie eine alte Dose oder einen künstlichen Stein aus Gips gesteckt und an einem vorher vereinbarten Ort deponiert (abgelegen und mit wenig Verkehr). Die Person, die dort etwas deponiert, hinterlässt für den Empfänger ein Zeichen an einem Ort, den der Empfänger auf jeden Fall sieht, etwa eine Kreidemarkierung an einem Strommast. Wenn der Gegenstand abgeholt wurde, macht der Empfänger ebenfalls eine Markierung, um dem Absender mitzuteilen, dass die Operation erfolgreich verlaufen ist.

c) *Enttarnung von Beschattung.* Jedem persönlichen Treffen, jeder Verwendung von toten Briefkästen und anderen Operationen wie der Aufgabe eines Briefs mit unsichtbarer Tinte geht eine gründliche Prozedur voraus. Dazu fährt und geht man zwei oder drei Stunden lang durch die Stadt, um festzustellen, ob man verfolgt wird. Zur effektivsten Methode der Enttarnung gehört eine Reihe kurzer Fahrten mit öffentlichen Verkehrsmitteln. Wenn der Weg richtig gewählt wird, ist es selbst den raffiniertesten Beschattungsteams praktisch unmöglich, unentdeckt zu bleiben.

Die Ausbildung in sozialer Kompetenz enthielt fünf Elemente: ideologische Grundlagen, Wissen über Westdeutschland, der Aufbau von persönlichen Kontakten, Sprachkenntnisse und kulturelles Wissen.

Um mein Verständnis der kommunistischen Ideologie zu vertiefen, gab man mir eine dreibändige Geschichte der Kommunistischen Partei der Sowjetunion und eine Leninbiografie, die ich studieren sollte.

Ich analysierte das westdeutsche Grundgesetz, las westdeutsche Publikationen und schaute mir später, als ich mir einen Apparat kaufen konnte, westdeutsche Fernsehsendungen an. Das Fernsehen war besonders angenehm, denn es sorgte nicht nur für Unterhaltung, sondern es war auch eine Aktivität, für die ich sonst bestraft worden wäre. Es war ein klarer Indikator dafür, dass ich nun über dem Gesetz stand.

Das Mantra, das ich während meiner Zeit beim KGB oft hörte, lautete: »Kontakte, Kontakte, Kontakte.« Das verriet, welchen hohen Wert man der Informationsgewinnung durch persönliche Kontakte beimaß.

Man sagte mir, dass jeder KGB-Agent eine Fremdsprache fließend beherrschen müsse. Da ich mir eine aussuchen durfte, entschied ich mich für Englisch. Der KGB bezahlte Privatlehrer, und ich vertiefte mich mit demselben Eifer, mit dem ich an der Universität Chemie studiert hatte, in mein Sprachstudium.

Die Aneignung des kulturellen Wissens gefiel mir besonders gut. Der KGB wollte, dass seine Staragenten über eine breite Bildung verfügten, damit sie sich in die Oberschicht jeder Gesellschaft integrieren konnten. Ich besuchte das Theater, das Ballett, die Oper und Museen und der KGB erstattete mir alle Eintrittskarten als Spesen.

Besonders viel Zeit verbrachte ich auf der Berliner Museumsinsel, auf der sich fünf weltbekannte Museen befinden. Mein Lieblingsmuseum war das Pergamonmuseum mit seiner Sammlung klassischer Altertümer, die mich daran erinnerte, wie ich als Zwölfjähriger eine deutsche Übersetzung sowohl der *Odyssee* als auch der *Ilias* verschlungen hatte.

Gelegentlich wurden mir zusätzliche Aufgaben zugeteilt, einige streng zu Übungszwecken und andere, um echte Ergebnisse zu liefern. Zu ihnen gehörte es, Menschen mit Verwandten im Westen auszuspähen, einschließlich eines Ehepaars, das in Bernau lebte, ungefähr dreißig Kilometer nördlich von Berlin.

Für diese Aufgabe zog ich vorübergehend nach Bernau und gab mich als Doktorand für Geschichte aus, der Nachforschungen über bestimmte Ereignisse in Bernaus Vergangenheit anstellte. Der Vollbart, den ich damals trug, machte diese Tarnung ziemlich glaubhaft. Ich interviewte mehrere Stadtbewohner, bis mir jemand empfahl, auch die Zielpersonen anzusprechen.

Jetzt hatte ich eine Referenz, auf die ich mich berufen konnte, was meine Kontaktaufnahme völlig natürlich erscheinen ließ. Ich konnte das Gespräch suchen, was dann zu einer kurzen Freundschaft führte, in deren Verlauf ich die gewünschten Informationen über die Verwandten im Westen herausfand.

Zwei andere Operationen führten mich nach Westberlin. Sie verliefen erfolgreich, was mein Selbstvertrauen stärkte, denn man hatte nicht gemerkt, dass ich aus dem Osten kam. Ich wurde auch aufgefordert, die Nationaldemokratische Partei Deutschlands (NDPD) zu infiltrieren, ein Profil von einigen Führungsleuten der Partei zu erstellen und einen allgemeinen Bericht über die Partei zu schreiben. Die NDPD war eine ostdeutsche Partei. Ich bekam Zugang zu mehreren Funktionären der NDPD auf mittlerer Ebene, indem ich mich mit einem aktiven Mitglied anfreundete. Es war der Kurator des Gerhard-Hauptmann-Museums in Erkner, meinem neuen Wohnort. Da die NDPD der SED sehr nahestand und wahrscheinlich sogar von ihr gesteuert wurde, war diese Operation vermutlich nur eine Übung, um Erfahrung zu sammeln.

In den ersten Ausbildungsmonaten war Nikolai ein Chef, den man eher fürchtete als mochte. Die unterdrückte Spannung in unserer Beziehung kam im Sommer 1973 deutlich zum Vorschein.

Irgendwie hatte meine letzte Freundin aus Jena meine Adresse herausgefunden. Zuerst schickte sie mir einen süßen Liebesbrief, den sie mit den Worten schloss: »Und jetzt liegt alles in deinen zärtlichen, warmen Händen.«

Als ich nicht antwortete, beschloss sie, mich persönlich zu überraschen. Ich erschrak sehr, als es an der Tür meiner bescheidenen Wohnung klopfte und Ariane davorstand. Obwohl ich mich wegen meiner Wohnverhältnisse schämte, hatte ich das Gefühl, keine andere Wahl zu haben, als sie hereinzubitten. Wir saßen nebeneinander auf dem Bett und sie begann das Gespräch.

»Albrecht, ich kann dich nicht vergessen. Ich hätte nie aus Jena weggehen sollen. Ich wollte dich nie verlassen. Ich musste aber einfach aus dem verhassten Chemielabor fliehen. Bitte lass es uns noch einmal versuchen. Wir können das schaffen.« Tränen liefen ihr übers Gesicht.

Trotz meiner laserscharfen Konzentration auf meine Karriere war es schwer, eine schöne Frau weinen zu sehen. Noch schlimmer war, dass sie meinetwegen weinte. Aber es war eine unmögliche Situation. Ich konnte nicht mit jemandem aus meiner Vergangenheit zusammen sein, während ich mich darauf vorbereitete, dieses alte Leben hinter mir zu lassen. Eine solche Beziehung würde alles gefährden.

Mit einer Kälte, die meine wahren Gefühle Lügen strafte, sagte ich, was gesagt werden musste, obwohl es sie verletzen würde: »Ariane, ich habe dich sehr gemocht, aber ich habe dich nie geliebt. Für eine dauerhafte Beziehung fehlt uns die Grundlage.«

»Aber ...«, begann sie schwach, und dann flossen ihre Tränen erst so richtig, als sie begriff, dass es zwischen uns wirklich aus war.

Während des Restes ihres Besuchs gelang es mir, mich unverfänglich mit ihr zu unterhalten, und am Ende des Tages setzte ich sie in den Zug, der sie nach Leipzig zurückbrachte.

Als ich Nikolai anvertraute, was passiert war, richtete er sich sofort zu seiner vollen Größe auf, und sein Gesicht lief vor Ärger rot an.

»Wenn du willst, kannst du wieder mit diesem Mädchen zusammen sein; aber wenn du das machst, solltest du dich mit einer Laufbahn als Landwirt vertraut machen.«

»Die Beziehung ist *vorbei*, vollständig vorbei«, sagte ich mit Nachdruck, bis er mir endlich zu glauben schien. Ich hatte nicht die Absicht, das Ziel, für das ich mich entschieden hatte, zu gefährden, aber Nikolais Botschaft war unmissverständlich: *Dein Privatleben gehört uns.*

Obwohl diese Sache nie wieder erwähnt wurde, war ich sicher, dass Nikolai in seinem nächsten Bericht erwähnen würde, dass ich grundehrlich war und dass ich eine Schwäche für Frauen hatte. Wenn er das tatsächlich getan hatte, konnte eine solche Bemerkung später eine Rolle gespielt haben, als man mir erlaubte zu heiraten. Möglicherweise wollte man verhindern, dass ich den Reizen einer feindlichen Geheimagentin verfiel.

So abgehärtet und zielorientiert ich auch wurde – meine harte Schale hatte eine Schwachstelle. Doch es war nicht die Liebe zu einer Frau, sondern die Unschuld eines Kindes, die mich eines Tages zu Fall bringen und gleichzeitig zu meiner Erlösung beitragen würde.

14

An einem Oktobermorgen 1973 eilte ich mit einem Schirm, der wenig Schutz bot, durch den strömenden Regen. Vom S-Bahnhof zum Fürstenwalder Damm, wo mich Nikolai regelmäßig mit seinem Auto abholte, waren es zehn Minuten zu Fuß. Schließlich zog ich triefend nass die Beifahrertür auf und schlüpfte in das Fahrzeug. Ich rechnete damit, dass sich Nikolai beschweren würde, weil ich sein Auto schmutzig machte, wie er es bei früheren Gelegenheiten getan hatte, aber dieses Mal zog er einen Umschlag aus seiner Aktentasche und reichte ihn mir mit einem breiten Grinsen.

»Mach ihn auf«, sagte er.

Ich versuchte, meine Hände abzutrocknen, bevor ich den Umschlag nahm. Darin entdeckte ich einen großen Schlüssel aus Aluminium.

»Wofür ist der?«, fragte ich.

»Das, junger Mann, ist der Schlüssel zu deiner neuen Wohnung. Du hast im letzten halben Jahr fleißig gearbeitet und hast sie dir redlich verdient. Ich fahre dich jetzt direkt dorthin.«

Die Fahrt zur Eitelstraße 31 im Bezirk Lichtenberg dauerte eine halbe Stunde. Nikolai parkte vor dem Gebäude am Straßenrand. Es war ein vierstöckiger Wohnblock, typisch für die Zeit vor dem Krieg, mit graubrauner Fassade und mehreren

Eingängen. Wie zur Begrüßung in meinem neuen Zuhause hörte der Regen plötzlich auf.

Wir gingen durch den Vordereingang in einen Innenhof und betraten ein Treppenhaus auf der linken Seite, das uns an dem ausgebombten Erdgeschoss vorbei in den ersten Stock führte. Nikolai sperrte mit dem Aluminiumschlüssel die Holztür auf, dann trat er zur Seite und ich betrat meine erste richtige Wohnung.

»Was sagst du?«, fragte er mit stolzer Miene.

»Sehr schön«, erwiderte ich. Ich ging geradewegs in die Küche, in der ein Gasofen, eine Spüle mit fließend kaltem Wasser und zwei alte, abgenutzte Möbelstücke standen: ein Tisch und ein Küchenschrank. Links daneben war das Wohnzimmer mit einem Kachelofen, einer riesigen Eichenkommode und einem Schrank. Auch wenn sie nicht wirklich gemütlich war, war diese Wohnung eine große Verbesserung gegenüber dem Loch in Erkner.

»Die Toilette ist draußen, eine Treppe tiefer, ist aber in Ordnung«, sagte Nikolai. »Und …« Er reichte mir einen weiteren Umschlag und grinste noch breiter. »Hier noch etwas, das dir beim Möbelkauf helfen sollte.«

In dem Umschlag befanden sich tausend Mark, zweihundert mehr als mein übliches Monatsgehalt. Nikolai steckte an diesem Tag voller Überraschungen.

Wir verließen die Wohnung getrennt, damit man uns nicht miteinander sah, aber dieser Tag brachte eine einschneidende Veränderung in unserer Beziehung. Ohne mir irgendeinen Grund dafür zu nennen, benahm sich Nikolai ab diesem Tag wie ein freundlicher Mentor und nicht mehr wie ein autoritärer Chef. Offenbar hatte ich die Probezeit bestanden.

Mit dem Geld kaufte ich mir ein blaues Schlafsofa, einen Wohnzimmertisch, zwei Stühle, einen kleinen Kühlschrank und einen gebrauchten Farbfernseher, der nützlich war, um mein Wissen über Westdeutschland zu vertiefen. Verglichen mit dem, was im ostdeutschen Fernsehen gezeigt wurde, waren die Sendungen im Westfernsehen viel lebendiger und unterhaltsamer. Zu meinen Lieblingssendungen gehörte die *Sesamstraße*, die mich immer zum Lachen brachte.

Ab nun trafen Nikolai und ich uns auch meistens in meiner neuen Wohnung. Das war viel angenehmer als die Sitzungen in seinem Auto. Jeden zweiten Monat brachte er Besuch aus Moskau mit, der sich nach meinen Fortschritten erkundigte. Einer dieser Besucher fragte mich unvermittelt: »Wie kommen Sie mit Ihrem Englisch voran?«

»Ich war schon immer gut in Englisch«, antwortete ich mit einem Anflug von Arroganz, »aber ich lerne jeden Tag hundert neue Wörter, und ich kann schon ohne Wörterbuch englische Romane lesen.«

»Wirklich? Das klingt vielversprechend.«

Bei unserem nächsten Treffen gab mir Nikolai einen Kassettenrekorder und forderte mich auf, etwas aufzunehmen.

»Lies einen Ausschnitt aus einem deiner englischen Romane und halte eine freie Ansprache in Englisch über ein Thema deiner Wahl.«

Einen Monat später wurde ich ins KGB-Hauptquartier in Moskau eingeladen – das wir immer als Zentrale bezeichneten –, wo meine Englischkenntnisse getestet wurden. Das war der erste Hinweis darauf, dass ich vielleicht doch nicht in Westdeutschland eingesetzt werden würde.

Wegen der Eigentümlichkeit meiner »Arbeit« und weil ich nicht wissen konnte, wo ich in ein paar Jahren sein würde, blieb ich zwischen meinen Trainingseinheiten die meiste Zeit für mich. Selbst während der intensivsten Zeiten meiner Ausbildung hatte ich viel Freizeit. Während die Wochen in Monate übergingen, wurde mir allmählich bewusst, dass ich in der Großstadt war und trotzdem einsam. Schließlich beschloss ich, mir Gesellschaft zu suchen – wenigstens jemanden, mit dem ich etwas Zeit verbringen konnte –, aber ich erkannte auch, dass ich dafür einen Plan brauchte.

Eines Samstagnachmittags überlegte ich: *Wo kann ich besser jemanden kennenlernen als in »Die Melodie«?* Das berühmte Tanzlokal befand sich in der Stadtmitte, ungefähr zehn Minuten vom Brandenburger Tor entfernt. *Und warum nicht sofort?* Ich zog meine besten Sachen an, nahm meinen ganzen Mut zusammen und fuhr mit der S-Bahn zur Friedrichstraße.

Es war noch ziemlich früh am Abend, deshalb waren sehr wenige Leute in der *Melodie*, als ich ankam. Als ich durch die riesige Doppeltür trat, lag ein großer Saal vor mir, in der Mitte ein Parkett-Tanzboden, vorne eine Bühne für die Musikkapelle und genügend Tische um die Tanzfläche herum für gut zweihundert Leute.

Ich setzte mich ein Stück entfernt von der Musik an einen Tisch für acht Personen. Die anderen Stühle waren leer, aber es dauerte nicht lang, bis zwei attraktive, gut gekleidete Frauen am anderen Ende des Tisches Platz nahmen. Sie fielen mir sofort auf. Aufgrund ihrer eleganten Kleidung und da sie die teuerste Weinflasche bestellten, die auf der Getränkekarte stand, vermutete ich, dass sie Besucherinnen aus dem Westen waren und ich deshalb besser Abstand zu ihnen hielt.

Doch bevor ich mich an einen anderen Tisch setzen konnte, begann eine der beiden Frauen ein Gespräch mit mir. Da ich sie wegen der lauten Rockmusik nicht verstehen konnte, rutschte ich näher an sie heran und beugte mich zu ihr.

»Kommst du von hier?«, fragte sie.

»Gewissermaßen. Ich bin vor ungefähr einem Jahr aus Jena nach Berlin gezogen«, sagte ich.

»Und was machst du, wenn ich fragen darf?«

Sie war ganz schön neugierig, stellte ich fest, aber ich gab ihr meine einstudierte Antwort: »Ich arbeite für das Außenministerium. Und woher kommt ihr beide?«

»Ach, wir wohnen im Prenzlauer Berg, sind Nachbarinnen und gehen gern miteinander aus.«

»Ah, verstehe.« Innerlich atmete ich erleichtert auf. Der Prenzlauer Berg befand sich tief im Herzen Ostberlins. Ich musste mir also keine Sorgen machen, dass ich gerade Kontakt zu jemandem aus dem Westen aufnahm.

Ich warf einen Blick auf die Begleiterin meiner Gesprächspartnerin und war auf der Stelle fasziniert. Sie war ausgesprochen schön und hatte ein Gesicht wie ein Filmstar. Ihre leuchtenden hellblauen Augen betonten ihre zarten Gesichtszüge, die von goldblonden Locken umrahmt waren.

»Möchtest du tanzen?«, forderte ich sie auf, als sie mich dabei ertappte, dass ich sie anschaute.

»Ja, gerne.«

Während wir zur Tanzfläche gingen, stellte ich fest, dass sie ein wenig größer war als die meisten Frauen. Das passte gut zu meiner Körpergröße. Sie sagte mir, dass sie Christiane hieße und als Verwaltungsangestellte an der Humboldt-Universität arbeite. Damit ich sie trotz der lauten Musik verstehen konnte, beugte sie sich nahe zu meinem Ohr vor, und ihr Atem kribbelte an meinem Hals. Die Kapelle spielte ein Lied nach dem anderen, und wir tanzten, als wären wir die einzigen zwei Menschen im Saal.

Als die Kapelle den *Tennessee Waltz* spielte, legte ich die Hände auf ihre Hüften, und sie legte die Arme um meinen Hals. Während wir eng miteinander tanzten, legte sie den Kopf an meine Schulter. Ihr süßes Parfum war berauschend und ich zog sie noch ein wenig näher an mich heran.

Am Ende des Abends begleitete ich sie nach Hause und vergaß völlig, dass sie mit einer Freundin gekommen war. An ihrer Tür gab ich ihr einen schüchternen Gutenachtkuss und sie lächelte mich an. Ich fragte: »Hast du morgen Abend Zeit?«

Ihr Lächeln wurde strahlender und sie nickte. Mein Puls überschlug sich fast.

Am nächsten Abend lud ich sie zum Essen in ein nettes Restaurant ein, danach unterhielten wir uns in ihrer Wohnung und fielen einander schließlich leidenschaftlich in die Arme.

Als ich am nächsten Morgen in meine Wohnung zurückkehrte, hatte ich das Gefühl, in einem anderen Universum aufgewacht zu sein. Die Luft war frisch und verheißungsvoll, und die Vögel siegten klar über die lärmenden, rauchenden Fahrzeuge, die die Straßen bevölkerten. Über Nacht war die Welt ein besserer Ort geworden, und ich hatte das Glück, darin zu leben. Innerhalb von vierundzwanzig Stunden war es Christiane gelungen, die harte Mauer einzureißen, die ich seit dem Verlust von Rosi um mich herum aufgebaut hatte.

In den folgenden paar Monaten verbrachte ich kaum eine Nacht zu Hause. Nach dem Ende meiner »Arbeit« ging ich zu Christiane, und am Morgen begleitete ich sie zur Humboldt-Universität, bevor ich vorgab, in ein angrenzendes Regierungsgebäude zur Arbeit zu gehen. Christiane wusste nicht, was ich tagsüber wirklich machte oder warum ich Monate später nach Moskau flog.

Bis zu meinem ersten Flug in die Sowjetunion hatte ich noch nie in einem Flugzeug gesessen. Ich blickte diesem nächsten großen Abenteuer also mit einer Mischung aus Aufregung und Angst entgegen. 1975 war eine Flugreise für einen sechsundzwanzigjährigen Agenten in Ausbildung noch etwas Besonderes. Ich kleidete mich entsprechend mit Anzug, weißem Hemd und Krawatte.

Als Nikolai mich in meiner Wohnung abholte, setzte er sich an den Tisch, und ich setzte mich zu ihm. In den nächsten Minuten wartete ich darauf, dass er etwas sagen oder tun würde, aber er saß nur mit gebeugtem Kopf da und sprach kein Wort. Nach einer Weile stand er auf, ging zur Tür und wir brachen auf.

Dieser »Moment der Stille« wurde bald zur Routine bei Nikolai. Keiner der anderen Sowjets machte je so etwas, und ich fragte mich immer, was in diesen Momenten in seinem Kopf vorging.

Wir kamen 90 Minuten vor Abflug am Flughafen Berlin-Schönefeld an. Nachdem ich meinen Koffer aufgegeben hatte, steuerte ich auf das Schild »Passkontrolle« zu. Aber Nikolai tippte mir auf die Schulter und sagte lächelnd: »Hier entlang. Komm mit.«

Er führte mich zu einer Tür, auf der in großen roten Buchstaben »Zutritt verboten« stand. Offensichtlich galt dieses Verbot nicht für Nikolai und mich. Hinter der Tür stand ein uniformierter ostdeutscher Grenzbeamter, der salutierte, als er Nikolais Ausweis sah. Er ließ uns ohne Weiteres passieren. In meinem ostdeutschen Pass zeigte sich später keine Spur davon, dass ich in der Sowjetunion gewesen war.

Als wir ein Wartezimmer erreicht hatten, nickte mir Nikolai kurz zum Abschied zu und verschwand durch dieselbe Tür, durch die wir gekommen waren. Ich setzte mich zu den wenigen anderen Fluggästen, die darauf warteten, mit einem Bus zum Flugzeug auf dem Rollfeld gebracht zu werden.

Es waren so wenige Fluggäste, dass es keine fünf Minuten dauerte, bis alle im Flugzeug waren und sich einen Platz gesucht hatten. Als die Kabinentüren geschlossen waren, machte der Pilot eine Durchsage:

»Wir haben heute nur sehr wenig geladen. Deshalb bitte ich Sie, sich aus Sicherheitsgründen während des Starts in den vorderen Teil des Flugzeugs zu setzen.«

Die Fluggäste schauten einander an, aber wir gingen alle nach vorne. Die Durchsage des Piloten trug nicht gerade dazu bei, meine Angst zu vertreiben. Ich suchte mir einen neuen Sitzplatz in einer der vorderen Reihen und legte den Sicherheitsgurt an.

Um mich bis zum Start abzulenken, zog ich die Karte mit Sicherheitshinweisen und Notfallmaßnahmen aus der Tasche vor mir, aber als ich diese ganzen Hinweise las, wurde ich nur noch nervöser. Während das Flugzeug zur Startbahn rollte, verstärkte jedes Ruckeln und jedes unerklärliche Geräusch meine innere Unruhe, kalter Schweiß brach auf meiner Stirn aus. Was die Sache noch verschlimmerte: Eine Gruppe junger Männer in der Reihe hinter mir begann damit, sich über das Flugzeug lustig zu machen.

»Hast du das gehört?«

»Ja, ich glaube, wir haben ein Rad verloren.«

»Habt ihr schon jemals gehört, dass sich alle nach vorne setzen mussten, um das Gewicht gleichmäßig zu verteilen?«

»Ich sage euch, mit diesem Flugzeug stimmt etwas nicht. Hey, Stewardess, kann ich noch etwas zu trinken haben?«

Ich hätte mich am liebsten umgedreht und diese Typen zum Schweigen gebracht, aber stattdessen blieb ich so ruhig wie möglich sitzen und klammerte mich an meine Armlehnen. Um meine Nerven zu beruhigen, bestellte ich ebenfalls einige Drinks und rauchte während des zweieinhalbstündigen Fluges fast eine ganze Packung Zigaretten. Ich kam zwar wohlbehalten in Moskau an, aber mit rasenden Kopfschmerzen.

Als ich das Flughafengebäude erreichte, trat sofort ein gut aussehender junger Mann auf mich zu. Er war ungefähr in meinem Alter, mit sehr dunklen Augen und pechschwarzen Haaren. Er stellte sich als Sergej vor.

»Es freut mich sehr, dich kennenzulernen, Albrecht«, sagte er in ausgezeichnetem Deutsch mit schwachem Akzent. Er war in Moldawien aufgewachsen. »Ich bin während deines Aufenthalts hier dein Begleiter. Wir haben viel Gutes über dich gehört.«

»Danke, es freut mich auch, dich kennenzulernen. Aber kann ich dich um ein Aspirin bitten? Ich habe im Flugzeug Kopfschmerzen bekommen.«

»Natürlich, aber vorher holen wir dein Gepäck.«

Sergej schmuggelte mich durch eine Seitentür an der Pass- und Zollkontrolle vorbei in die Haupthalle des Flughafens und bat mich, in einer Ecke auf mein Gepäck zu warten. Bis es ankam, schaute ich mich um. Im Vergleich zum Flughafen Berlin-Schönefeld war der Flughafen Scheremetjewo riesig. Hunderte, wenn nicht sogar Tausende Fluggäste waren in der Halle unterwegs. Ich befand mich nicht nur im mächtigsten Land der Welt, ich war auch noch von seiner Regierung eingeladen worden. Meine Brust schwoll vor Stolz und ich vergaß fast meine Kopfschmerzen.

Als ein uniformierter Soldat meinen Koffer brachte, ergriff ihn Sergej sofort und führte mich vor das Gebäude, wo eine schwarze Wolga-Limousine auf uns wartete. Während die Limousine auf der linken Spur der Leningrad-Allee Richtung Stadtmitte raste, war ich von der Breite des Boulevards und den riesigen Gebäuden, die beide Seiten säumten, stark beeindruckt. Berlins Karl-Marx-Allee war eine deutlich kleinere Version dieser Prachtstraße.

»Sergej, wie kann es sein, dass wir mit hundert Sachen auf der linken Spur fahren, während alle anderen nur dahinkriechen?«

»Besondere Menschen verdienen eine besondere Behandlung«, sagte er.

Er erklärte mir, dass unser Auto besondere Nummernschilder hatte, mit denen der Fahrer die Sonderspur benutzen durfte. Jeder andere, der sich auf diese Spur wagte, wurde mit einer Geldstrafe belegt. Dass mein Sonderstatus so bestätigt wurde, ließ meine Kopfschmerzen endgültig verschwinden.

Ich lehnte mich ans Fenster, während wir durch die faszinierende Innenstadt fuhren. Ich erkannte die berühmten Gebäude, die ich in Büchern und Zeitschriften gesehen hatte. Wir fuhren am befestigten Komplex des Kremls vorbei mit seinen riesigen Spitztürmen, dem großen Roten Platz und der beeindruckenden Basilius-Kathedrale, die Iwan der Schreckliche im sechzehnten Jahrhundert erbaut hatte.

Zehn Minuten später hielt die Limousine vor einem typischen Plattenbau der Sechziger- und Siebzigerjahre, genannt »Chruschtschowka«. Ich folgte Sergej in den Fahrstuhl, der uns in den dritten Stock brachte.

»Hier wohnst du in den nächsten zwei Tagen«, klärte er mich auf, als wir in eine saubere, aufgeräumte Wohnung traten. Er bedeutete mir, mich zu setzen, und eine kleine ältere Frau brachte uns eine einfache Mahlzeit aus dunklem Brot, geräuchertem Fisch und Tee. Sergej sagte, sie würde mich während meines Aufenthalts mit Essen versorgen. Als sie gegangen war, besprachen Sergej und ich die mir bevorstehende Agenda.

»Da es bei deinem Besuch darum geht, deine Englischkenntnisse zu beurteilen«, erklärte Sergej, »wirst du von zwei Fachleuten getestet werden, die dann an unsere Führung Bericht erstatten.«

Nach dem Essen verabschiedete sich Sergej und ließ mich allein, damit ich mich an meine neue Umgebung gewöhnen konnte. Ich bediente mich an dem georgischen Brandy, den ich im Büfett fand, und schaute im Fernsehen ein Hockeyspiel in verzerrten, verschwommenen Farben an. Irgendwann wich endlich die Anspannung von mir und ich schlief im dritten Drittel des Spiels ein. Als ich erwachte, war der Bildschirm schwarz.

Am nächsten Tag hatte ich nacheinander Gespräche mit zwei Englischexperten. Die Erste, die in die Wohnung kam, war eine in Amerika geborene Frau, die irgendwie in Moskau gelandet war. Sie wirkte wie Anfang fünfzig, hatte eine schlanke Figur und blasse Haut. Ihre Haarfarbe war eine Mischung aus Grau und ausgebleichtem Blond. Sie war nett, aber ihre Antriebslosigkeit, ihr kraftloses Auftreten, ihre Körpersprache und ihre leise Art erweckten den Eindruck, dass sie des Lebens müde geworden war. Wir unterhielten uns ungefähr eine Stunde lang auf Englisch.

Nach einer Pause traf die zweite Prüferin ein, eine Professorin für Englisch an der berühmten Lomonossow-Universität. Sie war in jeder Hinsicht das genaue Gegenteil der amerikanischen Prüferin. Mitte dreißig, elegant gekleidet und attraktiv, sprach sie ein fast fehlerloses aristokratisches Englisch und strahlte viel Energie und Selbstvertrauen aus. Das war eindeutig keine gewöhnliche Professorin; und sie wusste, warum ich hier war.

»Verehrter Genosse«, sprach sie mich ziemlich förmlich an, »Sie haben beim Erlernen der englischen Sprache unbestritten ausgezeichnete Fortschritte gemacht. Aber Ihr deutscher Akzent ist immer noch sehr stark. Ich glaube nicht, dass Sie die britische Aussprache je beherrschen werden, und ich bezweifle auch, dass Sie sich einen passablen amerikanischen Akzent aneignen können.«

Ihre unverblümte Beurteilung traf mich wie eine kalte Dusche. Ich saß da wie ein gescholtener Schuljunge.

»Wie dem auch sei«, sprach sie weiter, ohne mein Unbehagen zu beachten, »das Erlernen der Sprache ist nur ein Teil des Ganzen. Sie müssen auch lernen, wie ein Amerikaner zu *denken* und zu *fühlen*. Stellen Sie sich vor, Sie wohnen in einem dieser großen Häuser und fahren eines dieser riesigen Autos. Um in den USA Erfolg zu haben, müssen Sie in größeren Dimensionen denken. Sie müssen eine vollständige Verwandlung durchmachen.«

Diese kühne Aussage verblüffte mich, und ich konnte mir kaum vorstellen, wie ich die breite Kluft zwischen meinen gegenwärtigen bescheidenen Verhältnissen und dem Leben, das diese Frau beschrieb, überwinden sollte. Ein reicher Geheimagent in den USA? Ich kam mir vor wie ein kleiner Junge in einem Spielzeuggeschäft, der unbegrenzt Geld ausgeben darf.

Gleichzeitig war ich entschlossen zu beweisen, dass diese anmaßende und arrogante Professorin völlig falschlag. Ich *würde* amerikanisches Englisch lernen, und ich würde lernen, es *perfekt* zu sprechen.

An diesem Abend kamen mehrere Besucher in die Wohnung: fünf Männer und die russische Professorin, die mich geprüft hatte. Ich spürte, dass alle diese Leute große Tiere beim KGB waren, besonders, als einer der Männer mit seinem vollen Namen inklusive des Namens des Vaters vorgestellt wurde, ein Zeichen für großen Respekt in Russland.

Die ältere Russin, die meine Mahlzeiten kochte, hatte ein Festessen vorbereitet, und wir setzten uns alle an den Tisch und genossen es. Als wir es uns bequem gemacht hatten, wandte sich der hohe KGB-Beamte an mich mit einer Stimme, aus der uneingeschränkte Autorität sprach.

»Wir haben beschlossen, Sie zu unserem größten Feind zu schicken. Sie werden dort als gebürtiger Amerikaner auftreten.«

Es gelang mir, keine Miene zu verziehen; aber innerlich wuchs meine Aufregung. Die Vereinigten Staaten! Ich nickte respektvoll, während ich mir ausmalte, wie ich große Leistungen erbringen und in der Welt wirklich etwas bewirken würde.

»Das ist eine sehr herausfordernde Aufgabe«, sprach der Mann weiter, »die viel mehr Vorbereitung erfordert als für andere Missionen. In den nächsten zwei Jahren werden Sie hier in Moskau leben, um Ihre Ausbildung zu vervollständigen, bevor es losgeht. Dies geschieht in Anerkennung Ihres Talents und Ihrer ausgezeichneten Leistungen, die Sie bis jetzt in der Ausbildung erbracht haben. Glauben Sie mir, das ist ein ganz besonderer Auftrag, dem nur ganz wenige Menschen gewachsen sind. Wir schicken nicht ständig irgendwelche Agenten nach Amerika.« Er nickte entschieden und sagte: »Darauf sollten wir trinken.«

Sein Trinkspruch wurde von Jubelrufen und Lachen beantwortet, bevor alle am Tisch ihr Glas mit eiskaltem Wodka in einem Zug leerten.

Da der offizielle Teil des Banketts erledigt war, wurde es Zeit, das Essen zu genießen. Ich staunte über die Menge und Auswahl der Speisen, die aufgetischt waren. Es war so viel, dass sich der stabile Holztisch fast bog. In der Mitte stand eine riesige Flasche Wodka in einem Eimer, der mit Trockeneis gefüllt war.

In den nächsten drei Stunden aßen und tranken und rauchten wir und alle Russen am Tisch gaben abwechselnd einen Trinkspruch zum Besten. Nach der Suppe und den Vorspeisen folgten zwei Hauptgänge: ein großer Fisch und ein Rindfleischeintopf. Und es gab reichlich frisches russisches Brot.

Am Ende des Banketts waren alle bester Laune. Trotz der großen Menge Alkohol, die geflossen war, schien niemand betrunken zu sein. Vielleicht hatte die ebenfalls große Menge Essen dafür gesorgt, dass wir alle relativ nüchtern blieben.

Moskau war ein unerwarteter nächster Schritt auf meinem unbekannten Weg. Ich stieg auf der Karriereleiter weiter nach oben, verdiente mir meine Sporen und würde am Ende nach Amerika geschickt werden. Ich entfernte mich immer weiter von meinem früheren Traum, Professor für Chemie zu werden und ein ehrbares Leben an der Universität zu führen, vielleicht zu heiraten und Kinder zu bekommen. Mein neuer Weg würde in eine ungewisse Richtung führen – vielleicht würde ich wie einer der heldenhaften Agenten werden, von denen wir immer gehört hatten. Mit sechsundzwanzig Jahren war ich überzeugt davon, für etwas sehr Wichtiges und Gefährliches bestimmt zu sein.

Aber vorher musste ich noch einige Dinge klären. Dazu gehörte die Beziehung zu Christiane.

Acht Jahre nachdem Rosi sang- und klanglos mit mir Schluss gemacht hatte, hatte ich es gewagt, mein Herz wieder einer Frau zu öffnen, und ich hatte mich verliebt. Christiane war alles, was ich mir bei einer Frau nur wünschen konnte: Sie war schön, sexy, klug und voll positiver Energie. Aber in meinem künftigen Leben als Geheimagent in den USA war einfach kein Platz für sie.

Nach Nikolais Reaktion auf den Zwischenfall mit Ariane ein Jahr zuvor hatte ich ihm nichts von Christiane erzählt. Diese Situation musste ich selbst klären.

Ich hatte ungefähr einen Monat Zeit, um das unausweichliche Ende vorzubereiten. Unser Gespräch war schmerzhaft und unangenehm. Ich sagte der Frau, die ich liebte, nur die halbe Wahrheit.

»Christiane«, begann ich zögernd, »ich muss dir was erzählen. Ich habe eine große berufliche Chance bekommen.«

Ihre Augen leuchteten auf und sie beugte sich in Erwartung einer guten Nachricht zu mir.

»Man hat mir eine Stelle als stellvertretender Wissenschaftsattaché an der Botschaft der DDR in Moskau angeboten.«

»Das ist ja großartig!«, antwortete sie instinktiv, doch als ihr die Konsequenzen dieses Angebots klarer wurden, fragte sie wehmütig: »Aber … was wird aus *uns*?«

Ich hatte mir die Antwort oft im Geiste vorgesagt und zwang mich jetzt, sie auszusprechen.

»Darüber habe ich lange nachgedacht«, sagte ich. »Der Zeitpunkt ist wirklich ungünstig.«

Ihre schönen blauen Augen schnitten wie Messer in mein Herz. Ich schaute auf meine Hände hinab, um nicht weich zu werden.

»Unsere Beziehung hat noch nicht den Punkt erreicht, an dem wir über Heiraten sprechen könnten«, sagte ich.

Darauf antwortete sie nichts, also sprach ich weiter.

»Und du weißt ja, dass DDR-Bürger nicht in die Sowjetunion ziehen können, wenn sie keine offizielle Erlaubnis und keine Arbeit dort haben. Ich werde zwei Jahre dort sein.«

»Also gut«, sagte sie, als überlege sie, ob sie eine Fernbeziehung verkraften würde, aber die würde ich ihr nicht antun. Ich wusste, dass ich nach den zwei Jahren nicht nach Berlin zurückkehren würde. Mein nächstes Ziel würde irgendwo in den Vereinigten Staaten liegen.

»Es tut mir leid, Christiane, aber ich bin zu einer langen Fernbeziehung mit einer ungewissen Zukunft nicht bereit.«

»Das... das war es also?«

»Mir fällt keine andere Lösung ein. Es ist wahrscheinlich das Beste, wenn wir getrennte Wege gehen.«

Tränen liefen über Christianes schönes Gesicht, und mir fiel es auch sehr schwer, meine Tränen zu unterdrücken. Um irgendwie noch eine plausible Erklärung zu geben, sagte ich: »Weißt du, ich habe mir lange überlegt, das Angebot abzulehnen, aber das kommt nicht infrage. Man sagt nur ein einziges Mal Nein zur Partei«, und wiederholte damit den Spruch, den mein Vater vor vielen Jahren gesagt hatte.

An diesem Abend gab es nichts mehr zu sagen. Deshalb drückte ich Christiane einen zärtlichen Kuss auf die Stirn und verließ ihre Wohnung.

Wir sahen uns in den nächsten drei Wochen weiterhin und klammerten uns verzweifelt an eine zauberhafte Vergangenheit, die keine Zukunft hatte. Aber in der Nacht vor meinem Abflug war es Zeit für ein letztes Lebewohl.

Als ich in ihre Wohnung kam, lag sie auf dem Sofa und starrte mit leerem Blick an die Decke. In der Luft lag eine erdrückende Traurigkeit, die sich wie ein schweres Gewicht auf meine Brust legte. Kein unbeschwertes Lachen, keine Neckereien, keine Küsse und Umarmungen. Es war ein endgültiger Abschied. Christiane trug einen roten Pullover und eine enge schwarze Hose, die ihre attraktiven Kurven betonte. Aber ich konzentrierte mich nur darauf, unseren Abschied schnell hinter mich zu bringen.

Ohne ein Wort zu sagen, bückte ich mich zu ihr und gab ihr einen letzten zarten Abschiedskuss. Dann drehte ich mich um, legte meinen Schlüssel für ihre Wohnung auf den Tisch und ging zur Tür hinaus.

Die Traurigkeit dieses Moments legte sich schwer auf mein Herz und ich konnte keinen klaren Gedanken fassen. Aber trotz der Taubheit meiner Seele verlor ich das große Ziel nicht aus den Augen. Ich war auf dem Weg zu Größerem und jetzt hatte ich das letzte schwere Hindernis überwunden.

Am folgenden Tag hatten die letzten Vorbereitungen für den Umzug alle Schuldgefühle und die Traurigkeit schon verdrängt. Ich konnte wieder klar denken. Moskau rief mich.

15

Mitte Oktober 1975 traf ich in der sowjetischen Hauptstadt ein. Wieder holte mich Sergej vom Flughafen ab, und eine Wolga-Limousine mit Chauffeur brachte uns direkt zu meiner neuen Unterkunft im Bezirk *Preobraschenskoje*, der ungefähr zehn Kilometer nordöstlich vom Roten Platz lag.

Sergej erklärte, dass die nächste Metrostation, Elektrosawodskaja, nur zehn Minuten zu Fuß über den Fluss *Jauza* entfernt lag und dass von dort aus alle Stadtviertel leicht zu erreichen waren.

Während wir mit dem Fahrstuhl in den zweiten Stock eines gewöhnlichen Plattenbaus fuhren, fühlte ich eine Welle der Vorfreude angesichts der Aussicht, meine allererste eigene moderne Wohnung zu beziehen.

Aber als Sergej meinen Koffer abstellte und mich durch die Wohnung führte, trafen wir eine müde aussehende alte Frau in einem abgetragenen braunen Kleid – eine typische russische Babuschka –, die etwas auf einem Gasofen umrührte.

Was macht diese Frau hier?

Bevor ich Sergej fragen konnte, erklärte er mir die Situation.

»Das ist Anna Sergejewna. Sie ist die Witwe eines Offiziers der Roten Armee, der im Zweiten Weltkrieg starb. Du wohnst hier bei ihr und ihrem Sohn.«

Ich zeigte meine Enttäuschung nicht, während uns die Frau Tee einschenkte und Sergej und ich uns in mein neues Zimmer zurückzogen – nicht bequem, aber für meine Bedürfnisse ausreichend –, um die Pläne für die kommenden Wochen und Monate zu besprechen. Obwohl ich mich über diese neue Phase meiner Ausbildung freute, wanderten meine Gedanken für einen Moment zu Christiane und ihrer ordentlichen Berliner Wohnung.

Bevor Sergej ging, riet er mir, mir so viel Zeit wie möglich für die Erkundung der Stadt zu nehmen. »Immerhin ist sie für die nächste Zukunft dein Operationsfeld.«

Am folgenden Tag brach ich, mit einem Stadtplan und einem U-Bahn-Plan bewaffnet, zu einer ersten Exkursion auf. Ich trug eine dünne Hose, ein Hemd und eine Jacke und dachte, ich wäre für Mitte Oktober richtig gekleidet. Aber je später es wurde, umso kälter wurde mir. Bekam ich eine Grippe?

Während ich zitternd durch die Straßen ging, fiel mein Blick auf eine große Temperaturanzeige an einer Fassade. Es hatte minus acht Grad. Der Winter hatte in Moskau Einzug gehalten und würde die Stadt im nächsten halben Jahr in eisigem Griff behalten.

Ich wusste zwar, dass ich in Moskau war, um mein Englisch zu perfektionieren, aber alle langfristigen Pläne blieben größtenteils im Dunkeln. Später erfuhr ich, dass es bei den modernen Geheimdiensten zwei Arten von Agenten gibt: solche, die legal in einem Land leben und unter einer offiziellen Tarnung arbeiten – zum Beispiel als Diplomat, Botschaftsattaché oder Mitglied einer Handelsvertretung –, und solche, die sich illegal im Land aufhalten und undercover arbeiten, ohne dass sie nach außen irgendeinen Bezug zu dem Land, für das sie spionieren, erkennen lassen.

Die Spione, die legal in einem Land waren, hatten den Vorteil diplomatischer Immunität. Das Schlimmste, was ihnen passieren konnte, war die Ausweisung. Aber ihre Chancen, Informationen zu beschaffen, waren gering. Sie kamen nur begrenzt an Geheimnisse und Geheimnisträger heran. Spione mit offiziellem Titel agierten oft als Nachrichtenüberbringer zwischen Undercover-Agenten und der Zentrale und leiteten auch Geldmittel weiter.

Die Undercover-Agenten hatten keinen diplomatischen Schutz. Wenn sie erwischt wurden, waren sie der vollen Gewalt des Gesetzes unterworfen. Andererseits hatten sie – solange sie unbehelligt arbeiten konnten – viel mehr Möglichkeiten: Sie konnten sich frei bewegen und nahe an ahnungslose Zielpersonen herankommen.

Ich hatte von Anfang an die Vorahnung gehabt, dass sie mich rekrutiert hatten, um mich zum Undercover-Agenten auszubilden. Ich würde nicht als Diplomat oder als Gastprofessor ins Ausland geschickt werden. Ich würde mit einer gefälschten Identität und gefälschter Staatsangehörigkeit in ein anderes Land einreisen.

Noch hatte ich keine Ahnung, dass das Programm für Undercover-Agenten seit vielen Jahren ins Stocken geraten war und zahlreiche Rückschläge erlitten hatte. Meine Rekrutierung war Teil neuerlicher Bemühungen, ein Netz von Geheimagenten in den USA aufzubauen.

Der russische Winter war definitiv anders als der deutsche. Der erste Schnee fiel Ende Oktober und blieb auch liegen. Er schmolz erst irgendwann im April. Mit Temperaturen von durchschnittlich minus vier bis minus zehn Grad – die auch manchmal auf minus dreißig Grad sinken konnten – war es verständlich, dass »General Winter« ein so wichtiger russischer Verbündeter im Kampf gegen Napoleons und Hitlers Armeen gewesen war.

Die Gehwege verwandelten sich schnell in eine bucklige Eisbahn, ein hässliches und gefährliches Chaos, das jeden Schritt zum Abenteuer machte. Die Situation war in Gegenden mit viel Fußgängerverkehr besonders schlimm, da die Moskauer die furchtbare Angewohnheit hatten, auszuspucken. Speichel und Schleim verbanden sich mit der eisigen Mischung aus Matsch, Erde und Schotter.

Um die Kälte auszuhalten, trug ich die verhasste lange Unterwäsche, die ich nicht mehr angezogen hatte, seit mir meine Mutter meine Garderobe nicht mehr vorschrieb. Außerdem trug ich eine *Tschapka*-Mütze aus Kunstpelz mit Ohrenklappen und gefütterte Fäustlinge. Wenn es morgens besonders kalt war, wickelte ich auch noch einen Schal um meinen Mund, um den eisigen, bohrenden Wind abzuwehren, und atmete nicht zu tief ein, um meine Lunge nicht zu schädigen, wie mir Sergej geraten hatte.

Mein Essen musste ich mir selbst beschaffen. Für alle Moskauer war die Suche nach vernünftigem Essen ein täglicher Kampf, und für einen Ausländer, der die Sprache kaum beherrschte, war sie noch schwerer. Meine Mahlzeiten beschränkten sich bald auf Brot, Dosenfisch und Mineralwasser – die einzigen Nahrungsmittel, die es reichlich gab – und gelegentlich ein Essen in einem Restaurant. Doch ich war aufgrund meiner Kindheit und meiner Jahre an der Universität schlechtes Essen gewohnt. Was mich wirklich belastete, war die fehlende menschliche Gesellschaft.

Zweimal die Woche traf ich mich mit der Englischlehrerin und ein paar Mal mit Sergej und verschiedenen Technikspezialisten. Ansonsten war ich sehr einsam. Jeder Tag bestand aus Arbeit, Arbeit, Arbeit. Der Höhepunkt meiner Abende war eine leichte Lektüre in Englisch oder der Versuch, *BBC Worldwide* mit dem Kurzwellenempfänger, den mir Sergej gegeben hatte, einigermaßen verständlich zu empfangen.

Ich sehnte mich so sehr nach Christiane! Und selbst ein Tag in der Wohnung meiner Mutter wäre wunderbar gewesen. Aber ich wollte mich nicht beklagen. Stattdessen schrieb ich meiner Mutter Briefe, in denen ich ihr versicherte, dass es mir gut ging.

In diesen ersten Monaten lebte ich wie ein Gefangener – zwar ohne äußere Mauern, aber mit starken mentalen und emotionalen Einschränkungen. Nur mein eiserner Wille, Disziplin und meine Zielstrebigkeit halfen mir, diese dunkle Zeit zu ertragen und meine positiven Erwartungen für die Zukunft beizubehalten.

Es kostete mich viel Zeit und Arbeit, mein Englisch zu perfektionieren und mir einen amerikanischen Akzent anzueignen.

Dafür fuhr ich zweimal die Woche eine Dreiviertelstunde lang quer durch die Stadt zu Irina Pawlowa, meiner Lehrerin, die in Amerika geboren war. Sie war die Frau gewesen, die mich bei meinem ersten Aufenthalt in Moskau geprüft hatte. Die erste halbe Stunde unseres zweistündigen Unterrichts verging jeweils mit langweiligem, aber sehr nützlichem Aussprachetraining, das meinen deutschen Akzent so weit wie möglich ausradieren sollte. Der Rest des zweistündigen Unterrichts bestand mehr oder weniger aus einem freien Gespräch mit Irina. Abgesehen von diesen Stunden dienstags und donnerstags verging kein Tag, an dem ich nicht mindestens eine Stunde lang neue Vokabeln lernte. Als ich Moskau verließ, hatte ich mir einen Grundwortschatz angeeignet.

Irina war nett und wollte mir helfen, aber ihre Lustlosigkeit und ihre fehlende Begeisterung machten jedes längere Gespräch mühsam. Trotzdem war es meine Aufgabe, die Sprache zu lernen, und ich tat alles dafür. Jeden Abend hörte ich ohne Ausnahme eine weitere halbe Stunde lang Wörter auf Kassetten an und wiederholte sie – zuhören und wiederholen, zuhören und wiederholen, bis zum Erbrechen. Um sich grundlegende Fertigkeiten im Leben anzueignen, ist Wiederholung der Schlüssel zum Erfolg. Nachdem ich diese ermüdenden Übungen endlos wiederholt hatte, waren die Ergebnisse zwar vielleicht nicht perfekt, aber doch sehr ermutigend.

Mit dem Tauwetter im Frühling kam eine Verbesserung meiner Lebensbedingungen. Als ich endlich den Mut aufbrachte, Sergej gegenüber meine schwierigen Wohnverhältnisse zu erwähnen, entschuldigte er sich und gab zu, dass er fälschlicherweise angenommen hatte, die Babuschka würde für mich kochen. Offenbar hatte jemand vergessen, ihr das zu sagen.

Innerhalb weniger Wochen konnte ich in eine Zweizimmerwohnung mit eigenem Badezimmer und Küche und – zu meiner großen Freude – einem Farbfernseher umziehen. Gemessen an meinen früheren Unterkünften, war das der reine Luxus. Jetzt brachten russische Zeichentrickfilme, Spielfilme und Sportsendungen endlich unterhaltsame Abwechslung in meine intensive Welt des Lernens.

Sergej brachte noch mehr Farbe in mein Leben, indem er mir gelegentlich Karten für ein ausverkauftes Premierenkonzert oder eine Ballettaufführung gab, einschließlich einer unmöglich zu ergatternden Karte für das Bolschoi-Ballett.

Er gab mir auch Karten für die Vorstellung einer amerikanischen Theatergruppe von Thornton Wilders *Unsere kleine Stadt* und für den Höhepunkt meiner gesamten Moskauer Zeit: ein ausverkauftes Konzert von Roy Clark, der als Teil eines Kulturaustausches in die Sowjetunion kam. Clarks *Hee-Haw*-Nummer kam bei den Moskauern unglaublich gut an, und ich wurde in meine Jahre an der Oberschule zurückversetzt, als ich über ein Kurzwellenradio britische und amerikanische Musik gehört hatte. Jetzt sah ich eines meiner Musikidole *persönlich* und er war *gut*! Als künftiger Amerikaner applaudierte ich kräftig.

Ende Mai 1976 überbrachte mir Sergej einen Brief, den meine Mutter an die Postfachadresse geschickt hatte, an die meine Post ging. Ich hatte ihr kurz vorher geschrieben, dass ich im Sommer nicht nach Hause kommen würde, wie ich ursprünglich geplant hatte. Sergej und ich waren übereingekommen, dass eine Rückkehr nach Deutschland zu diesem Zeitpunkt nur Schwierigkeiten machen würde, besonders, wenn ich alte Freunde und Bekannte traf, die zu viele Fragen stellten. Ich hatte meiner Mutter gesagt, dass ich meinen Urlaub mit anderen jungen Diplomaten in einem Hotel in Jalta am Schwarzen Meer verbringen würde.

Ich öffnete den Brief meiner Mutter in Sergejs Beisein. Eine halbe Minute später sagte ich mit bestürzter Stimme: »Wir haben ein Problem.«

»Was ist passiert?«

»Meine Mutter kommt mich besuchen. Sie und ihr neuer Mann haben einen Flug nach Moskau gebucht.«

Sergej sah besorgt aus und ließ sich einen Moment Zeit mit seiner Antwort.

»Wie viel Zeit haben wir?«

»Sie kommen in fünf Wochen und bleiben zwei Tage, bevor sie ans Schwarze Meer weiterfahren.«

»Alles klar«, sagte Sergej. »Wir müssen uns um zwei Dinge kümmern: deine angebliche Arbeit als Diplomat und diese Wohnung. Lass mich das mit den Genossen besprechen.«

Zwei Tage später hatte er eine Lösung. Ich würde Sergej als meinen neuen russischen Freund vorstellen, und mit seiner Hilfe würden wir zwei Tage mit ausgiebigen Besichtigungstouren verbringen, damit meine Mutter gar nicht erst auf die Idee kam, die ostdeutsche Botschaft besuchen zu wollen, wo ich angeblich arbeitete.

Da meine Wohnung eine konspirative Wohnung war, durfte meine Mutter sie nicht sehen. Deshalb würde ich für die zwei

Tage ihres Besuchs in ein Hotel ziehen und ihr einfach erzählen, dass meine Wohnung gerade renoviert werde.

Der Plan ging perfekt auf. Mit Sergej als unserem Stadtführer besichtigten wir zwei Tage lang einige Sehenswürdigkeiten in Moskau. Es gab nur eine Panne: Meine Mutter wollte ein Andenken an ihren Besuch.

»Werner«, sagte sie zu ihrem Mann, »mach doch ein Foto von mir, Albrecht und seinem Freund.«

Ich sah kurzzeitig Angst in Sergejs Augen aufleuchten. Mitglieder des KGB ließen sich außer von ihrer eigenen Familie von niemandem fotografieren. Aber wenn sich Sergej geweigert hätte, hätte das sonderbar oder gar verdächtig gewirkt. Ich sah, dass sein Verstand auf Hochtouren arbeitete. Nach einer längeren Pause willigte er ein. Und so entstand das einzige Bild von mir mit einem sowjetischen KGB-Agenten.

Eines Tages kam Sergej mit aufregenden Neuigkeiten in meine neue Wohnung.

»Albrecht, morgen besuchen wir Lenin.«

Mir verschlug es fast den Atem und ich starrte ihn ungläubig an. Für mich war Wladimir Lenin die wichtigste Person in der Geschichte. Er hatte die Theorien von Marx und Engels in die Praxis umgesetzt. Er war einer von Marx' berühmtesten Thesen gefolgt – »Die Philosophen interpretieren die Welt; aber es geht darum, sie zu verändern« – und hatte die Verheißung einer großen Zukunft der ganzen Menschheit geschaffen.

Lenin hatte die Russische Revolution angeführt, die Sowjetunion aufgebaut und die Grundlage für eine Welt ohne die Unterdrückung und Ausbeutung des Kapitalismus geschaffen. Ich war fest davon überzeugt, dass Lenin im Gegensatz zu Stalin und seinen mörderischen Schergen ein reiner Revolutionär gewesen war, der für seine Überzeugungen persönlich gelitten hatte. Lenin war mein Held und wir würden ihm einen Besuch abstatten.

Am nächsten Tag stieg ich in Anzug und Krawatte mit Sergej in eine Wolga-Limousine, die uns am Rand des Roten Platzes aussteigen ließ. Ich war vorher schon viele Male an dem berühmten Platz vorbeigekommen und hatte jedes Mal die endlose Besucherschlange gesehen, die sich vor dem Eingang des Mausoleums bildete. An diesem Tag reichte die Schlange über den Platz, am Staatlichen Historischen Museum vorbei und weiter nach links in den Park, der an die westliche Kremlmauer grenzte. Ich rechnete damit, dass ich mich ans Ende der Schlange stellen musste, aber Sergej bedeutete mir, dass das nicht nötig sei.

»Folge mir«, sagte er, und wir steuerten geradewegs auf den Eingang zu. Als er dem Wachmann seinen Ausweis zeigte, wurden wir sofort eingelassen.

Das Innere des Mausoleums war in ein schwaches gelbes Licht getaucht; und es kam mir vor, als betrete ich einen heiligen Ort und würde gleich einen Gott auf einem Podest sehen. Alle in der Schlange behielten ihr ehrfürchtiges Schweigen bei, während wir langsam zu Lenins Sarg vorrückten. Dann war er da, mein Held, er lag mit geschlossenen Augen in einem Glassarg.

Während Sergej und ich in der Menschenschlange langsam um den Sarg herumgingen, spürte ich plötzlich Enttäuschung. War das wirklich der dynamische Wladimir Lenin, der die Welt in ihren Grundfesten erschüttert hatte? Seine Größe von 1,63 Metern wirkte in dem schwachen gelben Licht noch kleiner und seine einbalsamierte Haut sah wie altes, verwittertes Pergament aus. Nach dem kurzen, stummen Gang um den Sarg herum fragte ich mich, wie diese konservierte Leiche so eine große Anziehungskraft auf die Menschenmassen haben konnte.

Auf der Rückfahrt nach *Preobraschenskoje* schien Sergej von diesem Erlebnis noch ganz ergriffen zu sein und ich verriet ihm meine Enttäuschung nicht. Ich glaubte immer noch an Lenin und an die Sache des Kommunismus, aber wenn ich die Wahl zwischen Roy Clark und Lenin gehabt hätte, hätte ich, ohne zu zögern, den lebenden amerikanischen Unterhaltungskünstler dem einbalsamierten Revolutionär vorgezogen.

Ein Geheimagent muss bereit sein, die Straßen seiner Stadt abzulaufen. In allen vier Jahreszeiten erkundete ich Moskau ausgiebig. Ich fuhr ans Ende jeder U-Bahn-Linie, forschte Überwachungswege aus und suchte geeignete Stellen für tote Briefkästen. Noch bevor mein erstes Jahr vorbei war, kannte ich die Stadt besser als die meisten Moskauer, die schon ihr Leben lang in dieser Stadt wohnten. Dabei lernte ich die guten Seiten der Stadt (gut erhaltene, farbenfrohe historische Gebäude), die schlechten (billig gebaute Wohnblöcke jüngerer Zeit) und die hässlichen Seiten (baufällige ältere Gebäude mit matschigen Hinterhöfen in den Außenbezirken der Stadt) kennen.

Auf ein besonderes Wunder moderner Architektur und Baukunst konnte jeder Moskauer stolz sein: das eindrucksvolle Metrosystem, das der Londoner *Daily Telegraph* als »die schönste U-Bahn der Welt« und »genauso sehr Untergrund-Kunstgalerie wie Verkehrsnetz« bezeichnet hat.[3] Die Moskauer Metro ist ein positives Beispiel für die Größe, die erreicht wird, wenn ein Diktator keine Kosten scheut, um sich ein Denkmal zu setzen. Den Architekten und Bauleuten wurden unbegrenzte Mittel zur Verfügung gestellt, um ein Prunkstück für den Kommunismus und ihren großen Führer Josef Stalin zu bauen. Jeder der über hundertfünfzig Bahnhöfe hat sein eigenes, unverkennbares Design, viele mit kunstvollen Mosaiken, Statuen oder Glasmalerei. Viele Bahnsteige in den älteren Bahnhöfen sehen aus, als wären sie aus irgendeinem Palast geholt worden. Die moderneren sehen glatter aus, aber in jedem Fall wurden nur die hochwertigsten Materialien verwendet.

Der Betrieb der Metro ist genauso beeindruckend wie ihre Bauwerke. Sie verläuft tief unter der Erde – kann dadurch auch als Luftschutzbunker dienen – und ist so wetterunabhängig, wodurch die Züge immer pünktlich fahren. Um von der Straße auf den Bahnsteig zu gelangen, musste ich oft bis zu zwei Minuten lang mit einer schnellen Rolltreppe in die Tiefe fahren. Auf einem Bahnsteig musste man nie lange auf den nächsten Zug warten und die Züge hatten immer genug Platz für die Fahrgäste. Die Türen öffneten und schlossen sich automatisch, eine Frauenstimme vom Band informierte die Fahrgäste und kündigte die nächste Haltestelle an. Ich habe diese Stimme so oft gehört, dass ich Jahrzehnte später immer noch den russischen Singsang in meinem Kopf hören kann: »Achtung, die Türen schließen. Nächster Halt …«

Trainingseinheiten, die in Berlin nicht abgedeckt worden waren, wurden in Moskau aufgegriffen, einschließlich Selbstverteidigung, Analyse amerikanischer Politik und Beschattungstechniken. Drei Monate lang arbeitete ich mit einem persönlichen Trainer, der mir die Grundlagen von Taekwondo beibrachte. Er lehrte mich Bewegungen, die streng zur Selbstverteidigung dienten. Sie sollten einen Überfall abwehren, wenn man im Besitz von Material oder Geld war, das in die falschen Hände fallen könnte, waren aber nicht dazu gedacht, um sich gegen die Polizei zu wehren.

»Es wird Zeit, deine Ausbildung im Bereich der Operationen im Feld zu vertiefen«, erklärte Sergej bei einem unserer Treffen. »Wir haben hier die Besten der Welt, und Eugen, unser Chefausbilder, ist einer von ihnen.«

»Gut«, antwortete ich begeistert.

Ich war für jede neue Herausforderung zu haben. Mein Englischunterricht beanspruchte über die Hälfte meiner Zeit in Moskau und jede andere Aktivität war eine willkommene Abwechslung.

Als ich in der nächsten Woche Eugen traf, stellte ich fest, dass er nicht viel größer als 1,50 Meter war, aber was ihm an Körpergröße fehlte, machte er mit unbändiger Energie wett. Ein verschmitztes Funkeln in seinen Augen schien zu sagen: »Fang mich, wenn du kannst«, und machte ihn sehr sympathisch. Seine Cleverness grenzte an Zauberei.

Bald nachdem wir uns kennenlernten, ging Eugen mit mir auf die Straßen von Moskau und lehrte mich die feine Kunst, Verfolger zu enttarnen.

»Du musst die Stadt und ihre Gebäude zu deinem Vorteil nutzen, um jemanden zu erkennen, der dich verfolgt«, erklärte er mit einem Grinsen. »Leere U-Bahnsteige, kaum benutzte Buslinien, Fahrstühle in öffentlichen Gebäuden, Rolltreppen in Kaufhäusern und strategisch platzierte Telefonzellen können solche Orte sein.«

Während wir durch die Stadt gingen und er mir die Grundlagen erklärte, begann ich, Dinge aus einem anderen Blickwinkel zu sehen. Alles, was wir taten, sollte normal und absolut unverdächtig wirken.

»Ziel ist es, ein oder zwei Mitglieder der Überwachungstruppe so nah heranzulocken, dass du ihre Gesichter sehen kannst«, sagte Eugen. »Wenn dasselbe Gesicht an einem anderen Ort auftaucht, hast du den Beweis, dass du verfolgt wirst.«

Eugen lehrte mich, mich ungefähr drei Stunden zu Fuß und mit öffentlichen Verkehrsmitteln kreuz und quer durch die Stadt zu bewegen.

»Plane deinen Weg im Voraus. Es muss immer einen plausiblen Grund dafür geben, warum du von Punkt A zu Punkt B gehst.«

Regelmäßig machte ich einen Übungslauf, um meine Fortschritte zu überprüfen. Manchmal wurde ich beschattet, manchmal nicht. An den Tagen, an denen mir jemand folgte, schickten sie mir ein Team aus acht bis zehn ihrer besten Männer und Frauen hinterher. Sie setzten Funkgeräte ein, um ihr Vorgehen zu koordinieren, und lösten oft den ersten Verfolger ab, damit dieser sich umziehen, einen Hut aufsetzen, einen Schal umbinden oder eine andere Jacke anziehen konnte.

Ich merkte sehr schnell, dass ich ein ausgezeichnetes Gedächtnis hatte und man mir nur schwer etwas vormachen konnte. Wenn ich ein Gesicht erkannte, das ich schon mal gesehen hatte, wusste ich ohne jeden Zweifel, dass ich verfolgt wurde. Wenn diese Person dann auch noch einen anderen Hut, einen Schal oder eine Perücke trug, hatte ich den todsicheren Beweis.

Diese Testläufe entwickelten sich zu einem richtigen Wettkampf. Sowohl der Leiter des Beschattungsteams als auch ich mussten nach jeder Übung einen Bericht abgeben, und niemand wollte zugeben müssen, dass er versagt hatte. Obwohl sich diese Übungen alle auf heimatlichem Boden abspielten, waren sie unglaublich anstrengend. Ab dem Moment, in dem ich meine Wohnung verließ, waren alle meine Sinne in höchster Alarmbereitschaft.

Zu dem eindeutigen Schluss zu gelangen, dass ich *nicht* verfolgt wurde, war schwerer. Vorsicht ist der beste Freund eines Spions; Paranoia ist sein Feind.

Eines Morgens fühlte ich instinktiv, dass ich verfolgt wurde. Überall, wohin ich ging, betrachtete ich die Gesichter der Menschen um mich herum.

Habe ich diese Person schon einmal gesehen?
Was macht sie hier an dieser abgelegenen Bushaltestelle?
Ha! An dieses Gesicht erinnere ich mich, aber sie trägt einen anderen Hut und einen anderen Mantel.
Du bist ertappt, junge Frau!

Versteckt sich jemand hinter diesem Baum?
Das kann ich leicht herausfinden, denn daneben befindet sich
eine öffentliche Toilette.

So ging es drei Stunden lang.

Einmal sprach mich ein Mann an, ob ich eine Zigarette habe. Ich nutzte diese Gelegenheit, um meine Umgebung nach verdächtigen Aktivitäten und bekannten Gesichtern abzusuchen. Dann ging ich weiter. Später bei der Besprechung erfuhr ich, dass der Mann, der die Zigarette geschnorrt hatte, ein Agent gewesen war. Dieser freche Kerl war der Einzige, der mich je ausgetrickst hat.

»Du hast den Test wieder bestanden«, sagte Eugen nach einem weiteren Probelauf. »Endergebnis: Dieter zehn Punkte, Beschattungsteam null.« Ich hatte die besten der Besten geschlagen und Eugen erklärte mich prompt zu einem seiner Vorzeigeschüler.

Bald erweiterte er den Trainingsplan und ging die Einrichtung von toten Briefkästen mit mir durch.

Eugen glaubte an das Phänomen, das Edgar Allan Poe in seiner Kurzgeschichte »Der entwendete Brief« beschreibt: Das beste Versteck ist etwas, das für alle gut sichtbar ist. Ich folgte dieser Ansicht bis zu einem gewissen Maß, aber Eugen war ein Meister, und ich war nie so extrem wie er.

»Heute folgst du mir und beobachtest mich ganz genau«, sagte Eugen am Anfang einer unserer Übungseinheiten.

Er ging voraus, und ich folgte ihm, ohne ihn ein einziges Mal aus den Augen zu lassen. Nach einer Viertelstunde blieb er stehen und drehte sich um.

»Und, ist dir etwas aufgefallen?«

»Nein, nichts«, sagte ich zuversichtlich.

Eugen begann, triumphierend zu lachen.

»Dann komm mit«, forderte er mich auf.

Wir gingen gemeinsam zu einem Blumenkasten neben dem Gehweg zurück. Ich staunte nicht schlecht, als er auf eine Metallpatrone deutete, die in der Erde steckte, gerade so tief, dass nur ein Zentimeter davon zu sehen war.

»Ich habe einen Trick benutzt, um deine Aufmerksamkeit auf etwas anderes zu lenken«, sagte er.

»Aber ich habe dich die ganze Zeit nicht aus den Augen gelassen.«

Eugen lachte wieder und freute sich sichtlich, dass sein Taschenspielertrick so gut gelungen war.

»Als ich an dem Blumenkasten vorbeiging, habe ich nach rechts geschaut. Dadurch hast du auch einen kurzen Moment nach rechts geschaut und ich konnte die Patrone in die Erde stecken.«

Ich konnte mich nicht erinnern, überhaupt weggesehen zu haben, und mir wurde bewusst, dass ich noch mehr arbeiten musste, bis ich diese Kunst so meisterhaft beherrschte wie er.

Nach den allgemein akzeptierten Regeln der Geheimdienste erfahren Agenten fast nie Details über den Entscheidungsprozess. Ich habe nie jemanden getroffen, von dem ich sicher wusste, dass er die Voraussetzungen für mein Leben als Geheimagent geschaffen hatte. Die Agenten und Fachleute, die in meine Wohnung kamen, haben mich ausgebildet oder mir Informationen gegeben, aber sie verrieten nie, ob sie eine größere Rolle bei der Planung meiner Zukunft spielten.

Gelegentlich kehrten einige Agenten, die unter diplomatischer Tarnung in New York oder Washington arbeiteten, zu einem Heimatbesuch in die Sowjetunion zurück. Auch solche Leute kamen in meine Wohnung, um Hallo zu sagen, mir ein Buch oder eine Zeitschrift zu bringen und mit mir über das Leben in Amerika zu plaudern.

Der häufigste dieser Gäste war ein kluger, geselliger Rotschopf namens Alex, der mit einem starken Ego und der Gabe, sich gut darzustellen, ausgestattet war. Als er an meine Tür kam, trug er stolz einen langen orangefarbenen Ledermantel, der ihn ein Vermögen in westlicher Währung gekostet haben musste. Er kam herein wie ein Wirbelwind und gab mir schnell zu verstehen, dass er Fachmann für jeden Aspekt von Amerika war. Ich hörte mit gespannter Aufmerksamkeit zu, während er mir die Unterschiede und Ähnlichkeiten zwischen Russen und Amerikanern erklärte.

»Amerikaner sind den Russen darin sehr ähnlich, dass man leicht mit ihnen auskommt. Natürlich sind sie auch sehr egoistisch. Sie denken an nichts anderes als daran, wie sie im Leben weiterkommen können. Ihnen fehlt das, was wir haben: eine Sache, für die wir kämpfen und Opfer bringen. Aber man kommt gut mit ihnen aus.«

Als Alex seinen zweijährigen Einsatz bei den Vereinten Nationen beendete, zog er nach Moskau zurück und wurde gleich nach Sergej der zweithäufigste Gast in meiner Wohnung. Irgendwann erläuterte er mir eine der zentralen Aufgaben meiner Mission: politische Spionage.

»Wir müssen in die Köpfe der Leute hineinkommen, die die Entscheidungen treffen«, sagte er. »Wir müssen verstehen, was sie denken und wie weit sie gehen würden. Erinnerst du dich an die Kubakrise? Wenn wir bessere Geheimdienste gehabt hätten, hätten wir mit dieser Situation besser umgehen können.«

»Was genau soll ich machen?«, fragte ich. »Wie kann ich diese amerikanischen Entscheidungsträger verstehen?«

»Als Erstes musst du deine Analysefähigkeiten schärfen. Ich versorge dich mit mehreren amerikanischen Publikationen, und du schreibst eine Analyse über ein Thema, das ich dir vorgebe.«

»Kein Problem«, sagte ich. »Aber das sind alles Informationen aus zweiter Hand, die von den Reportern, die diese Artikel geschrieben haben, gefiltert wurden.«

»Das stimmt. Deshalb musst du Kontakt zu Menschen aufnehmen, die Kontakt zu den einflussreichen Denkfabriken haben wie dem Hudson Institute, dem Institut für Auswärtige Beziehungen der Columbia University und der Trilateralen Kommission. Besonders interessieren wir uns für Zbigniew Brzezinski, den nationalen Sicherheitsberater von Präsident Carter.«

»Und wie soll ich an diese Leute herankommen?«, fragte ich ungläubig.

»Daran arbeiten wir noch. Mach dir keine Sorgen. Wir werden alles gut für dich vorbereiten.«

Seine Antwort ermutigte mich sehr. Das war ein weiteres Zeichen dafür, dass ich das volle Gewicht der mächtigen Sowjetunion hinter mir hatte.

Alex war eine wichtige Person in meinem Leben, aber ich hatte keine Ahnung, was seine offizielle Rolle war. War er Sergejs Chef? War er letztendlich für meine Stationierung und meine Mission verantwortlich? Ich wusste es nicht. In der Welt der Geheimdienste gibt es keine offenen Organisationsstrukturen.

16

Obwohl unter den KGB-Mitarbeitern, mit denen ich Kontakt hatte, keine Hierarchie offengelegt wurde, hatte ich das Gefühl, dass einige von ihnen einen besonderen Status unter den Geheimagenten innehatten. Gegen Ende des Sommers 1976 tauchte Sergej eines Tages auf, um mir »sehr gute Nachrichten« mitzuteilen. Unsere Vorgesetzten hätten dem Vorschlag zugestimmt, mich einem Ehepaar vorzustellen, das unter den Namen Peter und Helen bekannt sei. Die Verehrung, mit der Sergej von Peter und Helen sprach, erinnerte mich an den Tag, an dem er mir eine Kassettenaufnahme von einem der berühmtesten KGB-Spione, Oberst Rudolf Abel, gegeben hatte. Es war gewesen, als vertraue er mir eine kostbare Reliquie an.

»Wer sind Peter und Helen?«, fragte ich unschuldig.

Sergej beugte sich vor, als verrate er mir ein großes Geheimnis. »Ich kann dir sagen, dass sie echte Amerikaner sind, die unserer Sache gut gedient haben. Aber stell bitte keine weiteren Fragen.«

Ich freute mich darauf, dieses berühmte Paar kennenzulernen, und auf die neue Gelegenheit, mit echten Amerikanern zu sprechen.

Sergej brachte mich zur Wohnung der Eheleute im Bezirk Arbat. Er klingelte, gab sich zu erkennen und wandte sich dann schnell zum Gehen.

»Bleibst du denn nicht?«, fragte ich, als die Tür aufging.

»Nein, du darfst allein hineingehen«, sagte er mit dem gleichen aufgekratzten Grinsen, das er schon bei der ersten Erwähnung von Peter und Helen gezeigt hatte.

Als ich mich wieder zur Tür umdrehte, stand vor mir ein Mann, den ich aufgrund seiner dünnen grauen Haare, seines stumpfen gelblichen Gesichts und der vielen Falten auf Mitte siebzig schätzte. Aber sobald er den Mund öffnete, sprach aus seiner Stimme die Vitalität eines viel jüngeren Mannes, und in seinem Händedruck lag die stählerne Entschlossenheit von jemandem, den man nicht unterschätzen durfte.

»Komm herein, Genosse Bruno!«, sagte Peter und schlug mir zur Begrüßung freundlich auf den Rücken. »Bruno« war der Deckname, den ich für die Zusammenarbeit mit Peter und Helen bekommen hatte.

Als ich eintrat, staunte ich über ihre schöne Wohnung, die nach sowjetischen Maßstäben purer Luxus war. Die Ausstattung, einschließlich der Möbel, war viel eleganter als alles, was ich sonst in Moskau gesehen hatte.

Als Helen ins Zimmer kam und mich begrüßte, strahlte sie die gleiche Zielstrebigkeit aus wie ihr Mann, wenn nicht sogar noch stärker. Ihre Stimme war sehr tief und rau, wahrscheinlich die Folge von jahrelangem starkem Rauchen.

Wir tauschten ein paar Höflichkeiten aus. Sowohl Peter als auch Helen zeigten sich übereifrig, wie Kinder in einem Spielzeuggeschäft, und fielen sich manchmal gegenseitig ins Wort. Dann sagte Helen: »Möchtest du einen Tee? Ich würde dir ja Kaffee anbieten, aber hier weiß man leider nicht, was guter Kaffee ist.«

Das löste eine kurze Diskussion über ihre Sehnsucht nach gutem Kaffee aus. Ich lauschte dem fröhlichen Geplänkel der beiden und genoss dabei ihre lebhafte Persönlichkeit und ihr amerikanisches Englisch. Während Helen Tee und Kekse servierte, unterhielt sich Peter mit mir.

»Bruno, es freut uns sehr, dass wir uns mit jemandem auf Englisch unterhalten können. Für uns ist das auch eine Gelegenheit, den Stab an die nächste Generation weiterzureichen, zu der du gehörst. Wir werden dir helfen, so gut wir können.«

Während ich mit großem Interesse zuhörte, begann Peter, mir scheinbar unzusammenhängende Einzelheiten aus seiner Vergangenheit zu erzählen.

»Weißt du, Bruno, ich habe für die Columbia University Football gespielt.« Kurz darauf: »Ich sage dir, der Spanische Bürgerkrieg war die Hölle, aber wenigstens habe ich dort viele Freundschaften geschlossen.«

Je mehr wir uns unterhielten, umso mehr Fragen stellte ich. Die Schranken der Geheimhaltung fielen schnell.

»Haben Sie im Spanischen Bürgerkrieg Deutsche und Russen getroffen?«, fragte ich.

»Allerdings. Ich war Mitglied der Fünfzehnten Internationalen Brigade. Wir kämpften gut, aber am Ende waren wir gegen Franco chancenlos, da er von Hitler und Mussolini unterstützt wurde.«

»Und wie sind Sie dann hier gelandet?«, stellte ich die Frage, bei der Sergej das Gesicht verzogen hätte.

Peter lachte herzhaft. »Das wirst du vielleicht eines Tages lesen, aber im Moment kann ich dir nur sagen, dass Helen und ich acht Jahre in einem britischen Gefängnis saßen.«

»Acht Jahre?« Peter hatte vorher erwähnt, dass er sechsundsechzig Jahre alt war. Jetzt konnte ich verstehen, warum er zehn Jahre älter aussah. Das Gefängnisleben hatte ihn zweifellos schneller altern lassen. Außerdem waren seine Augen schlecht, er musste eine sehr starke Lesebrille benutzen, und auch die Arthritis in seinen knöchrigen Händen war ein weiteres Zeichen dafür, dass dieser Mann viel durchgemacht hatte.

»Unsere Freunde haben uns herausgeholt. Sie holen einen immer heraus, darauf kannst du dich verlassen.« Er schaute mich vielsagend an, als wollte er mich ermutigen, keine Angst vor dem Gefängnis zu haben. Im Laufe der Zeit verriet Peter mehr Details über seine Vergangenheit, aber er und Helen erzählten nie die ganze Geschichte.

Viel später setzte ich die einzelnen Puzzlestücke zusammen. Peter und Helen Kroger waren in Wirklichkeit Morris und Lona Cohen, die sich in den USA kennengelernt und geheiratet hatten. Morris hatte Lona rekrutiert, zusammen mit ihm für den KGB zu spionieren, und sie hatten maßgeblich beim Diebstahl atomarer Geheimnisse mitgewirkt: Er hatte mehrere junge Physiker angeworben und ausgebildet und sie hatte als Kurierin gedient.

Nur in den KGB-Archiven lässt sich wahrscheinlich nachvollziehen, welche Rolle das Ehepaar beim Diebstahl des damals heißesten Geheimnisses aller Zeiten – den Ergebnissen der amerikanischen Atomforschung – gespielt hat und welche Beziehung sie zu Julius und Ethel Rosenberg hatten, die als Sowjet-Spione verurteilt und hingerichtet wurden.

Als das FBI 1950 die Atomspione einzukreisen begann, flohen Peter und Helen nach Moskau, bevor sie nach Polen zogen, wo sie sich auf einen weiteren Einsatz vorbereiteten. 1954 zogen sie nach England, gaben sich als Ehepaar aus Neuseeland aus und machten einen Laden für antiquarische Bücher auf, um ihre Untergrundaktivitäten zu tarnen. Fast sieben Jahre lang arbeiteten sie als Funker für den Spionagering, der von Gordon Lonsdale angeführt wurde, bis alle drei 1961 verhaftet wurden. Acht Jahre später wurden Peter und Helen gegen einen Briten ausgetauscht, nachdem sie nur einen Teil ihrer zwanzig- beziehungsweise fünfundzwanzigjährigen Haftstrafe abgesessen hatten.

Unter den Undercover-Agenten, die in jenen Jahren für den KGB arbeiteten, ragten Peter und Helen Krogers Leistungen deutlich heraus. Ihr unerschütterlicher Glaube an die kommunistische Sache war das perfekte Fundament für ihre Aktivitäten. Sie hatten keine der Schwächen, die vielen anderen Spionen zum Verhängnis wurden. Sie tranken nicht, sie feierten keine ausschweifenden Partys, sie spionierten nicht für Geld; sie waren wahre Soldaten der Revolution. Und soweit ich weiß, hielten sie bis zum Ende an ihren Idealen fest, selbst nach dem Zusammenbruch der Sowjetunion.

Schon nach jener ersten Begegnung verspürte ich einen ähnlichen Respekt vor diesem Ehepaar wie Sergej, obwohl ich noch nicht ihre ganze Geschichte kannte. Außerdem hatte ich das Gefühl, in einer im Wesentlichen freundlosen Umgebung zwei sehr gute Freunde gefunden zu haben.

Die systematische und penible Vorbereitung auf meinen Einsatz zog sich bis Februar 1977, als ich zwei Wochen mit Peter in einer Zweizimmerwohnung verbrachte. Nur er und ich. Eine ältere Frau, die jeden Morgen in die Wohnung kam, bereitete uns Essen für den ganzen Tag vor.

Ich erwartete, ähnlich angenehme Gespräche zu führen, wie ich sie von meinen wöchentlichen Besuchen bei Peter und Helen gewohnt war; aber sobald er von seiner charmanten Frau getrennt war, verwandelte sich Peter in einen mürrischen, starrsinnigen alten Mann.

Er stellte sofort einen strengen Tagesablauf auf, der damit begann, dass wir um sechs Uhr aufstanden, eine Stunde früher, als ich gewohnt war. Um sieben Uhr gingen wir eine Stunde lang in der beißenden Februarkälte spazieren. Der Boden war glatt, und ich musste Peter oft stützen, damit er nicht stürzte.

Tagsüber verbrachten wir einen großen Teil unserer Zeit damit, uns über die Vereinigten Staaten, die Sowjetunion, Spionage und die Zukunft der Welt zu unterhalten. Aber Peter war ein strenger Lehrer, ähnlich wie Nikolai in der ersten Zeit, und er wurde schnell wütend, wenn ich etwas machte, das ihm missfiel.

Als ich eines Tages aus dem Fenster beobachtete, wie ein Gebäude in der Nähe abgerissen wurde, sinnierte ich laut: »I wonder if they will *ironball* this thing down.« (»Ich bin gespannt, ob sie dieses Ding *abbirnen*.«)

Das war ein erfundenes Wort, das in Peters Wortschatz nicht auftauchte.

»Mach so etwas nie wieder!«, brüllte er.

Ich schaute ihn an und erschrak angesichts dieses unerwarteten Wutausbruchs, aber er machte sogar noch weiter und steigerte sich in einen leidenschaftlichen Zorn hinein.

»Wenn du mit einer Sprache experimentierst, die du noch nicht perfekt beherrschst«, polterte er, »bist du *weg vom Fenster!*«

Meine Kinnlade fiel herunter, als er in das andere Zimmer stürmte.

Mein Gesicht begann zu glühen und mein Herz raste. Ich hatte noch nie in meinem Leben so viel Angst vor einem Menschen gehabt, nicht einmal vor meinem Vater. War dies das Ende unserer Beziehung? Würden wir je wieder miteinander sprechen? Würde er der Zentrale meinen Verstoß melden?

Ich zerbrach mir ungefähr eine Stunde lang den Kopf, bis Peter sich wieder beruhigt hatte und ins Zimmer zurückkehrte. Als er zurückkam, wiederholte er seine Aussage, begründete sie aber dieses Mal mit ruhiger Stimme. Ich entschuldigte mich und unsere Beziehung war wieder in Ordnung.

Trotz der rauen Momente waren die zwei gemeinsamen Wochen insgesamt ein Erfolg. Die Gelegenheit, einem amerikanischen Muttersprachler zu lauschen und ihn nachzuahmen, verbesserte meine englische Aussprache enorm. Ich fühlte mich bereit für den nächsten Schritt.

Wenn ich nur gewusst hätte, wann und was das sein würde.

17

»Was würdest du davon halten, eine Weile nach Kanada zu gehen?«, fragte mich Sergej eines Tages Ende März 1977. Inzwischen war ich fast zwei Jahre lang in Moskau ausgebildet worden.

»Wurde der Plan geändert? Werde ich in Kanada statt in den USA eingesetzt?« Einen Moment lang war ich enttäuscht.

»Ganz und gar nicht«, antwortete Sergej. »Das ist nur der letzte Schritt deiner Vorbereitung. Wir denken, drei Monate in Kanada könnten eine ausgezeichnete Gelegenheit für dich sein, Englisch zu sprechen und dich mit der Kultur und der Lebensweise vertraut zu machen. Schließlich ist Kanada den USA sehr ähnlich, dort ist es nur kälter und es gibt weniger Menschen.«

Meine Stimmung hob sich erheblich – endlich machten wir sichtbare Fortschritte.

»Wunderbar«, sagte ich und freute mich auf meinen ersten längeren Aufenthalt in einem westlichen Land.

»Dann muss ich deine Maße nehmen. Wir müssen dich komplett mit westdeutscher Kleidung ausstatten. Du reist mit einem westdeutschen Pass.«

Zwei Wochen später erschien Sergej mit einem Koffer voll Kleidung und anderer Sachen, die ich für eine längere Reise nach Übersee brauchte: Socken, Unterwäsche, Hemden, Schuhe, eine Jeansjacke und Jeanshosen. Und so wurde ich mit achtundzwanzig Jahren stolzer Besitzer des wichtigsten Bestandteils westlicher Kleidung: einer Levi's-Jeans.

Doch die Reise sollte nicht nur der Übung dienen; mir wurde auch eine wichtige Aufgabe übertragen: Ich sollte mir eine echte amerikanische Geburtsurkunde beschaffen.

Alex kam in seinem orangefarbenen Ledermantel vorbei und gab mir die entsprechenden Instruktionen.

»Ein gewisser Henry van Randall wurde 1950 in Kalifornien geboren und starb als Kind. Du wirst eines Tages Henry van Randall sein.«

Ich nickte, hörte aufmerksam zu und ließ den Namen Henry van Randall auf mich wirken. Mir hatte der Name Albrecht nie gefallen und Henry klang gar nicht so schlecht. Van Radall war sogar noch besser. In diesem Namen schwang etwas Adeliges mit.

»Was muss ich machen?«, fragte ich.

»Du musst dir seine Geburtsurkunde beschaffen. Merk dir die Daten: Geburtsort und Geburtsdatum, Name und Geburtsdaten der Eltern. Wenn du in Montreal bist, beantragst du eine beglaubigte Kopie der Geburtsurkunde per Post.«

»Ja, aber würde es nicht auffallen, wenn eine amerikanische Geburtsurkunde in ein Hotel in einem anderen Land geschickt werden soll, selbst wenn es Kanada ist?«, fragte ich. »Außerdem, wie kommt ein Westdeutscher dazu, eine amerikanische Geburtsurkunde zu beantragen?«

Alex lächelte. »Aus diesem Grund wirst du ein guter Agent werden! Du begreifst sehr schnell, wo das Problem liegt. Ich bin sicher, dass dir eine Lösung einfällt. Versuch es.«

Ich überlegte einen Moment und begann dann etwas zögernd: »Wie wäre es, wenn ich mir ein kleines Hotel mit nur wenigen Zimmern suche. Ich baue eine Freundschaft mit dem Betreiber des Hotels auf.« Ich schwieg einen Moment, um meine Gedanken weiterzuspinnen. »Wenn ich dann bei der Behörde einen Absender angebe, lasse ich den Hotelnamen weg und fange die Post aus Kalifornien ab. Ich sage den Hotelbesitzern einfach, dass ich Post für einen amerikanischen Freund erwarte, der bald zu mir stoßen wird. Glaubst du, das könnte funktionieren?«

»Ausgezeichnet!«, sagte Àlex. »So kannst du es hinkriegen!«

In den nächsten Stunden feilten wir noch an unserem Plan und gingen andere Details in Bezug auf die Reise nach Kanada durch.

»Noch etwas«, sagte Alex, kurz bevor er aufbrach. »Dieser Bart muss weg.«

»Ich weiß«, sagte ich bedauernd.

Allein schon meine Körpergröße ließ mich aus einer Menge herausragen, und der Vollbart war einfach ein weiteres auffälliges Erkennungsmerkmal, das bei jemandem in meiner Rolle unerwünscht war.

Am nächsten Morgen ging ich mit Schere und einem scharfen Rasiermesser bewaffnet ins Badezimmer. Während ich zusah, wie meine Haare ins Waschbecken fielen, bekam diese Rasur für mich etwas Symbolhaftes. Ich erkannte, dass ich mich endgültig und offiziell von der spielerischen Leichtigkeit meiner Jugend verabschiedete und in die Welt der Erwachsenen eintrat.

Ich betrachtete das glatt rasierte Gesicht im Spiegel und wusste, dass sich mein Leben jetzt ändern würde.

Als der Morgen meiner Abreise nach Kanada kam, schaltete ich auf »Ausführungsmodus«, eine Technik, die ich jedes Mal benutzte, wenn ich etwas sehr Wichtiges oder Gefährliches zu tun hatte.

Im Ausführungsmodus verbannte ich alles andere aus meinem Denken und konzentrierte mich mit roboterartiger Entschlossenheit auf die Aufgabe vor mir. Ich war angespannt, aber nicht nervös. Das ist ein großer und wichtiger Unterschied.

Als Sergej in der Wohnung auftauchte, wirkte er ernster als gewöhnlich. Immerhin nahm nun die Entsendung eines wichtigen Agenten, den er mit ausgebildet hatte, konkrete Formen an.

»Ich brauche deine ostdeutschen Papiere«, sagte er.

Ich überreichte sie ihm und er gab mir dafür einen westdeutschen Pass mit meinem Foto. Ich betrachtete es und nickte zustimmend.

»Ab jetzt bis zu deiner Rückkehr bist du Heiner aus Hamburg«, sagte er mit einem leichten Grinsen.

Danach kontrollierte Sergej mein Gepäck und untersuchte meine Kleidung nach irgendwelchen ostdeutschen oder russischen Sachen, die ich vielleicht übersehen hatte.

Wir fuhren in einer Limousine zum Flughafen und Sergej schmuggelte mich durch die inzwischen bekannte Seitentür in die Abflughalle. Sobald ich auf der anderen Seite war, wurde mir bewusst, dass ich zum allerersten Mal wirklich allein war, ein einsamer Wolf, bereit, es mit dem Feind in dessen Terrain aufzunehmen. Ich stand vor meinem ersten großen Abenteuer im Westen.

Drei Stunden nach dem Start landete die Aeroflot-Maschine auf dem Flughafen Atatürk in Istanbul. Der Flughafen wurde von uniformierten Soldaten mit Maschinenpistolen bewacht. Als ich ihre ernsten Mienen sah, wurde ich schlagartig daran erinnert, dass ich mit einem gefälschten Pass reiste, verhaftet und ins Gefängnis gesperrt werden konnte, wenn man mich erwischte. Der Flughafen selbst war alt und abgenutzt und die Ankunftshalle war mehr ein großer Holzschuppen als ein offizielles Gebäude.

Ich fuhr vom Flughafen direkt in mein Hotel, das in der Nähe der Bosporusbrücke lag. Mein einziger Ausflug bestand aus einem Spaziergang über die Brücke auf die asiatische Seite, nur um einmal auf diesem Kontinent gewesen zu sein. Dann kehrte ich nach Europa und direkt in mein Hotel zurück. Am nächsten Morgen fuhr ich zum Flughafen und kaufte ein Ticket für einen Flug nach Genf am gleichen Tag.

Als ich in Genf gelandet war, ging ich geradewegs zum Swissair-Schalter.

»Ich brauche einen Hin- und Rückflug nach Montreal mit Abflug morgen«, erklärte ich. Obwohl ich nicht wusste, wie lang ich in Kanada bleiben würde, sollte das Rückflugticket den kanadischen Behörden zeigen, dass ich die Gastfreundschaft ihres Landes nicht über Gebühr strapazieren würde.

Der Swissair-Flug kam am frühen Nachmittag in Montreal an. Als ich die Ankunftshalle betrat, musste ich mich zwingen, nicht alles mit offenem Mund anzustarren. Genauso wie der

Flughafen in Genf war dieser Flughafen groß, modern, sauber und funktionell, ein faszinierendes Gebäude. Moskaus Flughafen Scheremetjewo überragte Berlin-Schönefeld um Längen, aber die Flughäfen in Genf und Montreal waren noch einmal zwei Klassen besser.

Ich kam problemlos durch die Zoll- und Einreisekontrolle. Als mich der Beamte bei der Einreise nach dem Zweck meiner Reise fragte, antwortete ich: »Ich will mich einfach nur umsehen. Vielleicht stelle ich eines Tages einen Antrag für einen längeren Aufenthalt, aber das weiß ich jetzt noch nicht.«

Nach meiner inneren Uhr, die noch auf europäische Zeit gestellt war, war es schon spät am Tag. Ich vergeudete also keine Zeit und suchte mir ein erschwingliches Hotel.

Sobald ich in meinem Zimmer war, probierte ich die eine Sache aus, auf die ich mich schon seit Monaten, wenn nicht schon seit Jahren gefreut hatte: das Fernsehprogramm in Nordamerika. Nach vier Jahren intensiven Studiums erlebte ich es endlich tatsächlich. Ich fühlte mich wie im Himmel und meine Müdigkeit war wie weggeblasen. In den nächsten Stunden schaute ich fern, solange ich die Augen offen halten konnte. Es spielte keine Rolle, was lief; alles, was zählte, war das amerikanische Englisch.

Als ich am nächsten Morgen aufwachte, schaltete ich sofort wieder den Fernseher ein. Es lief die beliebte Kindersendung *The Friendly Giant* mit Jerome, der Giraffe, und Rusty, dem Hahn, und sie war so gut, dass ich am liebsten länger im Zimmer geblieben wäre. Aber mein Hunger drängte sich schließlich in den Vordergrund, ich zog mich an und ging in die Stadt. Ich ging langsam und aufmerksam durch die Straßen und nahm jedes Detail meiner neuen Umgebung auf.

Der Frühling begann gerade und die Bäume hatten noch keine Blätter. Ich befand mich auch nicht in einem der schöneren Viertel von Montreal, aber trotzdem lag ein Hauch von Geschichte und Eleganz in der Luft. Die gepflegten Gebäude, die sauberen Straßen und die gut gekleideten Menschen waren für mich ostdeutschen Eindringling sehr attraktiv. Ab sofort würde ich mit jedem Tag einen weiteren Schritt in eine unbekannte Welt machen, eine Welt, die Stück für Stück erobert werden musste, bis in das kleinste Detail.

Fünf Häuserblocks vom Hotel entfernt fand ich einen Diner und beschloss, ihn auszuprobieren. An der Theke waren mehrere Hocker frei und ich setzte mich an einen Platz in der Nähe der Tür. Ich wusste genau, was ich bestellen würde, denn ich hatte in Moskau alles über das amerikanische Frühstück gelernt: Schinken, beidseitig gebratene Spiegeleier, Vollkorntoast, ein Glas Milch und eine Tasse Kaffee.

Als mir der Teller vorgesetzt wurde, knurrte mein Magen voll Vorfreude. Dann nahm ich einen Bissen. Und noch einen. Es schmeckte gut. Nein, es schmeckte *umwerfend*, was aber angesichts der grauenhaften Monotonie meines Essens in Russland keine Überraschung war. Während meiner gesamten acht Wochen in Montreal bestellte ich jeden Tag das gleiche Frühstück im selben Diner. Bald fragte mich der Betreiber – ein junger Mann, der ursprünglich aus Griechenland kam – überhaupt nicht mehr nach meiner Bestellung. Er setzte mir einfach den Teller vor und es schmeckte immer unglaublich köstlich.

Nach meinem ersten Frühstück kehrte ich, ohne viel Zeit zu verlieren, ins Hotel zurück, um weiter fernzusehen. Ich war entzückt, als die Originalversion der *Sesamstraße* anfing. Danach schaute ich mir eine Sendung an, die *Alice* hieß; dabei ging es um eine Kellnerin in einem Diner, ganz ähnlich dem, in dem ich gefrühstückt hatte. Als die Darstellerin der lebhaften Kellnerin Flo auftauchte, musste ich meine Ohren sehr anstrengen. Ihr Südstaatenakzent war für mich schwer zu verstehen.

Ein ähnliches Problem hatte ich, als ich *Good Times* anschaute, eine Sitcom über eine afroamerikanische Familie in Chicago. Der Slang und der Tonfall der Darsteller – besonders von J. J. Evans – machten mir deutlich bewusst, dass ich über amerikanisches Englisch noch viel lernen musste. Ich schaute die ganze Sendung an, verstand aber viele Witze und Gespräche kaum.

Um mein Vormittagsprogramm zu vervollständigen, sah ich mir noch den heiligen Gral des Fernsehprogramms an: *The Price is Right.* So etwas hatte ich noch nie zuvor gesehen. Eine Quizsendung, in der echte Menschen echte Haushaltsgeräte, Reisen und sogar Bargeld gewinnen konnten. Es war der Inbegriff amerikanischer kapitalistischer Habgier, aber ich war trotzdem fasziniert. Den Slogan »Come on down!«, den der unnachahmliche Johnny Olson den neuen Kandidaten im Publikum immer zurief, kann ich heute noch deutlich hören. Nachdem ich eine halbe Stunde lang mit den Siegern eine Reise nach Jamaika, einen neuen Kühlschrank und das unvermeidliche neue Auto »gewonnen« hatte, schaltete ich den Fernseher widerstrebend aus. Ich war nach Kanada geschickt worden, um etwas zu tun.

Meine erste Aufgabe war es, ein kleines Hotel zu finden, das für den Empfang der Geburtsurkunde von Henry van Randall geeignet war. Ein Hotel, mit dessen Besitzer ich mich anfreunden konnte, wo ich die Post abfangen konnte, wenn sie mir unter falschem Namen zugeschickt wurde.

Ich trat auf die Straße und begann mit der Suche. Es dauerte nicht lang, bis ich ein kleines, dreistöckiges Hotel mit zwölf Zimmern in der Rue St. Hubert entdeckte, nicht weit von der Kreuzung mit der Rue Sherbrooke E.

Ich trat ein und ging an die Rezeption, wo ich ein Ehepaar mittleren Alters antraf, das das Hotel betrieb. Wir unterhielten uns entspannt über das Wetter und ich fragte, ob ein Zimmer frei wäre. Dann ging ich beiläufig zu persönlicheren Fragen über. Ich erfuhr, dass sie ursprünglich aus Belgien kamen und jetzt in einer Souterrainwohnung lebten. Das Hotel war der perfekte Ort für mein Vorhaben. Ich zahlte die Miete für eine Woche im Voraus und zog in ein Zimmer im zweiten Stock. Ich sagte ihnen auch gleich, dass ich ein paar Wochen später Post für einen Freund namens Henry in Empfang nehmen würde.

Zufrieden mit meinen Fortschritten kehrte ich zum Abendessen in den Diner zurück, in dem ich gefrühstückt hatte. Ich bestellte eine kleine Pizza und eine Flasche *Labatt*-Bier. Als der Kellner das Bier brachte, fragte ich nach einem Flaschenöffner.

Offenbar glaubte der Kellner, dies sei ein Scherz, aber er beschloss mitzuspielen. Er nahm die Flasche mit einer übertriebenen Handbewegung und demonstrierte mir, wie man den Deckel öffnet, indem man ihn gegen den Uhrzeigersinn dreht.

Ich war einen Moment lang wirklich verdutzt – ich hatte noch nie in meinem Leben einen Schraubverschluss gesehen –, aber ich fing mich schnell wieder.

Diese kleine Episode bewies, wie weise es von meinen Ausbildern gewesen war, mich zuerst zu einem Probelauf nach Kanada und nicht gleich an meinen Einsatzort zu schicken. Kleine Details wie Schraubverschlüsse konnten unerwünschte Aufmerksamkeit erregen und einen Agenten-Neuling leicht zu Fall bringen.

Am nächsten Morgen setzte ich mich hin und schrieb einen Brief an das Standesamt des kalifornischen Bezirks, in dem Henry van Randall geboren worden war. Ich beantragte eine beglaubigte Kopie »meiner« Geburtsurkunde und schickte den Brief mit einem an mich selbst adressierten, frankierten Rückumschlag und einer Zahlungsanweisung ab.

Jetzt konnte ich nichts anderes machen als warten. Ich beschloss, in der Zwischenzeit die Stadt zu erkunden und an den anderen Aufgaben zu arbeiten, die mir die Zentrale gestellt hatte. Ich sollte herausfinden, was die Kanadier über die Abspaltungspläne der *Parti Québécois* und ihres Parteiführers René Lévesque dachten.

Da meine Zeit in Kanada die Generalprobe für einen dauerhaften Einsatz in den Vereinigten Staaten war, musste ich einmal in der Woche Kurzwellennachrichten aus der Zentrale anhören, geeignete Orte für tote Briefkästen ausfindig machen, regelmäßig die Enttarnung von Beschattern üben, Kontakt zu fremden Leuten knüpfen und Berichte in Geheimtinte über meine Aktivitäten verfassen.

Jeden Morgen ging ich nach einer intensiven Einheit »Erforschung der Sprache und Kultur« – auch als Fernsehen bekannt – für mein amerikanisches Frühstück in meinen Stamm-Diner. Manchmal unterhielt ich mich als Teil meiner Recherche mit anderen Gästen oder den Kellnern.

Meine Suche nach Routen für die Enttarnung von Beschattern und für die Einrichtung von toten Briefkästen führte mich durch die ganze Stadt. Als im Frühling die Temperaturen stiegen und die Bäume langsam grün wurden, verwandelte sich Montreal in die attraktivste Stadt, die ich je gesehen hatte. Ich ging die Rue St. Catherine auf einer Seite hinauf und auf der anderen wieder hinab und genoss die Geschäfte und die Cafés, bis ich vor einem großen Schaufenster von *Simon's Department Store* stehen blieb. Dann ging ich hinein und sah mir die unglaubliche Vielfalt an hochqualitativen Waren an, einschließlich Orientteppichen, Schmuck, Möbeln und Kleidung, ein Schaukasten von allem, was auf dem kapitalistischen Markt zu bekommen war.

Auch wenn die Entdeckung dieses Wohlstands meinen Glauben an die kommunistische Sache in keiner Weise schwächte, konnte ich es tief in meinem Herzen nicht erwarten, einige der Dinge zu besitzen, die bei *Simon's* ausgestellt waren.

Unweit meines Hotels fand ich eine kleine Bar in der Rue Saint-Denis und verbrachte von da an die meisten Abende dort und trank etwas. Ich setzte mich an die Bar, nicht zu weit weg von der Tür, und bestellte mir einen *Scotch on the rocks*. Während ich immer wieder an meinem Glas nippte, unterhielt ich mich mit jedem, der zufällig neben mir saß. Bald wussten alle

Stammgäste, dass ich ein reiselustiger Deutscher war, der durch die Welt reiste und auf der Suche nach einem Ort war, an dem er irgendwann sesshaft werden wollte.

Eines Abends hörte ich im Raum hinter mir eine laute Unterhaltung und bemerkte einen unüberhörbar deutschen Akzent. Ich musste schnellstens verschwinden.

Ich bezahlte und wollte gerade zur Tür gehen, als einer meiner neuen kanadischen Freunde meinen Namen rief.

»Hey, Heiner! Diese Leute musst du kennenlernen.«

Ich grinste und ging zu dem Tisch hinüber, an dem die zwei Deutschen ihr Bier tranken. Sie begrüßten mich herzlich und begannen, über die Unterschiede zwischen Deutschland und Kanada zu sprechen.

Das konnte schnell gefährlich werden.

»Es tut mir leid, aber ich muss gehen, ich habe schreckliche Kopfschmerzen«, sagte ich. »Bitte entschuldigen Sie mich und weiterhin noch eine gute Reise. Montreal ist eine wunderbare Stadt.«

Die Deutschen waren enttäuscht, denn es ist immer nett, bei Auslandsreisen Landsleute zu treffen, aber ich wusste, dass sie mich bald fragen würden, woher ich käme, was für einen Beruf ich hätte und warum ich hier sei. Es durfte auf keinen Fall deutlich werden, dass ich von Westdeutschland keine Ahnung hatte, und schon gar nicht von meiner »Heimatstadt« Hamburg.

18

Ich rechnete eigentlich fest damit, dass ich die Geburtsurkunde binnen zweier Wochen bekommen würde. Ungefähr jeden dritten Tag ging ich in die Souterrainwohnung der belgischen Hotelbetreiber und erkundigte mich beiläufig, ob Post für meinen Freund Henry gekommen war. Die Antwort war immer nein.

Hin und wieder fragte ich mich, ob sie vielleicht Verdacht geschöpft, den Brief geöffnet und die örtlichen Behörden informiert hätten. Aber sie schienen sich immer zu freuen, wenn sie mich sahen, und sie fanden meine Fragen offenbar nicht verdächtig. Sie drückten nur ihr Bedauern aus, dass nichts für Henry ankam. Wir unterhielten uns oft länger, und die Manöver, die ich zur Enttarnung von Beschattern durchführte, blieben immer ohne Ergebnis. Deshalb war ich ziemlich sicher, dass mir niemand folgte. Als zusätzliche Vorsichtsmaßnahme baute ich in meinem Zimmer unauffällige Fallen ein, um herauszufinden, ob meine Sachen durchsucht wurden, aber es gab nie einen Hinweis, dass je irgendjemand in meinem Zimmer gewesen war. Ich blieb vorsichtig, wurde aber nie paranoid.

Als aus zwei Wochen Wartezeit drei und dann vier Wochen wurden und immer noch keine Post kam, entschied ich, dass ich etwas unternehmen musste. Ohne dieses wichtige Dokument konnte ich nicht nach Hause kommen. Das wäre einem

Versagen gleichgekommen und Scheitern war für Albrecht Dittrich keine Option. Da die Kommunikation mit Moskau hin und zurück drei Wochen brauchte, konnte ich auch nicht die Zentrale um Rat fragen.

Ich beschloss, die Sache durch einen Telefonanruf bei der amerikanischen Behörde zu beschleunigen. Ich probte den Anruf laut im abgelegenen Bereich eines nahe gelegenen Parks. Nach mehreren Trockenübungen atmete ich tief ein, trat in eine Telefonzelle, warf die vier Vierteldollar ein, die für ein Auslandsgespräch nötig waren, und wählte die Nummer in Kalifornien.

»Hallo, hier ist Henry van Randall«, sagte ich mit aufgebrachter Stimme, als sich eine männliche Stimme meldete. »Ich habe vor fast sechs Wochen eine Kopie meiner Geburtsurkunde beantragt und ich habe die Urkunde immer noch nicht bekommen. Warum dauert das so lang?«

»Ich verbinde Sie mit dem zuständigen Büro«, sagte der Mann.

Nachdem ich eine Minute gewartet hatte, warf ich weitere vier Münzen ein, damit die Verbindung nicht abgebrochen wurde. Als sich eine Frauenstimme meldete, wiederholte ich meine Frage.

»Bitte warten Sie. Ich schaue nach«, sagte sie.

Ich warf die nächsten Münzen ein und hoffte, dass die Frau das Geräusch nicht hören konnte. Ein Anruf aus einer Telefonzelle konnte Verdacht erregen. Als die Frau sich wieder meldete, klang sie bedauernd. »Es tut mir leid, Sir, aber ich kann Ihr Schreiben nicht finden. Ich verspreche Ihnen jedoch, dass wir Ihre Anfrage beschleunigt bearbeiten, sobald sie mir vorliegt. Unter welcher Nummer können wir Sie erreichen?«

O nein. Auf diese Frage war ich nicht vorbereitet, aber ich fing mich schnell und sagte: »Ich bin erst umgezogen und habe noch keinen Telefonanschluss. Ich rufe nächste Woche wieder an, wenn ich die Urkunde bis dahin nicht habe.«

Ich hatte keine Münzen mehr und beschloss, noch einmal Druck zu machen.

»Hören Sie«, sagte ich mit Nachdruck, wie ich mir einen Amerikaner vorstellte, der sich vom Staat nicht richtig behandelt fühlte, »Sie haben mein Geld, und ich will meine Geburtsurkunde. So einfach ist das.«

Bevor sie etwas antworten konnte, legte ich auf und lehnte den Kopf erschöpft an die kalte Scheibe der Telefonzelle. Einen Moment lang war mein Kopf ganz leer.

Mir blieben noch zwei Wochen, bis ich Montreal verlassen und die Städte Sarnia und Windsor an der Grenze zu den USA besuchen wollte. Vier Tage vor meiner geplanten Abreise ging ich wieder in die Souterrainwohnung, um meine belgischen Freunde zu besuchen.

Als ich eintrat, sah ich einen Stapel Briefe in einem Regal über dem Sofa liegen. Ganz oben lag ein ziemlich dicker Umschlag. Konnte er das sein? Mein Herz begann, schneller zu schlagen. Ich wollte den Umschlag nehmen und damit in mein Zimmer hinauflaufen. Aber es gelang mir, meine Aufregung zu beherrschen, um keinen Verdacht zu erregen.

Nach einer halben Stunde Small Talk erkundigte ich mich beiläufig, ob Post für Henry gekommen sei. Die Frau nahm den Umschlag, den ich schon bemerkt hatte, und reichte ihn mir. »Ich hatte gehofft, dass Sie kommen würden«, sagte sie. »Ich glaube, das war gestern dabei.«

Meine Hände schwitzten, und ich fühlte mich, als würde sie mir eine Schatzkarte geben. Ich verabschiedete mich so fröhlich und ungezwungen wie immer – wenigstens hoffte ich das – und ging die Treppe hinauf in mein Zimmer.

Sobald ich drinnen war, sperrte ich die Tür zu, lehnte mich an den Türrahmen und starrte den Umschlag an. Ich war immer noch nicht sicher, ob es wirklich wahr sein konnte. Aber da stand es: »Mr Henry van Randall, Rue St. Hubert, Montreal, Kanada«.

Ich hatte es geschafft. Ich hatte alle Hindernisse überwunden und hielt den Preis dafür in meiner Hand. Die Zentrale würde stolz auf meinen Erfolg sein. Diese Geburtsurkunde war der erste Baustein meiner neuen Identität.

Ich öffnete den Umschlag und zog das Dokument heraus. Als ich die beglaubigte, unterschriebene und besiegelte Geburtsurkunde für Henry van Randall überflog, spannte sich schlagartig jeder Muskel in meinem Körper an, und meine Begeisterung schlug in Verzweiflung um. Quer über die Seite war mit dicken roten Buchstaben ein einziges Wort gestempelt, das alles veränderte: VERSTORBEN.

Ich kam mir vor wie ein Lotteriespieler, der die Gewinnzahlen der vergangenen Woche getippt hatte. Damit hatte keiner gerechnet: Geburts- und Sterbeunterlagen miteinander in Verbindung zu bringen, war in den Siebzigerjahren extrem aufwendig und wurde so gut wie nie gemacht. Nachdem ich den ersten Schock überwunden hatte, legte ich das Dokument weg und machte einen langen Spaziergang, um wieder einen klaren Kopf zu bekommen. Während ich Straße für Straße dahinschritt, dachte ich an den Anruf in Kalifornien, das wochenlange Warten und den kurzen Moment der Befriedigung, als ich gedacht hatte, ich hätte es geschafft. Ich war seit sehr langer Zeit bei nichts mehr gescheitert, aber das war ein eindeutiges Versagen, egal, wer schuld war.

Bald kamen mir andere Gedanken: Wenn ein Toter eine Kopie seiner Geburtsurkunde verlangte, musste das Verdacht erregen. Hatten die Behörden in Kalifornien die Polizei verständigt? Waren sie mir bereits auf den Fersen? Die Zentrale musste sofort informiert werden. Meine Tarnung in Kanada war möglicherweise gefährdet.

Ich kehrte in mein Zimmer zurück, verschloss die Tür und bereitete alles vor, um einen Brief mit Geheimtinte zu schreiben.

Zuerst nahm ich den Spiegel von der Wand und putzte ihn gründlich mit Seife und Wasser. Dann zog ich behutsam ein Blatt weißes Papier von einem normalen Schreibblock, um keine Fingerabdrücke zu hinterlassen.

Ich legte das Papier auf den Spiegel und strich es mit dem Handrücken mehrere Male glatt, um alle Unreinheiten von der Oberfläche zu beseitigen. Als Nächstes schrieb ich mit Kugelschreiber einen offenen Text. Dieser Text bestand aus harmlosen Banalitäten, als würde ich einem Freund schreiben. Ich achtete immer darauf, dass ich einen Satz einfügte wie »Danke für deinen letzten Brief«, um einen längeren Briefwechsel vorzutäuschen.

Als ich damit fertig war, zog ich ein weiteres Blatt Papier ab und strich es auf ähnliche Weise auf dem Spiegel glatt. Jetzt kam das Entscheidende: ein Blatt aus einem Block, den mir die Zentrale gegeben hatte. Die ersten fünf Seiten waren mit einer

Chemikalie imprägniert. Kam sie in Berührung mit Entwicklerlösung, wurde sie sichtbar. Ich legte das Blatt zwischen die leere Seite und den Brief mit dem offenen Text.

Ich nahm einen Bleistift mit Härtegrad zwei, schrieb meine Nachricht mit gleichmäßigem Druck und erklärte die Situation. Dann steckte ich den Brief mit dem offenen Text und der Geheimtinte in einen ganz normalen Umschlag, versah ihn mit Adresse und einem falschen Absender und versiegelte ihn mit einem feuchten Lappen, um keine Speichelspuren zu hinterlassen.

Das Blatt mit der Bleistiftschrift faltete ich zusammen, stellte es auf dem Spiegel auf, zündete es mit einem Streichholz an und ließ es abbrennen. Auf diese Weise, so hatte man mich gelehrt, produzierte man so wenig Rauch wie möglich.

Dann brach ich mit dem Brief zu einer dreistündigen Route durch die Stadt auf, um sicherzugehen, dass mir niemand folgte. Als ich mich davon überzeugt hatte, steckte ich den Brief in der Nähe des falschen Absenders in einen Briefkasten. Falls ein solcher Brief je zurückgeschickt werden müsste, würde er höchstwahrscheinlich einfach verloren gehen.

Als ich in die Wohnung zurückkehrte, tat mir jeder Muskel meines Körpers weh, und ich sank aufs Bett, ohne mich auszuziehen. Die gesamte Operation hatte seit dem Moment, als ich den Brief mit der Geburtsurkunde geöffnet hatte, sechs Stunden gedauert.

Nun musste ich so schnell wie möglich aus dem Hotel und aus Montreal verschwinden. Falls die Polizei mich suchte, konnte ich sie am besten abschütteln, wenn ich die Stadt sofort verließ.

Am nächsten Morgen packte ich meine Sachen und brach nach Sarnia auf, ohne mich von den Hotelbesitzern zu verabschieden. Sie würden meine Abreise spätestens dann bemerken, wenn die Zeit, für die ich im Voraus bezahlt hatte, vorbei war.

Mein gescheiterter Versuch, eine Geburtsurkunde zu ergattern, belastete mich sehr. Wann hatte ich das letzte Mal ein Ziel nicht erreicht, das ich ins Auge gefasst hatte? Ich konnte mich nicht erinnern. Das deprimierte mich und verdarb mir die Stimmung. Meine Enttäuschung war größer als meine Angst, erwischt zu werden.

Ich fuhr weiter nach Windsor. Da ich unbedingt mit einem Erfolg nach Moskau zurückkehren wollte, beschloss ich auszutesten, ob ich mich als Amerikaner ausgeben konnte.

An meinem letzten Abend in Windsor ging ich in die Bar des *Holiday Inn*, wo ich wohnte. Nachdem ich mich den ganzen Tag schon geistig darauf vorbereitet hatte, »Amerikaner zu sein«, setzte ich mich an die Bar und bestellte voll Selbstvertrauen und mit einer gewissen Jovialität einen Drink. Bald begann ich ein Gespräch mit einem Kanadier, er war Kapitän eines kleinen Handelsschiffs, das Waren über den Erie-See brachte. Wir unterhielten uns über eine Stunde lang und ich sagte Sätze wie: »Ich sage dir, die Fahrt über den Fluss lohnt sich immer. Euer Bier ist viel besser als unseres.« In meinen Augen konnten solche Aussagen nur von einem Amerikaner kommen, der aus Detroit oder irgendwo in der Nähe kam.

Das Gespräch schien den kanadischen Kapitän nicht misstrauisch zu machen, und als ich in mein Zimmer zurückkehrte, bewertete ich das Experiment als Erfolg und glaubte, dass die Zentrale das auch so sehen würde.

Als ich diese letzte Übung hinter mir hatte, bereitete ich mich auf meine Rückreise nach Moskau über Montreal und Genf vor.

19

Meine Einsatznachbesprechung am Tag nach meiner Ankunft in Moskau begann mit der gescheiterten Operation. Um meinen Vorgesetzten zu beweisen, dass ich die Wahrheit sagte, gab ich ihnen die nutzlose Urkunde.

Alex und Sergej zeigten sich beide enttäuscht, waren sich aber gleichzeitig einig, dass mich in dieser Sache keine Schuld traf. Als ich davon erzählte, wie ich mich als Amerikaner ausgegeben hatte, besserte sich ihre Stimmung sichtlich.

»Wir sollten uns eine Weile still verhalten, bis wir einen Plan für deinen Einsatz haben«, riet Alex. »Wir möchten, dass du nach Berlin zurückkehrst, dich bei Nikolai meldest und auf Anweisungen aus der Zentrale wartest.«

Meine alte Wohnung in der Eitelstraße hatte während meiner Zeit in Moskau leer gestanden, sodass ich direkt wieder einziehen konnte, aber die dicke Staubschicht, die sich während meiner Abwesenheit auf die Möbel gelegt hatte, war die sichtbare Bestätigung für etwas, das ich ein Jahr zuvor zu Sergej gesagt hatte: Ich hatte kein Zuhause mehr. Die Eitelstraße war ein Platz, an dem ich schlafen konnte, bis jemand in Moskau entschied, wohin ich geschickt werden sollte.

Eines Vormittags, ungefähr eine Woche nachdem ich wieder in mein einsames Leben zurückgekehrt war, klopfte es an meine Tür. Nur sehr wenige Menschen kannten meine Adresse, und nur der KGB wusste, dass ich wieder in Berlin war. Wer konnte das also sein? Ich sprang vom Sofa auf und schaltete den Fernseher aus, in dem – was auch sonst? – die *Sesamstraße* lief.

Als ich die Tür öffnete, stockte mein Herz.

Vor mir stand Christiane in ihrer ganzen strahlenden Schönheit mit ihren blonden Haaren und blauen Augen.

»Liebst du mich noch?«, fragte sie.

Instinktiv gab ich ihr die einzige Antwort, die in dieser Situation möglich war. »Ja.«

Ich zog sie in die Wohnung, und wir umarmten und küssten uns, ohne uns Gedanken darüber zu machen, was dieses Gespräch aus fünf Worten bedeutete.

Als wir später über alles und nichts sprachen, überraschte mich Christiane.

»Du warst nie in Moskau, oder?«

Ich schaute sie verblüfft an. »Wie kommst du auf so etwas?«

»Nun«, antwortete sie mit einem vielsagenden Lächeln. »Du hattest immer englische Bücher und Zeitungen bei dir, nie russische.«

Das zwang mich, ihr mehr zu verraten.

»Ich war in Moskau, aber ich habe nie in der Botschaft gearbeitet. Mehr kann ich dir im Moment nicht sagen, aber vielleicht später.«

Christiane schaute mich direkt an und sagte mit unverkennbarer Ehrlichkeit: »Ich habe gespürt, dass du in etwas involviert bist, das streng geheim ist. Aber ich hatte nicht den Mut, es anzusprechen. Als du fort warst, habe ich versucht, dich zu vergessen. Ich bin mit anderen Männern ausgegangen. Ich wollte so tun, als hätte es dich nie gegeben. Ich habe keine Ahnung, warum ich nach fast zwei Jahren heute hierhergekommen bin, aber ich weiß, dass du für mich der Einzige bist. Ich tue, was ich kann, damit wir zusammenbleiben können. Wenn nötig, warte ich, und ich kann auch lange warten. Hauptsache, du verlässt mich nicht wieder einfach so.«

Mir schossen Tränen in die Augen, und ich beschloss, bei der nächsten Gelegenheit mit Nikolai über die Situation zu sprechen.

Diese Gelegenheit ergab sich zwei Tage später, als Nikolai in die Wohnung kam, um mir die Entscheidung der Zentrale mitzuteilen: Ich sollte Portugiesisch lernen und so viel wie möglich über Brasilien in Erfahrung bringen. Es wurde nicht klar, ob Brasilien mein neues Zielland oder ein Zwischenstopp auf dem Weg in die Vereinigten Staaten sein sollte, aber das spielte in diesem Moment keine Rolle. Brasilien war ein faszinierendes Land und eine großartige zweite Option.

Als die offizielle Lagebesprechung erledigt war, bat ich Nikolai, noch kurz zu bleiben.

»Hör zu«, sagte ich nervös, da ich mich an seine Reaktion auf die Episode mit Ariane erinnerte, »ich muss dir ein Geständnis machen.«

Nikolai schaute mich an und sein Gesichtsausdruck verhärtete sich.

»Ich hatte vor zwei Jahren eine Freundin. Ich habe ihr nie ein Wort darüber gesagt, was ich mache, und bevor ich nach Moskau ging, habe ich mit ihr Schluss gemacht. Vor zwei Tagen ist sie aus heiterem Himmel in meiner Wohnung aufgetaucht. Nikolai, ich liebe diese Frau wirklich. Gibt es eine Möglichkeit, dass sie Teil meines Lebens sein kann?«

Aufgrund früherer Erfahrungen stellte ich mich auf das Schlimmste ein, aber Nikolai reagierte nicht verärgert. Stattdessen schien er einen Moment nachzudenken, dann sagte er in sachlichem Tonfall: »Ich werde das mit unseren Genossen in der Zentrale besprechen.«

Seine Antwort machte mir zweierlei deutlich: Nikolai hatte keine Befugnis, Entscheidungen zu treffen, und außerdem war ich nach vier Jahren Ausbildung für den KGB ein wertvoller Agent und nicht mehr ein unerprobter Neuling. Das weckte in mir die Hoffnung, dass wir eine Lösung finden würden.

Zwei Wochen später kam Nikolai mit einer Antwort aus Moskau zu unserem Treffen.

»Albrecht, wir haben den Hintergrund deiner Freundin überprüft. Sie ist sauber. Du kannst deine Beziehung zu ihr aufrechterhalten. Es gibt mehrere Alternativen. Falls sie sich qualifiziert, kann sie irgendwann zu dir in den Westen nachkommen. Wenn nicht, könnten wir es einrichten, dass ihr euch in gewissen Abständen sehen könnt – entweder hier oder in einem Drittland.«

Ich war außer mir vor Freude. Ich konnte beides haben! Ich konnte meine Mission weiterführen, auf die ich mich seit vier Jahren vorbereitete, *und* eine dauerhafte Beziehung zu der Frau haben, die ich liebte. Ich konnte es nicht erwarten, Christiane diese gute Nachricht mitzuteilen.

Als ich sie das nächste Mal sah, verriet ich ihr viel mehr über mein Leben.

»Hättest du ein Problem damit, wenn ich für die Sowjetunion arbeite?«, fragte ich.

»Ganz und gar nicht«, antwortete sie. »Ich würde, wenn nötig, sogar mit dir dorthin ziehen.«

»Das wird wahrscheinlich nicht nötig sein«, erklärte ich. »Bis vor einem Monat war der Plan, dass ich in die USA gehen sollte, aber jetzt hat sich etwas geändert. Ich weiß nicht, was passieren wird, aber das ist der Grund, warum ich immer englische Bücher mit mir herumtrage.«

Dann konnte ich mich nicht länger zurückhalten; ich musste es ihr zeigen. Ich sagte ein paar Sätze in meinem besten amerikanischen Englisch und Christiane fiel die Kinnlade nach unten.

»Meine Güte«, sagte sie, als sie sich wieder gefasst hatte, »was kannst du denn noch alles, von dem ich keine Ahnung habe?«

Diese Frage ließ ich unbeantwortet. Ich musste vorsichtig sein und durfte ihr nicht zu viel über meinen ungewöhnlichen Beruf verraten.

Mein Zeitplan war in den folgenden Monaten relativ entspannt. Bis auf den Unterricht in Portugiesisch und das Training, um die geheimdienstlichen Techniken nicht zu verlernen, war nicht viel zu tun. Wenn Christiane nicht gewesen wäre, hätte ich leicht in Depressionen versinken können. Immerhin war ich achtundzwanzig Jahre alt und hatte eigentlich bis zu diesem Tag nichts erreicht. Ich hatte immer nur gelernt und trainiert. Wenn ich an der Universität geblieben wäre, hätte ich inzwischen meinen Doktortitel gehabt und würde mein Wissen über die wunderbare Welt der Chemie an junge Studenten weitergeben. In meinen Gesprächen mit Nikolai deutete ich an, dass ich langsam ungeduldig wurde, und er schien zu verstehen, dass ich endlich etwas unternehmen wollte.

Im Mai 1978 traf die Zentrale schließlich die endgültige Entscheidung. Nikolai teilte mir mit, dass Brasilien jetzt nicht mehr vorgesehen war. Eine direkte Einwanderung in die USA war nun der Plan. Einen Monat zuvor hatte ein Agent in Amerika den Grabstein eines Jungen entdeckt, der kurz vor seinem elften Geburtstag gestorben war. Er war auf dem Mount-Lebanon-Friedhof in Adelphi im US-Bundesstaat Maryland in der Nähe von Washington begraben. Laut der Grabinschrift war der Verstorbene – Jack Barsky – am 13. November 1944 geboren und am 7. September 1955 gestorben.

Mit dieser Information ausgestattet, hatte der Agent eine Sterbeurkunde beantragt, die er dann benutzte, um eine beglaubigte Kopie von Jack Barskys Geburtsurkunde zu bekommen. Dazu gab er sich als der Vater des Jungen aus. Und diesmal hatte es geklappt, die Urkunde wurde ohne den verhängnisvollen Aufdruck »Verstorben« ausgestellt. Sie befand sich jetzt in der KGB-Zentrale in Moskau und wartete darauf, von einem gewissen Albrecht Dittrich benutzt zu werden.

20

Im Juni flog ich für die letzten Vorbereitungen nach Moskau. Am wichtigsten war es, eine Legende für Jack Barsky zusammenzustellen.

Wie erschafft man eine Lebensgeschichte für einen Menschen, der mit zehn Jahren gestorben ist? Alex und ich trafen uns in meiner Wohnung und wir machten uns an die Arbeit. Mein »Lebenslauf« wurde Stück für Stück und mit viel Fantasie zusammengefügt.

»Folgendes haben wir bis jetzt von unseren aktiven Freunden in Washington und New York«, sagte Alex und holte eine dicke Mappe aus einer Aktentasche.

Agenten mit legaler Tarnung in den USA hatten alle möglichen Informationen gesammelt, die wir wie Puzzleteile zusammensetzen mussten. Sie hatten »Lebensstationen« des fiktiven Jack Barsky ausgewählt, Orte, an denen er in seinem Leben gewesen sein könnte, wie einen Wohnblock auf der Upper West Side in New York, eine Grund-, eine Mittel- und eine Oberschule. Sie schlugen eine Fabrik vor, in der ich gearbeitet haben könnte – sie war besonders gut geeignet, weil sie seitdem abgerissen worden war. Als letztes Puzzleteil schlugen sie eine Farm im Bundesstaat New York vor, wo ich mehrere Jahre gearbeitet haben könnte, bevor ich wieder in New York City auftauchte.

Jetzt lag es bei mir, um diese Eckdaten herum eine Geschichte zu spinnen.

»Wir sollten die Sache vereinfachen und meinen Vater sterben lassen«, schlug ich vor.

»In welchem Alter?«

»Als ich noch ein Baby war. Auf diese Weise muss ich mich nicht an ihn erinnern.«

»Gut«, sagte Alex und machte sich Notizen.

Ich lehnte mich auf dem Holzstuhl zurück und spann meine Lebensgeschichte als Jack Barsky weiter: Nach dem Tod meines Vaters wurde ich von meiner Mutter großgezogen, zu der ich eine sehr enge Beziehung hatte. Sie war in Deutschland geboren und aufgewachsen – glücklicherweise war der Geburtsname der echten Mrs Barsky Schwartz – und deshalb hatten wir in meiner Kindheit zu Hause oft Deutsch gesprochen.

»Ausgezeichnet«, sagte Alex, der eifrig schrieb, um mit meiner erfundenen Geschichte mitzukommen. »Das kann eine gute Erklärung sein, falls du noch einen leichten Akzent haben solltest.«

Was Erinnerungen an meine Kindheit und Schulzeit betraf, nahm ich viele meiner tatsächlichen Erlebnisse, solange sie stimmig genug waren, um sich auf die andere Seite des Atlantiks übertragen zu lassen. Ich konzentrierte mich auf einige enge Freunde und gab ihnen amerikanische Namen – Ronald für Rainer, Gary für Günter und so weiter. Ich nahm sogar Rosi mit.

Da ich kein gültiges Schulabschlusszeugnis hatte, musste ich die Schule vor dem Abschluss verlassen haben. Die unverrückbare Regel meiner Legalisierung war, dass wir nur authentische Dokumente benutzen würden. Als Auslöser für den Schulabbruch nahmen wir den Tod meiner Mutter bei einem Verkehrs-unfall im letzten Schuljahr. Ein großer Verlust, der mich total aus der Bahn warf und mich in Depressionen stürzte, von denen ich mich erst Jahre später erholte. Ihr »Tod« ersparte mir auch die Notwendigkeit, mir mehr Erinnerungen oder Details über sie zu merken. Schließlich fand ich eine Arbeit bei *George Lueders & Company*, einer Chemiefabrik, die künstliche Geschmacks-verstärker herstellte. Aber als die Fabrik schließen musste, ent-schied ich, aus der Gesellschaft ganz auszusteigen und auf dem Milchbauernhof der Millers in New Berlin im Bundesstaat New York zu arbeiten.

Vier Jahre später war ich psychisch und körperlich wieder gesund, gab dem Leben eine neue Chance und ging nach Man-hattan, um neu anzufangen.

Ich wusste, dass es nie eine Situation geben würde, in der ich so viele Details über meine erfundene Vergangenheit würde erzählen müssen, aber der Lebenslauf erfüllte seinen Zweck: Er gab mir ein psychisches Sicherheitsnetz. Mit der Zeit würde ich mir in den Vereinigten Staaten eine echte Geschichte schaffen, und der erfundene Lebenslauf würde unwichtiger werden, da ich die Aufmerksamkeit von meinen frühen Jahren ablenken und alte, erfundene Geschichten durch neue Fakten ersetzen konnte.

»Wir haben es«, sagte Alex, nachdem wir stundenlang an unserem Meisterwerk der Täuschung gearbeitet hatten.

»Jetzt muss ich mir das alles nur noch einprägen«, sagte ich.

»Das stimmt.« Und damit stand Alex auf, packte seine Akten-tasche und legte seinen orangefarbenen Ledermantel über seine Schulter, bevor er in der Nacht verschwand.

★ ★ ★

Da der fiktive Jack Barsky Gestalt angenommen hatte, war es Zeit, mich von Christiane zu verabschieden. Dieses Mal jedoch in ganz großem Stil.

Der KGB brachte Christiane nach Leningrad, und Sergej und ich fuhren mit dem Zug von Moskau dorthin, um sie zu treffen.

Wir wohnten in einem Hotel, das vor der Revolution gebaut worden war, einem der Juwelen der historischen Stadtmitte. Unser Zimmer und die Ausstattung waren reiner Luxus. Sergej und ich bemerkten viele westliche Touristen im Hotel, und er befahl mir, mich unauffällig zu verhalten und mit keinem von ihnen zu sprechen.

Sergej fungierte als unser persönlicher Stadtführer und Dolmetscher und öffnete uns Türen, die ausländischen Touristen und den meisten Russen verschlossen blieben. Wir besichtigten den eindrucksvollen Winterpalast, die Eremitage und verschiedene andere historische Gebäude in der Innenstadt. Wir besuchten auch das Denkmal der heldenhaften Verteidiger Leningrads am Siegesplatz, ein riesiges Denkmal für die über eine Million Opfer der Belagerung der Stadt durch Hitlers Armee. Dieser Ort erinnerte mich an die Bedeutung meiner Arbeit und an den Eid, den ich vor langer Zeit in Buchenwald abgelegt hatte. Hitlers Faschismus war vorbei, aber die Welt würde ohne den Kommunismus keinen Frieden finden.

Zu unserem vollen Terminplan gehörten andere Höhepunkte wie eine Vorstellung des weltbekannten Leningrader Balletts. Ich beobachtete Christianes Gesicht, während sie die Aufführung staunend verfolgte, und einen kurzen Moment fragte ich mich, wie wir damit zurechtkämen, wenn wir immer wieder für lange Zeit getrennt sein würden.

Als es Zeit für den endgültigen Abschied wurde, brachten Sergej und ich Christiane zum Flughafen. Er ließ uns diskret ein paar Minuten allein, bevor sie gehen musste. Dieses Mal war unser Abschied bittersüß und nicht nur bitter wie vor drei Jahren. Ich versprach ihr, dass wir uns in zwei Jahren wiedersehen würden.

Zurück in Moskau wurden die Vorbereitungen intensiver. Ich lernte den sechsseitigen Lebenslauf bis ins kleinste Detail auswendig und merkte mir den entscheidend wichtigen und sehr detaillierten Kommunikationsplan. Zu diesem gehörten Funkfrequenzen und Sendezeiten, zwei Adressen für die Briefe in Geheimtinte, ein erster toter Briefkasten in New York, Treffpunkte in verschiedenen Städten auf dem Weg in die USA, Orte, an denen Markierungen hinterlassen werden konnten, und die Form und Bedeutung dieser Signale.

Die Markierungen waren einfache Formen wie ein Kreis, eine Linie, ein Pluszeichen und einiges andere. Jedes Symbol hatte eine andere Bedeutung: *zum Treffen kommen, Ware abgelegt, Ware erhalten* oder *Funkmeldung erhalten*. Das unheilvollste Signal war ein roter Punkt, der bedeutete: *Gefahr! Flucht!*

Ich merkte mir auch eine besondere Route in Brooklyn, mittels derer ich prüfen konnte, ob ich beschattet wurde. Dieser

Weg war so angelegt, dass ein Agent vor Ort mich und jeden, der mich möglicherweise beschattete, beobachten konnte.

Bei einem seiner Besuche, bei denen er sich über meine Fortschritte erkundigte, sagte Sergej: »Wenn ich deine Sprachbegabung hätte, würde ich auch als Agent ins Ausland gehen.«

»Wirklich?« Mir war nie die Idee gekommen zu fragen, was Sergej sich wünschte oder was er gern tun würde. Er war einfach mein freundlicher Ausbilder, der immer großzügig und sympathisch war.

»Du wirst ein Mann sein, von dem alle Frauen träumen.« Er seufzte, aber in seinen Augen funkelte der Schalk.

»Wie meinst du das?«

»Ich war neulich im Kino. Es lief ein Agentenfilm und ich hörte zwei Frauen hinter mir sagen: »Einen solchen Mann würde ich gern kennenlernen.«

Ich musste lachen. Ich wurde zwar tatsächlich als Geheimagent losgeschickt, und die Aura, die damit verbunden war, ließ sich nicht leugnen. Aber *geheim* bedeutete, dass ich niemandem verraten konnte, was ich machte.

»Wenn ich mich an die Regeln halte, was ich natürlich tun werde, kann ich mir nicht vorstellen, wie mir der Job als Geheimagent genauso nützen sollte wie James Bond.«

Wir lachten beide, da dies eindeutig stimmte.

Schließlich hatten wir alle Puzzleteile zusammengefügt und ich war startbereit. Es gab sonst niemanden, von dem ich mich verabschieden musste. Christiane war der einzige Mensch in der DDR, der wusste, wohin ich ging und was ich tun würde. Meiner Familie und einigen Freunden wurde erzählt, dass ich erneut meinen Beruf gewechselt hätte und zur Wissenschaft zurückgekehrt sei. Ich sei zu *Interkosmos 77* gegangen, einer Organisation der Warschauer-Pakt-Staaten, die unter der Leitung der Sowjetunion den Weltraum erforschte. Um dieser Geschichte Glaubwürdigkeit zu verleihen, versorgte mich der KGB mit einem offiziell aussehenden Dokument, das besagte, dass ich für fünf Jahre am Baikonur-Kosmodrom in Kasachstan arbeiten würde, einer Einrichtung, die nur mit Erlaubnis der sowjetischen Regierung betreten werden durfte. Dieser Ort wurde gewählt, um meine Verwandten, besonders meine Mutter, davon abzuhalten, mich an meinem neuen Beschäftigungsort besuchen zu wollen. Ich schickte meiner Mutter dieses Dokument und erklärte ihr, welche neue Richtung ich einschlug.

Als Nächstes musste ich die vielen Details eines Reiseplans auswendig lernen, der in Moskau begann und mich dann auf mehreren Umwegen nach New York führen sollte. Dazu gehörten konkrete Fluglinien und Flugnummern, Treffpunkte und Signalorte in Rom, Wien und Mexico City und die Namen und Biografien der fiktiven Personen aus drei gefälschten Pässen, die ich unterwegs benutzen würde.

»Eine letzte Aufgabe hast du noch«, sagte Sergej und zog einen Stoß Postkarten und Briefpapier hervor.

»Die Briefe«, sagte ich mit einem lauten Seufzen.

»Die Briefe. Fang lieber bald damit an.« Sergej schaute mich mitfühlend an, während ich stöhnte. »Du musst das einfach machen.«

Das war die lästigste Aufgabe von allen. Ich konnte nicht einfach für längere Zeit ohne das geringste Lebenszeichen verschwinden. Deshalb musste ich mehrere Postkarten und Briefe schreiben, die meiner Mutter und meinem Bruder in unregelmäßigen Intervallen zugeschickt werden würden, um sie über das, was ich gerade »erlebte«, auf dem Laufenden zu halten. Die Briefe waren schwer zu schreiben, denn alles, was ich schrieb, musste völlig erfunden sein. Ich musste auch den Eindruck erwecken, dass ich ihre Post an mich gelesen hätte, und darauf eingehen, obwohl ich keine Ahnung haben konnte, was sie mir schreiben würden.

Von den vielen Lügen, die ich in meiner Zeit als Geheimagent erzählt habe, waren diese Briefe am schwersten. Immerhin log ich meiner eigenen Mutter offen ins Gesicht.

In späteren Jahren ging ich dazu über, die Briefe mit der Schreibmaschine zu tippen und sie von Hand zu unterschreiben, aber ich ließ nach dem letzten getippten Satz vor der Unterschrift immer noch etwas Platz, damit jemand in der Zentrale noch ein paar Sätze hinzufügen konnte, falls das für nötig erachtet werden sollte. Ich unterschrieb auch ein paar leere Blätter für den Fall, dass eine längere Antwort nötig wurde.

Mit der Fertigstellung dieser Briefe gingen die fast fünf Jahre Vorbereitungszeit für mein Leben als Geheimagent in Amerika zu Ende. Es gab noch eine weitere Verzögerung, diese war jedoch schmerzhaft und frustrierend: ein entzündeter Weisheitszahn, der mir große Probleme hätte bereiten können, wenn die Schmerzen während meines Aufenthalts im Feld aufgetreten wären. Doch nachdem er abgeheilt war, war ich voller Adrenalin und zu hundert Prozent auf die Mission und die Zukunft konzentriert.

21

Am Tag vor meiner Abreise tauchte Alex in meiner Wohnung auf. Er trug einen Gesichtsausdruck, den ich bei ihm noch nie zuvor gesehen hatte. Er war normalerweise ziemlich arrogant, aber an diesem Tag wirkte er fast feierlich.

»Albrecht«, sagte er. »Oder soll ich dich schon Jack nennen?«

»Noch nicht. Bis ich in Rom bin, bin ich immer noch Heiner.«

Er nickte mit einem leichten Grinsen und wurde dann wieder ernst.

»Hör zu. Du hast die beste Ausbildung bekommen, die wir dir bieten konnten. Du bist gut vorbereitet, und ich zweifle nicht daran, dass du erfolgreich sein wirst. Aber der Schlüssel zum langfristigen Erfolg sind die echten amerikanischen Ausweisdokumente, über die wir gesprochen haben.«

Ich nickte. Der Plan sah vor, dass ich zuerst einen Büchereiausweis beantragen sollte, der ohne große Überprüfung leicht zu bekommen sein dürfte. Dann sollte ich einen Schritt weitergehen und einen Führerschein, einen Sozialversicherungsausweis und schließlich einen amerikanischen Pass beantragen. In dieser Reihenfolge.

»Wenn du in zwei Jahren mit einem echten amerikanischen Pass zurückkommst, feiern wir ein großes Fest«, sagte er.

»Warum ist gerade der Pass so wichtig?«, fragte ich.

»Überleg doch mal. Mit einem amerikanischen Pass kannst du fast überallhin reisen und nach Belieben in die Vereinigten Staaten zurückkehren. Dann können wir dich beispielsweise in die Schweiz schicken. Du könntest dort eine Firma gründen und viel Geld verdienen. Das käme dann natürlich von uns. Wenn du reich bist, kannst du wieder nach Amerika zurückkehren und dich in die höheren Gesellschaftskreise integrieren. Mit Reichtum kommt Einfluss; du würdest Zugang zu den Mächtigen und Einflussreichen haben und zu denen, die politische Entscheidungen treffen.«

»Brillant!«, rief ich aus. Das war das erste Mal, dass mir jemand erklärte, was langfristig geplant war. Ganz eindeutig sollte mich meine Mission länger als nur ein paar Jahre in die Staaten führen. Die Beschaffung der nötigen Dokumente war der Schlüssel für alles.

»Konzentrier dich also zuerst auf den Pass«, sagte Alex. »Jede andere Aktion, ob du Kontakt zu interessanten Leuten oder Zugang zu politischen Informationen bekommst, ist die Kür.«

Während wir über diese Dinge sprachen, entging mir die Ironie des Ganzen nicht: Ich musste ein reicher Kapitalist werden, um die reichen Kapitalisten zu Fall zu bringen und eine Welt zu schaffen, die von der Arbeiterklasse regiert werden würde.

Nachdem Alex gegangen war, schaltete ich wieder in den Ausführungsmodus. Ich war so ruhig, mein Körper fühlte sich fast taub an. Ich stellte mir vor, dass sich so Astronauten fühlten, bevor sie ins Weltall flogen, oder Soldaten, unmittelbar bevor sie in die Schlacht zogen. Ich machte einen langen Spaziergang durch einen nahe gelegenen Park und dachte über meine Vergangenheit nach. Nach und nach ging ich die verschiedenen Stationen meines Lebens durch, die mich zu diesem entscheidenden Punkt gebracht hatten.

Ich dachte an meine Familie und meine Freunde, aber vor allem an Christiane. Meine Liebe zu ihr und die Gewissheit, dass sie auf mich warten würde und wir später eine gemeinsame Zukunft aufbauen würden, gaben mir viel Kraft und Trost.

Sergej und ein Fahrer kamen früh am nächsten Morgen in meine Wohnung, aber ich war nach einer ziemlich unruhigen Nacht schon vor Sonnenaufgang aufgestanden. Genauso wie vor meinem Flug nach Kanada kontrollierte Sergej meine Kleidung und mein Gepäck nach Dingen, die verraten könnten, dass ich aus dem Osten kam.

Dann fragte er aus heiterem Himmel: »Wie heißt du?«

»Heiner Müller«, antwortete ich, ohne zu zögern.

»Wo wohnst du?«

»Hamburg.«

Er spulte eine ganze Liste von Fragen ab, die an verschiedenen Kontrollstellen gestellt werden könnten.

Der einzige Grenzübergang, an dem niemand Fragen stellte, war die Passkontrolle am Moskauer Flughafen. Wie gewohnt schlüpfte ich durch die Seitentür in die Abflughalle. Sergej hielt mir die Tür weit auf, blieb aber auf der anderen Seite. Wir nickten einander zu, und ich trat über die Schwelle – offiziell entsandt als eigenständig arbeitender Agent hinter feindlichen Linien.

Die Route, auf der ich in die USA gelangen würde, war fachmännisch ausgearbeitet und machte es unmöglich, Jack Barsky, der in Amerika geboren und aufgewachsen war, nach Moskau zurückzuverfolgen.

Mein erster Flug brachte mich nach Belgrad, in die Hauptstadt Jugoslawiens. Während des dreistündigen Fluges saß ich wie erstarrt da und war nicht einmal zu einer leichten Lektüre fähig.

Ich erwachte aus meiner Starre, sobald es etwas zu tun gab. Nachdem ich am Belgrader Flughafen meinen Koffer abgeholt hatte, fuhr ich mit einem Bus zum Bahnhof. Dort kaufte ich mir für den Abend eine Zugfahrkarte nach Wien. Es gab keine Fahrkarten für die erste Klasse mehr, deshalb kaufte ich mir mit großem Bedauern eine Fahrkarte in einem Abteil der zweiten Klasse.

Die Temperaturen in Belgrad waren immer noch sommerlich. Deshalb verbrachte ich meine zwei Stunden Wartezeit auf einer Bank vor dem Bahnhof, rauchte und starrte ins Leere. Bevor ich in den Zug stieg, kaufte ich mir einen englischen Roman, der mir gute Dienste erwies und mich wach hielt. Manche der Fahrgäste in meinem Abteil waren ziemlich düster aussehende Gestalten, und ich war zwar erschöpft, wagte aber nicht, die Augen zuzumachen. Meine Ausbilder in Moskau hatten mich vor Taschendieben in Jugoslawien und Italien gewarnt, und ich hatte mehrere Tausend Dollar in bar in verschiedenen Taschen bei mir – ganz zu schweigen von dem wichtigen Pass, den ich auf keinen Fall verlieren durfte. Während die Stunden dahinkrochen, half mir der Roman sehr, mir die Zeit zu vertreiben.

Sobald ich in Wien ankam, nahm ich mir ein Zimmer in einem unauffälligen Hotel. Der nächste Schritt des Plans war ein Treffen mit meiner Kontaktperson am folgenden Abend. Sie würde mir einen »jungfräulichen« Pass ohne jugoslawischen Stempel übergeben.

In Wien war das Wetter nass und stürmisch, es war unmöglich zu kontrollieren, ob ich beschattet wurde, bevor ich das vereinbarte Zeichen für meine Ankunft anbrachte. Selbst der Schirm, den ich mir im Hotel geliehen hatte, konnte mich vor dem peitschenden Regen nicht schützen.

Aber da alle anderen Passanten mit eingezogenen Köpfen durch die Straßen eilten, schenkte niemand der großen dunklen Gestalt Beachtung, die unter einem Laternenpfosten in der Hormayrgasse stehen blieb, sich schnell umschaute und dann eine Kreidemarkierung anbrachte.

Ich fürchtete schon, die Markierung könnte vom Regen weggewaschen werden, aber am nächsten Tag erschien meine Kontaktperson ganz pünktlich vor einem Babykleidungsladen namens »Träum schön«. Es war eine unangenehme Begegnung, der Mann sprach die Passwörter fast unverständlich aus, aber ich verließ den Treffpunkt mit einer weiteren Identität.

Weil es schon spät am Nachmittag war, beschloss ich, eine weitere Nacht in einem Hotel zu verbringen und mich etwas auszuruhen, bevor ich nach Rom weiterfuhr. Da ich nun eine andere Identität trug, konnte ich nicht mehr ins gleiche Hotel zurückkehren, also holte ich meinen Koffer aus dem Schließfach am Bahnhof und checkte in ein anderes Hotel ein. Am nächsten Morgen nahm ich ein Taxi zum Bahnhof und kaufte eine Fahrkarte nach Rom. Dieses Mal ergatterte ich einen Platz in der ersten Klasse und so war die nächtliche Reise viel angenehmer als die davor. Schlaf fand ich trotzdem nur wenig und kam am nächsten Vormittag hundemüde in Rom an.

Aber an Schlaf war immer noch nicht zu denken. Sobald ich in einem Mittelklassehotel eingecheckt hatte, griff ich mir einen Stadtplan und suchte meinen Weg in die Nähe des Vatikans, um dort mit einer Kreidemarkierung an einem vorher vereinbarten Laternenpfosten meine Ankunft in der Stadt mitzuteilen. Dann hieß es nur noch wach zu bleiben und auf den Abend zu warten.

Es wurde schon dunkel, als ich das Hotel verließ, um zum Treffpunkt zu gehen. In jedem anderen Fall hätte ich vor einer solchen Aktion einen langen Umweg gemacht, um eine Beschattung zu enttarnen, aber ich kannte die Stadt natürlich nicht und hatte keine vorher definierte Route, um das zu tun. Deshalb verstieß ich ziemlich nervös schon das zweite Mal, seit ich auf mich allein gestellt war, gegen die Regeln. Meine Nervosität wurde noch verstärkt dadurch, dass ich mit fast zehntausend Dollar in bar durch die schwach beleuchteten Straßen ging. Aber ich wollte es nicht riskieren, das Geld in meinem Zimmer zu lassen. Ich verließ ein belebtes Viertel voller Autos und Motorräder und bog in eine ruhige Straße ein, wo meine Schritte auf dem Kopfsteinpflaster widerhallten. Schließlich erreichte ich die Kreuzung in der Nähe der nördlichen Vatikanmauer, wo das Treffen stattfinden sollte.

Meine Kontaktperson war pünktlich. Nach den erforderlichen Passwörtern tauschten wir schnell die Pässe. Ich kehrte unter einem anderen Namen in mein Hotel zurück, stieg schnell die Treppe in mein Zimmer hinauf und sperrte die Tür hinter mir zu. Bevor ich ins Bett ging, sagte ich mir noch einmal die Legende auf, die zu meiner neuen Identität gehörte. Jetzt war ich William Dyson, ein Kanadier aus Toronto. Ich gönnte mir noch einen Tag Ruhe und nahm mir unter dem Namen Dyson ein Zimmer in einem Hotel in der Innenstadt.

Am folgenden Morgen fuhr ich mit dem Taxi zum Flughafen und buchte einen einfachen Flug nach Mexico City bei der Austrian Airlines. Der Flug startete am Nachmittag, aber als wir in Madrid zwischenlandeten, verzögerte ein Streik am Flughafen unsere Weiterreise um einen ganzen Tag.

Als ich in Mexico City aus dem Flugzeug stieg, war es, als würde jemand mit einem riesigen Föhn in voller Stärke in mein Gesicht pusten. Der Gegensatz zwischen dem kühlen Herbstwetter in Wien und den zweiunddreißig Grad in Mexiko war enorm.

Fünf Tage lang musste ich nun in Mexico City ausharren und die Zeit totschlagen. Ich sprach kein einziges Wort Spanisch, also nahm ich mir Zeit, atmete nach der langen Reise durch und gewöhnte mich an die Zeitverschiebung, bevor das große Ereignis anstand: meine Einreise in die Vereinigten Staaten von Amerika. Während meines Aufenthalts erhielt ich einen Funkspruch aus der Zentrale; aber als ich den Code entschlüsselte, wünschte man mir nur alles Gute. Es gab keine weiteren Instruktionen für mich zu diesem Zeitpunkt. Ich schrieb in Geheimtinte einen Bericht über die Reise und schickte ihn per Post an eine meiner Kontaktadressen, danach schlief ich den Rest der Zeit und saß am Pool im Schatten.

Nach meiner kurzen Woche in Mexiko kaufte ich ein Ticket für einen Flug der American Airlines nach Toronto mit Zwischenlandung in Chicago. Aus irgendeinem Grund erinnerte ich mich, unmittelbar bevor ich zum Flughafen aufbrach, an Nikolais sonderbare Gewohnheit. Also setzte ich mich und verharrte einen Moment in Schweigen – ein Gebet, das kein richtiges Gebet war. Mein Amerika-Abenteuer konnte beginnen.

★ ★ ★

*Ich mit meinen Eltern Judith und Karl-Heinz Dittrich.
Der allgemeine Lebensstandard war in Ostdeutschland
in den 1940er-Jahren sehr ärmlich. Ich weiß nicht,
wie ich dennoch so viel Babyspeck ansetzen konnte.*

★ ★ ★

*Mein Bruder Hans-Günther,
ich und ein Freund in meiner
Heimatstadt Bad Muskau.
Eine unserer Lieblingsbeschäf-
tigungen war es, mit einfachen
Luftgewehren unsere Schieß-
künste zu erproben.*

★ ★ ★

*Ich – Albrecht Dittrich – mit 23:
Ich war optimistisch, voller
Träume und Hoffnungen,
dass auf mich eine grandiose
Zukunft wartete.*

★ ★ ★

Rosi, meine erste große Liebe.

*Mein Bruder
Hans-Günther (links)
und ich (rechts) am
50. Geburtstag meiner
Mutter. Damals war
mir nicht bewusst, dass
dieses Fest eine der
letzten Gelegenheiten
in meinem Leben sein
würde, dass ich meine
Mutter sah.*

⭐⭐⭐

Mein erstes eigenes Apartment in New York, das ich mir selbst eingerichtet habe. Als ich 1978 in New York ankam, wohnte ich zuerst im Stadtteil Queens – klein, aber heimelig.

1974: Meine Mutter hält meinen Sohn Günther auf dem Arm. Ich hatte mich entschieden, KGB-Agent zu werden, und wurde in dieser Zeit in Berlin ausgebildet. Viele solcher Momente im Leben meines Sohnes verpasste ich deswegen.

1977: Als meine Mutter nach Moskau reiste, um mich zu besuchen, überredete sie Sergej und mich, mit ihr ein Erinnerungsfoto aufzunehmen. Natürlich konnte sie nicht ahnen, dass es für KGB-Agenten strengstens verboten war, sich fotografieren zu lassen. Aber wir konnten es ihr nicht ausreden ...

Sechs Jahre nachdem ich in den USA angekommen war, hatte ich eine Karriere als Programmierer in dem Softwareunternehmen MetLife begonnen. Ich war überrascht, dass sich mit einigen meiner Kollegen eine wirklich gute Freundschaft entwickelt hat.

Einer der handgeschriebenen Briefe voller erfundener Geschichten, die ich an meine Mutter schrieb, als ich als KGB-Spion ein zweites, geheimes Leben führte.

Liebe Mutti!

Ich sende Dir heute die herzlichsten Glückwünsche und die besten Wünsche für Dein weiteres Leben anläßlich des Internationalen Frauentages. Ich hoffe vor allem, daß Du noch lange so gut wie möglich gesund bleibst, damit Dir das Leben noch viel Freude bringt. Das hat sich jede Frau in Deinem Alter verdient, aber ich glaube, es gibt speziell für Dich. Wenn wir auch des öfteren anderer Meinung sind, so heißt das noch lange nicht, daß ich nicht voll hinter diese ... stehe. Alles Gute und viele Grüße Dein ...

★ ★ ★

987: Meine kleine Tochter Chelsea. In dem Moment, als sie das Licht der Welt erblickte, änderte sich mein Leben für immer.

★ ★ ★

Mein Sohn Jessie (links) und meine Tochter Chelsea aus zweiter Ehe in meinem damaligen Zuhause in Mount Bethel, Pennsylvania.

* * *

Joe Reilly, der FBI-Agent, der mich jahrelang aus dem Nachbarhaus in Mount Bethel ausspionierte. Er war es schließlich auch, der mich nach knapp 20 Jahren als Ex-KGB-Spion enttarnte. Heute sind wir Freunde.

* * *

August 2014: Das erste Mal seit dem »Tod« von Albrecht Dittrich kehre ich als Jack Barsky in mein »altes« Leben nach Deutschland zurück. Beim Durchqueren der Sicherheitskontrollen war ich nervös. Immerhin wäre es möglich gewesen, dass eine Verhaftung auf mich wartet.

* * *

Der Ort einer meiner fehlgeschlagenen KGB-Aktionen auf Staten Island. Kurze Zeit darauf entschloss ich mich, alle Verbindungen zum KGB für immer zu kappen.

Mein Schulfreund Günter aus DDR-Tagen (links) und ich. Bei diesem Treffen hatte er mir noch nicht erzählt, dass auch er für den Geheimdienst rekrutiert worden war. Er arbeitete für die Stasi.

★ ★ ★

2015 am Flughafen Tegel in Berlin: Das erste Mal treffe ich gleichzeitig mit meinen vier Kindern zusammen. Günther, Chelsea, Matthias und Jessie (v. l. n. r.) – mit ihnen treffen die verschiedensten Lebenswelten aufeinander.

★ ★ ★

Mit meinen Kindern Jessie und Chelsea in Jena: Hier interviewt uns der US-amerikanische Journalist Steve Kroft für die Sendung »60 Minutes« vor dem Restaurant »Die Sonne«, wo meine Agentenkarriere anfing.

★ ★ ★

*2009: Meine Hochzeit
mit Shawna.*

★ ★ ★

*Meine Frau Shawna und ich mit
unserer Tochter Trinity.*

TEIL III

INTEGRATION EINES SPIONS

22

Am 8. Oktober 1978 um 19:06 Uhr stieg William Dyson auf dem O'Hare Airport in Chicago aus einem Flugzeug der American Airlines und ging zur Zoll- und Einreisekontrolle. Am Dienstag, den 10. Oktober, um 10:00 Uhr löste sich William Dyson in Luft auf.

William Dyson ist die einzige meiner falschen Identitäten, an die ich mich gut erinnern kann, denn ... nun ja, sie hat sich eingeprägt. Dyson wohnte angeblich in Toronto, aber er war nie dort gewesen und würde nie dorthin kommen.

Als ich am Flughafen O'Hare vor der Zollkontrolle anstand, erlebte ich die intensivsten sechzig Minuten meines ganzen Lebens. In der Schlange vor der Passkontrolle überragte ich mit meinen 1,90 Metern Körpergröße die meisten anderen Passagiere und kam mir vor, als trüge ich ein Neonschild um den Hals, auf dem stand: »Vorsicht vor diesem Kerl«. Für jeden Beobachter war ich einfach nur ein schlaksiger Mann mit europäischen Gesichtszügen, blaugrünen Augen und dunkelblonden Haaren, aber ich hatte zwei Gegenstände bei mir, die selbst ein Anfänger beim Zoll verdächtig finden musste. In meinem Handgepäck hatte ich einen Blaupunkt-Kurzwellenempfänger und in den Taschen meiner weinroten Lederjacke Hundert-Dollar-Scheine im Wert von siebentausend Dollar bei mir. Dazu kam, dass mein hellblauer Samsonite-Koffer nur halb voll war mit ungewöhnlicher Kleidung für jemanden, der gerade von einer Mexikoreise zurückkehrte.

Ich war darauf vorbereitet, meine ungewöhnlichen Umstände ausführlich zu erklären, und hatte mir die Worte oft im Geiste vorgesagt, aber in diesem Moment hoffte ich einfach nur, nichts erklären zu müssen.

Ich atmete tief ein, um meine Nerven zu beruhigen, und war sicher, dass mich mein hämmerndes Herz und meine schweißbedeckten Handflächen verraten würden. Während die Schlange langsam vorrückte, war ich überzeugt, dass etwas an mir den Beamten hinter dem Schalter veranlassen würde, mir Fragen zu stellen.

Dann war ich an der Reihe und der Beamte winkte mich an seinen Schalter.

Ich trat vor und reichte ihm meinen Pass.

»Sie wohnen in Toronto?«, fragte er und schaute erst mich und dann wieder den Pass an.

»Ja.« Ich schluckte schwer und hoffte, dass er das nicht merkte.

»Sind Sie beruflich oder privat in Chicago?«

»Ich möchte mir einfach die Stadt ein wenig ansehen, bevor ich nach Hause fliege«, sagte ich.

Der Beamte schaute mich noch einmal an, stempelte eine Seite in meinem Pass ab und gab ihn mir zurück. »Eine gute Zeit in der *Windy City*«, sagte er.

Ich ging weiter und schämte mich fast der Panik, die diese Routine-Kontrolle in mir ausgelöst hatte.

Beim Zoll war es noch leichter. Ich hatte das Formular wahrheitsgemäß ausgefüllt und angegeben, dass ich siebentausend

Dollar in bar bei mir hatte. Offenbar erregte diese Summe keinen Verdacht. Genauso wenig wie der bunt zusammengewürfelte Inhalt meines Koffers, den der Zollbeamte nach Schmuggelware durchsuchte.

Ich befand mich jetzt offiziell in den Vereinigten Staaten von Amerika.

Sobald ich außer Sichtweite der Zollkontrolle war, setzte ich mich mit einem erleichterten Seufzen auf meinen Koffer und zündete eine Zigarette an. Es war die vielleicht befriedigendste Zigarette meines Lebens.

Als die Anspannung in meinem Kopf und meinem Körper nachließ, fühlte ich mich plötzlich sehr erschöpft. Ich konnte nur noch eines denken: *Ich muss ein Hotel finden. Ich brauche Schlaf.*

Mit dem Koffer in der Hand verließ ich das Flughafengebäude und stieg in einen Bus in Richtung Stadtzentrum.

Bei der Fahrt durch die Innenstadt sah ich das Schild eines Hilton-Hotels. Ich stieg aus dem Bus, trat in die Lobby und ging auf die Rezeption zu.

»Guten Abend«, sagte ich zu der jungen Angestellten. »Ich brauche ein Zimmer für die Nacht.«

»Tut mir leid, aber wir sind ausgebucht«, sagte sie in einem Tonfall, der verriet, dass es ihr nicht wirklich leidtat.

Ich schaute sie enttäuscht an. »Wirklich? Sie haben nichts frei?«

Sie schaute noch einmal nach und sagte mit einigem Zögern: »Wir haben noch ein Zimmer neben dem Poolbereich. Wir vermieten es manchmal als letzte Notlösung.«

»Ich nehme es«, sagte ich, ohne weitere Fragen zu stellen. Ich brauchte dringend Schlaf.

Nachdem ich mich als William Dyson eingetragen und im Voraus in bar gezahlt hatte, folgte ich der Wegbeschreibung zum Ende eines langen Flures und sperrte die Tür zu meinem Zimmer auf. Ich fand ein normales Hotelzimmer vor, jedoch mit einer Ausnahme: Die gesamte hintere Wand bestand aus Glas und gab den Blick auf den Innenpool frei. Das war nicht gerade die Unterkunft, die ein ehrgeiziger Geheimagent für seine erste Nacht hinter feindlichen Linien als ideal bezeichnen würde. Ich zog sofort die Vorhänge zu.

In einem Kinofilm wäre ich jetzt an die Hotelbar gegangen, um einen Martini zu bestellen – geschüttelt, nicht gerührt. Aber es war das echte Leben, und während ich mich auf das Bett setzte, um meine müden Füße zu entlasten, traf es mich plötzlich wie ein Schlag vor den Kopf: Ich war wirklich in Amerika und ich war wirklich ganz auf mich allein gestellt!

Es gab keine Rettungsleine auf die andere Seite des Eisernen Vorhangs. Ich besaß nur eine echte US-amerikanische Geburtsurkunde, siebentausend Dollar in bar und meinen Verstand.

Ich brauchte wirklich etwas zu trinken, deshalb öffnete ich eine Flasche *Johnny Walker Red*, die ich im Duty-free-Shop am Flughafen gekauft hatte.

Während ich langsam den Scotch trank, hantierte ich mit der Fernbedienung für den Fernseher und landete bei einer

Episode von *Gilligans Insel*, amerikanischer Popkultur vom Feinsten.

Am nächsten Morgen wachte ich mit einem riesigen Kater auf. Nachdem ich vier Aspirin geschluckt hatte, ging ich behutsam ins Hotelrestaurant, um mein erstes amerikanisches Frühstück zu essen: natürlich Schinken und zweifach gebratene Spiegeleier mit Toast und Pommes frites. Meine Zeit in Kanada hatte mich zumindest in Bezug auf das Frühstück gut vorbereitet.

Während sich meine Kopfschmerzen allmählich legten, war ich bereit, den Tag anzupacken. Es war noch viel zu tun, bevor ich nach New York, meinem endgültigen Ziel, aufbrechen konnte.

Als ich wieder in meinem Zimmer war, suchte ich in den Gelben Seiten nach einem anderen Hotel. Von Stadt zu Stadt und von Hotel zu Hotel umzuziehen, ist eine erprobte Technik, mit der Spione ihre Spuren so gut wie möglich verwischen.

Die ausgeklügelte Reise, die meiner Integration in den USA den Weg ebnete, wies eine große Lücke auf: Ich wusste nichts über Chicago. Ich hatte mir am Flughafen einen Stadtplan gekauft, aber ich hatte keine Ahnung, welche Gebiete in der Stadt sicher waren und welche ich meiden sollte. Diese Unwissenheit hätte mich leicht teuer zu stehen kommen können.

Ich suchte mir ein beliebiges Hotel im Telefonbuch aus und reservierte telefonisch ein Zimmer. Ich gab dem Türsteher, der mir ein Taxi herbeiwinkte, kein Trinkgeld, und mir wurde erst viel später bewusst, dass dieser und andere kleine kulturelle Fehler leicht hätten auffallen und einen aufmerksamen Verfolger hätten warnen können.

Als ich dem Taxifahrer die Adresse des neuen Hotels nannte, schaute er mich verwundert an. Ich fand schnell den Grund dafür heraus. Während ich meinen Koffer zum Hoteleingang trug, wurde mir bewusst, dass ich der einzige Weiße auf der Straße war. Das Hotel war ein abgewohntes mehrstöckiges Gebäude, wahrscheinlich aus den Dreißigerjahren. Auf dem Weg zur Tür fiel mein Blick kurz auf die Schienen einer Hochbahn auf der anderen Seite der Straße.

Als ich die schäbige, schlecht beleuchtete Lobby betrat, gingen weitere Alarmglocken bei mir los. Die einzigen Möbel waren ein runder Tisch und vier bräunliche Sessel, denen man ansah, dass sie seit vielen Jahren benutzt wurden. Die Rezeption befand sich in der hintersten Ecke hinter einer kleinen Plexiglasscheibe, die den Mitarbeiter von den Gästen abschirmte.

Ein deutsches Schimpfwort schoss mir durch den Kopf, der durch den Kater immer noch ein wenig reizbar war.

Der Mann an der Rezeption drückte gerade eine Zigarette in einem verbeulten Alu-Aschenbecher aus, der schon überquoll. Als er endlich aufblickte und mich entdeckte, schaute er mich genauso verwundert an wie vorher der Taxifahrer.

»Was kann ich für Sie tun?«

In diesem Moment sagte mir mein Instinkt, dass ich verschwinden und ein anderes Hotel suchen sollte. Aber *welches?* Ich hatte keine Ahnung, wo ich mich befand oder wo ich einen besseren Ort finden konnte. Ich musste mich schnell entscheiden, etwas, was ich in den folgenden Monaten noch oft würde machen müssen, und beschloss, mir wie geplant ein Zimmer zu nehmen.

Warum auch nicht, sagte ich mir, *ich habe schon in schlimmeren Löchern gewohnt.*

»Ich hatte telefonisch ein Zimmer für zwei Nächte reserviert«, sagte ich in meinem besten nordamerikanischen Akzent.

»Okay«, antwortete der Mann.

Ich bezahlte das Zimmer, er gab mir einen Schlüssel und deutete zum Aufzug.

Das Zimmer war genauso schäbig wie die Lobby – abgenutzter Teppich, quietschendes Doppelbett mit zwei kleinen Kissen und einer hässlichen alten Bettdecke, eine Dusche mit kaputten Fliesen und verfärbten Fugen und ein Wasserhahn, der ständig tropfte.

Dazu passend hatte der Schwarz-Weiß-Fernseher eine Zimmerantenne und einen Münzeinwurf. Für einen Vierteldollar konnte ich eine Stunde fernsehen.

Während ich meine Umgebung auf mich wirken ließ, ertönte plötzlich ein lautes Poltern, gefolgt von einem ohrenbetäubenden Quietschen aus der Richtung des Fensters. Ich zog die Vorhänge zurück und sah, woher der Lärm kam: Eine metallene graue U-Bahn rollte über die Schienen, die ich auf dem Weg ins Hotel gesehen hatte. Die Bahn war so nahe, dass ich die Gesichter der Fahrgäste hinter den schmutzigen Fensterscheiben sehen konnte.

Was konnte ich mehr verlangen als einen Fernseher, für den man zahlen musste, und den Ausblick auf die Chicagoer Hochbahn, genannt »L« für »Elevated«, aus nächster Nähe? Willkommen in der *South Side* von Chicago! Obwohl mir das damals nicht ganz bewusst war, begriff ich später, dass dies der letzte Ort in der Stadt gewesen war, an dem ich hätte sein sollen.

Wäre ich überfallen worden, wäre ich ohne Geld in Chicago gestrandet und hätte absolut keinen Plan B gehabt.

An diesem Abend gab ich drei Vierteldollar für das Fernsehprogramm aus und trank den restlichen Scotch, um den Lärm der *L* vor meinem Fenster zu betäuben. Zum Glück fuhr die Bahn in der Nacht nicht mehr ganz so oft.

Am nächsten Morgen brauchte ich keinen Wecker, um früh aufzuwachen. Der Morgenzug fuhr um 5:30 Uhr gnadenlos vor meinem Fenster vorbei. Obwohl ich für zwei Nächte gezahlt hatte, beschloss ich, dass eine Nacht in diesem Etablissement reichte. Und so brach ich nach dem Frühstück in einem Diner zu Fuß in Richtung Stadtmitte auf.

Nachdem ich eine halbe Stunde lang gegangen war, fiel mir auf, dass die Gegend langsam ein wenig vornehmer aussah. Als ich auf ein kleines Hotel mit gepflegtem Äußeren stieß, beschloss ich hineinzugehen. Im starken Gegensatz zu dem Hotel der vergangenen Nacht war die Lobby hier gut beleuchtet, der Sitzbereich hatte bequem aussehende, moderne Möbel und die Rezeption war nicht durch schusssicheres Glas geschützt.

Ich trat auf die Rezeptionistin zu und erkundigte mich nach einem Zimmer. Als sie mir sagte, dass mehrere frei seien, traf ich spontan eine wichtige Entscheidung und trug mich kühn als Jack Barsky ein. Zum Glück verlangte die Frau keinen Ausweis. Da ich ein nettes, sicheres Zimmer in Aussicht hatte, eilte ich zum anderen Hotel zurück, um meine Sachen zu holen. Bevor ich auscheckte, hatte ich jedoch noch eine Sache zu erledigen. Es war Zeit, einen Mord zu begehen.

Ich ging ins Badezimmer und sperrte vorsichtshalber die Tür hinter mir zu. Dann ging ich daran, William Dyson zu töten, indem ich seine Papiere zerstörte. Leider hatte ich während meiner fünf Jahre Ausbildung beim KGB nicht gelernt, wie man einen Pass zerstört. Es war schwieriger als gedacht, selbst die Papierseiten wollten nicht brennen. Das Passbild widersetzte sich mehreren Versuchen, bevor ich das angekohlte Foto schließlich einfach in winzige Stücke zerschnitt und in die Toilette warf.

Dann versuchte ich, die Deckseiten aus Kunststoff zu verbrennen. Immer wieder versuchte ich, sie in Brand zu setzen, aber sie waren aus irgendeinem unbrennbaren Material. Jeder Versuch führte zu einer hässlichen geschmolzenen Masse und einem verdächtigen beißenden Geruch. Wieder blieb mir nichts anderes übrig, als das Plastik in kleine Stücke zu schnippeln und sie in die Chicagoer Kanalisation zu spülen.

Das Massaker dauerte ganze dreißig Minuten, aber am Ende war William Dyson spurlos verschwunden. Ich war jetzt vorübergehend namenlos.

Um die Metamorphose zu vollenden, schnitt ich die Rückseite eines kleinen Notizbuches auf und holte die Originalkopie von Jack Barskys Geburtsurkunde heraus.

Ich war jetzt amerikanischer Bürger mit einem einzigen Dokument, um mich auszuweisen. Es war wirklich eine fadenscheinige Existenz. Ich packte schnell meine Taschen, versprühte großzügig Duftspray im Zimmer (aus meinem »Werkzeugkasten für Spione«) und verließ die Absteige. Als ich schließlich in meinem neuen Zimmer in dem netten Hotel auf dem Bett lag, legte sich die Anspannung der vergangenen achtundvierzig Stunden allmählich.

Während ich an die Decke starrte, wurde mir der Ernst meiner Lage deutlich bewusst. Ich war wirklich so etwas wie ein

Wolf in dieser Stadt – allein, aber noch nicht einsam. Es gab viel zu tun, zu viel, um lange nachzudenken. Das echte Abenteuer lag noch vor mir.

Als ich am nächsten Morgen aufwachte und mich nach einer ungestörten Nacht ausgeruht und erfrischt fühlte, dachte ich über meinen nächsten Schritt nach. Nach dem Frühstück in einem Diner gleich um die Ecke beschloss ich, dass meine erste Priorität die Beschaffung amerikanischer Kleidung war. Ich ging in den schönen Herbsttag hinaus, schlenderte die *Magnificent Mile* hinunter, die Chicagoer Einkaufs- und Flanierstraße, und betrachtete die Auslagen der Schaufenster. Diese Geschäfte waren eindeutig nichts für mich. Sie waren nur für die reichen Kapitalisten gedacht und zu denen gehörte ich nicht. Wenigstens noch nicht.

Nachdem ich von der *Michigan Avenue* abgebogen war, betrat ich ein Männerbekleidungsgeschäft, dessen Kleider viel erschwinglicher aussahen, und fiel sofort zwei Verkäufern mit aggressiver Verkaufsstrategie zum Opfer.

»Guten Tag, junger Herr«, sagte der ältere in einem anbiedernden Tonfall. »Sie sind ein gut aussehender Mann, der aussieht, als benötige er dringend ein neues Outfit.«

Mich überraschte diese direkte Art, aber mir gelang es zu antworten: »Vielleicht. Was hätten Sie denn für mich? Ich suche einen neuen Anzug.«

Wenn in meinem Ohr ein kleines Männchen gesessen und mich beraten hätte, hätte es jetzt laut geschrien: »Was?! Bist du denn wirklich so dumm? Was willst du mit einem Anzug? Du bist ein arbeitsloser Mann ohne Papiere. Kauf dir eine Jeans!«

Leider war da kein kleines Männchen und es meldete sich auch keine Stimme der Vernunft. Deshalb ging der Geheimagent, der noch grün hinter den Ohren war, mit einem grauen Flanellanzug mit doppelseitig verwendbarer Weste und zwei Hosen aus dem Laden. Eine Seite der Weste und die entsprechende Hose hatten ein hellblau-graues Karomuster. Ich habe nie wieder eine so hässliche Hose gesehen, aber für mich sah sie damals so ... amerikanisch aus.

Dieser Anzug wurde nur sehr wenig getragen, ebenso wie der himmelblaue Cordanzug mit sehr breitem Revers, den ich auch in meine Garderobe aufnahm.

Im nächsten Geschäft stellte ich mich schon besser an und kaufte einen kurzen marineblauen Ledermantel mit herausnehmbarem Flanellfutter, das bei kaltem Wetter sehr nützlich sein konnte. Der Verkäufer versicherte mir, dass der Mantel im Winter warm halten würde. »Wissen Sie, dieser Mantel wurde in *Polen* hergestellt«, sagte er. »Dort drüben wird es im Winter *richtig* kalt.«

»Interessant«, sagte ich.

23

If I can make it there, I'll make it anywhere ...

Diese Zeile aus dem Song »New York, New York« kannte ich damals noch nicht, aber ich war fest entschlossen, im *Big Apple* Erfolg zu haben und mir eine Position zu verschaffen, in der ich nützliche Informationen für den KGB herausfinden konnte.

Ich kam am 9. Oktober 1978, dem *Columbus Day*, in New York an. Es war ein goldener Oktobertag mit wolkenlosem, tiefblauem Himmel und einem angenehmen leichten Wind, der durch die Straßen strich. Was für ein angenehmer Gegensatz zu der glühenden Hitze in Mexiko und dem grauen, stürmischen Herbstwetter in Europa!

Sobald der Bus vom Flughafen LaGuardia nach Manhattan abfuhr, verdrehte ich meinen Hals, um einen Blick auf die berühmte New Yorker Skyline zu erhaschen. Endlich würde ich mit eigenen Augen sehen, was ich bislang nur auf Fotos bestaunt hatte. Mein Herz begann, vor Vorfreude schneller zu schlagen, aber als der Bus aus dem *Queens-Midtown*-Tunnel auftauchte, war ich ziemlich enttäuscht. Verglichen mit Moskaus breiten Prachtstraßen, wirkten die Straßen in Manhattan eng und gedrängt. Erst viel später fand ich heraus, dass ich einer optischen Täuschung erlegen war. Die Wolkenkratzer standen so nahe an den Straßen, dass sie die fünf Fahrspuren in dünne schwarze Bänder zu quetschen schienen.

An der *Grand Central Station* stieg ich aus und nahm mir einen Moment Zeit, um die kunstvolle Innenarchitektur des Bahnhofs zu bewundern. Nach einigen Minuten besann ich mich, hörte auf, alles anzustarren, und verstaute mein Gepäck in einem Schließfach, bevor ich zu Fuß aufbrach, um mir ein Hotel zu suchen.

Um mir bei der Suche nach einer vorübergehenden Unterkunft zu helfen, hatte mir die Zentrale die Namen und Adressen von zwei Hotels auf der East Side von Manhattan gegeben. Nach einem ganzen Tag auf Reisen freute ich mich auf ein nettes, gemütliches Zimmer mit Farbfernseher.

Das erste Hotel lag nur acht Häuserblocks von der *Grand Central Station* entfernt, gleich an der Lexington Avenue. Als ich die gut beleuchtete Lobby betrat, sah ich mich um. Das war wirklich ein sehr schönes Hotel! Auf dem Weg zur Rezeption kam ich an einem Tisch vorbei, an dem eine Gruppe elegant gekleideter Männer und Frauen einen Nachmittagscocktail genossen.

»Haben Sie ein Zimmer frei?«, fragte ich die attraktive Rezeptionistin.

»Ja, wir haben etwas frei. Suchen Sie eine Unterkunft für einige Tage, Wochen oder Monate?«

»Monate«, antwortete ich, ohne zu zögern.

»Da haben wir verschiedene Zimmer zur Auswahl. Im Erdgeschoss zum Beispiel ein Einzelzimmer. Die monatliche Miete beträgt tausendachthundert Dollar.«

Bevor ich nach Luft schnappen konnte, flötete sie weiter: »Aber wir haben zufällig auch eine Präsidentensuite frei. In diesen Suiten gibt es eine voll ausgestattete Küche und ein

Doppelbett. Sie befinden sich alle im obersten Stockwerk und die Fenster gehen auf die Lexington Avenue hinaus. Eine Suite kostet zweitausend Dollar im Monat. Was ist Ihnen lieber?«

Ich hoffte, mir war der Schock, den mir diese Worte versetzten, nicht anzusehen, aber es war eindeutig Zeit, den Rückzug anzutreten und mir etwas Erschwinglicheres zu suchen. Bei tausendachthundert Dollar im Monat wären meine Bargeldreserven innerhalb von drei Monaten erschöpft gewesen. Sie waren ohnehin schon auf sechstausend Dollar geschrumpft.

Ich bedachte die Rezeptionistin mit dem nettesten Lächeln, das ich aufbringen konnte, und sagte: »Oh, ich wollte mich nur erkundigen. Ich würde erst nächste Woche einziehen. Können Sie mir Ihre Telefonnummer geben, damit ich anrufen kann, wenn ich mich entschieden habe?«

Mit ihrer Visitenkarte in der Hand drehte ich mich um und verließ die Lobby. Die Zentrale hatte hier eindeutig etwas durcheinandergebracht! Wie hatte nur jemand auf die Idee kommen können, dass ein solches Hotel zu meiner Situation passte? Obwohl ich im zweiten Hotel kein anderes Ergebnis erwartete, ging ich trotzdem hin, da es nur ungefähr zehn Häuserblocks weiter lag. Als ich festgestellt hatte, dass dort die Preise ähnlich waren, beschloss ich, mir ein einfaches Hotel zu suchen und mir dann Zeit zu lassen, um mich nach einer brauchbaren langfristigen Unterkunft umzusehen.

Ich fand ein Hotel mittlerer Preisklasse in der Lexington Avenue, das freie Zimmer hatte, und beschloss, es für die nächsten zwei Tage zu meinem Hauptquartier zu machen. Der Rezeptionist sagte automatisch: »Wenn Sie sich dann noch bitte ausweisen würden«, während er ein Anmeldeformular herauszog.

Ich erstarrte nur einen kurzen Moment, bevor ich das Einzige machte, das ich in dieser Situation machen konnte: Ich zog die Geburtsurkunde aus meiner Jackentasche und reichte sie ihm.

»Ich zahle das Zimmer in bar. Im Voraus«, sagte ich.

Der Mann schaute mich neugierig an, während er die Geburtsurkunde aus meiner Hand nahm, aber er akzeptierte sie als Ausweis. Wahrscheinlich half das Bargeld auch ein wenig.

Als Nächstes reichte er mir ein Anmeldeformular und sagte: »Füllen Sie das einfach aus. Dann ist alles erledigt.«

Ich warf einen Blick auf das Formular, und das Erste, was ich sah, war eine leere Zeile für Namen und Adresse. Wieder etwas, auf das mich die Zentrale nicht vorbereitet hatte. Ich hatte keine amerikanische Adresse. Die einzige, die mir einfiel, war William Dysons Adresse in Toronto. Also verbrachte ich meine ersten zwei Nächte in New York mit einer amerikanischen Geburtsurkunde als Ausweis und einer kanadischen Adresse. Das war eine ziemlich unangenehme Situation – etwas, das ich gern vermieden hätte, selbst wenn es sich noch um eine Übung gehandelt hätte. Und jetzt war es ernst. Das war keine Übung mehr.

In meiner ersten Nacht in New York wurde ich immer wieder durch das hartnäckige Zischen der Dampfheizung in meinem Zimmer geweckt. Während ich in der Dunkelheit an die Decke starrte, fühlte ich mich Lichtjahre von jedem und allem entfernt, was ich je gekannt hatte. Meine großartige, ruhmreiche Aufgabe, die Vereinigten Staaten zu unterwandern, fühlte sich im Moment überhaupt nicht so großartig und ruhmreich an. In dieser Nacht erkannte ich, dass mich in New York genauso viele Herausforderungen wie Chancen erwarteten und dass ich meine Vorstellung von einem gemütlichen Leben in den USA deutlich korrigieren musste. Aber ich wusste, dass jetzt nicht der richtige Zeitpunkt war, zu jammern oder mich zu beklagen. Ich musste die Ärmel hochkrempeln; Disziplin und Genügsamkeit, die mein ganzes bisheriges Leben bestimmt hatten, hatten mich auf meine jetzige Situation gut vorbereitet.

Am nächsten Tag brauchte ich nicht lang, um ein günstiges Hotel zu finden, das Zimmer auch für ganze Monate vermietete. Nachdem ich mir einige Hotels angesehen und meine Erwartungen der Realität angepasst hatte, fand ich ein Zimmer auf der Upper West Side, das nur sechshundert Dollar im Monat kostete. Das Einzelbett hatte mehrere faustgroße Brandlöcher in der Matratze, und der Stuhl und der Tisch erinnerten an Camping-Klappmöbel, aber im Zimmer gab es eine Kommode mit Schubladen und einen Nachttisch, in denen ich meine Sachen unterbringen konnte, eine elektrische Kochplatte, einen kleinen Kühlschrank und einen alten Farbfernseher mit Zimmerantenne. Das Wichtigste aber war das eigene Badezimmer mit Wanne und Dusche.

Am Abend meines zweiten Tages brachte ich das Signal für meine Ankunft an der vereinbarten Stelle an. Die Signalstelle, die Teil meines Kommunikationsplans war, war brillant gewählt. Sogar Eugen hätte sie mit einer Eins bewertet.

Die Unterführung unter der 79. Street Boat Basin und dem Henry Hudson Parkway hat einen Gehweg für Fußgänger. Am westlichen Eingang der Unterführung macht der Gehweg eine 90-Grad-Kurve und schafft dadurch einen toten Winkel, der die Signalgebung zu einem Kinderspiel machte.

Die Stelle war auch für den Agenten mit offizieller Tarnung praktisch, weil er die Markierung problemlos sah, wenn er auf seinem Weg zur Arbeit, vermutlich bei den Vereinten Nationen, hier vorbeifuhr.

Am nächsten Tag bereitete ich eine kurze Geheimbotschaft vor, um die Zentrale über die Details meiner Reise seit meinem Abflug aus Mexiko zu informieren. Ich vergaß nicht, die schlechte Hotelauswahl zu erwähnen. Das war der erste Vorteil, den ich mir für den Fall ausrechnete, dass ich einmal Fehler meinerseits auszugleichen hatte.

Sergejs Rat hatte sich tief in mir eingeprägt, und so erkundete ich in den nächsten Monaten, solange das Wetter nicht zu schlecht war, jeden Winkel und jede Gasse von Manhattan – von den riesigen Finanzzentralen an der Wall Street über Chinatown, Little Italy und Greenwich Village weiter zum Broadway und der majestätischen Avenue of the Americas, weiter zu den dekorierten Schaufenstern in der Fifth Avenue bis hin zu der dreihundert Hektar großen Fläche des Central Park. Ich stellte schnell fest, dass diese Stadt *atmete;* sie hatte ihren ganz eigenen Lebensrhythmus, und ihr Herz stand niemals still. Was für ein Gegensatz zu der eintönigen, auf Zweckmäßigkeit ausgerichteten Stimmung von Ostberlin und Moskau!

Besonders zog mich die Südspitze des Central Park an mit ihren Straßenkünstlern, Schauspielern, Musikgruppen und

Straßenverkäufern. Ich genoss den Lärm, das rege Treiben und den blühenden Handel an diesem interessanten Ort des kapitalistischen Amerika. Ich war sicher, bald auch die hässliche Kehrseite der freien Marktwirtschaft zu entdecken.

Bei einer meiner Exkursionen wurde mir erneut bewusst, wie schlecht ich auf ein Leben in Amerika vorbereitet war. In der Sowjetunion waren Zigaretten spottbillig und überall erhältlich, es war nicht unüblich, dass man von einem Fremden auf der Straße angesprochen und um eine Zigarette gebeten wurde.

Ich ging gerade am Bryant Park in der Fifth Avenue vorbei, als ein junger Mann auf mich zukam und eindringlich flüsterte: »Smoke, Smoke.«

Ich zog eine Packung Zigaretten aus der Hemdtasche und bot ihm höflich eine an.

»Hier, nimm zwei …«

Seine Reaktion war für mich absolut fremd und unverständlich.

»Hey, wenn ich spielen will, ruf ich meinen kleinen Bruder an, Mann«, fauchte er. »Halte mich nicht zum Narren!«

Ich hatte keine Ahnung, was er meinte, und ging schnell weiter. Erst später erfuhr ich, dass der Bryant Park ein Umschlagplatz für kleine Drogendealer war und dass er mir hatte Joints verkaufen und keine Zigarette schnorren wollen.

Sobald ich in das Hotel einzog, das für die nächste Zukunft mein Zuhause sein sollte, hielt ich mich streng an einige Regeln, die ich mir selbst auferlegt hatte. Ich wollte gegenüber den Mitarbeitern an der Rezeption den Eindruck vermitteln, dass ich geschäftlich in der Stadt zu tun hatte, und wollte jeden Verdacht vermeiden, den ein unregelmäßiger Lebensstil erregen könnte.

Deshalb verließ ich von montags bis freitags bei jedem Wetter nicht später als 8:30 Uhr das Hotel und kam erst nach siebzehn Uhr zurück. Wenn das Wetter gut war, erforschte ich die große Stadt und katalogisierte mögliche Orte für künftige Operationen. Als der Winter kam – der glücklicherweise viel milder war als in Moskau –, verbrachte ich die Zeit in der Bibliothek, in Museen oder in kleineren Kinos, in denen man für zwei Dollar drei Stunden klassische Filme ansehen konnte, und erweiterte dadurch Stück für Stück mein Wissen über die amerikanische Kultur.

Sobald es Frühling wurde, nahm ich oft ein Handtuch und ein Buch mit und verbrachte den Tag im Central Park. An einem solchen Nachmittag lag ich in der Sonne und schaute in den blauen Himmel, als mir plötzlich bewusst wurde, dass es der 18. Mai 1979 war. Albrecht Dittrichs dreißigster Geburtstag. Aber diesen deutschen »Dittrich« gab es nicht mehr. Die amerikanische Flagge, die hoch oben auf einem Gebäude flatterte, war eine unübersehbare rot-weiß-blaue Erinnerung daran, dass ich ein Fremder in einem fremden Land war.

Am Anfang des Jahres 1979 hatte ich den Plan, echte amerikanische Papiere zu besorgen, angestoßen. Die Strategie der Meisterspione in Moskau war in der Theorie brillant, aber in den realen Details lückenhaft.

So hatten sie es für ein Leichtes gehalten, einen Bibliotheksausweis zu beantragen. Aber als ich mehrere Filialen der New

Yorker Bibliothek aufsuchte, wurde von mir – ohne Ausnahme – immer als Erstes ein Ausweis oder eine Stadtwerkerechnung verlangt als Beweis, dass meine angegebene Adresse stimmte. Ich hatte natürlich keins von beiden.

Dass man einen Ausweis braucht, um einen Ausweis zu bekommen, ist ein klassisches Beispiel für das, was der Schriftsteller Joseph Heller – dessen faszinierendes Buch ich mit großem Vergnügen gelesen habe – als »Catch-22«, als Zwickmühle, bezeichnet. Wurde ich wirklich gleich am Anfang dieses ehrgeizigen Unterfangens ausgebremst? Und wenn ich schon keinen Bibliotheksausweis bekommen konnte, was sagte das erst über meine Chancen aus, eines Tages in die Nähe von Zbigniew Brzeziński zu kommen?

Zu meiner Enttäuschung konnte mir die Zentrale auch keinen Rat geben, wie ich aus diesem Dilemma herauskommen könnte. Ich wusste, dass es an mir lag, mir etwas einfallen zu lassen, und ich war definitiv nicht bereit aufzugeben. Nachdem ich mehrere Wochen lang Bücher gewälzt und Zeitungen gelesen hatte, um eine mögliche Lösung für mein Dilemma zu finden, kam mir der Zufall zu Hilfe.

Das amerikanische naturgeschichtliche Museum am westlichen Rand des Central Park mit seinen langen Fluren, breiten Treppen und vielen riesigen Räumen war einer meiner Lieblingsorte, um nach Beschattern Ausschau zu halten. Eines Tages entdeckte ich dort einen Flyer, der für eine Museumsmitgliedschaft warb. Für einen erschwinglichen Beitrag würde ich ein Jahr lang freien Eintritt und Rabatt bei besonderen Veranstaltungen erhalten. Aber das Einzige, das für mich zählte, war, dass das Museum mir die Mitgliedskarte mit meinem Namen und meiner Adresse ohne Nachweis ihrer Richtigkeit ausstellen würde. Die Karte des Museums war zwar nur ein schwacher Beweis für eine Adresse, aber einen Versuch war es wert. Immerhin war ich seit fast einem halben Jahr in den USA und war der Beschaffung eines Passes noch keinen Schritt näher gekommen.

Ich wählte die Hauptfiliale der öffentlichen Bibliothek in Brooklyn für meinen neuerlichen Versuch. Nachdem ich tief durchgeatmet hatte, um meine Nerven zu beruhigen, trat ich an den Schalter und wartete, bis mich die Bibliothekarin ansah.

»Kann ich Ihnen helfen?«

»Ich hätte gern einen Bibliotheksausweis. Hier ist mein Antrag.«

Sie nahm das Antragsformular und sagte: »Wir brauchen auch einen Aufenthaltsnachweis.«

»Klar. Ich habe hier meine Museumskarte.« Ich reichte sie ihr über den Schreibtisch.«

»Okay. Warten Sie bitte eine Minute, bis ich das ausgefüllt habe.«

Es dauerte einen Moment, bis ich begriff, dass mein Antrag angenommen worden war. Ich war wieder im Rennen!

Schritt zwei war ein New Yorker Führerschein. Ich hatte jetzt die nötigen Mindestnachweise – einen Bibliotheksausweis und eine Geburtsurkunde. Ich musste also nur noch die schriftliche und die praktische Prüfung bestehen. Die Theorieprüfung stellte keine große Herausforderung dar, aber ich wollte bei der praktischen Prüfung kein Risiko eingehen. Deshalb nahm ich einige Fahrstunden, um meine Grundkenntnisse, die ich in Moskau erworben hatte, aufzufrischen.

Die Fahrprüfung stellte sich auch als einfach heraus, eigentlich war sie sogar trivial. Ehrlich gesagt, ich hätte niemanden auf die Straße gelassen, nur weil er diese Prüfung bestanden hatte. Aber mir konnte das nur recht sein. Im Mai 1979 wurde ich stolzer Besitzer eines offiziellen New Yorker Führerscheins. Es war ein herrliches Geburtstagsgeschenk, das ich mir selbst machte, und ein großer Schritt in Richtung meines Ziels, ein legaler US-Bürger mit echten Papieren zu werden. Nachdem ich sieben Monate im Schatten gelebt hatte, hatte ich jetzt wenigstens etwas, das mich als Einwohner von New York City auswies.

Schritt drei des Wegs dorthin war der Sozialversicherungsausweis, die Aufgabe, vor der mir am meisten graute, weil ich dazu persönlich im Sozialamt vorsprechen musste. Ich hatte keine Ahnung, was mich erwartete, also bereitete ich mich gründlich auf jede Eventualität vor. Besonders sorgfältig arbeitete ich eine plausible Erklärung dafür aus, warum ein vierunddreißigjähriger Mann noch keine Sozialversicherungsnummer hatte.

Obwohl es 1979 ungewöhnlich war, dass jemand in meinem Alter keine besaß, war es nicht völlig ausgeschlossen. Zwei Gruppen waren im Sozialversicherungssystem nicht erfasst: Mitarbeiter religiöser Organisationen und Arbeiter in der Landwirtschaft. Die Zentrale und ich hatten uns für die Variante mit der Landwirtschaft entschieden und hatten deshalb die Zeit auf der Farm in meinen fiktiven Lebenslauf eingebaut.

In den letzten beiden Wochen vor meinem Termin verbrachte ich jeden Tag mindestens zwei Stunden damit, mir meine Geschichte bis zum Erbrechen aufzusagen. Ich übte die Antworten auf mögliche Fragen laut in einem abgelegenen Teil des Inwood Hill Park im Norden von Manhattan.

Am Tag meines Termins zog ich Sandalen, eine alte Jeans und ein leicht verschmutztes T-Shirt an. Ich hatte mich drei Tage nicht rasiert, und ich wusch mir an diesem Morgen nicht die Haare, um noch mehr wie ein Landarbeiter auszusehen, der gerade erst in der Großstadt angekommen ist.

Auf dem Tisch in meinem Hotelzimmer standen eine Zimmerpflanze und eine Flasche Motoröl. Ich bohrte meine Fingerspitzen in den Blumentopf, bis ich Erde unter den Nägeln hatte. Dann tränkte ich meine Hände mithilfe eines Lappens mit Motoröl.

Im Badezimmer betrachtete ich mein Gesicht im Spiegel und sah keinen früheren Landarbeiter. Um die Klarheit aus meinen Augen zu vertreiben, rieb ich Seifenwasser hinein, bis ich die brennenden Schmerzen nicht mehr aushalten konnte. Das unrasierte Gesicht mit den rot unterlaufenen Augen und ungekämmten Haaren, das mir jetzt entgegenblickte, schien mir gute Chancen zu haben, im Sozialamt durchzukommen.

Tatsächlich übertraf das, was dann geschah, meine kühnsten Erwartungen. In der Behörde stellte mir der unscheinbare Beamte mittleren Alters vier Fragen, auf die ich möglichst knappe Antworten gab.

»Wie kommt es, dass Sie noch keinen Sozialversicherungsausweis haben?«

»Habe nie einen gebraucht.«

»Warum nicht?«

Ich zuckte die Achseln. »Keine Ahnung. Ich habe einfach keinen gebraucht.«

»Haben Sie früher schon gearbeitet?«

»Na klar.«

»Wo?«

»Auf einer Farm.«

BEWILLIGT.

Ich war an diesem Tag sehr stolz auf mich. Ich hatte meine Angst überwunden und meine Rolle perfekt gespielt.

Jetzt hatte ich eine Sozialversicherungsnummer.

Als Nächstes kam der amerikanische Pass.

24

Anfang März hatte ich der Zentrale mitgeteilt, dass meine Barreserven zur Neige gingen. Drei Wochen später informierte man mich in einer der routinemäßigen wöchentlichen Funkmeldungen, dass ich mithilfe einer Toter-Briefkasten-Operation an einem Sonntag im April Nachschub erhalten würde. Als ich den Code entschlüsselte, tauchten die Details in Bezug auf Ort und Zeit auf. Der tote Briefkasten lag im Kissena Park in Flushing.

Eine Woche vor der geplanten Operation fuhr ich in diesen Teil von Queens, um den Briefkasten und die zwei Signalstellen anzusehen. Ich hatte kein Problem, den Übergabeort zu finden, aber die Lage enttäuschte mich sehr. Er verdiente ganz klar die Note Sechs. Er lag frei einsehbar im Park, in dem an einem Sonntag im April sicher viele Leute zu Fuß unterwegs sein würden.

Es war zu spät, um die Operation abzublasen, und ich brauchte das Geld wirklich. Deshalb traf ich den Entschluss, die Übergabe wie angekündigt abzuwickeln.

Am nächsten Sonntag verließ ich, mit einer schwarzen Plastikeinkaufstüte und einem Stück weißer Kreide ausgerüstet, um elf Uhr das Hotel. Die erste Aufgabe war wie immer die Enttarnung möglicher Beschatter.

Vom Hotel aus fuhr ich mit der U-Bahn zum Times Square, betrachtete die Filmplakate, ging zu *Macy's*, fuhr mit der Rolltreppe nach oben, schaute die ausgestellten Waren an, drehte mich um, fuhr mit dem Fahrstuhl nach unten, überlegte es mir anders und fuhr wieder hinauf. Dann verließ ich das Geschäft, fuhr mit dem Bus quer durch die Stadt zur *Grand Central Station*, kaufte mir eine Fahrkarte für später, ging zu *Saks Fifth Avenue*, fuhr mit dem Fahrstuhl nach oben und der Rolltreppe wieder nach unten, dann mit der Rolltreppe nach oben und dem Fahrstuhl nach unten. Danach fuhr ich mit der Bahn zur 86. Straße und machte das Gleiche in *Gimbels*. Das ging drei Stunden so weiter, bis ich mich vergewissert hatte, dass mir niemand folgte.

Gegen vierzehn Uhr stieg ich in die Linie Nr. 7 nach Flushing. Ich kam früh am Bahnhof in der *Flushing Main Street* an und aß schnell einen Imbiss in einem chinesischen Restaurant, um die Zeit totzuschlagen. Um Punkt 15:05 Uhr ging ich zur Signalstelle und entdeckte dort um Punkt 15:15 Uhr eine vertikale Kreidemarkierung an einem Laternenpfosten. Der Behälter war deponiert worden. Keine zwei Minuten später war ich am Übergabeort.

Da das ganze Gelände sehr übersichtlich war, war ich sehr nervös. Ich hatte nach Verfolgern Ausschau gehalten, aber was war, wenn der Überbringer des Behälters beschattet worden war und das nicht gemerkt hatte? Was war, wenn das FBI irgendwo in der Nähe mit einer Kamera lauerte und mich in flagranti erwischte?

Aus der Ferne entdeckte ich die verbeulte Öldose, die am Rand des Parks neben einem Abflussgitter lag. Bei den letzten fünfzig Schritten fühlten sich meine Beine schwer wie Blei an. Endlich erreichte ich die Übergabestelle, schaute mich kurz um und hob dann die Dose auf, die ich schnell in der Plastiktüte verschwinden ließ.

Bevor ich zum Hotel zurückkehrte, beobachtete ich den Park und ging zu einem anderen Laternenpfosten. Ich beugte mich unauffällig vor und markierte den Pfosten mit einem horizontalen Kreidestrich, der verriet, dass ich den Behälter erhalten hatte. Dann verließ ich auf schnellstem Weg die Gegend.

Zurück im Hotel zog ich die Öldose hervor und drehte sie um, während ich überlegte, wie ich sie aufmachen sollte. Der Agent hatte die Ware gut gesichert. Schließlich öffnete ich den Deckel der Dose mit einem Messer und fand darin drei weitere Verpackungsschichten: ein Drahtnetz, Klebeband und eine durchsichtige Plastiktüte. Nach einer halben Stunde mühsamen Auspackens, Ziehens und Schiebens und unter Zuhilfenahme einer Schere gelang es mir schließlich, den Inhalt zu befreien: ein ordentlich zusammengepresster Stapel frisch gedruckter Hundert-Dollar-Scheine, deren Wert sich auf zehntausend Dollar belief.

Nachdem ich viertausend Dollar in meine Brieftasche gesteckt hatte, befestigte ich den Rest mit einem Magneten an der Rückseite des Kühlschranks, wo es sehr unwahrscheinlich war, dass das Reinigungspersonal nachsehen würde.

Elf Monate waren seit meiner Ankunft vergangen, und ich hatte immer noch keine Ahnung, welche Art Arbeit ich mir suchen sollte. Ich hatte in den USA keine Berufserfahrung, konnte kein brauchbares handwerkliches Können vorweisen und Albrecht Dittrichs akademische Titel halfen Jack Barsky nicht weiter.

Monatelang las ich die Stellenanzeigen in mehreren Zeitungen. Ich informierte mich auch über die zwei Berufe, die die Zentrale vorgeschlagen hatte: Hafenarbeiter oder Taxifahrer. Beides kam für mich nicht infrage. Hafenarbeiter gehörten einer exklusiven Gewerkschaft an, die normalerweise nur Leute mit guten Beziehungen in ihre Reihen aufnahm. Taxifahrer mussten viele Überstunden machen, um sich ihren Lebensunterhalt zu verdienen, und die vielen Berichte in den Nachrichten, dass Taxis von Straßenbanden überfallen und ausgeraubt wurden, veranlassten mich, diese Option abzuhaken. Schließlich kam ich zu dem Schluss, dass der einzige Job, für den man keine Ausbildung brauchte und der für jemanden wie mich infrage kam, der eines Fahrradkuriers war.

An einem Montagmorgen im August 1979 betrat ich mit einer Zeitungsanzeige in der Hand das Büro des *Swift Messenger Service* in der 46. Straße, in der Innenstadt zwischen der Fifth und der Sixth Avenue. Der Kurierservice war in einem Laden mit einem Schaufenster zur Straße untergebracht. Ein Mann saß im hinteren Teil an einem Schreibtisch, und einige Leute saßen auf Holzbänken, die die Seitenwände des Raumes säumten.

Es war neun Uhr morgens, aber es herrschte schon Hochbetrieb. Als ich an den Schreibtisch trat, kamen und gingen ständig Leute, nahmen Pakete mit und stellten welche ab.

Ich stellte mich vor den Schreibtisch und wartete, bis der Dispatcher einen Moment Zeit hatte.

»Guten Morgen«, sagte ich, als ich an die Reihe kam. »Ich habe Ihre Anzeige in der gestrigen *Daily News* gelesen.« Ich deutete auf die Zeitung. Der Mann betrachtete mich von Kopf bis Fuß und schien zufrieden zu sein.

»Haben Sie ein Fahrrad?«, fragte er.

»Ich kann mir eines besorgen.«

»Okay, dann erscheinen Sie morgen pünktlich um 8:30 Uhr mit Ihrem Fahrrad und einer Schultertasche. Und vergessen Sie nicht, ein schweres Metallschloss mitzubringen. Es werden immer wieder Fahrräder gestohlen. Ach, übrigens, ich heiße Jay, und ich bin hier der Kurierdienstleiter. Bis morgen.«

Ich verließ das Büro und dachte nach. Während meiner Wanderungen durch Manhattan waren mir oft die wagemutigen Manöver einiger Radfahrer im Großstadtverkehr aufgefallen. Sie fuhren über Gehwege, schlängelten sich durch den stehenden Verkehr und fuhren in Einbahnstraßen in die falsche Richtung, während sie ständig auf Trillerpfeifen pfiffen, um auf sich aufmerksam zu machen.

Das würde eine sehr gefährliche Arbeit werden!

Ich fragte mich, ob ich das wirklich konnte. Genauer gesagt, ob ich das machen *sollte*. Sollte ich mein Leben, meine Gesundheit und meinen Auftrag riskieren? Mir wurde bewusst, dass es vierundzwanzig Jahre her war, dass ich das erste Mal auf einem Fahrrad gesessen hatte, und damals hatte ich prompt einen Nachbarn umgefahren, der zum Opfer seiner eigenen Prophezeiung geworden war: Er hatte mich einige Zeit vorher als ungeschickten nassen Sack bezeichnet.

Aber wie man so schön sagt, ist Radfahren etwas, das man nie verlernt. Da ich keine vernünftige berufliche Alternative hatte, beschloss ich, es zu versuchen. Ich fand ein Fahrradgeschäft in der Eighth Avenue und kaufte mir ein nagelneues schwarzes Zehn-Gang-Rad, ein dickes Kettenschloss, eine Trillerpfeife und eine Kuriertasche für insgesamt 155 Dollar.

Das Hotelpersonal erlaubte mir, das Fahrrad in meinem Zimmer aufzubewahren, und so nahm ich es am nächsten Morgen mit in den Fahrstuhl und brach vorsichtig zu meiner ersten Radtour in der Großstadt auf, den Broadway hinab zur 46. Straße und quer durch die Stadt zum Büro von Swift.

Als ich kurz vor halb neun ankam, schien sich Jay ehrlich zu freuen, mich zu sehen.

»Ich erkläre dir, wie das hier abläuft. Es ist nicht kompliziert.« Er stand vom Schreibtisch auf und zeigte auf einen Tisch, auf dem sich Pakete stapelten. Auf jedem Päckchen lag ein Blatt Papier. Jay nahm einen dieser Zettel und sagte: »Das hier ist der Kurierschein. Zu jedem Päckchen gehört ein solcher Schein. Dieser hat drei Abschnitte: Kundendaten, Abholadresse und Lieferadresse. Wir füllen die Scheine alle hier im Büro aus. Du brauchst nichts anderes zu tun, als dir den Empfang des Päckchens mit einer Unterschrift bescheinigen zu lassen.«

»Klingt wirklich ganz einfach«, sagte ich nickend.

Aber Jay war noch nicht fertig. »Als ich hier anfing, habe ich einiges verändert, damit wir effizienter sind. Die meisten unserer Kunden befinden sich in unserem Viertel. Ich lasse die Päckchen also von Kurieren zu Fuß bei ihnen abholen, stelle sie nach Liefergebiet zusammen und gebe sie dann den Fahrradkurieren zum Ausliefern. Das ist viel schneller als die Methode unserer Konkurrenz, Päckchen für Päckchen abzuarbeiten. Und das ist auch gut für dich, denn du lieferst auf diese Weise mehr aus. Wir bezahlen dir fünfzig Prozent Gewinnbeteiligung. Das sind im Moment 1,75 Dollar pro Schein.«

Ich horchte auf. 1,75 Dollar pro ausgeliefertes Päckchen? Das war gar nicht so schlecht! 1979 lag der Mindestlohn bei 2,90 Dollar in der Stunde, und ich rechnete mir aus, dass ich problemlos mehr als zwei Lieferungen in der Stunde schaffen könnte.

Jay sprach weiter: »Wir brauchen einen Fahrradkurier in unserem Büro in der 52. Straße. Ich rufe Al an und kündige dich an. Das hier ist die Adresse.« Er reichte mir einen Zettel und ich fuhr los.

Da ich nicht gleich an meinem ersten Tag gegen die Verkehrsregeln verstoßen wollte, schob ich mein Fahrrad zur Sixth Avenue hinüber und fuhr dann zum Büro in der 52. Straße, gleich in der Nähe der Madison Avenue.

Das Büro war ähnlich wie das, aus dem ich gerade gekommen war, nur dass es ein Stockwerk höher lag. Al, der Fahrdienstleiter, war ein schlanker Afroamerikaner von durchschnittlicher Größe mit glänzenden pechschwarzen Haaren, die er glatt zurückgekämmt hatte. Ich merkte bald, dass unter seiner harten Schale ein freundlicher und geduldiger Mann steckte; aber die Arbeit mit allen möglichen zwielichtigen Gestalten, die oft nur einen Schritt von der Gosse entfernt waren, erforderte eine gewisse Härte.

»Du musst Jack sein«, sagte Al, sobald ich zur Tür hereinkam. »Wir brauchen dringend einen neuen Kurier. Pete, der im letzten halben Jahr hier gearbeitet hat, ist heute nicht erschienen, und er hat auch nicht angerufen. Wahrscheinlich Drogen. Das habe ich kommen sehen.«

Al schaute mich an und fragte: »Wie gut kennst du dich in Manhattan aus?«

»Sehr gut«, antwortete ich wahrheitsgemäß. Immerhin hatte ich fast die ganze Insel zu Fuß erkundet.

»Das werden wir ja sehen.« Al deutete auf einen Stoß aus sechs Päckchen und Briefen und sagte: »Die sind alle für die Upper West Side. Liefere sie aus und komm dann direkt zurück.«

Ich verstaute die Ladung in meiner Kuriertasche, warf sie mir über die Schulter und stürzte mich an meinem allerersten Tag als arbeitender Jack Barsky in den hektischen Verkehr von Manhattan.

Da es mein erster Tag war, fuhr ich sehr vorsichtig und brauchte zwei Stunden, um alle sechs Päckchen auszuliefern. Trotzdem schien Al zufrieden, als ich gegen Mittag ins Büro zurückkam.

»Nicht schlecht. Hier ist der nächste Stapel. Die sind alle für die East Side.«

Inzwischen hatte ich in der heißen Sonne Manhattans Hunger und Durst bekommen. Aber ich wollte keine lange Pause machen, nur um etwas zu essen. Schließlich musste ich meine Arbeit erledigen und Geld verdienen. Ich arbeitete also trotz meines Hungers weiter und hielt das auch so während meiner ganzen Zeit als Fahrradkurier.

Am Ende des Tages stand mein Name auf achtzehn Kurierscheinen. Als ich nachrechnete, schlug ich im Geiste vor Freude einen Purzelbaum: Achtzehn mal 1,75 Dollar und das fünf Tage in der Woche bedeuteten 157,50 Dollar in der Woche. Das war über einen Dollar pro Stunde mehr als der Mindestlohn.

Ich hatte das Gefühl, das große Los gezogen zu haben. Das war ein Einkommen, von dem man leben konnte, und mit diesem Geld und meinem Geld von der Zentrale konnte ich mir eine Wohnung mieten und endlich aus dem furchtbaren Hotel ausziehen.

Als ich an diesem Abend in mein Zimmer kam, hatte ich Hunger und Durst, war schmutzig und müde. Aber ich fühlte mich richtig gut. Ich schlüpfte aus meinen Schuhen, warf meine leere Kuriertasche auf den Tisch und war nach meinem ersten Arbeitstag überglücklich.

Nach einem Monat als Kurier und mit vier wöchentlichen Gehaltszahlungen auf meinem neu eröffneten Bankkonto fing ich an, mich nach einer Wohnung umzusehen. Wie andere, die vom Land kamen und völlig arglos waren, fiel ich auf einen klassischen New Yorker Betrüger herein. Das kleine Studioapartment in der Upper East Side, das im Sonntagsblatt der *Daily News* angeboten wurde, schien perfekt zu sein.

Nachdem ich die Wohnung besichtigt hatte, fragte ich noch einmal nach, ob die in der Anzeige genannte Miete stimmte. Sie schien mir zu günstig zu sein. Meine Aufregung wuchs, als der Makler den Preis bestätigte. Ich musste diese Wohnung haben. Sie war das erste Puzzlestück eines guten Lebens in Amerika, endlich schien es in greifbarer Nähe zu liegen. Genau genommen war das Angebot fast zu gut, um wahr zu sein.

»Diese Wohnung wird schnell weg sein«, sagte der Makler. »Ich habe sie schon einigen Leuten gezeigt, die sie alle haben wollen. Aber für eine Anzahlung von dreihundert Dollar in bar gehört sie Ihnen.«

Ich sagte ihm, dass ich das Geld von der Bank holen müsse, eilte in mein Hotelzimmer und holte das Geld aus dem Versteck hinter dem Kühlschrank. Dann fuhr ich wieder zurück und gab dem Makler die drei Hundert-Dollar-Scheine, um sicherzustellen, dass mir niemand die Wohnung wegschnappte.

Als ich am nächsten Tag versuchte, den Makler telefonisch zu erreichen, kam ich nicht durch. Als ich in der darauffolgenden Woche zu der Wohnung ging, war sie leer. Einige Wochen später war das Rätsel gelöst, als ich im Lokalfernsehen einen Bericht über eine Bande von Betrügern sah, die mit dieser Wohnung Tausende Dollar in Baranzahlungen von gutgläubigen Opfern erbeutet hatte. Da ich genug Bargeldreserven hatte, schmerzten mich die dreihundert Dollar nicht so sehr wie der Umstand, dass ich die Wohnung nicht bekommen hatte. Ich schrieb das Erlebnis unter Lebenserfahrungen ab und lernte eine wichtige Lektion über den Kapitalismus: *Wenn es zu gut klingt, um wahr zu sein, ist es wahrscheinlich auch nicht wahr.*

Nachdem ich wochenlang vergeblich eine Wohnung gesucht hatte, fand ich mich schließlich damit ab, dass Manhattan für mich nicht infrage kam. Ich weitete meine Suche aus, nahm eine beliebige U-Bahn, die Linie 7, die den Times Square mit Flushing verbindet, und stieg in Woodside in der 61. Straße aus.

Anfang der 1980er-Jahre war dieser Teil von Queens eine sichere und saubere Wohngegend der unteren Mittelschicht, wo Iren und Deutsche wohnten. Der Immobilienmakler, dessen Büro gleich um die Ecke der U-Bahn-Station lag, zeigte mir ohne Zögern genau das, was ich suchte: eine kleine, möblierte Einzimmerwohnung in einem Vierfamilienhaus in der 39th Avenue, fünf Minuten von der U-Bahn-Station entfernt.

Der Vermieter, ein Einwanderer aus Kolumbien, wohnte mit seiner Frau und seiner Mutter in einer der oberen Wohnungen. Meine Wohnung lag im Erdgeschoss auf der Rückseite, die Fenster schauten auf einen eingezäunten Garten hinaus. Die Essnische neben der kleinen Küche war von außen nicht einsehbar, was mir einen sicheren Platz für meine Geheimdienstaufgaben verschaffte, ohne dass ich mir wegen neugieriger Augen Sorgen zu machen brauchte.

Mein Auszug aus dem schäbigen Hotel an der West Side und der Einzug in eine eigene Wohnung waren weitere große Meilensteine meiner Bemühungen, in den USA heimisch zu werden. Ich gehörte nun nicht nur zur Masse der Durchschnittsbürger mit einem geregelten Einkommen und einer eigenen Wohnung, sondern konnte mir sogar etwas gönnen.

Wie feiert ein Deutscher, der sich nach einer selbst gekochten Mahlzeit sehnt, den Einzug in seine erste Wohnung in den Vereinigten Staaten? Mit Pellkartoffeln, Würstchen und Butter. In mir regte sich doch etwas Heimweh.

Die Zentrale gratulierte mir zu meinen Leistungen und riet mir, das nächste Dreivierteljahr weiter als Fahrradkurier zu arbeiten, bevor ich den letzten Schritt meiner Legalisierung ging. Diese neun Monate bedeuteten, dass ich den ganzen Winter hindurch bis zum nächsten Sommer auf der Straße arbeitete. Ich durchlebte alle Facetten des New Yorker Wetters. So angenehm ein schöner Tag auf dem Fahrrad auch sein konnte, verstanden meine Kontaktpersonen beim KGB nicht, wie anstrengend und manchmal sogar erniedrigend diese Arbeit war?

An einem typischen Wochentag klingelte mein Wecker um sieben Uhr. An Regen- oder Schneetagen wollte ich am liebsten gar nicht aufstehen. Aber mir war klar: Wenn ich bei schlechtem Wetter nicht auftauchte, würde man mich auch bei Sonnenschein nicht wollen. Mein Lebenslauf musste aber lückenlos sein, damit ich irgendwann potenziellen Arbeitgebern meine Zuverlässigkeit beweisen konnte, egal, was in meiner Karriere als Geheimagent als Nächstes kam.

Also aß ich auch an Regentagen eilig ein Müsli und schlüpfte in die verschiedenen Schichten meiner Arbeitskleidung für schlechtes Wetter: Jeans, Flanellhemd, Nylonjacke, Gummistiefel und die oberste Schutzschicht: ein gelber Gummi-Regenanzug aus Hose und Jacke.

Danach warf ich mir die wasserdichte Kuriertasche über die Schulter, schob mein Fahrrad auf die Straße und stieg schwerfällig in den Sattel. Die Fahrt nach Manhattan dauerte bei trockenem Wetter zwanzig Minuten, bei Regen jedoch mindestens eine halbe Stunde, und die Schauer wehten mir oft direkt ins Gesicht.

Al gab mir immer gute Lieferrouten, aber selbst sechs Lieferungen kosteten mich bei solchem Wetter den ganzen Vormittag. Und obwohl die meisten sich über ihr Paket freuten,

freuten sie sich nicht unbedingt, wenn ich triefend nass in ihr Büro oder in ihr Haus trat.

Ich werde nie vergessen, wie ich einen Umschlag im Haus von Ronald Lauder in der Park Avenue abholen und ihn in die Estee-Lauder-Büros in der Fifth Avenue bringen sollte. Als sich die Fahrstuhltür öffnete, war ich geblendet von all den Pastellfarben und dem weißen Teppichboden. Doch sofort kreischte die Frau am Empfang: »Bleiben Sie stehen!«

Sie eilte zu mir und nahm sehr vorsichtig den Umschlag aus meiner ausgestreckten, triefenden Hand, jede Berührung mit dem schmutzigen Mann von der Straße vermeidend.

Bei einer anderen Gelegenheit lieferte ich etwas im Garment District aus, und die junge Empfangsdame, die mich eintreten sah, drehte sich um und rief nach hinten: »Christine, der Botenjunge ist da.«

Ich hätte am liebsten laut gesagt: »Gute Frau, Sie haben nicht die geringste Ahnung, wen Sie da gerade als Botenjungen bezeichnet haben!«

Inzwischen sehnte ich mich ernsthaft danach, wieder in Deutschland zu sein, in einem warmen, trockenen Vorlesungssaal zu stehen und Chemie oder Mathematik zu unterrichten. Die Arbeit als Agent war bei Weitem nicht das hochgelobte aufregende Leben.

Hin und wieder machte eine besondere Lieferung die Arbeit interessanter. Einmal brachte ich Teppichmuster in die Wohnung von Jacqueline Onassis und im luxuriösen Haus von Ronald Lauder holte oder gab ich mehrmals etwas ab. Ein anderes Mal brachte ich Dustin Hoffman eine Lieferung mit Essen aus dem berühmten *Russian Tea Room* ins Krankenhaus (der

Tea Room war Hoffmans Lieblingsrestaurant, aber sie hatten keinen Lieferservice). Aber während meiner ganzen Zeit als Fahrradkurier hatte ich keinen näheren Kontakt mit der Oberschicht der amerikanischen Gesellschaft.

Auch wenn die Arbeit als Kurier nicht gerade eine ideale Ausgangsbasis für Spionage war, lernte ich in der Gesellschaft der bunt gemischten Truppe im Kurierbüro nach und nach sehr viel über die amerikanische Kultur. Das Büro war ein sicherer Ort, gefüllt mit Leuten, die am Rand der Gesellschaft standen und sich nicht dafür interessierten, wer ich war, woher ich kam oder was ich vorhatte.

Trotz meiner vorsichtigen und defensiven Fahrweise im New Yorker Straßenverkehr blieb mir das Schicksal aller Fahrradkuriere nicht erspart: Unfälle.

Ich erlebte zwei ernste Situationen. Der erste Unfall hätte meine Mission fast für immer beendet. Ich fuhr auf der Madison Avenue in ein tiefes Schlagloch, mein Fahrrad erlitt einen Totalschaden, und mich trennten nur wenige Zentimeter davon, von einem Lastwagen überfahren zu werden.

Der zweite Unfall war nicht lebensbedrohlich, aber er hatte ernstere, langfristigere Folgen. Ich fuhr ziemlich flott bei Grün über eine Kreuzung, als ein alter, klappriger Buick aus der Gegenrichtung nach links abbog, ohne auf den Gegenverkehr zu achten. Ich stürzte schwer und fühlte sofort einen bohrenden Schmerz in meiner rechten Schulter.

Nachdem die Polizei den Unfall aufgenommen und die

Schuld eindeutig dem Autofahrer zugewiesen hatte, sperrte ich mein kaputtes Fahrrad ab und ging zu Fuß zur Notaufnahme des nahe gelegenen *Cabrini Medical Center*. Es wurden ein ausgerenktes rechtes Schlüsselbein sowie verletzte Bänder und Muskeln am Schulterblatt diagnostiziert. Da ich keine Krankenversicherung hatte, riet mir der Arzt von einer teuren Operation ab, die bei Hochleistungssportlern vorgenommen worden wäre. Er stellte meinen rechten Arm mit einer Schlinge ruhig und warnte mich, dass ich mit dieser dauerhaft ausgerenkten Schulter irgendwann wahrscheinlich Arthritis bekommen würde.

Während ich, von diesem Erlebnis immer noch benommen, aus dem Krankenhaus trat, verspürte ich den plötzlichen Wunsch nach einer Zigarette. Und so wurde ich nach sechs Monaten Abstinenz zum rückfälligen Raucher.

In den nächsten drei Wochen konnte ich kein Fahrrad fahren; und da ich Rechtshänder bin, konnte ich auch keine Botschaften an die Zentrale schreiben. Als ich meinen Arm wieder gebrauchen konnte und den Grund für mein Schweigen erklärte, war das ein Präzedenzfall für die Genossen der Zentrale. Sie begriffen, dass es Situationen geben konnte, in denen ich aus einem triftigen Grund nicht antwortete. Diese ungeplante Funkstille und das Vertrauen, das aus meiner Erklärung erwuchs, halfen mir später auf eine Weise, die ich mir damals nicht hätte vorstellen können.

25

An einem sonnigen Montag Mitte Juni 1980 fuhr ich mit der U-Bahn nach Manhattan. Ich hatte mir den Tag freigenommen, um »eine persönliche Angelegenheit« zu erledigen. Diese persönliche Angelegenheit war der Antrag auf die Kronjuwelen meiner falschen Identität: ein echter US-amerikanischer Pass. Dieser Antrag war für meine Zukunft von entscheidender Wichtigkeit und ich befolgte die Anweisungen aus Moskau ganz genau. Wir hatten sogar das Ausfüllen des Antragsformulars geübt, damit ich nicht versehentlich einen Fehler machte.

Wie angewiesen, ging ich mit einem ausgefüllten Antrag, zwei Passbildern, meinem Führerschein und der Geburtsurkunde von Jack Barsky zum New Yorker Passamt im Rockefeller Center. Am Schalter war eine Schlange, also stellte ich mich hinten an und wartete.

Ich war ganz entspannt, ich hielt den Vorgang für eine reine Formalität. Schließlich besaß ich zwei wichtige Dokumente, die belegten, dass ich Jack Barsky war.

Nachdem ich eine Viertelstunde gewartet hatte, winkte mich ein Beamter zu sich, ein glatzköpfiger Bürokrat mittleren Alters mit Brille.

»Guten Morgen«, sagte er abwesend.

»Guten Morgen«, antwortete ich ruhig. Inzwischen wusste ich, wie man sich in solchen Situationen verhielt.

Ich reichte ihm meine Dokumente und die Bilder und trat einen halben Schritt zur Seite, wo ich geduldig wartete, während der Beamte meinen Antrag las. Er schien sich lange Zeit zu lassen. Schließlich zog er ein Blatt Papier aus einer Schublade. Er reichte es mir und sagte sachlich: »Es gibt noch einige Fragen zu Ihrer Identität. Bitte füllen Sie diesen Zusatzbogen aus und kommen Sie danach wieder zu mir.«

Ich war verblüfft, aber es gelang mir, mit einer natürlich klingenden Antwort zu reagieren. »Muss ich mich wieder ganz hinten in der Schlange anstellen?«

»Nein«, antwortete er höflich. »Sie können danach direkt zu mir kommen.«

Ich zog mich in den hinteren Teil des großen Raumes zurück und begann, den Fragebogen auszufüllen: Name, Adresse, Geburtsdatum, Geburtsort … Dann las ich: »Name der Highschool, die Sie besucht haben.«

Ich wusste sofort, dass es sinnlos war weiterzulesen. Alle Antworten, die ich eintragen konnte, waren leicht zu überprüfen und ließen sich nicht verifizieren. Und wenn ich einem Staatsbeamten einen Fragebogen mit erfundenen Antworten gab, konnte das leicht eine noch gründlichere Untersuchung auslösen.

Ich musste schnell und entschieden handeln. Ohne lange nachzudenken, schritt ich forsch zum Schalter zurück, baute mich neben der Frau auf, mit der der Beamte gerade sprach, und platzte mit gespielter Empörung heraus: »Ich muss mir diesen Mist nicht gefallen lassen!«

Ich beugte mich über den Tresen, packte meine Papiere und Bilder, die der Beamte zur Seite gelegt hatte, und marschierte, so schnell ich konnte, aus dem Amt. Während ich die Treppe hinab ins Erdgeschoss eilte, rechnete ich fast damit, dass mich ein Wachmann aufhalten würde. Als ich auf der Straße angekommen war, mischte ich mich unter die Touristen auf der Rockefeller Plaza und ging in Richtung U-Bahn zurück.

Während ich auf der Fifth Avenue in südlicher Richtung weiterging, wurde mir bewusst, dass ich nur mit knapper Not einer gefährlichen Situation entkommen war. Aber es war eindeutig kein Moment des Stolzes oder Triumphs.

Die Beschaffung eines Passes war die wichtigste Aufgabe, die mir übertragen worden war, und ich hatte gerade bei der Abschlussprüfung versagt.

Ich kehrte in meine Wohnung zurück und ertränkte meinen Kummer in einer Flasche Wein.

Am folgenden Samstag berichtete ich der Zentrale, was passiert war, und bat, Vorkehrungen für meine Rückreise zur Zentrale und nach Ostdeutschland zu treffen.

Das Debakel auf dem Passamt wirkte lange nach. Zum ersten Mal seit fast zwei Jahren fühlte ich mich vollkommen einsam. Der Schock über mein Scheitern machte mein Herz angreifbar, und der kalte, gefühllose Jack verwandelte sich in den Deutschen Albrecht, der sich nach seinem Zuhause, seinen Freunden und nach der Frau, die er liebte, sehnte.

Die zwei Monate, die ich warten musste, bis die Reise arrangiert werden konnte, kamen mir wie weitere zwei Jahre vor.

Mitte August bekam ich dann endlich über einen toten Briefkasten Reisegeld und einen Pass. Ich erklärte meinem Chef beim

Kurierdienst, dass ich einen ziemlich langen Urlaub nehmen wolle. Ich konnte nicht wissen, ob ich ihn je wiedersehen würde.

Ungefähr eine Woche vor meiner geplanten Abreise ging ich in Manhattan einkaufen und gab einen Teil meines schwer verdienten Geldes für teure Geschenke für Christiane aus: eine Perlenkette, Eheringe und mehrere Kleidungsstücke, die ich bei *Bergdorf Goodman and Saks* in der Fifth Avenue kaufte. In Bezug auf Konsumgüter entwickelte ich die gleiche widersprüchliche Einstellung wie die meisten meiner KGB-Kollegen, die mit dem Westen in Berührung kamen: Wir alle liebten und wollten die Produkte des Systems, das wir nach Kräften zerstören wollten.

Bevor ich meine Wohnung verließ, um zum Flughafen LaGuardia zu fahren, holte ich meinen gefälschten Pass aus seinem Versteck und ließ meine amerikanischen Papiere in der Wohnung zurück. So begann meine Reise über Chicago, Wien und Moskau nach Berlin. Sobald ich im Flugzeug nach Chicago den Sicherheitsgurt angelegt hatte, ließ meine Anspannung deutlich nach. Albrecht Dittrich flog nach Hause.

Als ich in Wien ankam, fühlte ich mich schon wie zu Hause. Es war eine unglaublich große Erleichterung, zum ersten Mal seit über zwei Jahren wieder meine Muttersprache sprechen zu können.

Ich setzte ein Signal, dass ich angekommen war, und ging am nächsten Nachmittag zum festgelegten Treffpunkt.

Dieses Mal war das Erkennungsprozedere unnötig. Zu meiner Überraschung stellte sich der Kontaktmann als ein junger Agent namens Arkadi heraus, den ich in Moskau einige Male getroffen hatte. Ich wusste nicht ganz, wie ich reagieren sollte, als ich diesen mir bereits bekannten Genossen sah, deshalb wartete ich auf seine Reaktion.

»Hallo, Dieter. Es ist so schön, dich wiederzusehen«, sagte er herzlich. »Komm, trinken wir eine Tasse Kaffee.«

Offensichtlich machte er sich keine Sorgen, dass er von westlichen Geheimdienstagenten beschattet werden könnte, denn wir setzten uns ganz einfach in der Nähe in ein Café, wo es Kaffee und Schwarzwälder Kirschtorte gab. Sie war köstlich.

Während des Essens sagte Arkadi: »Die Genossen in der Zentrale können deine Rückkehr kaum erwarten, und in Berlin wartet Christiane.«

Für diese wenigen Worte hätte ich gern auf jede Torte und jeden Kaffee der Welt verzichtet!

Dann erzählte mir Arkadi, dass Sergej nach Berlin versetzt worden war und dass mich ein anderer Agent am Flughafen abholen würde. Nachdem er mir detaillierte Anweisungen für den Flug nach Moskau gegeben hatte, stand er auf und ging. Mit sich nahm er die Zeitung, die ich bei mir gehabt hatte und in der der Pass versteckt war, mit dem ich gereist war. Als er fort war, steckte ich den Umschlag, den er auf dem Tisch liegen gelassen hatte, ein. Darin waren der Pass und meine neue Identität für den Flug nach Moskau.

Kurz vor der Landung der Aeroflot-Maschine in Moskau erkannte ich einen Waldstreifen, über den ich schon mehrmals geflogen war, und meine Vorfreude wuchs. Ich war meinem Zuhause einen Schritt näher. Mein neuer Kontaktmann Michail erwartete mich am Ausgang.

Er brachte mich in eine Wohnung, die mir zur Verfügung stand, und nach einem einfachen Essen reichte er mir die Post, die Christiane und meine Mutter in meiner Abwesenheit geschickt hatten.

Ich konnte es nicht erwarten, Christianes Briefe zu lesen. Sobald Michail die Tür hinter sich geschlossen hatte, verschlang ich jeden einzelnen davon. Als ich alle gelesen hatte, las ich die Briefe meiner Mutter, aber mit einem gewissen Zögern. Jede Zeile, die sie geschrieben hatte, war eine schmerzhafte Erinnerung daran, dass ich mich ihr gegenüber der Lüge schuldig gemacht hatte.

In den nächsten zwei Tagen traf ich mich mit Agenten in der Zentrale, um ihnen die Details der letzten zwei Jahre zu berichten. Obwohl es mir nicht gelungen war, einen Pass zu bekommen, wurde meine Integration als Erfolg gewertet, weil ich einen Fuß in die Tür zu den Vereinigten Staaten gestellt hatte und immer noch ein wichtiger Agent für den KGB werden konnte. Nach meinem Urlaub in Deutschland würden wir eine neue Strategie ausarbeiten, wie wir meine Position nutzen konnten.

Ich flog nach Berlin. Als ich in die Ankunftshalle von Schönefeld trat, sah ich Sergej sofort, der mit einem breiten Grinsen auf mich zukam.

»Was höre ich da? Du arbeitest jetzt in Berlin?«, sagte ich, während er mir kräftig auf den Rücken klopfte.

»Ja, mein jahrelanges Deutschstudium zahlt sich endlich aus«, sagte er. »Die Arbeit hier ist auch interessanter, aber du weißt, dass wir darüber nicht sprechen können.«

»Man hat mir gesagt, dass du Kontakt zu Christiane hast. Wie geht es ihr?«, fragte ich.

»Sie ist eine schöne, tapfere Frau. Du kannst dich glücklich schätzen, dass jemand wie sie zu Hause auf dich wartet.«

Sergej schmuggelte mich durch den Zoll und wir fuhren zu meiner alten Wohnung in der Eitelstraße. Christiane war noch bei der Arbeit, aber ich machte mich sofort auf den Weg zu ihr, da ich hoffte, dass sie an diesem Tag vielleicht früher nach Hause kam.

Nach einer ganzen Stunde auf dem Bürgersteig vor ihrem Haus, in der ich auf und ab ging, mich hinsetzte und ungeduldig wartete, entdeckte ich sie schließlich in der Ferne. Sie war elegant wie eh und je in einem schwarzen Rock und grüner Lederjacke.

Als sie mich sah, lief sie so schnell, wie ihre hohen Absätze es zuließen, auf mich zu, und wir fielen einander in die Arme.

»Albrecht, bist du es wirklich?«

In ihrer Wohnung erzählte sie mir glücklich von ihrem Leben in Berlin. Sie fragte nicht nach meiner Arbeit und ich erzählte nur wenig. Sie wusste, dass mein Besuch nur von kurzer Dauer sein würde und dass es lange dauern würde, bis wir wirklich ein gemeinsames Leben beginnen konnten.

»Ich habe Geschenke gekauft«, sagte ich mit großem Stolz und voller Genugtuung. Ich packte die Mitbringsel aus und breitete sie vor ihr aus. Sie schnappte ein wenig nach Luft, und ihr Gesicht errötete aufgeregt, als sie die Eheringe entdeckte.

Am nächsten Tag bekam ich von Sergej einen »Firmenwagen« und die Wegbeschreibung zu einem abgelegenen Ferienhaus der Partei im Süden der DDR, ungefähr vierzig Kilometer von der Grenze zur Tschechoslowakei entfernt. In Plauen gab es nicht viel zu tun, aber für ein junges Liebespaar, das sich zwei Jahre nicht gesehen hatte, war Sightseeing nicht so wichtig. In den nächsten zwei Wochen genossen wir die wunderbare Hausmannskost, die die Hauseltern zubereiteten, verbrachten viel Zeit im Garten oder in unserem Zimmer, lasen, unterhielten uns und lernten uns wieder kennen. Da ich wusste, dass ich bald wieder nach New York zurückmusste, wollte ich so viel von meiner Heimat und Zeit mit meiner geliebten Christiane auskosten, wie ich konnte.

Als wir eines Nachmittags auf einer Bank im Garten saßen, sprach Christiane unsere Zukunft an.

»Albrecht, sei ehrlich: Wie lang wirst du diesmal fortbleiben?«

Es war mir sehr unangenehm, dass sie mich so hinterfragte. Tief in meinem Herzen stand der Auftrag an erster Stelle, aber das wollte ich ihr nicht ins Gesicht sagen.

»In etwa zwei Jahren kann ich wieder zu Besuch kommen, und man hat mir gesagt, dass mein gesamter Einsatz wahrscheinlich nach zehn Jahren zu Ende ist. Danach gehöre ich ganz dir.«

Ich zögerte einen Moment, bevor ich den nötigen Abschlusssatz nachschob.

»Natürlich weißt du, wie gefährlich mein Auftrag ist. Ich könnte auch im Gefängnis landen. In diesem Fall ist die Zukunft sehr unsicher.«

»Das verstehe ich«, sagte Christiane, »und ich unterstütze dich zu hundert Prozent. Für mich gibt es entweder dich oder keinen. Aber ich hätte gern ein Kind mit dir.«

Ich war überrascht, aber auch glücklich, dass sie so empfand. »Aber kämst du damit klar, ein Kind ohne den Vater aufzuziehen?«

»Oh ja«, sagte sie fest entschlossen, als hätte sie das alles schon in Gedanken durchgespielt. »Meine Eltern würden mich unterstützen und mein Bruder lebt jetzt in Berlin. Ich will etwas von dir bei mir haben, während du weg bist.«

Wir waren uns einig, dass wir beide gerne ein Kind bekommen würden, und ich denke, sie hoffte darauf, dies könnte während meines kurzen Besuchs passiert sein.

Ungefähr eine Woche später kehrten wir nach Berlin zurück und am 27. September 1980 wurden wir am Prenzlauer Berg standesamtlich getraut. Christianes jüngerer Bruder war der einzige Trauzeuge. Am Tag danach warf ich ein paar Sachen in meinen Koffer, nahm meinen Ehering ab und verabschiedete mich für weitere zwei Jahre von Christiane.

»Du weißt, dass ich das für eine wichtige Sache mache«, sagte ich. »Wir müssen einfach Geduld haben.«

Christiane hatte Tränen in den Augen, aber es waren Tränen der Traurigkeit und nicht der Verzweiflung. Wir glaubten beide, dass wir eines Tages nicht mehr Abschied nehmen müssten.

Als ich wieder in Moskau war, war die wichtigste Entscheidung für meine Zukunft gefallen. Als gut ausgebildeter und bereits bewährter Agent, der fließend amerikanisches Englisch sprach, hätten mir jede Menge kurz- oder mittelfristige Aufträge übertragen werden können. Aber wie ich es erwartet hatte, wurde die Tarnung, die ich in New York City aufgebaut hatte, als zu wichtig erachtet, um sie aufzugeben. Nur die Zeitspanne, bis ich nützliche Informationen beschaffen konnte, hatte sich als viel länger erwiesen als ursprünglich geplant.

Die Zentrale hatte beschlossen, dass ich einen amerikanischen Studienabschluss erwerben sollte, um in einem anderen Beruf brauchbarere Kontakte knüpfen zu können.

»Die Columbia University wäre ein guter Platz, um zu studieren«, sagte Alex.

»Sicher«, sagte ich. »Aber wie soll ich an einen solchen Studienplatz herankommen? Ein Fahrradkurier ohne Schulabschluss marschiert nicht einfach in eine begehrte Universität und schreibt sich ein.«

»Ja, da hast du natürlich recht«, stöhnte Alex. »Ich habe mir einfach einen Moment lang erlaubt zu träumen. Dann versuchen wir es mit einem Wirtschaftsstudium an der City University. Solange du dort bist, solltest du so viele Studenten wie möglich kennenlernen und über sie berichten. Sie könnten in Zukunft zu Entscheidungsträgern werden. Je früher sie rekrutiert werden, umso besser.«

Nachdem wir diese neuen Pläne ausgearbeitet hatten, verbrachte ich meine letzten zwei Tage in Moskau mit der qualvollen Arbeit, Briefe an meine Mutter und meinen Bruder zu schreiben, und mit dem üblichen Abschiedsessen.

Ich kehrte über Wien und Chicago nach New York zurück. Sobald ich in meiner Wohnung in Queens ankam, zerstörte ich meinen Reisepass und holte meine amerikanischen Papiere aus dem Versteck. Die Erinnerungen an Deutschland und Christiane wurden in den hintersten Winkel meines Kopfes verbannt und Jack Barsky meldete sich am nächsten Morgen wieder zum Dienst als Fahrradkurier.

26

An einem Samstag Ende November besuchte ich eines meiner Lieblingsrestaurants, das *TGI Friday's*, das an der Kreuzung von 75. Straße und Broadway liegt, ein alte Gewohnheit aus der Zeit, als ich auf der West Side von Manhattan gewohnt hatte. Ich nippte an einem Getränk und rauchte eine Zigarette, als mein Blick träge auf die Spiegelwand hinter der Bar fiel. Dort entdeckte ich plötzlich eine schöne Frau, die rechts neben mir saß und mich anscheinend direkt anschaute. Ich drehte mich zur Seite und lächelte. Kurze Zeit später waren wir in ein lebhaftes Gespräch vertieft.

Luz Maria war eine großartige Gesprächspartnerin und ich fand ihren leichten spanischen Akzent besonders charmant. Sie sagte, sie sei mit ihrer Mutter in New York, um hier zu shoppen und die Stadt zu genießen. Sie deutete auf eine gut gekleidete dunkelhaarige Frau, die auf der anderen Seite neben ihr saß und sich angeregt mit jemandem unterhielt.

»Aus welchem Land kommen Sie?«, fragte ich. Ich musste irgendwo anfangen.

»Ursprünglich kommen wir aus Chile. Aber als der Kampf zwischen Allende und Pinochet ausbrach, haben wir das Land verlassen. Ich bin in Spanien gelandet und meine Mutter lebt mit ihrem Mann in Washington.«

Sie beugte sich zu mir und flüsterte mir mit einem unschuldigen, mädchenhaften Charme ins Ohr: »Er ist Belgier und ein wenig sonderbar. Ich mag ihn nicht besonders.«

Der Spion in mir bemerkte sofort Luz Marias linke Neigungen und den unübersehbaren Reichtum ihrer Mutter. Sie wohnten in einem sehr teuren Hotel am Central Park South.

An dieser Stelle unterbrach ihre Mutter unser Gespräch. Offenbar waren sie mit jemandem im Hotel verabredet. Aber bevor sie ging, blieb Luz Maria noch einmal stehen und sagte: »Hast du Lust, morgen Abend mit uns zu essen? Sagen wir gegen sieben?«

Ich nahm diese Einladung gern an.

Am nächsten Abend traf ich mich mit Luz Maria, ihrer Mutter und einem jungen philippinischen Musikgenie namens Glenn Sales, dessen Ausbildung in den USA von Luz' Mutter finanziert wurde. Das Gespräch am Tisch war angenehm und die Zeit verging viel zu schnell. In diesem Moment hatte ich das Gefühl, dass wir uns nicht zum letzten Mal gesehen hatten.

Anfang Dezember informierte mich die Zentrale über Kurzwellenradio, dass Christianes Wunsch in Erfüllung gegangen war und sie schwanger war. Ich war begeistert, aber ich hatte niemanden, dem ich es hätte erzählen können. Ich würde Vater werden, aber genauso wie alles andere in Albrecht Dittrichs Leben musste ich das für mich behalten.

Die ersten sechs Monate des Jahres 1981 vergingen ohne besondere Vorkommnisse, bis ich am 25. Juni, einem Donnerstag, abends meine wöchentlichen Kurzwellennachrichten von der Zentrale bekam. Am Ende eines dreiviertelstündigen Entschlüsselungsprozesses weiteten sich meine Augen, als die letzte Nachricht Buchstabe für Buchstabe sichtbar wurde:

GLÜCKWUNSCH ZUR GEBURT DEINES SOHNES MATTHIAS. ER IST AM 17. JUNI GEBOREN: MUTTER UND KIND SIND WOHLAUF.

Ich sprang von meinem Stuhl auf und schlug zwei Purzelbäume auf dem Teppich im Flur. Das, wovon Christiane und ich im September nur zu träumen gewagt hatten, war tatsächlich wahr geworden. Ich war so aufgeregt, dass ich fast vergaß, das Papier mit der Botschaft zu zerstören.

Ich musste Christiane wissen lassen, wie sehr ich mich freute, und ich beschloss, zu außergewöhnlichen Maßnahmen zu greifen. Bei manchen früheren Gelegenheiten hatte ich so viele Informationen weiterzugeben gehabt, dass in einem Brief nicht genug Platz dafür gewesen war, auch nicht in zwei Briefen. In diesen Fällen schrieb ich die Botschaft auf Papier, fotografierte die Blätter und gab die belichtete, aber nicht entwickelte Filmrolle über einen toten Briefkasten weiter. Ich hatte kurz zuvor einen längeren aktuellen Bericht über das politische Klima in Amerika verfasst und hatte auch drei neue Plätze für tote Briefkästen ausgekundschaftet, die ich beschreiben musste. Am Ende meines Berichts fügte ich einen Glückwunsch und einen süßen Liebesbrief an Christiane an.

Als das erledigt war, schloss ich die Albrecht-Schublade in meinem Kopf und schlüpfte wieder vollständig in die Person des Jack Barsky.

Zwei Monate später war Luz Maria zu Besuch in Washington. Sie rief mich an und lud mich zu einer musikalischen Soiree im Haus ihrer Mutter ein, die zu Ehren des österreichischen Kulturattachés gegeben wurde und auf der der junge Pianist Glenn Sales spielen würde.

Ich hatte drei Tage, um mir eine geeignete Garderobe zu besorgen. Statt einen Smoking nur auszuleihen, ging ich zu *Barney's*, einem der besten Männerbekleidungsgeschäfte in New York. Dieses Mal wusste ich, was ich kaufen musste: keine karierte »amerikanische« Hose mehr. Ich wählte einen marineblauen Armani-Nadelstreifenanzug. Der Anzug mit einem zweireihigen Sakko, Hemd, einer hellblauen Krawatte und Manschettenknöpfen kostete mich siebenhundertfünfzig Dollar. Aber die Einladung war mir das wert. Ich hatte nie besser ausgesehen.

Am Samstagmorgen flog ich mit der Eastern Airlines zum Washington National Airport und nahm mir ein Hotel in der Nähe des Kapitols.

Als ich am Haus von Luz' Mutter in einem Vorort von Washington ankam, einer Villa im Kolonialstil, erhielt ich zum ersten Mal Einblick in den faszinierenden Lebensstil der amerikanischen Oberschicht. Jedes Zimmer war in einer anderen kräftigen, edlen Farbe gestrichen. Halbhohe Täfelungen, Stuckdecken, strategisch platzierte alte Gemälde und handgearbeitete Antiquitäten schufen eine Atmosphäre, die ich bis dahin nur aus Museen und jahrhundertealten Schlössern kannte. Sobald ich das Wohnzimmer betrat, wurde mein Blick von einem eindrucksvollen Flügel aus Ebenholz eingefangen.

Als Glenn Sales seinen Platz am Instrument einnahm und mehrere Stücke verschiedener romantischer Komponisten spielte, war das reine Magie.

Im Laufe des Abends ließ meine Nervosität nach und ich konnte sogar mit dem österreichischen Ehrengast einige freundliche Sätze – auf Englisch – wechseln. Mir wurde klar, dass ich gut in diese Gesellschaft passte. Wenn ich nach meinem Beruf gefragt wurde, erzählte ich, dass ich selbstständiger Steuerberater sei, eine Lüge, die ich nicht lange hätte aufrechterhalten können.

Als der Abend vorbei war, musste ich mich zwingen, diese einmalige Gelegenheit hinter mir zu lassen. In diesem Haus hätte ich Kontakte zu Leuten aufbauen können, die vielleicht irgendwann interessante Vorteile für meine Genossen in Moskau hätten bringen können. Doch dafür war die Zeit noch nicht gekommen, obwohl mir bei dem Gedanken, mich unter die Diplomaten in der amerikanischen Hauptstadt zu mischen, das Wasser im Mund zusammenlief. Aber als Fahrradkurier? Unmöglich!

Am Sonntagabend kehrte ich nach New York zurück und am nächsten Morgen zog ich meinen gelben Regenanzug an und schwang mich für einen weiteren nassen Tag auf den Straßen Manhattans aufs Rad. Mir war schmerzlich bewusst, welche Kluft zwischen meinem märchenhaften Wochenende und der harten Realität der Arbeitswoche bestand.

Luz Maria hatte mir erzählt, dass sie im folgenden Jahr in die Vereinigten Staaten umziehen wolle, und mein Puls hatte sich beschleunigt. Ich dachte nicht darüber nach, wozu es führen könnte, wenn sie längerfristig in Amerika wäre. Ich war einfach nur froh, sie wiedersehen zu können.

Ich beschloss, dass ich sie bei unserem nächsten Wiedersehen überraschen wollte, und lernte in den nächsten Monaten mit der gleichen Hingabe Spanisch, mit der ich Englisch gelernt hatte. Innerhalb eines Jahres beherrschte ich die Sprache so gut, dass ich Romane auf Spanisch lesen konnte, einschließlich des sprachlich anspruchsvollen Werks *Cien años de soledad* (*Hundert Jahre Einsamkeit*) von Gabriel García Márquez.

Einige Monate nach der Soiree in Washington erhielt ich einen Brief von Luz Maria. Ich öffnete ihn schnell und ging auf und ab, während ich ihre Worte las. Sie schrieb, sie habe in Spanien jemanden kennengelernt und plane jetzt, bei ihm zu bleiben und ihre Hochzeit vorzubereiten. Sie dankte mir für unsere gemeinsame Zeit und wünschte mir alles Gute.

Ich setzte mich an den Tisch und las den Brief noch einmal. Obwohl es mich ein wenig ärgerte, dass ich so viele Monate Spanisch gelernt hatte, war ich gleichzeitig erleichtert. Jack Barsky musste das Ziel im Auge behalten und eine schöne Frau konnte sein Untergang sein.

27

Nie verlor ich mein Hauptziel aus den Augen: Ich wollte einen Universitätsabschluss erwerben. Meine Nachforschungen bestätigten, dass ich nur an einem staatlichen College Chancen hatte. Diese nahmen auch Bewerber auf, die ihre Hochschulreife auf dem zweiten Bildungsweg erlangt hatten. (Ich hatte in der Zwischenzeit den *General Educational Development Test*, das Abitur für Nichtschüler, absolviert und im Dezember 1979 mein Zeugnis erhalten.) Staatliche Hochschulen hatten außerdem erschwingliche Studiengebühren, die sich auch ein Fahrradkurier leisten konnte.

Als Vorbereitung auf meine Immatrikulation hatte ich zwanzig Credits über das staatliche *College Level Examination Program* erworben. Ich wollte das Studium so schnell wie möglich abschließen. Nur dann würde ich noch jung genug sein, um eine Anstellung zu finden. Ich wurde am *Baruch College* angenommen, einem Zweig der *New York City University*, und besuchte im September 1981 meine erste Vorlesung.

Um meine Tarnung aufrechtzuerhalten, arbeitete ich weiterhin als Fahrradkurier. Ich ging vormittags in die Vorlesungen und trat am Nachmittag meinen Kurierdienst an. Bei diesem vollen Programm konnte ich nebenher nur noch sehr eingeschränkt Kontakte knüpfen oder geheimdienstrelevanten Aktivitäten nachgehen.

Es war ein sonderbares Gefühl, als Studienanfänger in die akademische Welt zurückzukehren, nachdem ich sie acht Jahre zuvor als Professor verlassen hatte. Der durchschnittliche Student am *Baruch College* war ungefähr zwölf Jahre jünger als ich, aber ich baute Freundschaften mit einigen meiner Kommilitonen auf, einschließlich eineiiger Drillinge, die bei der Geburt getrennt worden waren und sich mit neunzehn Jahren zufällig wiedergefunden hatten. Sie waren jetzt gemeinsam am *Baruch* eingeschrieben.

Eine andere neue Freundschaft entstand zu einem bemerkenswerten jungen Immigranten aus Hongkong, mit dem ich eines gemeinsam hatte: Wir hatten beide das klare Ziel vor Augen, in der amerikanischen Gesellschaft erfolgreich zu sein.

In fortgeschrittener Mathematik wetteiferten wir um die besten Noten. Unser Wettkampf ging unentschieden aus, als wir beide neunundneunzig Prozent erreichten. Aber wenn man bedenkt, dass ich zehn Jahre zuvor dieses Fach auf Universitätsniveau *unterrichtet* hatte, konnte man sagen, dass mein Freund der wahre Sieger war.

Ich erinnere mich auch, dass ich in Politikwissenschaften neben ihm saß und mir auffiel, wie viele Stellen er in seinem Buch gelb markiert hatte. Als ich ihm sagte, dass er, wenn er so viel auf der Seite anstrich, im Endeffekt nichts hervorhob, antwortete er zu meiner Verblüffung: »Das sind die Wörter, die ich nicht verstehe.«

Ich konnte seine Situation gut nachvollziehen und bot an, ihm bei der Verbesserung seiner Aussprache zu helfen. Dazu verwendete ich die gleichen Aussprache-Übungen, die ich in meinem Englischunterricht in Moskau ständig wiederholt hatte.

Es überraschte mich nicht, dass mein Freund später an die *Columbia Law School* ging und schon in seinem ersten Semester Mitglied der *Columbia Law Review* wurde; er war auf dem besten Weg, etwas in der Welt zu verändern.

Als ich ihn Jahre später wiedertraf, erzählte er mir, dass er tatsächlich mich als Thema für eines der Essays gewählt hatte, die er für seine Bewerbung an der *Columbia* hatte schreiben müssen. Ich habe das Essay nie gesehen, aber das Thema war unschwer zu erraten. Er erzählte darin wahrscheinlich, wie ein Amerikaner einen chinesischen Neuankömmling in seinem Land mit offenen Armen aufgenommen hatte. Die Ironie, die darin lag, fand ich köstlich.

Anfang 1982 sah ich auf dem Weg von einer Vorlesung zur anderen einen Aushang am Schwarzen Brett über eine Gruppe, die aktuelles Zeitgeschehen diskutierte. Ich meldete mich sofort für diese Diskussionsgruppe an.

Von der Geschichtsprofessorin Selma Berrol geleitet, traf sich die ungefähr zwanzigköpfige Gruppe jeden Mittwoch, um über aktuelles Weltgeschehen und amerikanische Politik zu diskutieren. Bei diesen Diskussionen positionierte ich mich auf der gemäßigten linken Seite des politischen Spektrums, zwar klar antikommunistisch, aber mit einer gewissen Sympathie für die westeuropäische Form des Sozialismus.

In den nächsten zwei Jahren lieferte mir diese Gruppe viele Erkenntnisse über die Stimmung im Land, die ich in meine Berichte an die Zentrale einbaute – besonders 1983, als Präsident Reagans Strategische Verteidigungsinitiative (SDI) und der Abschuss des Korean-Air-Lines-Fluges 007 durch einen sowjetischen Abfangjäger die Spannungen zwischen den USA und der Sowjetunion neu entfachten, die sich in der Entspannungspolitik der Siebzigerjahre stark beruhigt hatten. In unserer Gruppe herrschte die große Sorge, dass Reagan mit seinem aggressiven Vorgehen in der internationalen Diplomatie die Welt an den Rand eines Atomkrieges treiben könnte.

Nur einer in der Gruppe, ein Student namens Fred, sympathisierte mit Reagan. Fred war ultrakonservativ, und wir anderen schmunzelten oder verdrehten die Augen, wenn er wieder eine seiner Tiraden losließ.

»Ich sage euch, die Russen haben vor Ronald Reagan eine Todesangst. Wir müssen ihnen zeigen, dass wir es ernst meinen. In der Geschichte hat Beschwichtigungspolitik noch nie funktioniert und das wird sie auch heute nicht. Wenn die Russen versuchen, mit uns im Wettrüsten Schritt zu halten, werden sie einfach bankrottgehen.«

Auf seine Weise sprach Fred tatsächlich eine historische Wahrheit aus, die zu diesem Zeitpunkt jedoch noch niemand vorhersah.

In meinen Jahren am *Baruch College* schickte ich Analysen von ungefähr zwanzig Studenten an die Zentrale. Zu den Berichten gehörten grundsätzliche persönliche Daten wie Name, Adresse, Kontaktdaten, Aussehen, Charakterzüge, politische Neigung und mögliche Ansatzpunkte für eine Rekrutierung. Die Zentrale war immer auf der Suche nach neuen Informanten.

Es gab verschiedene Punkte, an denen man für eine Rekrutierung ansetzen konnte: Man konnte Geld bieten, konnte verwundbare Stellen wie Süchte oder persönliche Geheimnisse für Erpressungen nutzen oder an starke politische Überzeugungen, links wie rechts, appellieren. Aus dieser Sicht war Fred ein vielversprechender Kandidat. Viele Radikale auf dem rechten Flügel haben den Sowjets unter falscher Flagge Informationen weitergegeben und geglaubt, sie würden mit einem anderen westlichen Land wie Israel zusammenarbeiten, obwohl ihr Kontaktmann in Wirklichkeit ein KGB-Agent war.

Im Sommer 1982, nach einem Jahr an der Universität, waren wieder zwei Jahre um. Es war Zeit für eine zweite Lagebesprechung in Moskau und einen Besuch bei Christiane in Berlin. Ich konnte es nicht erwarten, endlich meinen Sohn zu sehen, der jetzt ein Jahr alt war.

Der Zwischenstopp auf dem Weg nach Moskau war Rom. Als ich dort ankam, traf ich mich mit dem Agenten vor Ort, um Pässe zu tauschen. Danach ging ich in ein Reisebüro, um meinen Flug mit der Aeroflot nach Russland zu buchen.

»Es tut mir leid«, sagte die Frau im Reisebüro auf Englisch. »Die Leute in der Gepäckabfertigung streiken und alle Aeroflot-Flüge sind bis auf Weiteres gestrichen.« Sie wies mich darauf hin, dass auch Alitalia nach Moskau flog.

Ich dachte über diese Alternative nach. Ich war angewiesen worden, für die Flüge nach und aus Moskau immer mit Aeroflot zu fliegen. Ich beschloss, einige Tage zu warten.

Um meine Nervosität zu verringern, zwang ich mich, aus dem Hotel zu gehen, aber ich war nicht in der Stimmung für ein touristisches Programm. Ich wollte endlich meine Frau und meinen Sohn sehen, und jeder Tag in Rom stahl mir einen Tag von meiner Zeit in Berlin, da ich rechtzeitig zum Beginn des Herbstsemesters wieder in New York sein musste.

Als ich fünf Tage gewartet hatte und immer noch kein Ende des Streiks in Sicht war, beschloss ich, gegen die Regel zu verstoßen. Ich buchte einen Flug bei Alitalia, setzte am Signalort in Rom das vereinbarte Zeichen »Land verlassen« und flog nach Moskau.

Als ich aus dem Flugzeug stieg, erwartete mich Michail. Er war sichtlich verärgert.

»Das hättest du nicht machen sollen«, sagte er. »Der Pass, den du gerade benutzt hast, ist jetzt wertlos. Weißt du, wie viel Zeit und Anstrengung es kostet, einen unverdächtigen Pass herzustellen?«

Ich entschuldigte mich aufrichtig, sagte aber auch: »Ich musste improvisieren. Ich habe nur ein Zeitfenster von fünf Wochen, bevor ich wieder an der Uni sein muss, und ich habe schon eine ganze Woche verloren.«

Michail nahm meine Entschuldigung an, fügte aber streng hinzu: »Ab sofort hältst du dich ganz genau an unsere Reiseanweisungen.«

Es war das einzige Mal, dass Michail so zu mir sprach, und es war eine Warnung, die ich nie vergaß.

Nach dem üblichen dreitägigen Briefing flog ich nach Berlin, wo Sergej mich am Flughafen erwartete. Er beschämte mich, als er mir einen großen Plüschteddy als Geschenk für Matthias gab, etwas, an das ich nicht gedacht hatte.

Mithilfe des KGB war Christiane in eine größere Vierzimmerwohnung in Berlin-Friedrichshagen umgezogen. Als sie mir die Tür aufmachte, schaute ich hinter sie und sah Matthias, der schüchtern in einer hinteren Ecke im Flur stand. Ich ging auf ihn zu und zeigte ihm den Teddy. Aber er lief davon, versteckte sich hinter seiner Mutter und klammerte sich an ihren Rock.

Als ihn Sergej rief, tauchte er wieder auf und ließ sich von Sergej auf den Arm nehmen.

Ich stand mit dem Teddybären da und fühlte mich wie ein Außenseiter, der ich ja auch war.

Christiane entschuldigte sich für die unangenehme Szene. »Matthias ist sehr sensibel, und es dauert eine Weile, bis er sich an Fremde gewöhnt. Und du weißt, dass du für ihn ein Fremder bist.«

Obwohl sie diese Worte in Liebe sagte, schmerzten sie wie Nadelstiche und erinnerten mich daran, dass ich ein Vater war, der durch Abwesenheit glänzte.

Dieses Mal fuhren wir nicht weit weg in den Urlaub. Der KGB brachte uns in einem Gästehaus am Müggelsee in Berlin unter. Mit Matthias veränderte sich unser Eheleben deutlich. Ich war nicht mehr der Mittelpunkt von Christianes Aufmerksamkeit. Der Kleine hatte für sie den wichtigsten Platz eingenommen.

Genauso wie sein Vater hatte Matthias einen leichten Schlaf und er erkältete sich am ersten Tag. Die folgenden Nächte waren im Gegensatz zu unserer gemeinsamen Zeit vor seiner Geburt alles andere als erholsam.

Vater zu sein, hat eben seinen Preis, dachte ich, während ich versuchte, mich an die neue Situation zu gewöhnen. Jeden Morgen stand ich um sechs Uhr auf, wärmte eine Milchflasche für Matthias auf und fuhr ihn in seinem Kinderwagen spazieren.

Nach dreieinhalb Wochen mit meiner Familie war es Zeit, nach Moskau zurückzufliegen. Ich flog mit gemischten Gefühlen. Ich liebte Christiane immer noch sehr, aber unsere gemeinsame Zeit war chaotisch gewesen. Ich hatte versucht, eine Beziehung zu Matthias aufzubauen, aber drei Wochen reichten einfach nicht, um Nähe zu einem Einjährigen aufzubauen, der keine Ahnung hatte, wer ich war.

Während meiner Vorbereitungstreffen mit Alex in Moskau wurde ich wiederholt daran erinnert, wie wichtig es war, dass ich Zielpersonen kennenlernte und über sie Bericht erstattete.

»Du musst mehr brauchbare Kontakte herstellen«, sagte Alex.

Statt zu versuchen, ihm die Einschränkungen meiner Situation in den USA zu erklären, versprach ich, mich mehr anzustrengen.

Alex schlug außerdem vor, dass ich alles in meiner Macht Stehende tun sollte, um in den nächsten zwei Jahren mein Studium abzuschließen.

»Wir brauchen dich an der Wall Street. Du musst Kontakt zu Entscheidungsträgern aufbauen. Und wenn du dich bewirbst, halte dich von größeren Firmen fern. Sie sind eher in der Lage, einen gründlichen Hintergrundcheck durchzuführen.«

Dieses Mal führte mich mein Reiseplan nach Wien, dann mit dem Zug nach Paris und von dort mit einem Flugzeug weiter nach Washington. Ich verbrachte meinen Tag in Paris mit einer Stadtbesichtigung und besuchte endlich die berühmten Orte, von denen ich als Student nur gelesen hatte: Notre Dame, den Arc de Triomphe, Montmartre, Les Tuileries und den Louvre. Das Einzige, das meine Erwartungen enttäuschte, war die überraschend winzige Mona Lisa.

Am folgenden Tag brach ich zum Flughafen Charles de Gaulle auf, wo mich eine unangenehme Überraschung erwartete. Als ich an den Schalter der Air France trat und ein Ticket für die Flugnummer verlangte, die man mir in der Zentrale gegeben hatte – ich wollte nicht wieder wie in Rom gegen die Regeln verstoßen –, lächelte die junge Frau am Schalter höflich, drehte sich nach links und verkündete so laut, dass es alle hören konnten: »Concorde!«

Obwohl dieses Wort, gesprochen mit Pariser Akzent, normalerweise Musik in meinen Ohren gewesen wäre, klang es für mich in diesem Moment, als kratze jemand mit Fingernägeln über eine Tafel. Ich stand hier mit einem falschen Pass und fast zehntausend Dollar in der Tasche und zahlte tausendsiebenhundert Dollar in bar für einen Flug, in dem fast nur die reiche Elite reiste.

Meine Alarmglocken schrillten. Ein bar zahlender Fluggast bei einem solchen Flug konnte leicht eine genauere Untersuchung entweder seitens der französischen oder seitens der amerikanischen Behörden auslösen. Zum Glück schien sich niemand um mich zu kümmern, aber in meinem ersten Brief an die Zentrale nach meiner Landung beschwerte ich mich deutlich über diesen offensichtlichen Fehler. Ich bekam nie eine Erklärung, aber ich hatte das Gefühl, dass wir, nachdem ich wegen des Vorfalls in Rom so getadelt worden war, wieder quitt waren.

Die Concorde hob an einem dunklen, verregneten Abend in Paris ab, landete dreieinhalb Stunden später bei strahlendem Sonnenschein am Flughafen Dulles International und war damit schneller gereist als die Erdumdrehung. Der Flug selbst war nichts Besonderes. In der Flugkabine hing ein großer Bildschirm, der unsere Geschwindigkeit in Mach anzeigte (ein Mach ist die Schallgeschwindigkeit). Als die Anzeige von 0,99 auf 1,00 stieg und wir die Schallmauer durchbrachen, geschah in der Flugkabine gar nichts. Der Überschall-Knall ist nur aus der Distanz zu hören.

Ich fuhr mit dem Bus nach New York und dann mit der U-Bahn zu meiner Wohnung. Nach einer anstrengenden, aufwühlenden Reise quer durch Europa und wieder zurück war ich froh, wieder zu Hause in Woodside zu sein. Zum ersten Mal stellte ich fest, dass ich mich in dem Land, das ich ausspionierte, wohler fühlte als in meinem Heimatland. Meine Reisen nach Berlin würden sich in Zukunft eher wie Besuche als wie Heimfahrten anfühlen.

28

Im Dezember 1983 wurde ich über Kurzwellenfunk angewiesen, nach Los Angeles zu fliegen, mit dem Bus nach San Bernardino zu fahren und einen gewissen Nikolai Khokhlov ausfindig zu machen, von dem vermutet wurde, dass er an der *California State University* arbeitete. Falls ich diesen Mann tatsächlich ausfindig machen konnte, sollte ich der Zentrale seine Privat- und seine Dienstadresse schicken. »Aber du darfst unter keinen Umständen Kontakt zu dieser Person aufnehmen«, wurde ich ermahnt.

Als Undercover-Agent genoss ich den Vorteil, im ganzen Land frei reisen zu können, während sich Agenten, die als Diplomaten getarnt arbeiteten, nur eingeschränkt in der Nähe ihres offiziellen Büros bewegen konnten.

Meine Zeit für diesen Auftrag war ziemlich knapp, da ich rechtzeitig zu den Abschlussprüfungen vor Weihnachten zurück an der Uni sein musste. Ich flog zum Los Angeles International Airport und nahm den Bus nach San Bernardino. Auf der Busfahrt genoss ich einen schönen, durch den Smog verstärkten Sonnenuntergang.

Am nächsten Morgen brach ich zu Fuß von meinem Hotel zum Universitätsgelände am Rande der Stadt auf. Auf dem acht Kilometer langen Fußweg auf Straßen ohne Gehwege fühlte ich mich nicht ganz wohl. Anscheinend ging in Kalifornien niemand zu Fuß, selbst wenn das Ziel nur eine Straße weiter war.

Als ich auf dem Campus ankam, beschloss ich, einfach durch die Flure zu schlendern und nach Mr Khokhlov zu suchen. Natürlich hatte ich eine Erklärung parat, falls mich jemand fragen sollte, was ich auf dem Campus wollte: Ich war hier, um mich über die Möglichkeit zu informieren, mein Studium in Kalifornien fortzusetzen.

Ich brauchte nicht lang, bis ich ein Schild mit der Aufschrift »Professor Khokhlov – Psychologie« an einer der Türen fand.

Ich stand ungefähr drei Meter entfernt, als sie plötzlich aufging und ein Mann heraustrat. Mr Khokhlov persönlich? Unsere Blicke begegneten sich, aber ich wusste nicht mit Gewissheit, ob er es war. Ich wandte mich schnell ab und ging davon.

Khokhlovs Privatadresse stand im örtlichen Telefonbuch. Ich fuhr zu dem Einfamilienhaus am Stadtrand, um die Information zu bestätigen. Nachdem ich meine Aufgabe schneller als geplant erledigt hatte, verbrachte ich die nächsten zwei Tage damit, in einem nahe gelegenen Park das warme Wetter zu genießen. Es war ein komisches Gefühl, mitten im Dezember in der Sonne zu liegen. Noch bizarrer war für einen Deutschen, der jetzt im Nordosten der USA lebte, die Weihnachtsatmosphäre im Carousel-Einkaufszentrum in der Innenstadt. In der Mitte der Mall stand ein großer künstlicher Weihnachtsbaum mit künstlichem Schnee und kitschigem Schmuck. Eine junge Frau im Elfenkostüm machte Fotos von Kindern, die auf dem Schoß eines Mannes saßen, der sich als Weihnachtsmann verkleidet hatte. Ununterbrochen ertönte aus den Lautsprechern süßliche Weihnachtsmusik.

Ungefähr zwei Monate nach meiner Rückkehr nach New York sah ich im Fernsehen ein Interview mit Mr Khokhlov, bei dem er sich als sowjetischer Überläufer zu erkennen gab. Der Mann, dem ich in Kalifornien begegnet war, war tatsächlich Nikolai Khokhlov gewesen. Da er in der Sowjetunion in Abwesenheit zum Tod verurteilt worden war und 1957 hier in den USA einen Giftanschlag überlebt hatte, fand ich seinen Auftritt im Fernsehen ziemlich gewagt. Wenn er gewusst hätte, dass der KGB erst wenige Wochen vorher einen Geheimagenten losgeschickt hatte, um seinen Aufenthaltsort zu bestätigen, wäre er vielleicht ein wenig vorsichtiger gewesen. Ich war froh, als ich viel später erfuhr, dass Mr Khokhlov das reife Alter von fünfundachtzig Jahren erreichte.

Zu den Pflichtkursen für den Bachelor-Abschluss in Betriebswirtschaft gehörte eine Einführung in die Datenverarbeitung. Als ich meine ersten Zeilen in der Programmiersprache FORTRAN schrieb, sie in das Kartenlesegerät eingab und sah, dass die Ergebnisse schneller ausgedruckt wurden, als man »Computerprogramm« sagen kann, war ich fasziniert. Diese neu aufkommende Technologie sprach meine Affinität für Logik stark an.

Also änderte ich mein Hauptfach von Wirtschaft zu Informatik. Statt um Erlaubnis zu fragen, teilte ich der Zentrale diesen Schritt einfach mit und rechtfertigte ihn mit der Erklärung, dass es in der Datenverarbeitung leichter sei, eine Arbeit zu finden.

Meine Zeit am *Baruch College* verging wie im Flug und bald stand der Termin für die Abschlussfeier an. Ich bemühte mich nach Kräften, mich anzupassen und nicht aufzufallen, aber sosehr ich es auch versuchte, gab es Momente, in denen ich einfach nicht leugnen konnte, wer ich war. Albrecht Dittrich war ein sehr ehrgeiziger Student gewesen und Jack Barsky hatte diese Eigenschaft geerbt. Als ich mein erstes Semester mit einem Notendurchschnitt von 1,0 abschloss, prahlte ich vor ein paar Kommilitonen: »Ich denke, ich schließe das Studium mit einer glatten Eins ab.«

Drei Jahre später bewahrheitete sich meine Vorhersage tatsächlich. Aber erst, als es schon zu spät war, fiel mir ein, dass man einen Notendurchschnitt von 1,0 auch so buchstabieren kann: *A-B-S-C-H-I-E-D-S-R-E-D-N-E-R*. In den USA ist es üblich, dass der Jahrgangsbeste eine Abschiedsrede bei der Zeugnisfeier hält.

Gegen Ende meines letzten Semesters sollte ich ins Dekanat kommen, um meinen Beitrag zur Abschlussfeier zu besprechen. Das war alles andere als eine gute Nachricht. Mir wurde bewusst, dass ein vierzigjähriger Jahrgangsbester an einer bekannten New Yorker Universität ungewöhnlich genug war, um die Aufmerksamkeit eines Journalisten oder wenigstens eines Mitarbeiters der Studentenzeitung zu erregen. Wenn meinen Vorgesetzten in Moskau ein unerlaubter öffentlicher Auftritt zu Ohren kam, musste ich mit Sanktionen rechnen.

»Ich will das nicht machen«, erklärte ich dem Dekan. »Ich bin älter als die meisten anderen Studenten. Warum überlassen Sie das nicht einem jüngeren Studenten, der es verdient und der diese Ehre wirklich schätzt?«

Mit meinem Protest stieß ich auf Granit. »Wir müssen uns an die Regeln halten«, erklärte der Dekan. »Und die Regeln besagen, dass der Abschiedsredner anhand der Abschlussnote ermittelt wird. Sie sind der Einzige in Ihrem Jahrgang mit der Note 1,0. Der Zweitbeste hat nur eine 1,05.«

Ich versuchte es mit einer anderen Taktik: »Ich habe noch nie vor einem Publikum gesprochen und das Felt Forum ist ein so großer Saal. Ich hätte Todesangst.«

Der Dekan überredete mich mit einem schlauen Trick: »Wenn Sie Angst haben, können Sie ja die Rede schreiben und sie von jemand anderem vorlesen lassen.«

Einem solchen Vorschlag zuzustimmen, wäre ein Zeichen von Feigheit gewesen. Doch feige war ich nicht. Letztendlich musste ich die Herausforderung annehmen. Also stieg ich an einem schwülen Tag im Juli 1984 im Felt Forum im Madison Square Garden in einem billigen dunkelblauen Talar aus Nylon und mit einem ständig rutschenden Doktorhut auf das Podium und hielt vor ungefähr viertausend Leuten eine fünfminütige auswendig gelernte Rede.

Welche Ironie es war, dass ein KGB-Agent die Abschiedsrede an einer amerikanischen Wirtschaftsuniversität hielt, entging mir nicht. In meiner Rede versuchte ich, meine idealistische Vorstellung von einer Brüderschaft der Arbeiter mit den knallharten Wirtschaftsfakten, die an der Universität unterrichtet worden waren, in Einklang zu bringen. Ich wollte das Publikum daran erinnern, dass Geld zu verdienen wichtig sei, aber auch, mit anderen freundlich umzugehen. Meinen letzten Satz habe ich immer noch im Kopf: »…wo ein Lächeln genauso viel wert ist wie ein Dollar.«

Diese Rede war keine reine Lüge. Sie spiegelte wider, wie sich meine Weltanschauung im Laufe der Zeit tatsächlich verändert hatte. Meine Ideologie hatte sich von strengem Kommunismus zu einer verschwommenen Version des Kapitalismus mit menschlichem Gesicht verwandelt. Der Sozialismus erschien mir damals als eine mögliche Lösung. Ich wusste natürlich, dass ich über diese Veränderung meiner Einstellung nie mit meinen Genossen in Moskau oder auch nur mit Christiane sprechen konnte. Im Grunde brauchte es Jahre, bis ich sie mir selbst eingestand.

Ich stieg unter großem Beifall – der wohl hauptsächlich von der Höflichkeit meiner Zuhörer zeugte – von der Bühne und war erleichtert, dass ich es hinter mich gebracht hatte. Wirklich wichtig war an jenem Tag, dass ich das vorgegebene Ziel der Zentrale erreicht hatte: Ich besaß einen amerikanischen Universitätsabschluss.

In meinem letzten Semester am Baruch College im Frühling 1984 sprach ich mit mehreren Firmen, die an der Universität neue Mitarbeiter rekrutierten. Von dem halben Dutzend Firmen, bei denen ich mich vorstellte, zeigte nur eine Interesse an einem vierzigjährigen Computerprogrammierer mit einem Abschluss von 1,0, und diese Firma war die Versicherungsgesellschaft *Metropolitan Life Insurance Company* (MetLife).

Als Fahrradkurier hatte ich Pakete ins MetLife-Gebäude in der Madison Avenue geliefert. Aber als ich die mit Marmor verkleidete Eingangshalle zu einem persönlichen Vorstellungsgespräch betrat, hoffte ich, dieses Gebäude eines Tages als meinen Arbeitsplatz zu bezeichnen.

Nachdem ich kurz über die Vorzüge, Regeln und Verfahrensweisen der Firma informiert worden war, brachte mich der Leiter der Personalabteilung in den neunzehnten Stock zu einem Gespräch mit den zwei Managern von MetLife, Mark und Eileen. Mark forderte mich gleich am Anfang mit einer Frage heraus: »Warum wollen Sie Programmierer werden?«

Ich war gut vorbereitet und zog einen dicken Stapel Papier mit dem Ausdruck eines COBOL-Programms, das ich geschrieben hatte, aus der Aktentasche. Ich legte es auf den Tisch und verkündete stolz: »Ich bin schon Programmierer!«

Die beiden Manager lobten mich für die Klarheit und Struktur meines Programms, aber Eileen fügte hinzu: »Das echte Leben ist viel umfangreicher und komplizierter als dieses akademische Zeug. Sie werden schon sehen.«

Das klang wie ein Angebot und es war tatsächlich eines. Drei Tage später bekam ich einen Brief, in dem mir eine Stelle als Programmierer mit einem jährlichen Anfangsgehalt von 21 500 Dollar angeboten wurde. Als ich in der Personalabteilung anrief und das Angebot annahm, fragte ich, ob ich die Stelle erst Anfang September antreten könne. Ich erwähnte nicht, dass ich zuvor eine Reise auf die andere Seite des Eisernen Vorhangs machen musste.

Dieses Mal flog ich nach Stockholm und fuhr mit der Nachtfähre nach Leningrad. Michail erwartete mich schon und wir fuhren zusammen mit dem Zug weiter nach Moskau.

Meine fünf Wochen in Moskau und Berlin verliefen nach der üblichen Routine, aber diesmal sah ich der Begegnung mit Alex mit gemischten Gefühlen entgegen. Was war, wenn er herausgefunden hatte, dass ich die Abschlussrede an einer der größten Universitäten von New York gehalten hatte?

Aber die anfängliche Besorgnis verflog schnell, als mir Alex zu der neuen Arbeitsstelle gratulierte und mich nicht einmal dafür kritisierte, dass ich mir eine große Versicherungsgesellschaft ausgesucht hatte. Er brachte die Hoffnung zum Ausdruck, dass ich meine neue berufliche Position nutzen würde, um nützliche Kontakte zu knüpfen.

Es wurde klar, dass die Zentrale großes Vertrauen in mich aufgebaut hatte. Man beobachtete mich nicht mehr aus der Ferne und überprüfte auch die Informationen nicht, die ich lieferte. Dieses Wissen sollte für mich bei zwei wichtigen späteren Entscheidungen eine große Rolle spielen.

Im Rückblick auf meine Jahre als Spion bin ich zu dem Schluss gekommen, dass Vertrauen das einzige brauchbare Fundament für erfolgreiche Geheimdienstarbeit ist. Wenn die Zentrale einem Agenten nicht vertraut, ist es besser, wenn sie an diesem Ort überhaupt keinen Agenten hat. Ein Beispiel dafür ist Richard Sorge, der wichtigste KGB-Spion in Japan vor dem Zweiten Weltkrieg. Stalin ignorierte seine Warnungen, obwohl er korrekt von der bevorstehenden Invasion der Sowjetunion durch die Nazis 1941 berichtete. Und wenn ein Agent seinen Kontaktleuten in der Zentrale nicht vertrauen kann, wird er ineffektiv oder arbeitet überhaupt nicht mehr für sie.

Am Ende war ich derjenige, der das Vertrauen verriet.

Meine Ankunft in Berlin war der aufregendste Teil der ganzen Reise. Sergej hatte mir wieder geholfen, ein Geschenk für Matthias zu besorgen. Dieses Mal war es ein ferngesteuertes Spielzeugauto aus Westdeutschland.

Als ich die Wohnung betrat, versteckte sich mein jetzt drei-jähriger Sohn hinter seiner Mutter, bevor er den Kopf herausstreckte und sagte: »Ich bin ein Löwe.« Seine Schüchternheit und meine natürliche Verschlossenheit ließen keine herzliche Begrüßung zwischen Vater und Sohn zu. Ich wollte es anders, aber ich wusste nicht, wie ich die Kluft zwischen uns überbrücken sollte.

Christiane stand vom Sofa auf und wir umarmten uns. Nachdem ich sie zärtlich geküsst hatte, ging ich zum wichtigsten Teil meines Besuchs über und packte die Kleider und anderen Sachen aus, die ich ihnen aus einigen der teuersten Geschäfte in Manhattan mitgebracht hatte. Kleidung dieser Qualität war nicht einmal in Westberlin erhältlich, geschweige denn in Ostberlin. Nachdem sie etwas von dem Make-up aufgetragen hatte, das ich mitgebracht hatte, und die goldene Kette und das goldene Armband umgelegt hatte, sah Christiane wie ein reicher Filmstar aus.

Matthias staunte mit offenem Mund. »Mutti, du siehst so schön aus!«, rief er aus. Dann wandte er sich an mich und sagte: »Danke für diese Sachen, Onkel.«

Onkel. Das tat weh.

Hinter den Kulissen hatte der Einfluss des Onkels Christianes Lebensstandard erheblich verbessert. Da der KGB ihr genau das gleiche Gehalt bezahlte wie mir, arbeitete sie nicht und widmete ihre Zeit allein Matthias' Erziehung. Im vergangenen Sommer hatte der KGB für sie einen Urlaub in Sotschi am Schwarzen Meer organisiert. Christiane und Matthias hatten zwei Wochen in einem luxuriösen Feriendorf mit eigener Köchin, Dolmetscher und Chauffeur verbracht.

Christianes neue Wohnung war gut ausgestattet, einschließlich eines Farbfernsehers, eines Klaviers und sogar eines Telefons. Telefone waren so knapp, dass nur Leute mit wichtiger Funktion eines bekamen.

Das auffallendste neue Statussymbol war ein modernes Auto, ein Lada. Sergej hatte seinen Einfluss spielen lassen, damit wir auf der Warteliste ganz nach oben kamen – normalerweise wartete man fünfzehn Jahre auf ein Auto. Der Lada, der in der Sowjetunion unter einem Lizenzvertrag mit Fiat produziert wurde, war das teuerste Auto, das in der DDR verfügbar war.

Deshalb konnten wir selbst fahren, als wir Christianes Eltern in Rehna besuchten, einer Kleinstadt zwei Stunden nordwestlich von Berlin, und waren nicht mehr auf einen »Firmenwagen« angewiesen. Ich war etwas angespannt wegen des Besuchs, da ich viele unangenehme Fragen befürchtete. Aber Christiane vertrieb meine Ängste.

Sie meinte, wegen ihrer Eltern brauchte ich mir keine Sorgen zu machen, weil sie zufrieden waren, dass ich Christiane gut versorgen würde. Und das tat ich ja.

Nach einer Woche in Rehna und noch ein paar Tagen in Berlin war es wieder Zeit, zurück nach Moskau und dann weiter nach New York zu reisen. Während meines Besuchs hatte ich gespürt, dass meine emotionale Nähe zu Christiane ziemlich oberflächlich geworden war. Da wir die meiste Zeit voneinander getrennt lebten und immer wieder nur kurze Gelegenheiten hatten, uns zu sehen, war unsere Liebe nicht mehr so leidenschaftlich wie noch sechs oder acht Jahre vorher.

Mit sehr viel Wunschdenken verdrängte ich alle Sorgen über unsere Beziehung: *Eines Tages bin ich für immer zurück und dann können wir das alte Feuer wieder entfachen.*

Ich schaffte es auch nicht, zu Matthias eine engere Beziehung aufzubauen. Er hatte gelernt, »Vati« zu mir zu sagen, aber er wusste wahrscheinlich gar nicht, was das hieß. Er hatte das Wort vorher nie verwendet. Ich spielte mit ihm so, wie Väter mit kleinen Kindern spielen, aber ich schaffte es nicht, ihm Umarmungen oder Küsse oder andere Liebesbeweise zu geben. Eines Tages saß ich nach einem gemeinsamen Fußballspiel auf einer Parkbank und Matthias kam zu mir und kuschelte sich auf meinen Schoß. Ich fühlte mich unsicher und wusste nicht, wie ich reagieren sollte. Ich folgte immer mehr den Fußstapfen meines Vaters und wusste nicht, wie ich das verhindern sollte. Ich fühlte mich machtlos; wir hatten so wenig gemeinsame Zeit.

Zurück in Moskau traf ich mich mit Alex für ein wichtiges Briefing: Der Konflikt zwischen den USA und der UdSSR hatte sich verschärft. Über die Rolle von Präsident Reagan sprach Alex mit unüberhörbarer Dringlichkeit.

»Albrecht, das ist das erste Mal seit der Kubakrise, dass die Welt kurz vor einem Atomkrieg steht. Die Reagan-Doktrin bringt das Gleichgewicht des Schreckens durcheinander. Er spielt mit dem Feuer, und ich sage dir, es jagt mir eine Heidenangst ein, wie manche Pastoren in den USA von der apokalyptischen Endzeit predigen. Besonders in den Kirchen, mit denen Reagan und seine Anhänger in Verbindung stehen. Was ist, wenn sich Reagan für ein Werkzeug Gottes hält und sich gedrängt fühlt, auf den Knopf zu drücken, der diesen Planeten für immer zerstört? Falls irgendwie möglich, solltest du Kontakt zu jemandem knüpfen, der Reagans Denkweise verstehen kann.«

Ich fand es interessant, dass Alex genau das Szenario beschrieb, das Fred, der Ultrakonservative aus der Diskussionsgruppe an der Universität, vorhergesehen hatte. Aber wie sollte es ein junger Programmierer bei einer New Yorker Versicherungsgesellschaft schaffen, an jemanden in der Reagan-Administration heranzukommen?

Diese Angst der Sowjets vor Präsident Reagan entstand durch fehlendes Verständnis des politischen Systems der USA. Viele kommunistische Kader verstanden nicht, dass der Präsident der Vereinigten Staaten nicht der allmächtige Mann ist, für den sie ihn hielten. Und hätten sie den christlichen Glauben besser begriffen, hätten sie gewusst, dass sich Reagan nicht als Werkzeug Gottes sah. Er hielt es nicht für seine Aufgabe, das Weltende zu beschleunigen. Im Gegenteil, Reagans Ziel war es, die Welt von der nuklearen Bedrohung zu befreien. Ich persönlich glaube, dass die irrationale Angst der Russen vor Präsident Reagan wesentlich zum späteren Sturz der Sowjetunion beigetragen hat, auch wenn das 1984 noch nicht abzusehen war.

29

Nach meiner Rückkehr in die Vereinigten Staaten begann am ersten Dienstag im September 1984 meine berufliche Laufbahn als Programmierer. »Business casual« war zu dieser Zeit noch kein Konzept in der Versicherungsindustrie. Deshalb hatte ich vor meiner Reise nach Europa drei Anzüge, ein halbes Dutzend Hemden und Krawatten und Lederschuhe gekauft.

Was ich nicht bedachte: Ich hatte Kleidung eingekauft, die sich ein ehemaliger Fahrradkurier, der sein erstes Monatsgehalt der neuen Firma noch nicht bekommen hatte, nie hätte leisten können. Aber dieser Fehler war nicht so gravierend, als dass er die Neugier meiner Vorgesetzten oder Kollegen geweckt hätte.

Die Versicherungsindustrie stand vor einer radikalen Veränderung, die durch die Informationstechnik vorangetrieben und durch die Automatisierung unterstützt wurde. In der Vergangenheit hatten Armeen von Sachverständigen hinter sauber angeordneten Schreibtischen gesessen, Anträge analysiert und sie bewilligt oder abgelehnt. Jetzt wurden sie zunehmend durch eine viel kleinere Anzahl von Sachbearbeitern ersetzt, die die Routine-Prozesse der Datenverarbeitung den Computern überließen.

Als ich in der Firma anfing, spiegelte die Anordnung der Arbeitsplätze immer noch die Zeit wider, in der mit Papier gearbeitet worden war. Ich teilte mir einen Schreibtisch mit Felix, einem erfahrenen Programmierer mittleren Alters mit dunklen Locken und spitzer Nase. Zu meiner Überraschung sprach er mit einem russischen Akzent.

»Bist du Russe?«, fragte ich ihn.

»Nein, ich bin Ukrainer. Ich hasse alles, was russisch ist.«

Das war eine scharfe Replik, sie spiegelte aber nur die historischen Feindseligkeiten zwischen den beiden Völkern wider.

»Und wie gefällt dir die Arbeit hier?«, erkundigte ich mich.

Felix schaute von seinem Stapel Computerausdrucke auf und antwortete mit finsterer Miene: »Manchmal komme ich mir vor wie ein Sklave. Man lässt uns den ganzen Tag schuften, und wenn nachts etwas schiefläuft, hat man keine Skrupel, uns aus dem Schlaf zu reißen. Stell dich auf ein hartes Leben ein.«

Er war alles andere als ein glücklicher Zeitgenosse.

Später saß ich im Computerraum, um mich zum ersten Mal in meinen Account einzuloggen. Der Mann neben mir drehte sich um und lächelte. »Hi, ich bin Joe. Willkommen bei Met-Life!«

Joe war ein gepflegter, perfekt gekleideter Mann. Seine schwarzen Haare und dunklen Augen verrieten seine südeuropäische Herkunft, aber sein Englisch war völlig akzentfrei.

Nachdem ich ihm meinen Namen genannt hatte, wiederholte ich die Frage, die ich Felix gestellt hatte. »Wie ist es, hier zu arbeiten?«

»Oh, hier ist es großartig. Wir arbeiten mit dem landesweit größten System für medizinische Haftungsforderungen, und wir haben die nötigen Ressourcen, um gute Arbeit zu leisten. Und man behandelt uns gut.«

»Aber was ist mit der nächtlichen Rufbereitschaft?«, fragte ich.

»Das ist einfach Teil der Arbeit«, antwortete Joe mit einem breiten Grinsen.

Joe kam aus Sizilien, wie ich später erfuhr. Er und Felix gehörten zu einer großen Gruppe von Immigranten und Amerikanern der ersten Generation in unserem Team aus ungefähr fünfzig IT-Fachleuten – ein Zeichen dafür, dass kluge Köpfe aus anderen Teilen der Welt in der Computerbranche besonders schnell erfolgreich sein konnten.

Und dann waren da noch der Kubaner Gerard, einer der schlauesten Menschen, die ich je kennengelernt habe; Savely, ein genauso kluger jüdischer Flüchtling aus der Sowjetunion; Olga, eine ehemalige russische Lehrerin; Bob, ein sehr fähiger Einwanderer aus Hongkong; Rufus von der kleinen Insel Saint Kitts in der Karibik; und José, ein Spanier, der ebenso klug wie witzig war. Und natürlich ein ostdeutscher Sowjetspion, der sich als Amerikaner ausgab. Der einzige echte Amerikaner in der Gruppe, den ich besser kennenlernte, war Patrick, der heute immer noch ein guter Freund ist.

Eines Tages saß ich neben ihm und gab einige Computerbefehle ein, als die Tür hinter uns aufgerissen wurde und ein kleiner Mann mit zerzausten Haaren und Drahtbrille hereinstürmte. Er ergriff einen Aschenbecher voller Zigarettenkippen, warf ihn fluchend auf den Boden und stürmte wieder hinaus.

»Wer war das denn?«, fragte ich Patrick.

»Kümmere dich nicht um ihn. Das war nur Ron, der mal wieder ausrastet. Er ist ein wenig sonderbar, aber hey, er ist ein genialer Programmierer.«

So waren die Leute, mit denen ich täglich zu tun hatte: intelligent, voll Energie und einfach ein wenig sonderbar. Im Serverraum herrschte eine kameradschaftliche Atmosphäre, freundschaftliche Sticheleien gehörten zum normalen Umgangston. An meinem zweiten Tag schaute mich Joe an und sagte lächelnd: »Du hast da eine sehr schöne Krawatte um. Wie viele Polyester mussten dafür ihr Leben lassen?«

Ich passte mich dieser Kultur schnell an und konnte es bald mit jedem von ihnen aufnehmen. Innerhalb eines halben Jahres war ich eingearbeitet und konnte funktionsfähige Programme entwickeln. Ich liebte es, durch die Kombination logischer Gedanken etwas Neues aus nichts zu schaffen.

Es dauerte nicht lang, bis ich die Diskrepanz zwischen der kommunistischen Legende von den ausgebeuteten Arbeitern im Kapitalismus und der Realität erkannte. Aus irgendeinem Grund standen Versicherungsgesellschaften in der kommunistischen Propaganda immer ziemlich weit oben auf der Liste der kapitalistischen Ausbeuter. Aber ich hatte nie das Gefühl, ausgebeutet zu werden. Vielmehr fühlte ich mich bei meiner Arbeit ziemlich wohl, alle behandelten mich gut und mit dem Geschäftsmodell der Versicherungsgesellschaften konnte ich mich gut identifizieren. Mein ideologisches Gebäude bekam immer mehr Risse, und ich merkte, dass es mir schwerfallen würde, meine Arbeit aufzugeben, wenn die Zeit dafür käme.

Meine Arbeit bei MetLife war nicht nur gleichzeitig fordernd und erfüllend, sie hatte auch noch eine andere Wirkung auf mich: Langsam – und fast ohne dass ich es bemerkte – stellte sie mein Wertesystem auf den Kopf. Meine Einstellung veränderte sich immer mehr: Statt das Gefühl zu haben, dass mein Beruf meine Arbeit als Spion einschränkte, war es eher so, dass die Spionageaktivitäten meine Arbeit und mein Leben als Amerikaner behinderten.

Donnerstagabends kamen für gewöhnlich Funksprüche mit über zweihundert codierten Gruppen, ich saß regelmäßig bis in die frühen Morgenstunden an der Entschlüsselung. Dazu kam, dass es mir inzwischen lästig war, alle zwei bis drei Wochen Briefe in Geheimtinte zu verfassen und abzuschicken. Die offenen Briefe zu schreiben, war schon ermüdend genug, aber es kostete mich eine weitere Stunde, den unsichtbaren Text zu verfassen und dann wieder alles aufzuräumen. Alles Papier musste zerstört werden. Schließlich verlangten die Regeln, dass ich einen Umweg von drei Stunden machen musste, um mögliche Beschatter abzuhängen, bevor ich den Brief in der Nähe des fiktiven Absenders in einen Briefkasten stecken durfte.

Eine weitere lästige Pflicht war die Spesenabrechnung alle zwei Monate. Der KGB ließ es sich nicht nehmen, für meine ganzen Unkosten aufzukommen. Er bezahlte mein Auto und meine Miete sowie alle Arzt- und Reisekosten und fünfzig Prozent meiner Lebenshaltungskosten. Außerdem bekam ich weiterhin ein monatliches Gehalt von umgerechnet sechshundert Dollar. Da ich aber eigentlich bei MetLife genug verdiente, war dieses zusätzliche Geld nicht mehr nötig. Als Folge davon sammelten sich auf meinem Konto beim KGB über sechzigtausend Dollar an.

Da ich nun in Vollzeit berufstätig war und mir nur die Nächte für meine Undercover-Aufgaben blieben, hatte ich keine andere Wahl, als diesen Aufwand vorsichtig etwas zu verringern. Ich begann, meine Nachrichten sonntagnachmittags zu schreiben und sie über Nacht liegen zu lassen, was nicht erlaubt war. Ich sparte mir auch die langen Umwege und steckte die Briefe einfach an einem der älteren Bürogebäude in den Briefkasten. Ich perfektionierte eine Methode, bei der garantiert niemand sehen konnte, wie ich die Post einwarf.

Außerdem sparte ich es mir, zweimal im Monat zu überprüfen, ob meine Wohnung durchsucht worden war, und beschloss, dass zwei Alarmgeber in meiner Wohnung genügten.

Der erste war eine Schublade meiner Wohnzimmerkommode, die ich genau vier Millimeter offen stehen ließ. Der Spalt war nur von unten zu sehen und bei einer flüchtigen Überprüfung nicht zu erkennen. Selbst ein erfahrener Agent hätte diese Falle höchstwahrscheinlich nicht bemerkt.

Das zweite Zeichen war ein Haar, das ich ganz schwach an die Unterseite einer anderen Schublade klebte. Man musste schon wissen, wo man nachsehen musste, um es zu finden. Wenn die Schublade geöffnet wurde, löste sich das Haar und fiel hinunter.

Ein Grund für diese Bemühungen, meinen Aufwand zu verringern, war ein wachsendes – und möglicherweise falsches – Sicherheitsgefühl. Ich sagte mir, dass ich nichts tat, was einen Verdacht erregen konnte.

Zweifellos war die Benutzung der toten Briefkästen die gefährlichste Operation. Bei ihr achtete ich nach wie vor auf gründliche Vorbereitung. Aber selbst hier suchte ich nach Möglichkeiten, Zeit zu sparen. Zum Beispiel entwarf ich eine, wie ich fand, brillante Methode, mögliche Beschatter abzuschütteln. Ich lud mein Fahrrad in den Kofferraum meines Autos und fuhr zu einem Park am äußersten Stadtrand. Dann fuhr ich mit dem Rad quer durch den Park, sperrte das Fahrrad bei einem Bahnhof ab und fuhr mit der U-Bahn weiter. Diese Kombination aus verschiedenen Fortbewegungsmitteln, die auch Teil meines Notfallfluchtplans war, machte es fast unmöglich, mich zu verfolgen.

Trotz der Vereinnahmung durch mein »normales« Leben gelang es mir, für die Sowjets von einem gewissen Wert zu sein. Ich berichtete in jedem Brief von mindestens einer neuen Kontaktperson und verfasste weiterhin Beschreibungen über »die Stimmung in der amerikanischen Öffentlichkeit«. Ich nehme an, diese Berichte wurden in Besprechungen mit verschiedenen Entscheidungsträgern verwendet.

An einem Frühlingstag kam ich in meine Wohnung und erstarrte, als ich die Tür aufsperrte. Ich sah deutliche Einbruchsspuren, jemand war dort gewesen. Vorsichtig betrat ich den Flur und begutachtete den angerichteten Schaden. Meine Sachen waren auf dem ganzen Boden verstreut, meine Kleidung lag auf dem Bett, einige Schubladen waren aus der Kommode gerissen und ihr Inhalt war auf den Boden geworfen worden.

Als ich ins Wohnzimmer kam, sah ich, dass meine neue moderne Stereoanlage fort war. Während ich mich weiter in der Wohnung umsah, entdeckte ich, dass die Diebe durch das

Wohnzimmerfenster eingedrungen waren, das auf einen eingezäunten Garten hinausging. Es war deutlich, dass die Eindringlinge die Wohnung sehr hastig nach Wertsachen durchsucht hatten und schnell verschwunden waren. Sie hatten weder mein verstecktes Bargeld noch das teure Armband gefunden, das ich Christiane mitbringen wollte.

Es war natürlich möglich, dass das FBI den Einbruch inszeniert hatte, um eine Durchsuchung zu verschleiern. Aber ein Fußabdruck, den ein Eindringling hinterlassen hatte, und ein halb gegessener Joghurtbecher, dessen Inhalt auf den Teppich gekleckert war, überzeugten mich davon, dass es ein echter Einbruch gewesen war.

Da ich kein Risiko eingehen wollte, verließ ich die Wohnung sofort und überprüfte drei Stunden lang, ob ich beschattet wurde. Aber niemand folgte mir, also schlief ich in dieser Nacht, ohne mir große Sorgen zu machen. Als ich den Einbruch der Zentrale meldete, schrieb ich dazu, dass ich keinen Grund zur Besorgnis sah.

Aber Moskau war nicht so leicht zu überzeugen.

30

Es würde noch ein halbes Jahr dauern, bis Albrecht Dittrich wieder seine Frau und seinen Sohn in Deutschland besuchen konnte, und Jack Barsky war ganz allein in New York und fühlte sich einsam. Meine Tarnidentität würde nie vollständig werden, solange ich keine tieferen Beziehungen aufbauen konnte. Wenn meine Kollegen von ihren Frauen, Kindern, Häusern und Zukunftsplänen erzählten, hatte ich nichts beizutragen. Nach über sieben Jahren, die ich allein in Amerika gelebt hatte, sehnte ich mich nach einer Freundschaft und nach einer Beziehung.

Ich lernte Penelope über eine Kontaktanzeige kennen, die ich in der *Village Voice* aufgegeben hatte. Nach einem ersten Telefongespräch beschlossen wir, uns zu treffen. Ich schlug *Tony Roma's* vor, ein beliebtes Steakrestaurant in Greenwich Village.

Da es Winter war, war Penelope bei ihrer Ankunft im Restaurant in einen dicken Mantel, in Schal und Mütze gehüllt. Als sie sich aus diesen Schichten schälte und ihre Brille abnahm, war es, als schlüpfe ein schöner Schmetterling aus seinem Kokon. Ich fand sie sehr reizvoll.

Zwei Stunden lang aßen wir und unterhielten uns, und obwohl ich den Fehler beging, Spareribs zu bestellen – man sollte nie Rippchen bestellen, wenn man zum ersten Mal mit einer Frau ausgeht –, genoss ich ihre Gesellschaft sehr.

»Ich bin erst seit drei Jahren in Amerika«, sagte sie mit einem leichten, melodiösen Akzent, den ich nicht einordnen konnte.

»Woher kommst du denn?«, murmelte ich mit vollem Mund.

»Aus Guyana«, sagte sie. »Weißt du, wo das ist?«

Ich erinnerte mich vage, dass mehrere Länder in Südamerika Guyana hießen, aber da ich meine Unwissenheit nicht eingestehen wollte, nickte ich nur.

Sie erzählte weiter: »Die Leute in meinem Land sind sehr, sehr arm. Mein Vater ist ein bekannter Journalist und wir hätten eigentlich ganz gut leben können. Aber selbst das Einkommen eines Journalisten reicht dort nicht, um zwölf Kinder satt zu bekommen.«

»Zwölf Kinder?«, fragte ich und wischte mit einer Stoffserviette die Barbecue-Soße von meinen Händen. Penelopes Geschichte passte irgendwie nicht zu der schönen Frau, die mir am Tisch gegenübersaß.

»Meine Mutter hatte insgesamt sogar fünfzehn Kinder, aber drei von ihnen starben, als sie noch sehr jung waren. Ich bin die Zweitälteste und war erst siebzehn, als mein Vater uns verließ.«

»Er hat deine Mutter mit zwölf Kindern sitzen lassen? Wie habt ihr nur überlebt?«

»Das war sehr schwer. Es gab Tage, an denen wir alle hungrig zu Bett gingen.« Diese Erinnerungen waren unübersehbar immer noch schmerzhaft.

»Wie hat es dich nach New York verschlagen?«, erkundigte ich mich.

»Mit achtzehn wurde ich Flugbegleiterin der Guyana Airways. Jetzt arbeite ich als Krankenpflegehelferin und lebe bei einer Freundin in Brooklyn.«

Nach dem Essen unterhielten wir uns weiter, während ich sie zur U-Bahn begleitete. Als wir uns trennten, gab sie mir einen flüchtigen Kuss auf die Wange. Der Kuss war süß und sanft, aber auch berauschend. Ich rief sie am nächsten Tag an und bat sie um ein Wiedersehen. Bald trafen wir uns regelmäßig, hauptsächlich samstags, gingen ins Kino oder essen.

Es dauerte nicht lang, bis Penelope samstags häufig bei mir übernachtete. Doch nicht immer war das möglich, da ich alle drei oder vier Wochen das Wochenende brauchte, um meine Berichte an die Zentrale zu verfassen. Aber Penelope hinterfragte meine Ausreden kein einziges Mal. Sie war wirklich die beste Geliebte für jemanden in meiner Situation.

Inzwischen lebte ich fast acht Jahre in den Vereinigten Staaten und war mit der amerikanischen Kultur vertraut; aber von vielen Aspekten des Lebens hatte ich immer noch keine Ahnung. Ironischerweise gehörte dazu die Situation illegaler Einwanderer. Deshalb war ich völlig unvorbereitet, als mir Penelope eines Tages eine sehr sonderbare Frage stellte.

»Können wir immer noch zusammen sein, auch wenn ich einen anderen Mann heirate?«

»Was? Du willst heiraten und trotzdem weiterhin mit mir zusammen sein? Das ergibt doch keinen Sinn.«

Also klärte sie mich auf – von einem illegalen Einwanderer zum anderen –, was es bedeutet, in der Grauzone des Gesetzes zu leben, und zwar ohne einen mächtigen Geheimdienst im Rücken.

»Als Angestellte von Guyana Airways kam ich immer mit einem Touristenvisum in die USA«, erklärte Penelope. »Bei einem dieser Aufenthalte reiste ich nicht wieder aus, sondern zog stattdessen zu meiner Freundin Margaret nach Brooklyn. Sie half mir, eine Stelle als Pflegehelferin zu bekommen. Ich konnte genug Geld sparen – insgesamt zweitausend Dollar – und einen Amerikaner dafür bezahlen, dass er mich heiratet. Er sollte nach der Hochzeit einen Antrag auf Einbürgerung für mich stellen; dann wollten wir wieder getrennte Wege gehen. Das ist der schnellste Weg, die amerikanische Staatsbürgerschaft zu bekommen.«

»Wirklich?«

»Ja.«

»Du bist also verheiratet?«

»Ich war verheiratet, aber dieser Mann hat nie eine Greencard für mich beantragt. Stattdessen ist er mit meinem Geld verschwunden und ich habe mich scheiden lassen. Jetzt habe ich wieder Geld gespart und suche einen anderen Mann, der bereit ist, mich für Geld zu heiraten.«

Ich schüttelte ungläubig den Kopf, aber ich hatte auch Mitleid mit Penelope. Sie versuchte, ihr Leben zu verbessern, indem sie das Gleiche tat wie ich. Sie versuchte, mit allen denkbaren Mitteln an einen amerikanischen Pass zu kommen.

»Woher willst du wissen, dass dich der nächste Kerl nicht genauso betrügt wie der erste?«

»Das kann ich nicht wissen. Ich muss einfach hoffen, dass es diesmal gut geht.«

»Okay, hör zu: Unternimm bitte noch nichts. Lass mich erst einmal ein paar Dinge überprüfen.«

In den nächsten Wochen verbrachte ich viel Zeit in der Bibliothek und studierte die Einwanderungsgesetze und -verfahren. Ich befragte einen meiner Kollegen, der eine Ausländerin geheiratet hatte, nach seinen Erfahrungen mit den Behörden. Am Ende meiner Analyse kam ich zu dem Schluss, dass ich Penelope gefahrlos diesen Gefallen erweisen konnte: Ich würde sie heiraten. Ich besaß authentische amerikanische Papiere, ich hatte eine gute Arbeit, und ich sah keine Möglichkeit, wie der KGB etwas über meinen Plan herausfinden sollte. Ich wusste, dass man mir in Moskau vertraute und mich nie kontrollierte.

Eines Abends im Mai 1986 überraschte ich Penelope beim Essen mit der guten Nachricht. Wir konnten uns später wieder scheiden lassen und getrennte Wege gehen. Vielleicht hatte sie auf dieses Angebot spekuliert, als sie mir ihre Geschichte erzählt hatte, aber letztendlich war es meine Entscheidung gewesen. Ich leide eben am »Ritterlichkeits-Syndrom«: Ist eine Dame in Not, muss ich helfen.

Selbst heute passiert es noch, dass ich instinktiv zu Hilfe eile, wenn ich ein kleines Mädchen oder eine junge Frau in Schwierigkeiten sehe. Und so kam es, dass ich ungefähr zu der Zeit, als ich Vorbereitungen für mein nächstes Wiedersehen mit Christiane und Matthias traf, einer illegalen Einwanderin die Heirat versprach.

Mein nächster Flug nach Moskau war für den Sommer 1986 geplant. Ich hatte meinen Urlaub bei MetLife angespart und konnte mir einen Monat freinehmen. Abzüglich der Reisezeit und des Briefings in der Zentrale blieben mir zwei Wochen mit Christiane und Matthias.

Zum Glück verlief der Flug über Helsinki reibungslos und nur drei Tage nach meiner Abreise aus New York saß ich mit Alex und Eugen in Moskau bei der üblichen Nachbesprechung meines Einsatzes.

»Erzähl uns von dem Einbruch«, forderte mich Alex auf. »Besteht die Möglichkeit, dass dich das FBI im Visier hat?«

Die zwei Männer löcherten mich mit detaillierten Fragen zu jedem Bereich meines Lebens, suchten nach Hinweisen darauf, dass ich unter Beobachtung stand. Ich war überrascht, dass dieser eine Vorfall so große Wellen schlug. Die Mächtigen innerhalb des KGB dachten sogar darüber nach, meine Mission in Amerika auf der Stelle abzubrechen, um das Risiko einer Verhaftung und eines internationalen Zwischenfalls zu vermeiden.

Ich hielt ihre Bedenken zwar für übertrieben, aber während sie die Alternativen abwogen, entging mir nicht, dass es eine kleine Chance gab, dass ich meinen Auftrag beenden und nach Hause zurückkehren konnte. Dann würde ich endlich auf Dauer bei meiner Familie in Berlin sein können. Christiane und Matthias mussten schon lang genug ohne Ehemann und Vater auskommen.

Trotzdem konnte ich das Gefühl nicht verleugnen, etwas nicht abgeschlossen zu haben, dem KGB nicht das geliefert zu haben, wofür er mich nach New York geschickt hatte. Es gab keine Indizien für eine FBI-Ermittlung oder dafür, dass meine Deckung aufgeflogen war. Ich hielt es für verfrüht, die Operation abzubrechen, meine Integration in den Vereinigten Staaten war zu gut. Es fehlte nur noch ein Puzzleteil, der Pass.

Dann konnte ich den ursprünglichen Plan, die Oberschicht der amerikanischen Gesellschaft zu infiltrieren, umsetzen. Inzwischen hatte ich eine legitime Legende in den USA, einen Beruf, einen Lebenslauf. Die Chancen, das begehrte Dokument zu erhalten, waren so gut wie nie. Ich wollte meinen Auftrag um jeden Preis erfolgreich abschließen und dadurch wettmachen, dass ich bis jetzt dazu nicht in der Lage gewesen war.

Ich erläuterte Alex meine Einschätzung und er ging damit zu seinen Vorgesetzten. Sie entschieden, dass ich für weitere zwei Jahre nach New York zurückkehren sollte.

Während meines kurzen Besuchs bei Christiane und Matthias in Berlin lag so viel Spannung in der Luft wie noch nie zuvor in den über zehn Jahren unserer Beziehung. Christiane nahm die Nachricht, dass sich mein Einsatz verlängerte, nicht gut auf.

Ihre Wut und ihre Enttäuschung, dass sie immer noch nicht mit mir als richtige Familie leben konnte, ließ sie in einem Schrei los. Es stimmte, ich hatte es ihr versprochen. Als ich ihr das Armband überreichte, warf sie es wütend auf den Tisch. Sie nahm mein Geschenk so auf, als wollte ich sie bestechen.

Ich ließ schuldbewusst den Kopf hängen und schwieg. In diesem Moment wurde mir schmerzlich bewusst, dass es mein persönlicher Ehrgeiz war, der mich dazu drängte, den Auftrag abzuschließen, und nicht mein revolutionärer Eifer. Und mein Ehrgeiz stand über Christianes Wünschen. Trotzdem versuchte ich sie zu beruhigen: »Noch zwei Jahre, Schatz, nur noch zwei Jahre. Sie werden im Nu vergehen, glaub mir.«

Den Rest meiner Zeit in Berlin verbrachten wir wie eine normale Familie im Urlaub. Wir unternahmen eine Bootsfahrt auf der Spree, gingen zweimal in den Zoo und fuhren in den Wald, um Pilze zu sammeln. Mein Abschiedsessen waren gebratene Pilze mit Kartoffelbrei.

Matthias war jetzt fünf Jahre alt. Er war ein kluger Junge und sehr gesprächig. Aber ich fühlte mich in seiner Nähe immer irgendwie unsicher. Vielleicht lag das an meinen Schuldgefühlen, weil ich nie da war. Ich kam mir wie ein Fremder im Leben der beiden vor. Und das war ich auch. Am Ende dieser zwei Wochen fragte ich mich ernsthaft, warum mich Christiane überhaupt noch bei sich haben wollte.

Zurück in Moskau schienen Alex und die anderen beflügelt durch unsere gemeinsame Entscheidung, es noch einmal zu versuchen. Wir hatten drei Tage, um mich auf die Rückkehr nach New York vorzubereiten, und diese drei Tage waren sehr intensiv.

Der zweite Verschlüsselungsalgorithmus, den ich in den letzten vier Jahren verwendet hatte, war veraltet und musste ersetzt werden. Die Zeit reichte nicht, um einen neuen Algorithmus auswendig zu lernen. Deshalb bekam ich einen kleinen Notizblock mit hundert einmal zu verwendenden Blättern, auf denen Gruppen aus fünf Ziffern standen. Sie waren der Codeschlüssel. Die Ziffern wurden sichtbar, wenn ich das Papier vorsichtig mit einer Jodlösung betupfte.

Außerdem erhielt ich zwei sehr ungewöhnliche Aufträge. Für den einen wurde ich zum ersten Mal jemandem aus einer anderen Abteilung des KGB vorgestellt: der Industriespionage.

Dieser Mann erzählte mir sehr offen, dass die sowjetische Wirtschaft in keiner guten Verfassung war. Er nannte das Wettrüsten, das Ronald Reagan durch sein »Star-Wars«-Programm losgetreten hatte, und den Krieg in Afghanistan als Hauptgründe für die wirtschaftliche Schieflage.

»Wir müssen uns auf die moderne Technologie konzentrieren«, sagte er. »Das ist für die Zukunft entscheidend.« Da ich in der IT-Branche arbeitete, forderte er mich nachdrücklich auf, alles Nützliche zu sammeln, egal, ob Software oder Hardware.

Der zweite Auftrag war insofern ungewöhnlich, als ich zum ersten Mal die Möglichkeit bekam abzulehnen, auch wenn er sehr wichtig zu sein schien.

»Wir wollen, dass du nach Keene in New Hampshire fährst«, erklärte mir Alex, »und einen Ort für einen toten Briefkasten auswählst, an dem ein großer Behälter sicher übergeben werden kann. Mehr kann ich dir nicht verraten.«

Die Aufgabe selbst schien ziemlich einfach und harmlos zu sein, aber der Hintergrund und das Objekt der Übergabe blieben im Dunkeln. Ich vermutete, dass man mich als Mittelsmann für einen wichtigen Undercover-Spion einsetzen wollte, für den der Kontakt zu einem Agenten mit offizieller Tarnung zu gefährlich war. Für diesen Auftrag war wieder einmal von Vorteil, dass ich mich undercover in den Vereinigten Staaten aufhielt.

Kurz nach meiner Rückkehr nach New York fuhr ich die dreihundertfünfzig Kilometer nach Keene und zurück und fand eine geeignete Übergabestelle hinter einem großen Felsen an der Route 12A, ungefähr drei Kilometer von der Kreuzung mit der Route 9 entfernt. Ich beschrieb den Ort der Zentrale, aber es wurde nie ein Behälter übergeben.

Aufgrund des Zeitpunkts und der ungewöhnlichen Vorsicht, mit der die Zentrale diesen Auftrag handhabe, nehme ich an, dass der tote Briefkasten der Übergabe von Material an Robert Hanssen oder Aldrich Ames dienen sollte – zwei wertvolle Agenten des KGB, die so weit wie möglich vor jedem Kontakt mit offiziellen sowjetischen Diplomaten geschützt werden mussten.

Diese beiden Agenten schadeten den Interessen der USA sehr und waren für den Tod zahlreicher amerikanischer Agenten in der Sowjetunion verantwortlich. Hanssen arbeitete für das FBI und Ames war Mitarbeiter der CIA. Beide wurden später gefasst und sitzen heute eine lebenslange Haftstrafe ohne Möglichkeit einer Begnadigung ab.

Ich verließ Moskau im besten Einvernehmen mit meinen Vorgesetzten beim KGB. Bei der Abschiedsfeier fragte mich einer von ihnen, ob ich einen besonderen Wunsch für meine Zukunft in Deutschland hätte. Ich deutete vorsichtig an, dass ich gern in einem Einfamilienhaus wohnen würde. Seine Antwort war ziemlich ermutigend.

»Ich denke, das lässt sich einrichten«, sagte er mit einem trockenen Lächeln. Mit einer russischen Redewendung fügte er hinzu: »Wir werden schon irgendwo dafür Mittel auftreiben.«

Er gab mir auch einen kleinen Ausblick auf meine Zukunft.

»Zuerst werden Sie nur bei Ihrer Familie sein wollen und sich erholen, aber irgendwann werden Sie sich langweilen. Ihr Sohn wird schlechte Noten nach Hause bringen und Sie werden unruhig werden und nach einer Beschäftigung suchen. Vertrauen Sie mir: Wir werden etwas Spannendes für Sie finden.«

Wie sich herausstellte, brachte Matthias nie schlechte Noten nach Hause. Er hat meine Liebe zu Mathematik und Naturwissenschaften geerbt und ist heute Doktor der Pharmakologie. Aber ich denke, ich darf dem KGB-Beamten nicht vorwerfen, die Dittrich-Gene unterschätzt zu haben. Damals klang das alles sehr Mut machend, und als das Bankett zu Ende war, dachte ich: *Vielleicht wird die DDR ja doch wieder mein Zuhause werden.*

Bald nachdem ich bei MetLife zurück war, bekam ich meine dritte Beförderung. Es tat gut, wieder bei meinen IT-Kollegen zu sein, und ich stellte erstaunt fest, dass ich diese Leute wirklich mochte.

Als Erklärung für meine einmonatige Abwesenheit hatte ich Penelope erzählt, dass ich eine ausgedehnte Fahrradtour quer durchs Land machen würde. Doch sie hatte Angst gehabt, ich wolle mich aus dem Staub machen, und weinte vor Freude über meine Rückkehr. Sie erinnerte mich daran, dass sie ihre ganze Hoffnung auf unsere Beziehung setzte.

Einige Wochen später erfuhr ich, wie hoch dieser Einsatz war.

Als Penelope und ich eines Tages Ende Oktober in meiner Wohnung zusammensaßen, machte sie mir ein Geständnis.

»Jack, ich bin schwanger.«

»Was?! Bist du sicher?«

»Ganz sicher«, sagte sie. »Ich habe einen Schwangerschaftstest machen lassen. Und egal, wie du reagierst, ich werde dieses Baby bekommen.«

Bald würde ich nicht nur Geheimagent, sondern auch noch Geheimvater sein.

In diesem Moment ging mir auf, dass ich mich nicht gleich von Penelope trennen würde, wenn sie ihre Greencard hatte. Ich konnte einige Minuten nicht klar denken, nichts fühlen und auch nichts sagen. Ich wollte ihr helfen, und ich war wirklich gern mit ihr zusammen, aber ich wusste, dass ich sie nicht liebte.

Während die Bedeutung ihrer Worte zu mir durchdrang, erkannte ich, dass ich sie auf die Trennung vorbereiten musste, die unausweichlich kommen würde, wenn ich zwei Jahre später nach Deutschland zurückkehren würde.

»Okay, das ist für mich schwer zu verdauen«, sagte ich mit bewusster Grobheit, »aber ich respektiere deine Entscheidung, und ich werde mein Versprechen halten. Ich werde dich heiraten und dich und das Baby so weit wie möglich unterstützen. Aber ich sehe uns nicht als richtige Familie und ich kann mich auch nicht in der Rolle des Vaters für dieses Kind sehen.«

Meine verletzenden Worte hatten die gewünschte Wirkung, Penelope weinte lange und herzzerreißend. Zu meiner Schande muss ich gestehen, dass ich mit meinen herzlosen Worten unsere Zweckehe von vornherein zum Scheitern verurteilte.

Eine Hochzeit ist im Leben eines jungen Paares normalerweise ein freudiges Ereignis. Aber aufgrund unserer Umstände fühlte sich meine Hochzeit mit Penelope – ohne Freunde, ohne Feier, ohne Träume – an, als würde ich einen Haken unter eine weitere lästige Pflicht setzen.

Die Trauung fand am 10. Dezember 1986 im Standesamt des Queens County statt. Penelopes Mitbewohnerin Margaret war unsere Trauzeugin. Nach einem bescheidenen gemeinsamen Essen in einem nahe gelegenen Diner gingen wir drei getrennte Wege.

Zwei Wochen später wollten wir die Greencard beantragen und mussten dafür gemeinsam in einem Büro des *Immigration and Naturalization Service*, der Einwanderungs- und Einbürgerungsbehörde (INS), erscheinen. Am letzten Montag im Dezember – einem dunklen, kalten und feuchten Tag – trafen Penelope und ich uns um sechs Uhr morgens vor dem Behördengebäude und stellten uns in der Schlange an, die bereits ziemlich lang war. Wir sprachen kaum miteinander, während wir darauf warteten, dass die Türen um neun Uhr geöffnet wurden.

Um neun reichte die Schlange schon um den ganzen Block herum. Wir quetschten uns in einen großen Wartesaal, der sich zum Bersten füllte. Als der Raum voll war, wurden die Türen geschlossen. Jeder, der sich zu spät in der Schlange angestellt hatte, musste an einem anderen Tag wiederkommen.

Nach weiteren drei Stunden wurden wir schließlich an einen Schalter gerufen, an dem ein Beamter unseren Antrag und die entsprechenden Papiere nahm und überprüfte.

Einen Monat später bekamen wir die Einladung zu dem gefürchteten Interview, das Scheinehen wie die unsere enttarnen sollte. Die Ehepartner wurden getrennt und mussten dieselben Fragen beantworten. Auch wenn Fragen wie »Beschreiben Sie Ihr Wohnzimmer« oder »Was ist das Lieblingsessen Ihres Ehepartners?« unerfahrene Leute leicht zu Fall bringen konnten, glaubte ich, dass wir uns gut auf den Test vorbereitet hatten. Penelope und ich hatten uns mehrere Male dafür getroffen.

Wie sich herausstellte, hätten wir uns das sparen können. Als wir in das Büro geführt wurden, warf die Beamtin nur einen vielsagenden Seitenblick auf Penelopes runden Bauch. Danach dauerte es nur noch eine Minute, bis die Frau die Papiere zusammengeschoben hatte, einige Kästchen auf dem Formular angekreuzt und uns viel Glück gewünscht hatte. Penelope war begeistert, und ich freute mich, dass ich dem System wieder einmal ein Schnippchen geschlagen hatte.

Bald nach meiner Rückkehr zu MetLife begann ich, nach etwas Interessantem für den KGB zu suchen. Viele Abende lang machte ich »Überstunden« und durchsuchte zahlreiche elektronische Datenbanken, die völlig ungeschützt waren. Schließlich fand ich das perfekte Material, ein sehr beliebtes industrielles Software-Paket. Am darauffolgenden Abend blieb ich wieder lange und druckte sechzig Seiten aus. In meiner Wohnung fotografierte ich diese einzeln und schickte den Film über einen toten Briefkasten auf Staten Island nach Moskau. Ich habe nie erfahren, ob der Programmcode je von sowjetischen Programmierern verwendet wurde.

Als das Jahr 1987 begann, ärgerte ich mich regelmäßig, wenn ich die langen Funksprüche am Donnerstagabend mühselig entschlüsselte und dann nur Geburtstagsgrüße oder irgendeine Verlautbarung zu einem sowjetischen Feiertag vorfand.

Deshalb stieg Verdruss in mir auf, als eines Abends am Anfang einer Mitteilung das Wort *Glückwunsch* auftauchte. Ich hatte keine Lust, meine Zeit mit weiterem Blabla zu vergeuden.

Aber während ich den Rest der Nachricht entschlüsselte, wurden meine Augen immer größer:

GLÜCKWUNSCH, GENOSSE, IN ANERKENNUNG IHRER
LEISTUNGEN UND IHRES EINSATZES FÜR DIE SACHE
DER REVOLUTION VERLEIHT IHNEN DAS ZENTRALKOMITEE
DER KOMMUNISTISCHEN PARTEI DER SOWJETUNION
DEN ORDEN AM ROTEN BAND UND EINEN BONUS VON
TAUSEND DOLLAR.

Ich starrte die Zeilen ungläubig an. Nachdem ich nie ein Lob gehört hatte, wurde mir auf einmal die zweithöchste Auszeichnung der Sowjetunion verliehen? Das war eine große Ehre und verhieß Gutes für meine Zukunft.

Ich wusste, dass Sergej Christiane den Orden überbringen würde, und fragte mich, wie sie reagieren würde.

Eines Tages werde ich es meiner Mutter sagen können, dachte ich. *Wenn sie endlich weiß, was ich getan habe, wird sie mir vielleicht die ganzen Geheimnisse und Lügen vergeben.*

31

Ein Vorteil unserer Heirat war, dass Penelope als meine Frau familienversichert war, was bedeutete, dass der größte Teil der Entbindungskosten abgedeckt war. Wie jeder werdende Vater begleitete ich sie oft zu den Vorsorgeuntersuchungen. Da das Krankenhaus nur zehn Minuten von meiner Wohnung entfernt lag, lud ich sie ein, die letzten Tage vor dem Entbindungstermin bei mir zu wohnen.

Der Sommer hielt 1987 sehr früh Einzug und am letzten Maiwochenende stiegen die Temperaturen auf zweiunddreißig Grad. Ohne Klimaanlage oder Ventilator war meine Wohnung kein angenehmer Ort für eine hochschwangere Frau.

Bis Montagmorgen stöhnte und jammerte Penelope, aber immer war es falscher Alarm. Mir lagen die Nerven blank. Als sie mir also sagte, dass ihr Fruchtwasser möglicherweise abgegangen sei – vielleicht aber auch nicht –, beschloss ich, die Sache in die Hand zu nehmen. »Steh auf und zieh dich an. Ich fahre dich auf der Stelle ins Krankenhaus.«

Die zehnminütige Fahrt nach Elmhurst kam mir wie eine Ewigkeit vor. Nie in meinem Leben als Geheimagent war ich so angespannt gewesen wie auf dieser Autofahrt. Als wir vor dem St. John's Hospital ankamen, hielt ich das Auto in der Nähe des Eingangs an, schaltete die Warnblinkanlage ein und führte Penelope in die Notaufnahme.

Als wir die Treppe hinaufgingen, sah ich an ihren Beinen Blut hinablaufen. Das fiel auch einer aufmerksamen Krankenschwester auf. Penelope wurde sofort in den Kreißsaal gebracht; die Aufnahmeformulare konnten warten.

Ich raste wieder hinaus und parkte mein Auto. Es dauerte ungefähr zwanzig Minuten, bis ich wieder in der Entbindungsstation ankam. Ich gesellte mich zu anderen nervösen werdenden Vätern und stellte mich auf eine lange Wartezeit ein. Aber ich hatte kaum auf einem der Vinylstühle Platz genommen, als eine Krankenschwester ins Wartezimmer kam und fröhlich verkündete: »Mr Barsky, Sie haben eine Tochter!«

Chelsea war mein drittes Kind. Ich war nicht Manns genug gewesen, um Edeltraud bei der Geburt von Günther beizustehen, und ich hatte nicht bei Christiane sein können, als Matthias auf die Welt gekommen war. Dieses Mal war ich da und konnte meine neugeborene Tochter bald nach ihrer Geburt in den Armen halten.

Zwei Stunden nach der frohen Nachricht führte mich eine Krankenschwester durch scheinbar endlose Krankenhausflure zu einem Zimmer mit mehreren Glaskästen und ich sah meine Tochter zum ersten Mal.

»Chelsea«, sagte ich laut, während ich mich vorbeugte und ihre winzigen Finger und Zehen betrachtete.

Man hatte entschieden, das ansonsten gesunde, vier Kilo schwere Mädchen in einen Brutkasten zu legen, da das Fruchtwasser zu früh abgegangen war. Mir tat das einsame kleine rosa Geschöpf leid, das nicht bei seiner Mutter sein konnte. Ich hatte ja keine Ahnung, dass der Tag kommen würde, an dem dieses scheinbar hilflose Baby mein Leben radikal verändern und mich lehren würde, welche Macht wahre Liebe hat.

Nach zwei Tagen im Inkubator kam Chelsea endlich zu Penelope und am nächsten Tag wurden Mutter und Tochter aus dem Krankenhaus entlassen. Ich holte sie ab. Während ich die Tragetasche mit der kostbaren Fracht durch die Krankenhausgänge trug, geschah etwas Sonderbares in mir. Das war meine Tochter! Eines Tages würde sie groß werden und vielleicht ein wenig so aussehen wie ich und ein wenig so wie ich sein.

Ich verdrängte diese unerwünschten Gefühle. Meine Hauptverantwortung galt dem KGB und mein echtes Leben wartete zu Hause in Berlin auf mich. Ich würde mich um dieses Baby und seine Mutter kümmern, so gut ich konnte, aber an dem Plan, Penelope sich selbst zu überlassen, hielt ich fest. Immerhin gab es Millionen alleinerziehender Mütter auf der Welt und Penelope würde schon zurechtkommen.

Mein Einkommen ermöglichte es mir, neben meiner eigenen Wohnung ein möbliertes Apartment für Penelope und Chelsea anzumieten. Ich versorgte sie mit Lebensmitteln, Babybrei und der nötigen Ausstattung und ich begleitete sie bei Arztbesuchen. Ich wusste jedoch nicht, wie ich für sie sorgen sollte, wenn ich fortging.

In den folgenden neun Monaten wohnte Penelope mit dem Baby allein in ihrer Wohnung, vollständig auf ihren falschen Ehemann angewiesen und mit wenig Hoffnung auf eine sichere, glückliche Zukunft. Unter der Woche waren Chelsea und ein Fernseher ihre einzige Abwechslung. An den Wochenenden besuchte ich sie oft, wenn ich nicht gerade etwas für die

Zentrale tun musste, und ging mit den beiden in einen nahe gelegenen Park. Ich hatte mit meiner Arbeit für MetLife und dem KGB so viel zu tun, dass ich nie auf den Gedanken kam, mich zu fragen, wie dieses Einsiedlerleben für Penelope sein musste. Unser höchst unterschiedlicher Alltag entfremdete uns noch mehr voneinander.

Es dauerte nicht lang und Chelsea war kein Neugeborenes mehr. Jedes Mal, wenn ich sie besuchte, entdeckte ich etwas Neues an ihr. Ihre großen dunkelbraunen Augen waren ihr auffälligstes Merkmal, dann bekam sie pechschwarze Locken. Ihr zahnloses Lächeln weckte etwas in meinem Herzen, das ich nie zuvor gefühlt hatte. Und eines Tages wurde meine Zuneigung zu ihr besiegelt. Ich kam in ihr Zimmer, sie stand in ihrem Kinderbett und hielt sich am Geländer fest. Sobald sie mich sah, zog ein strahlendes Lächeln über ihr Gesicht. Ohne Worte war ihre Botschaft klar: »Ich liebe dich, Papa.«

Die Liebe wuchs zuerst fast unbemerkt in mir, aber am Ende konnte ich sie nicht mehr leugnen. Diese Liebe war bedingungslos. Sie kam aus der Tiefe meines Seins. Sie war rein und mächtig. Ich wollte nichts anderes mehr tun, als mich um dieses kleine Mädchen zu kümmern und es zu beschützen, eine Gegenleistung erwartete ich nicht.

Mit dieser Liebe wuchs auch ein anderes genauso starkes Gefühl: Schuld.

Wie ein quälender Dämon wich mir das Schuldgefühl nie von der Seite – wenn ich aufwachte, im Büro, wenn ich meinen

KGB-Aktivitäten nachging und wenn ich die Augen zumachte, um einzuschlafen –, immer verfolgte mich die Frage, auf die ich keine Antwort wusste: *Wie wirst du dich um dieses hilflose Kind kümmern?*

Schuldgefühle sind für jeden Menschen schwer zu ertragen, aber dass ich überhaupt welche hatte, war der Beweis, dass ich mich veränderte. Die Schutzmauer um mein Herz, die undurchdringliche Rüstung, die mir erlaubt hatte, mit nur einem leichten Anflug von Bedauern zahlreiche menschliche Beziehungen abzubrechen, begann zu bröckeln. Ich hatte keine Ahnung, wie ich diesen Prozess aufhalten sollte.

Als Chelsea neun Monate alt war, kündigte der Vermieter Penelope den Mietvertrag. Nach einer zweiwöchigen vergeblichen Suche nach einer erschwinglichen Alternative stellte wieder einmal ein glücklicher Zufall die Weichen für meine Zukunft. Unser Immobilienmakler zeigte uns eine geräumige Vierzimmerwohnung im ersten Stock eines Zweifamilienhauses in Ozone Park.

Es gab viele Situationen in meinem Leben, in denen Glücksfälle meine Wege lenkten. Ich dachte damals immer, es wäre zufälliges Glück, aber inzwischen glaube ich, dass Gott damals schon Türen öffnete – dass mich seine Hand, von deren Existenz ich keine Ahnung hatte, auf einen Weg führte, den nur Gott kennen und vorhersehen konnte.

Als ich mich in der Wohnung umschaute, stellte ich fest, dass sie für uns drei wie geschaffen war: An einem Ende des langen Flurs lag ein kleines Büro, in dem ich meine Kommunikation mit dem KGB durchführen konnte, ohne gestört oder entdeckt zu werden. Nachdem ich einen ganzen Tag lang nachgedacht hatte, sprach ich mit Penelope über meinen Plan und unterschrieb den Mietvertrag.

Als wir im April 1988 in diese Wohnung zogen, machte ich unmissverständlich klar, dass ich nie gestört werden durfte, wenn ich im Büro arbeitete.

»Ich schreibe einen komplizierten Computercode, der eines Tages viel Geld einbringen könnte«, erklärte ich Penelope, und sie klopfte kein einziges Mal an die Tür, wenn ich mich in diesem Zimmer einsperrte.

Aus unserer Wohngemeinschaft entwickelte sich so etwas wie ein normales Familienleben. Wir gingen öfter im Park spazieren, und es gab immer mehr Gelegenheiten, bei denen Mama und Papa Zeit mit ihrem immer lächelnden Baby verbrachten. Es kamen die Geburtstagsfeier an Chelseas erstem Geburtstag und ihre ersten, wackeligen Gehversuche. Und es folgte ein Besuch in meinem Büro, wo alle Frauen beim Anblick meiner schönen kleinen Tochter mit ihren dunklen Locken und großen, neugierigen Augen vor Entzücken außer sich gerieten.

Als Penelope einmal in der Lobby auf mich wartete, setzte sie Chelsea auf einen Tisch in der Nähe der Aufzüge. Nach einer Weile näherte sich eine Frau langsam und mit neugierigem Blick. Als sie nahe genug war, stieß sie einen erschrockenen Schrei aus.

»Ach, du meine Güte! Ich dachte, das wäre eine Puppe!«

In solchen Situationen wurde ich ganz stolz. *Das ist* mein *Kind.*

Der Sommer kam und ging und das vereinbarte Datum für meine endgültige Rückkehr in die Sowjetunion im Herbst 1988 verstrich. Ich erhielt keine Anweisungen für meine Rückreise, war nicht sicher, warum es diese Verzögerung gab, und sprach das Thema bei meiner Kommunikation auch nicht an. Ich fühlte mich wie die Gestalt in dem berühmten expressionistischen Gemälde *Der Schrei der Natur* von Edvard Munch, besser bekannt als *Der Schrei*. Ich hielt mir wie diese gequälte Seele die Ohren zu, um der unablässigen Frage meines Dämons zu entgehen:

Wie willst du dich um dieses hilflose Baby kümmern?

Die Frage hatte einen Verbündeten: die Zeit, die unnachgiebig fortschritt und mich letztendlich zu einer Antwort zwingen würde.

Es war völlig ausgeschlossen, dem KGB von meinem Dilemma zu berichten. Das hätte nur eine harte Strafe nach sich gezogen. Ich konnte nichts anderes tun, als abzuwarten und auf ein Wunder zu hoffen.

TEIL IV

TOD EINES SPIONS

32

Anfang Dezember 1988 lief meine Zeit endgültig ab.

Eines Abends entschlüsselte ich eine Funknachricht, die Buchstabe für Buchstabe immer beunruhigender wurde.

AUF EILIGE ABREISE VORBEREITEN. WIR HABEN GRUND ZU DER ANNAHME, DASS IHRE TARNUNG AUFGEFLOGEN IST. SIE SIND IN ERNSTER GEFAHR. HÖREN SIE DIESE FREQUENZ JEDEN TAG AB, WARTEN SIE AUF WEITERE ANWEISUNGEN. BESTÄTIGEN SIE EMPFANG DIESER NACHRICHT DURCH SIGNAL AM ÜBLICHEN SIGNALORT. DIES IST EIN BEFEHL.

Ich verließ mein kleines Büro und schloss die Tür leise hinter mir, um Penelope und Chelsea nicht zu stören. Sie schliefen bereits. Ich hörte, wie sich Chelsea bewegte, aber zum Glück wachte sie nicht auf. Ich lehnte mich an die Wand. Alle Energie, Kreativität und Antrieb hatten mich verlassen.

Ich hatte keine Ahnung, was ich jetzt tun sollte. Deshalb versuchte ich, Zeit zu schinden, und setzte das geforderte Signal nicht. Die Zentrale musste somit annehmen, dass ich die Nachricht nicht erhalten hatte.

Genau eine Woche später wurde der Funkspruch wortwörtlich wiederholt. Wieder ignorierte ich ihn, während mein

Verstand auf Hochtouren arbeitete, um eine Lösung für mein Dilemma zu finden. Inzwischen würden die Genossen in der Zentrale eine Erklärung zu finden versuchen. Mein Schweigen konnte verschiedene Gründe haben: Vielleicht war ich krank geworden oder hatte mich wie vor ein paar Jahren verletzt. Vielleicht hatte sich das Kurzwellensignal so verschlechtert, dass ich es nicht mehr empfangen konnte. Vielleicht hatte ich versehentlich den Block mit den Codeschlüsseln zerstört. Oder – die schlimmste Möglichkeit – vielleicht war ich verhaftet worden und wurde schon verhört.

Als eine weitere Woche verging, sandte die Zentrale einen dringlicheren Notruf. Am Montagmorgen entdeckte ich auf meinem Weg zur Arbeit das Signal für den Abbruch meiner Mission. Ein Diplomat hatte einen roten Punkt an einen Metallträger der Hochbahn an der Hudson Street gemalt, an dem ich, wie die Zentrale wusste, jeden Tag vorbeigehen musste. Die Bedeutung dieses Signals war unmissverständlich: *Verlass sofort über den vereinbarten Fluchtweg das Land.*

Das Wort *sofort* war wörtlich zu nehmen. Wenn ich diese Warnung sah, sollte ich genug Geld für die Fahrt nach Toronto einpacken, meine Notfallpapiere aus ihrem Versteck holen, einschließlich einer kanadischen Geburtsurkunde und eines kanadischen Führerscheins, und so schnell wie möglich die Grenze zu Kanada überqueren. Dann sollte ich nach Toronto fahren und mich im sowjetischen Konsulat melden. Die Genossen dort würden meine Ausreise organisieren.

Ganz am Anfang meiner Zeit in New York hatte ich meine Notfallpapiere in einem sicheren, dauerhaften Versteck in der

Bronx deponiert, das immer zugänglich war. Aber statt die Anweisungen zu befolgen und meine Unterlagen zu holen, ignorierte ich den schreienden roten Punkt und fuhr zur Arbeit.

Die Zentrale entschied sich schließlich für eine letzte verzweifelte Maßnahme. Eine Woche nachdem der rote Punkt aufgetaucht war, näherte sich mir ein ortsansässiger Agent auf dem U-Bahnsteig und flüsterte mir einen bedrohlichen Satz ins Ohr, der mich noch lange verfolgte: »Du musst nach Hause kommen oder du bist tot.«

Ich war bestürzt, geriet aber nicht in Panik. Nachdem ich mich umgesehen und mich vergewissert hatte, dass niemand diese wenigen Worte mitbekommen hatte, stieg ich wie gewohnt in meinen Zug und fuhr zur Arbeit. An diesem Tag erledigte ich jedoch nicht viel Arbeit, da mir tausend Gedanken durch den Kopf schwirrten.

Eines war klar: Ich konnte nicht länger auf Zeit spielen. Der KGB wusste jetzt, dass ich die Nachricht bekommen hatte, und ich musste mich entscheiden. Entweder ich gehorchte dem Befehl, kehrte nach Hause zurück und fand eine vernünftige Erklärung für mein Schweigen, oder mir fiel eine Möglichkeit ein, den Befehl zu ignorieren und in den Vereinigten Staaten zu bleiben.

Ich versuchte, das Ganze nüchtern zu analysieren und die Konsequenzen der einzelnen Optionen abzuwägen.

Albrecht geht heim	Jack bleibt in New York
Pro: Ich bin wieder bei meiner deutschen Familie und lebe ein Leben in Frieden und Sicherheit.	**Kontra:** Ich gehe ein doppeltes Risiko ein: Ich lande im Gefängnis, wenn meine Tarnung auffliegt, oder kann vom KGB entführt und ermordet werden.
Pro: Ich gelte in meiner Heimat als Held und genieße den Lohn, den mir der KGB versprochen hat, einschließlich eines eigenen Hauses am Stadtrand.	**Pro:** Wenn ich nicht erwischt oder getötet werde, arbeite ich weiter als Programmierer und lebe mit Penelope und Chelsea in einer bescheidenen Wohnung.
Pro: Ich treffe meine alten Freunde wieder.	**Pro:** Ich behalte meine neuen Freunde und meine Arbeit als Programmierer.
Pro: Ich lebe in Sicherheit und mit einer echten Identität in meiner Heimat.	**Pro:** Ich führe für den Rest meines Lebens ein friedliches, fast legales Leben.
Kontra: Ich kehre in ein System und zu einer Partei zurück, deren Überleben und Wert ich inzwischen infrage stelle.	**Pro:** Ich genieße die Freiheit, die die Vereinigten Staaten ihren Bürgern gewähren.
Kontra: Ich sehe Chelsea nie wieder.	**Kontra:** Ich sehe Christiane und Matthias nie wieder.
Kontra: Ich kann Chelsea nicht unterstützen, was fast zwangsläufig zur Folge hat, dass sie in Armut aufwächst, da ihre Mutter nur vier Jahre zur Schule gegangen ist.	**Kontra:** Ich kann Matthias nicht direkt unterstützen. Er wird jedoch getragen von seiner Familie und von den Fürsorgeeinrichtungen der DDR.

Wäre ich ein rein logisch denkender Mann mit gesundem Selbsterhaltungstrieb gewesen, hätten die Fakten klar zugunsten der Heimkehr gesprochen. Aber ich war nicht mehr der kaltherzige, auf seinen Auftrag konzentrierte Agent, der ich in der Vergangenheit gewesen war.

Während meiner Zeit mit Chelsea hatte ich mein Herz entdeckt. Es war, als hätte sie mich zu einem Menschen gemacht. Wenn ich in ihr Gesicht sah, so unschuldig und rein, so vertrauensvoll und auf mich angewiesen, blieb mir überhaupt keine Wahl. Auch wenn es sehr riskant und vollkommen verrückt war, in den Vereinigten Staaten zu bleiben, gab die bloße Existenz dieses süßen Kindes den Ausschlag.

Ich hatte am folgenden Donnerstag, als ich den wöchentlichen Funkspruch entschlüsselte, immer noch keine endgültige Entscheidung getroffen. Die Zentrale forderte mich auf, am folgenden Tag einen toten Briefkasten aufzusuchen.

Der Ort für diese Operation war der Clove Lakes Park auf Staten Island. Dort sollte ein Behälter mit Pass und Reisegeld auf mich warten. Ich sollte ihn holen, die Vereinigten Staaten sofort verlassen und mich bei dem KGB-Kontaktmann in Toronto melden.

Es war gegen dreiundzwanzig Uhr, als ich den Funkspruch fertig entschlüsselt hatte. Chelsea und Penelope schliefen schon tief und fest. Ich küsste beide leicht auf die Wange und war immer noch unsicher, wie ich mich entscheiden sollte. Nach einer schlaflosen Nacht verließ ich am nächsten Morgen sehr früh die Wohnung, bevor die beiden aufwachten. Obwohl ich fest entschlossen war, den Briefkasten zu leeren, war ich noch nicht sicher, ob ich das Land verlassen würde. Aber wenn ich die Reisepapiere abgeholt hatte, musste ich mich entscheiden.

Ich fuhr mit dem Auto zur Station *Hunters Point Avenue* der U-Bahn-Linie sieben und fuhr dann mit der Bahn zur Arbeit, wo ich kurz vor acht Uhr ankam. In den nächsten vier Stunden starrte ich meinen grün blinkenden Computermonitor an, brachte aber keine vernünftige Arbeit zustande. Um die Mittagszeit entschuldigte ich mich unter dem Vorwand, ich hätte rasende Kopfschmerzen. Dann fuhr ich mit der U-Bahn zurück, holte mein Auto und fuhr nach Staten Island. Die Übergabe sollte wie üblich um Punkt Viertel nach drei stattfinden.

Während ich durch den dicht bewaldeten Park ging, erwartete ich eine reine Routine-Operation. Es war ein kalter Werktag im Spätherbst und der Park war fast menschenleer. Den Ort hatte ich selbst ausgewählt, er lag neben den Wurzeln eines großen umgestürzten Baumes, ungefähr hundert Meter vom Rand des Parks entfernt neben einem schmalen, kurvigen Pfad.

Als ich mich der Stelle näherte, war das Signal für »Übergabeobjekt deponiert« am entsprechenden Laternenmast deutlich zu sehen. Ich suchte mit griffbereiter Plastiktüte den umgestürzten Baum nach der alten Dose ab. Aber auf den ersten Blick sah ich nichts.

Ich tat so, als mache ich einen Spaziergang im Park, während ich mich gründlicher umsah.

Immer noch nichts.

Nach einer oder zwei Minuten begriff ich langsam: Da war keine Dose.

Das kann doch nicht sein!

In meiner Verwirrung weitete ich meine Suche aus, aber ohne Erfolg. Es gab nichts zu finden.

In meinen zehn Jahren als aktiver Agent hatte ich etliche tote Briefkästen verwendet und geheime Treffen durchgeführt – und jedes Mal war alles wie am Schnürchen gelaufen. Ich konnte mir keinen Grund denken, warum es dieses Mal anders sein sollte. Der tote Briefkasten war leicht zu finden und zu erkennen, das Zeichen war angebracht worden. Ich schaute noch einmal nach, aber es war nichts deponiert worden.

Ich konnte mir nicht vorstellen, dass ein Passant die Dose genommen hatte, nachdem er meine Kontaktperson beobachtet hatte, oder dass mein Kontakt die Operation nur vorgetäuscht und das Geld für sich behalten hatte. Beide Erklärungen erschienen mir höchst unwahrscheinlich, wenn nicht sogar nahezu unmöglich.

Ohne die Reisepapiere konnte ich den Fluchtplan nicht ausführen. Ich glaube, unbewusst war das genau das, was ich mir erhofft hatte: dass mir etwas oder jemand die Entscheidung abnehmen würde. War das nur Glück oder war es mehr?

Natürlich hatte ich die Möglichkeit, die Zentrale um eine Wiederholung zu bitten, aber während ich zu meiner Wohnung zurückfuhr, traf ich meine endgültige Entscheidung: Ich würde das Risiko eingehen und bleiben.

Plötzlich wich die Unruhe, die mich seit Wochen gequält hatte. Die Sorge, meine kleine Tochter einer ungewissen Zukunft zu überlassen und sie nie wiedersehen zu können, verschwand. Ich fühlte einen inneren Frieden, den ich seit Monaten nicht mehr gekannt hatte.

In den nächsten Wochen blieb ich im Ausführungsmodus. Die Entscheidung zu bleiben war eine Sache, aber wie sollte ich die Trennung vom KGB sauber vollziehen? Der KGB würde mich nicht einfach gehen lassen.

Überzulaufen war keine Option. Ich hatte schon meine Mutter, meinen Bruder und auch Christiane und Matthias im Stich gelassen. Ich wollte die Sache nicht noch schlimmer machen, indem ich mein Land und meine Freunde, die immer noch dort lebten, verriet. Ich machte mir auch Sorgen, dass mich die amerikanischen Behörden ins Gefängnis sperren, Penelope ausweisen und Chelsea unter staatliche Vormundschaft stellen würden.

Aber welche Erklärung konnte die negativen Folgen für Christiane und Matthias minimieren und gleichzeitig mich hier in den Vereinigten Staaten schützen?

Plötzlich hatte ich eine Idee. Während eines unserer Gespräche in Moskau hatte Alex die Aids-Epidemie erwähnt, die bestimmte Gruppen der amerikanischen Bevölkerung heimsuchte. Er hatte die Krankheit als sicheres Zeichen für den Verfall der kapitalistischen Gesellschaft gedeutet. »Wir müssen sehr vorsichtig sein, dass der Virus nicht in unser Land kommt«, sagte er. »Ich hoffe, es gibt bald Untersuchungsmöglichkeiten, mit denen wir Infizierte an der Einreise hindern können.«

Aids. *Das war es!*

Damals bedeutete eine Aids-Diagnose das Todesurteil. Die Sowjets würden mich nicht zurückhaben wollen, wenn ich infiziert war, und nach einer Weile würden sie davon ausgehen, dass ich gestorben sei.

Dieser Gedanke beschäftigte mich tagelang. *Konnte das wirklich funktionieren?* Es musste einfach.

Ich schrieb eine Nachricht an den KGB, dass ich nicht nach Moskau zurückkehren könne, weil bei mir drei Monate vorher Aids festgestellt worden sei. Um meine Geschichte so glaubhaft wie möglich zu machen, führte ich meine Infektion auf eine Frau zurück, mit der ich in der Vergangenheit ein Verhältnis gehabt hatte und über die ich dem KGB berichtet hatte. Ich behauptete, sie hätte sich bei einem drogensüchtigen Ex-Freund angesteckt.

Ich versicherte der Zentrale, dass ich keinen Landesverrat begehen und keinen Kontakt zu den amerikanischen Behörden aufnehmen würde. Ich würde mich nur darauf konzentrieren, jede verfügbare Behandlung zu bekommen, aber die Prognosen stünden nicht gut. Schließlich bat ich sie, Christiane die schlechte Nachricht zu überbringen und ihr meine Ersparnisse von ungefähr sechzigtausend Dollar, die sich auf meinem Konto angesammelt hatten, zu übergeben.

Tagelang hörte ich jeden Abend die Kurzwellenfrequenz ab und jeden Abend erhielt ich eine Nachricht. Ich versuchte nicht, sie zu notieren oder zu entschlüsseln, denn ich wusste, wie sie lautete.

Komm nach Hause oder du bist tot.
Komm nach Hause oder du bist tot.
Komm nach Hause oder du bist tot.

Eines Tages verstummte das Funkgerät. Kein Ton drang mehr durch den Äther. Mein Brief war offenbar in der Zentrale angekommen.

Erstaunt begriff ich, dass es vorbei war. Ich hatte alles aufgegeben, wofür ich gearbeitet hatte. Und das alles wegen der Liebe zu meiner Tochter. Ich wusste, dass diese Entscheidung richtig gewesen war.

Viele Jahre später fand ich heraus, dass meine große Lüge genau die Wirkung gehabt hatte, die ich beabsichtigt hatte. Ich war auf die wahrscheinlich einzige Strategie gestoßen, wie ich aus der Sache herauskommen konnte, und es war mir gelungen, den mächtigen KGB zu täuschen.

Ich hatte mir den Ruf erworben, vollkommen ehrlich zu sein. Das muss bei der Entscheidung, mich nicht zu verfolgen, eine Rolle gespielt haben. Man hat meine Geschichte ohne Rückfragen geschluckt. Bei einem letzten Besuch bei Christiane übergab ihr Sergej ein Bündel Geldscheine im Wert von sechzigtausend Dollar – 1988 war das in der DDR ein Vermögen! – und teilte ihr mit, dass ich an Aids gestorben sei.

Mehrere Wochen lang ließ meine Wachsamkeit nicht nach. Ich verbrannte die Kontaktpapiere, die ich für die Geheimtinte verwendet hatte, und zerstörte die Blöcke mit den Entschlüsselungscodes. Um irgendwelche »Unfälle« zu vermeiden, änderte ich meine tägliche Routine. Ich verließ morgens das Haus zu unterschiedlichen Zeiten und kehrte abends später oder früher zurück, wählte verschiedene Wege zur Arbeit und stieg abwechselnd an zwei verschiedenen U-Bahnhöfen ein, die in der Nähe meiner Wohnung lagen.

Niemand ahnte, was hinter der Fassade meines Leben passierte, schon gar nicht meine kleine Tochter. Wenn Chelsea mich sah, streckte sie mir voll Vertrauen und Zuneigung die Arme entgegen. Sie konnte inzwischen ein paar Wörter sagen, und die Dinge, auf die sie deutete, ließen mich die Welt mit anderen Augen sehen. Ihre uneingeschränkte Liebe zu mir ließ mich staunen und bestätigte mir gleichzeitig, dass das Risiko, das ich auf mich genommen hatte, gerechtfertigt war.

Mehrere Wochen nach dem letzten Funkspruch fuhr ich auf einen Parkplatz in der Nähe der 59th Street Bridge und holte den Blaupunkt-Kurzwellenempfänger aus meinem Kofferraum. Ich ging bis zur Mitte der Brücke, und nachdem ich mich vergewissert hatte, dass niemand in der Nähe war, warf ich das Gerät in den East River. Das Bild, wie dieses Funkgerät in dem trüben Wasser verschwand, hat sich als äußeres Zeichen für meine endgültige Trennung vom KGB in mein Gedächtnis eingegraben. Durch die Vernichtung des Empfängers brachte ich die Stimme meiner früheren Herren für immer zum Schweigen.

Als der Schnee im Frühjahr 1989 schmolz, wichen auch Angst und Anspannung des zurückliegenden Winters einem Gefühl von Frieden und Sicherheit. Ich gab die Umwege zur Arbeit auf und Chelseas zweiter Geburtstag war frei von Sorgen um die Zukunft.

Im November 1989 sah ich im Fernsehen den Fall der Berliner Mauer. Als die Deutschen die Mauer niederrissen, die Ost- und Westberlin geteilt hatte, kamen Schicksale von Leid und Trennung ans Licht, die das kommunistische Regime verschuldet hatte. Von diesen Geschehnissen hatte ich keine Ahnung gehabt.

Ich verfolgte das alles in meiner neuen Heimat mit den Gefühlen eines distanzierten Beobachters. Mein Interesse an

Politik und internationalen Beziehungen war der Konzentration auf meine junge Familie und unser Ziel gewichen, uns einen Platz in der amerikanischen Mittelschicht zu erarbeiten.

Für den KGB und Christiane war Albrecht Dittrich tot. Und der Amerikaner Jack Barsky hatte keine Beziehung mehr zu diesem einst geteilten Land auf der anderen Seite des Ozeans.

33

Als die Entscheidung gefallen war und die Zukunft nicht mehr ungewiss war, wurde ich ein normaler Mensch. Es gab keine »Programmiersitzungen« donnerstagabends bis spät in die Nacht und keine Samstage mehr, an denen ich den ganzen Tag fort war. Mein Leben kreiste jetzt um meine Arbeit und meine Familie.

Mein Job wurde noch herausfordernder und erfüllender. Im Mai erhielt ich eine weitere Beförderung, mit der deutlich mehr Verantwortung einherging. Ich war jetzt für ungefähr tausend nächtliche Programmläufe verantwortlich, die über medizinische Schadensersatzforderungen entschieden, Schecks ausstellten und Bescheide für mehr als eine Million Versicherte ausdruckten. Wenn etwas schieflief, riefen mich die Sachbearbeiter an, egal, zu welcher Uhrzeit. Oft rissen diese Anrufe unsere ganze Familie aus dem Schlaf. Ich beklagte mich häufig bei Penelope darüber, und als echte Partnerin beschloss sie, etwas dagegen zu unternehmen.

Eines Morgens erschien ich wie gewohnt in der Firma, aber als ich mit dem Fahrstuhl im achtzehnten Stock ankam, erwartete mich auf dem Flur ein Begrüßungskomitee. Darunter der stellvertretende Leiter unserer Abteilung, der unübersehbar vor Wut schäumte.

»Jack, wo waren Sie?!«, fragte er. »Die nächtliche Datenverarbeitung wurde unterbrochen, Bescheide und Schecks gehen

nicht raus. Aber was noch schlimmer ist: Fünfhundert Sachbearbeiter im ganzen Land drehen Däumchen und warten darauf,
dass das System wieder hochfährt. Ich bekomme Anrufe von
allen Seiten, auch von ganz oben. Ich hoffe, Sie haben dafür
eine gute Erklärung.«

Ich starrte ihn schockiert an. »Ich habe gestern Nacht keinen
Anruf bekommen«, sagte ich. »Und glauben Sie mir, ich höre
das Telefon immer. Ich habe einen leichten Schlaf.«

»Gehen Sie jetzt an die Arbeit und beheben Sie das Problem
so schnell wie möglich. Und sorgen Sie dafür, dass Ihr Telefon
wieder funktioniert.«

Ich behob die Probleme und gegen Mittag rief ich zu Hause
an. Als ich Penelope fragte, ob sie von irgendeiner Störung des
Telefons wüsste, sagte sie: »Du beklagst dich doch immer, dass
es uns nachts aus dem Bett reißt. Ich habe den Hörer einfach
neben die Gabel gelegt, damit wir ungestört schlafen konnten.«

Als ich an diesem Abend nach Hause kam, machte ich ihr
klar, dass Telefonanrufe mitten in der Nacht ein notwendiger
Teil meiner Arbeit waren. »Das ist einer der Gründe, warum
man mich so gut bezahlt. Wir müssen einfach lächeln und
damit leben.«

Bald nach diesem Vorfall bekam Penelope ihre Greencard
und trat ihre erste volle Arbeitsstelle an. Sie hatte einen Text-
verarbeitungskurs belegt und arbeitete bei einer Baugesellschaft
in Manhattan. Jetzt, da wir beide voll berufstätig waren, gehörten wir zu den amerikanischen Eltern, die die Betreuung ihrer
Kinder organisieren mussten. Wir fanden eine nette ältere Ita-
lienerin, die nicht weit von unserer Wohnung entfernt wohnte,
und MetLife war sehr entgegenkommend und gewährte mir

flexible Arbeitszeiten. Penelope brachte Chelsea auf dem Weg zur Arbeit zu ihrer Tagesmutter, und ich begann schon um sieben Uhr zu arbeiten, damit ich Chelsea auf dem Heimweg um sechzehn Uhr abholen konnte.

Das schenkte uns ungefähr zwei Stunden, in denen Papa und Tochter allein waren, bevor Penelope nach Hause kam. Bei gutem Wetter ging ich mit Chelsea auf den Spielplatz von McDonald's, und wenn wir gezwungen waren, im Haus zu bleiben, las ich ihr Bilderbücher vor, zum Beispiel mit Ernie und Bert aus der *Sesamstraße*. Chelseas Lieblingsspielzeug waren Holzbausteine. Sie liebte es, mir zuzusehen, wie ich wackelige Türme baute, die sie dann entzückt zum Einsturz brachte.

Ihre dichten dunklen Haare verknoteten sich oft, und Penelope hatte nicht immer die nötige Geduld, sie langsam zu entwirren. Chelsea weinte oft vor Schmerzen, wenn ihre Mutter versuchte, die Knoten herauszubürsten.

»Komm, setz dich hierher, Prinzessin. Ich mache das«, sagte ich oft, wenn die Knoten zu schlimm wurden. Ich entfernte sie dann Haarsträhne für Haarsträhne und achtete darauf, dass ich ihr so wenig wie möglich wehtat, indem ich die Haare ganz nah an der Kopfhaut festhielt. Unsere gemeinsame Zeit festigte unsere Vater-Tochter-Beziehung sehr.

Ungefähr zu der Zeit, in der die Berliner Mauer fiel, traf ich eine andere Entscheidung, die meinem Entschluss entsprang, mir ein Leben in Amerika aufzubauen. Ich nahm Penelope eines Tages beiseite und sagte: »Ich habe nachgedacht. Könntest du dir vorstellen, dass wir noch ein zweites Kind bekommen?« Penelope war begeistert, und wir versuchten noch in derselben Nacht, diese Absicht in die Tat umzusetzen.

Ein weiteres Zeichen dafür, dass ich mich für das Leben in Amerika entschieden hatte, war mein Antrag auf die Betriebsrente meiner Firma, die ich plötzlich für sehr sinnvoll hielt. Ich begann auch, in der Mittagspause mehr auf die Gespräche meiner Kollegen über Hauskäufe und Hypothekenraten zu achten. Penelope und ich, zwei illegale Einwanderer, die halblegal in den Vereinigten Staaten lebten, waren bereit, eines der Schlüsselelemente des amerikanischen Traums zu erwerben: ein Einfamilienhaus in den Suburbs.

Während ich mich voll und ganz in mein amerikanisches Leben stürzte, löschte ich alles Deutsche aus meinem Denken. Jeder Gedanke an Deutschland und die Menschen, die ich zurückgelassen hatte, quälte nur mein Gewissen. Deshalb verdrängte ich meine ganzen Erinnerungen und versuchte, in die Zukunft zu blicken, als hätte es meine Mutter, meinen Bruder, Christiane und selbst Matthias nie gegeben. Es war, als wären mit Albrechts Tod auch sie aus dieser Welt verschwunden. Ich dachte nicht an die Konsequenzen, die mein plötzliches Verschwinden für die Menschen hatte, die ich zurückgelassen hatte, oder wie meine Ausbilder und Kontaktleute beim KGB reagiert hatten. Selbst wenn ich es gewollt hätte, hätte ich keinen Kontakt zu meiner Mutter aufnehmen können, ohne mich und meine neue Familie zu gefährden.

Inzwischen trieb im Sommer 1990 eine gewisse Dringlichkeit unsere Suche nach einem Haus an. Eines Samstagnachmittags bestand Chelsea darauf, zum Spielen nach draußen zu gehen. Weder ich noch Penelope hatten in diesem Moment Zeit, und Chelsea allein hinausgehen zu lassen, kam nicht infrage.

Einige Minuten nachdem ich entschieden »Nein« gesagt hatte, hörte ich plötzlich, wie Glas zu Bruch ging. Die Kleine hatte versucht, die Dinge selbst in die Hand zu nehmen, beziehungsweise in die Füße, und hatte gegen die Glastür unserer Wohnung getreten. Zum Glück verletzte sie sich nicht, aber sie vermittelte uns so klar und deutlich, wie es nur eine Zweieinhalbjährige kann: »Ich will mehr Freiheit!«

Was unserer Suche weitere Dringlichkeit gab, war der Umstand, dass Penelope wieder schwanger war. Chelsea freute sich darauf, einen kleinen Bruder oder eine kleine Schwester zu bekommen, aber noch begeisterter war sie, als wir ihr einige Wochen später erzählten, dass wir endlich unser erstes Haus gekauft hatten. In den nächsten Tagen tanzte sie durch die Wohnung und sang Lieder über das Schloss, in das sie einziehen würde und in dem sie »die Treppe hinauf- und hinunter-, hinauf- und hinunterlaufen« konnte.

Einen Monat nach Chelseas drittem Geburtstag bekam sie von uns das beste Geschenk, das sie sich vorstellen konnte: ein Schloss mit Treppen. An einem sehr heißen Tag in der ersten Juliwoche luden wir unsere bescheidenen Habseligkeiten in einen gemieteten Umzugswagen und fuhren zu unserem neuen Haus in Washingtonville im Bundesstaat New York, ungefähr hundert Kilometer nördlich von New York City.

Sowohl für Penelope als auch für mich übertraf dieses Haus alles, wovon wir je zu träumen gewagt hatten. Selbst der Himmel schien sich zu freuen. An dem Tag, an dem wir umzogen, stand ein riesiger Regenbogen direkt über unserem Haus.

Da es in meiner Arbeit weiterhin so gut lief, verdiente ich genug Geld, sodass Penelope bei Chelsea und später auch dem Baby zu Hause bleiben konnte. Obwohl uns das Leben auf dem Land gut gefiel, war die zweistündige Fahrzeit in die Großstadt die reinste Qual. Wie viele Amerikaner opferte ich jetzt viel Zeit für eine bessere und billigere Wohnung.

Ich tauschte auch meinen alten, klapperigen Honda gegen einen nagelneuen Toyota Camry. Dieses zuverlässige neue Fahrzeug kam am Abend des 30. September 1990 sehr gelegen, als mich Penelope ansah und sagte: »Ich glaube, ich habe Wehen.«

Nach unseren Erfahrungen bei Chelseas Entbindung verloren wir keine Zeit und fuhren sofort los. Nachdem ich Chelsea schnell etwas angezogen hatte, rasten wir zu dritt mitten in der Nacht über die nasse, von Blättern bedeckte Landstraße.

Als wir im Goshen-Krankenhaus ankamen, wurde Penelope sofort in den Kreißsaal gebracht. Da Kinder draußen bleiben mussten und wir niemanden hatten, der auf Chelsea aufpasste, setzte ich mich mit ihr ins Wartezimmer.

Wir mussten nicht lange warten. Wieder entband Penelope nur eine knappe Stunde nach unserer Ankunft, und bald verkündete die Schwester so laut, dass es alle hören konnten: »Mr Barsky, Sie haben einen Sohn!«

Mit der Ankunft von Jessie waren wir jetzt die perfekte amerikanische Familie: mit einer Tochter, einem Sohn und einem Haus auf dem Land. Mein Leben, das bis vor Kurzem mit Plänen und Berichten, Geheimnissen und Tarnung gefüllt gewesen war, verlief nun in einer langsameren und angenehmeren Geschwindigkeit.

Aber obwohl ich mich bemühte, mein eigenes Schicksal zu steuern, lag meine Zukunft nicht in meiner Hand. Während ich mich auf der anderen Seite des Atlantiks in meinem neuen Leben einrichtete, sammelte ein pensionierter KGB-Archivar in den bröckelnden Resten der Sowjetunion einen riesigen Stapel von Notizen zusammen, die er sich über die Jahre gemacht hatte. Er war bereit, diese Informationen an den Westen zu übergeben. Zu den vielen Geheimnissen, die in diesen Notizen standen, gehörte der Name, unter dem ich jetzt lebte: Jack Barsky.

34

Ende 1991 erschütterten Gerüchte über bevorstehende Veränderungen die normalerweise ruhige Atmosphäre in den MetLife-Büros. Eines Tages bat mich mein Vorgesetzter Mark zu sich in ein kleines Besprechungszimmer. Sobald er die Tür geschlossen hatte, begann er, mit gedämpfter, fast verschwörerischer Stimme zu sprechen.

»Jack, die Firma hat beschlossen, unsere ganze Abteilung nach New Jersey zu verlegen.«

Meine Kinnlade fiel nach unten. »Ich habe gerade ein Haus oben im Norden gekauft. Ich kann unmöglich nach New Jersey pendeln.«

Mark sagte lächelnd: »Das wissen wir. Wir haben Sie als einen der wenigen zentral wichtigen Mitarbeiter ausgewählt, denen wir den Umzug komplett finanzieren. Wir wollen, dass Sie mitkommen.«

Und so begaben wir uns zum zweiten Mal in eineinhalb Jahren auf Wohnungssuche, dieses Mal in Ost-Pennsylvania. Nach einem enttäuschenden ersten Tag, an dem wir mit einem Immobilienmakler die ganze Gegend abgefahren hatten, waren wir schon auf dem Heimweg, als Penelope plötzlich ein Haus auffiel.

»Schau mal, da steht ein Verkaufsschild. Das Haus sieht wirklich gut aus«, sagte Penelope und legte die Hand auf meinen Arm.

»Okay, wir kommen nächste Woche wieder und sehen es uns an.«

Am darauffolgenden Samstag machten wir die Besichtigung. Sobald wir das Haus betreten hatten, konnte ich mein Vorhaben, das Für und Wider sorgfältig abzuwägen, vergessen.

»Ich will dieses Haus!«, erklärte Penelope, ohne viel Federlesen zu machen.

»Aber der Preis kommt mir ziemlich hoch vor und es ist noch kein Garten angelegt.«

»Das ist mir egal. Ich will dieses Haus.«

Penelopes Aussage war das erste und letzte Wort in dieser Sache, und zwei Jahre nachdem wir in unser erstes Haus gezogen waren, zogen wir in das ländliche Mount Bethel in Pennsylvania. Wenn ich *ländlich* sage, meine ich, dass wir nur einen einzigen Nachbarn in Hörweite hatten und dass die nächste Einkaufsmöglichkeit eine drei Kilometer entfernte Tankstelle war. Aber das Haus hatte alles, was Penelopes Traumhaus haben musste, und die Lage war ein Paradies für die Kinder. Meine Fahrt zur Arbeit wurde auch erträglicher, da sie über Hügel, durch Wälder und über den Delaware River führte, bevor ich mich in den dichten Verkehr rund um die Stadt Bridgewater in New Jersey einreihte.

Ohne die langen Fahrten nach New York wurde mein Alltag deutlich angenehmer. Ich hatte mehr Zeit für die Kinder, die inzwischen fünf und zwei Jahre alt waren, und wir konnten uns ein zweites Auto leisten. So war auch Penelope zum ersten Mal mobil, seit wir aus New York weggezogen waren. Es sah so aus, als würde unser Leben nun ruhiger und stabiler.

Im Herbst 1992 sollte Chelsea in die Vorschule kommen. Aber bei einer Routineuntersuchung wurde festgestellt, dass sie in ihrer Sprachentwicklung um fast zwei Jahre hinter ihren Altersgenossen zurücklag. Das war für mich ein Schock und eine Offenbarung, und ab diesem Punkt hörte ich auf, »Klugheit« als wichtigstes Kriterium in meiner Beurteilung anderer Menschen zu verwenden. Ich sagte meinen Kollegen bei der Arbeit: »Ich glaube, meine Tochter ist ein bisschen zurückgeblieben, aber ich liebe sie trotzdem.«

Es stellte sich heraus, dass meine »ein bisschen zurückgebliebene Tochter« in Wirklichkeit schwerhörig und ansonsten sehr intelligent war. Sie hatte die Fähigkeit des Lippenlesens entwickelt und machte allen etwas vor. Hörgeräte und Sonderpädagogik ermöglichten meiner kleinen Prinzessin bald, es mit dem Rest ihrer Klasse problemlos aufzunehmen.

Im Sommer 1994 packten Penelope und ich unsere Kinder zu unserem ersten Familienurlaub ein. Wir besuchten Penelopes Halbbruder und seine Familie in Toronto und verbanden das mit einem Besuch der Niagarafälle.

Während ich über die Rainbow Bridge nach Kanada fuhr, wurde ich für einen Moment an mein früheres Leben als Spion erinnert. Nur vier Jahre zuvor hätte diese Brücke mein Fluchtweg in Richtung Sicherheit sein sollen. Aber diese Erinnerung war von meiner aktuellen Wirklichkeit so weit entfernt, als stamme sie aus einem anderen Universum.

Doch während wir den faszinierenden Anblick der Niagarafälle genossen, brachen die Schatten meiner Vergangenheit über unser Haus in Mount Bethel herein. Der Name »Jack Barsky« war im FBI-Büro in Allentown gelandet und Special Agent Joe Reilly war als leitender Ermittler im damals wichtigsten Fall von Spionageabwehr des FBI eingesetzt worden. Während wir im Urlaub waren, brach ein Team von FBI-Agenten unbemerkt in unser Haus ein und durchsuchte es gründlich.

Als Penelope ein Jahr später ihren alten Onkel Oscar in London besuchte, warnte das FBI den britischen Geheimdienst MI5, und Penelope wurde während der ganzen Woche ihres Aufenthalts beschattet. Weder sie noch ich ahnten davon auch nur das Geringste.

Durch eine Fusion und die Übernahme von MetLife wurde meine Abteilung Teil von United HealthCare. Ich nutzte diese Veränderung, um in die Führungsebene aufzusteigen. Meine neue Stelle führte mich nach Minneapolis und ich pendelte jede Woche zwischen der Arbeit und meiner Familie hin und her. Ich wusste nicht, dass das FBI mein Auto regelmäßig durchsuchte, während es am Flughafen parkte. Meine Verwandlung vom Geheimagenten zum normalen Amerikaner war so vollständig, dass ich nie Verdacht schöpfte.

In den nächsten Jahren brach das, was wie eine stabile und glückliche Familie aussah, langsam von innen heraus zusammen. Meiner Beziehung zu Penelope fehlte ein stabiles Fundament. Sosehr ich auch für ihre materiellen Bedürfnisse sorgte, spürte sie doch, dass etwas Entscheidendes in unserer Beziehung fehlte: echte Liebe.

Sie sagte einmal zu mir: »Du versorgst uns gut, und du bist ein wunderbarer Vater, aber du bist ein lausiger Ehemann.«

Ich wusste nicht, was sie damit meinte. Sie fuhr von uns beiden das bessere Auto und ich brachte ihr regelmäßig Blumen mit. Lag es daran, dass ich sie nicht in die Klubs begleiten wollte, in die sie gerne ging? Oder daran, dass ich mich geweigert hatte, mit ihr zu einem Konzert von Julio Iglesias zu gehen? Mir fehlte schlicht das Verständnis, es mangelte mir an Sensibilität für ihre Bedürfnisse, aber selbst ich dickhäutiger Deutscher erkannte, dass etwas in die falsche Richtung lief.

Ich wollte unsere Familie wieder einen, also erklärte ich mich bereit, mit Penelope zur Sonntagsmesse zu gehen. Ungefähr drei Jahre lang gingen wir zu viert im nahe gelegenen Stroudsburg zur katholischen Messe. Für einen Agnostiker wie mich war die katholische Messe emotional unbedeutend und intellektuell sinnlos. Sie war weder reizvoll noch abstoßend. Ich genoss die Orgelmusik und einige der kurzen Predigten, aber die ganzen Rituale bedeuteten für mich und die Kinder nicht viel. Die Kinder saßen während der einstündigen Messe neben uns und freuten sich auf das Essen in einem Fast-Food-Restaurant, das wir danach immer besuchten, und ich war immer froh, wenn der Gottesdienst vorbei war.

Als auch der Kirchenbesuch meine Ehe nicht kitten konnte, setzte ich mich eines Morgens zu Penelope in die Küche und sagte: »Ich weiß, dass dir etwas in unserer Beziehung fehlt.

Kannst du mir sagen, was es ist, damit ich es in Ordnung bringen kann?«

»Etwas, das du vor langer Zeit kaputt gemacht hast, kannst du jetzt nicht einfach in Ordnung bringen.«

»Verstehe«, sagte ich zerknirscht. »Aber ich bin bereit, einen Neuanfang zu versuchen. Was hältst du davon, wenn wir zu unserem zehnten Hochzeitstag unser Eheversprechen erneuern? Dieses Mal können wir es in einer Kirche mit einem Priester und einer richtigen Feier machen. Was meinst du?«

»Du meinst, du müsstest nur ein großes Pflaster auf alte Wunden kleben, und alles wäre gut? Als wir uns kennenlernten, war ich dir nur lästig. Ich habe mich daran gewöhnt und mir das gefallen lassen. Und jetzt willst du das wie mit einem Zauberstab in Ordnung bringen? Dafür ist es zu spät.«

»Aber können wir uns nicht darauf einigen, dass wir in der Vergangenheit Fehler gemacht haben, dass vor uns aber immer noch eine lange Zukunft liegt? Warum können wir nicht versuchen, es besser zu machen?«

»Ich glaube nicht, dass das funktionieren wird«, sagte sie. »Wir müssen einfach eine Möglichkeit finden, es miteinander auszuhalten.«

Ich hatte schon eine ganze Weile überlegt, ob ich Penelope die Wahrheit sagen sollte. Ich war frustriert, weil sie unsere Ehe schon aufgegeben hatte, auch wenn diese zugegebenermaßen schon sehr lange nicht gut gelaufen war. Es war mein Wunsch, dass sie mich wenigstens verstand. Deshalb beschloss ich, mein Geheimnis zu verraten.

»Ich muss dir etwas sagen.«

Penelope wartete, aber die Ungeduld war ihr deutlich anzusehen.

»Ich will dir beweisen, wie sehr ich dich und die Kinder liebe. Als ich dich kennenlernte, habe ich für die Russen gearbeitet. Ich war ein Spion. Mein echter Name ist Albrecht Dittrich, aber ich lebe schon lange als Jack Barsky in Amerika. Nicht lange nach Chelseas Geburt wollten die Russen, dass ich nach Moskau zurückkehre, aber ich konnte dich und Chelsea nicht verlassen. Deshalb habe ich meine Kontakte zum KGB abgebrochen. Weißt du, was ich für dich riskiert habe? Ich hätte verhaftet oder sogar getötet werden können. Bedeutet dir das gar nichts?«

Penelopes Reaktion fiel ganz anders aus, als ich erwartet hatte. Zuerst dachte ich, sie würde mir nicht glauben. Ich sah, wie sie mühsam zu begreifen versuchte, was ich ihr soeben enthüllt hatte. Nach einer langen Pause sagte sie: »Du sagst also, dass du illegal in den USA bist? Das bedeutet ja, dass ich auch keinen echten Aufenthaltsstatus habe. Was ist, wenn man das herausfindet, uns beide aus dem Land wirft und uns Jessie und Chelsea wegnimmt?«

Dann lief sie weinend zur Hintertür hinaus. Mein Ass im Ärmel hatte die Situation keineswegs zu meinen Gunsten entschieden.

Wie sich herausstellte, richtete dieser Schuss, der nach hinten losgegangen war, noch viel mehr Schaden an, als ich ahnte. Das FBI hatte unser Haus verwanzt und hörte unser ganzes Gespräch mit. Damit wussten sie, dass sie ihren Mann erwischt hatten, und sie hatten sogar mein Geständnis auf Band.

TEIL V

FESTNAHME EINES SPIONS

35

Mitte Mai 1997 wurde das Wetter im Nordosten der USA warm. Es war ein Freitag und ich wollte so bald wie möglich Feierabend machen. Ich freute mich auf ein schönes Frühlingswochenende in unserer ländlichen Gegend. Besonders freute ich mich darauf, mit den Kindern, die mit ihren zehn und sieben Jahren bereits ernst zu nehmende Gegner für ihren allmählich älter werdenden Vater wurden, Basketball zu spielen.

Um sechzehn Uhr beschloss ich aufzubrechen. Ich schlich mich vorsichtig durch das Labyrinth an Arbeitsplatznischen und machte einen großzügigen Bogen um das Büro des Chefs. Ich huschte zur Tür hinaus und sprintete zum Parkplatz.

Vier Monate zuvor hatte ich bei United HealthCare gekündigt und eine leitende Position bei Prudential angenommen. Die achtzig Kilometer lange Fahrt dorthin war nach den langen Pendelstrecken der Vergangenheit eine willkommene Abwechslung.

An diesem Freitag stockte der Verkehr auf der Autobahn I-80 in Richtung Westen wie erwartet immer wieder. Nach einer Dreiviertelstunde *Stop-and-go* lag vor meinem Mazda 323 endlich freie Strecke bis zur Portland-Columbia-Mautstelle, die nur fünf Minuten von unserem Haus entfernt war. Als ich die Mautstelle verließ, winkte mich ein Verkehrspolizist zu einer scheinbar routinemäßigen Kontrolle an den Straßenrand.

»Sir, würden Sie bitte aussteigen?«, forderte er mich auf, als ich mein Fenster öffnete. Ich fand das ein wenig seltsam, war aber immer noch nicht beunruhigt.

Dann fiel mir ein anderer Mann auf, der in Zivilkleidung auf mein Auto zukam. Er war mittleren Alters, untersetzt und hatte bereits eine hohe Stirn. Er hielt eine Dienstmarke hoch und sagte mit ruhiger Stimme: »Special Agent Reilly, FBI. Wir würden uns gern mit Ihnen unterhalten.«

Ich bin sicher, dass mein Gesicht bei diesen Worten kreidebleich wurde. Sie kamen aus einem anderen Universum, das ich vor vielen Jahren verlassen hatte; meine Vergangenheit hatte mich doch noch eingeholt.

Ich wusste damals nicht, dass das FBI schon seit Ende 1993 am Barsky-Fall arbeitete. Als sie herausgefunden hatten, wo ich wohnte, wurde der Fall dem Büro in Allentown übertragen, und Special Agent Joe Reilly wurde der leitende Ermittler. Mit seiner umfangreichen Erfahrung im Bereich Spionageabwehr war er der richtige Mann für diese Aufgabe.

Nachdem Reilly mit Elisha Lee Barsky gesprochen hatte, deren Sohn Jack 1955 gestorben war, war Agent Reilly klar, dass sie einen großen Fisch an der Angel hatten; aber sie wussten nicht, wie groß dieser Fisch wirklich war.

Obwohl die Sowjetunion zwei Jahre zuvor zusammengebrochen war, bestand die Chance, dass immer noch Agenten oder ganze Spionagezellen aktiv waren oder jederzeit wieder aktiviert werden konnten. Da ich Penelope zu einer Greencard verholfen hatte, bestand der Verdacht, dass wir als Paar arbeiteten, was sowjetische Agenten häufig taten.

Außerdem hatte ich 1989 versucht, an einen amerikanischen Pass zu kommen. Der war anscheinend auch ausgestellt worden, ich hatte ihn aber nie erhalten. Aber sie mussten annehmen, dass ich Geld und einen gültigen amerikanischen Pass hatte, es bestand deshalb Fluchtgefahr.

Joe Reilly war jedoch zu dem Schluss gekommen, dass ich mich vollständig in die amerikanische Gesellschaft integriert hatte und dass ich aufgrund der Liebe zu meinen Kindern sehr wahrscheinlich bereit wäre, mit den amerikanischen Behörden zu kooperieren. Bei unserer ersten Begegnung plante er, mich festzuhalten, aber nicht zu verhaften, und meine uneingeschränkte Kooperation zu verlangen, ohne mir irgendwelche Gegenleistungen zu versprechen.

Natürlich wusste ich von alledem nichts und befürchtete das Schlimmste. Reilly erzählte mir später, dass mir in dem Moment, in dem ich seine Dienstmarke sah, tatsächlich alles Blut aus dem Gesicht gewichen war. Aber er hatte gestaunt, wie schnell ich mich von meinem Schreck erholte und welche schicksalsergebene Gelassenheit ich an diesem Abend ausstrahlte.

Das FBI hatte für die Operation *Tag* penible Vorkehrungen getroffen. Die Mautstelle war ein idealer Ort, um mich unterwegs anzuhalten. Für das, was nun folgte, hatte das Reilly-Team einen ganzen Trakt des Motels *Pocono Inn* im Dorf Delaware Water Gap gemietet.

Agent Reilly fuhr das Auto, sein Partner David Roe saß neben mir auf dem Rücksitz. Als ich sah, dass Roe eine Waffe an seinem Knöchel trug, wurde mir bewusst, dass sie es ernst meinten. Während wir auf der Bundesstraße 611 in Richtung Norden fuhren, stellte ich die für mich wichtigste Frage: »Bin ich verhaftet?«

»Nein.«

Diese knappe Antwort weckte einen Funken Hoffnung in mir.

Dann versuchte ich es mit ein wenig Galgenhumor: »Warum habt ihr nur so lange gebraucht?«

Die Antwort war ein unterdrücktes Lachen. Das Eis war fast gebrochen.

Nach einer viertelstündigen Fahrt auf einer kurvigen Landstraße kamen wir im Motel an. Im Flur standen auf beiden Seiten Wachleute. Ich wurde in ein Zimmer in der Mitte des Hotelflügels gebracht.

Dort standen Regale an den Wänden, darin aufgereiht dicke Ordner. Auf den Ordnerrücken standen Details aus meinen ersten Jahren in den Vereinigten Staaten. Auf einem Etikett stand die Tarnadresse von Ella Borisch, die ich bis 1981 benutzt hatte. Auf einem anderen stand mit großen Buchstaben »Dieter«.

Diese Requisiten waren unübersehbar ein psychologischer Trick, was ich trotz des Drucks, unter dem ich stand, sofort erkannte. Tatsächlich waren die Ordner leer, aber das FBI hätte gar keinen Druck ausüben müssen, um mir klarzumachen, dass der einzige Ausweg aus meiner prekären Situation eine hundertprozentige Kooperation war.

Ich erklärte den Beamten meine Einsicht mit Nachdruck, und ich glaube, man hat mich verstanden. Außer meiner Familie und meinem Leben hatte ich nichts mehr zu verlieren. Es war

1997 und ich hatte jeden Glauben an die Idee des Kommunismus verloren. Damit war jeder Rest an Loyalität gegenüber meinem früheren Arbeitgeber und seinen Repräsentanten versiegt.

Als wir uns gesetzt hatten, begann Joe Reilly die Befragung mit einer einfachen Erklärung: »Jack, heute muss nicht der schlimmste Tag Ihres Lebens sein.«

Der Funke Hoffnung wuchs zu einer kleinen, flackernden Flamme.

Bevor die Befragung begann, durfte ich Penelope anrufen und ihr sagen, dass ich später nach Hause käme, weil es an der Arbeit Probleme gäbe. Reilly kannte jedes Detail meines Lebens und wusste, dass ich unter Bluthochdruck litt. Es war eine große Beruhigung, als er fragte, ob ich meine Blutdruckmedikamente bräuchte.

Bei der ersten Befragung wurden alle grundsätzlichen Dinge abgefragt, wie mein echter Name, Geburtsort und Geburtsdatum, Ausbildung und Rekrutierung.

Nach zwei Stunden entließ mich Agent Reilly. Er sagte, ich solle am Wochenende versuchen, mich zu entspannen. Das war leichter gesagt als getan, in den folgenden Wochen war ich zu keiner Entspannung fähig. Unmittelbar bevor er mich gehen ließ, stellte mir Reilly den Leiter der Überwachungseinheit vor, der mir mit dem Gesicht und dem Ton eines strengen Schuldirektors sagte: »Denken Sie nicht einmal daran wegzulaufen. Wir beobachten Ihr Haus und wir überwachen jede Straße und Kreuzung in der Gegend. Sie werden uns nicht entkommen.«

Diese Warnung war unnötig. Eine Flucht kam für mich nicht infrage. Wohin hätte ich auch gehen sollen? Stattdessen blieb ich zu Hause und beschäftigte mich am Sonntag, den 18. Mai

1997, meinem achtundvierzigsten Geburtstag, mit der Frage, wo ich wohl meinen fünfzigsten Geburtstag erleben würde.

Am folgenden Dienstag fuhren mich Agent Reilly und sein Partner zu den FBI-Büros in Allentown. Während ich auf dem Rücksitz des Autos saß, drehte sich Reilly um und legte einen Arm auf die Rückenlehne.

»Wir müssen Sie einem Lügendetektor-Test unterziehen. Das Ergebnis wird Ihre Zukunft mitbestimmen. Ich persönlich denke, dass wir Ihnen trauen können, aber wir brauchen ein positives Testergebnis, bevor wir weitermachen können.«

Ich hatte keine Ahnung, was ich zu erwarten hatte. In Filmen werden solche Tests oft als Kreuzverhöre dargestellt mit einem feindseligen Befrager und einem Scheinwerfer, der dem Befragten ins Gesicht leuchtet. Wie ich bald am eigenen Leib erfuhr, ist ein echter Test mit dem Lügendetektor die unaufdringlichste Befragung, die man sich vorstellen kann. Es gab kein grelles Licht, alle Fragen wurden mir vorher offengelegt und die einzigen erlaubten Antworten waren ein geflüstertes »Ja« oder »Nein«. Die Instrumente sind so empfindlich, dass sie die leichtesten körperlichen Veränderungen, die eine Lüge auslöst, festhalten können.

Agent Reilly führte mich an den Wachen im Allentown-Büro vorbei und wir betraten ein Zimmer mit einem Sofa, einem Tisch und vier Sesseln. Er stellte mich dem Prüfer vor, der einen Holzkasten öffnete und mehrere Messinstrumente herausholte. Er befestigte eine Klammer an meinen Fingerspitzen, eine Blutdruckmanschette an meinem Arm und eine Drahtspirale um meine Brust.

Am Anfang las mir der Prüfer alle Fragen vor. Dann folgte ein Übungsdurchlauf, bei dem er mir alle Fragen stellte und ich sie beantwortete. Danach schaltete er die Messinstrumente ein, die die Leitfähigkeit der Haut, den Blutdruck, den Puls und andere physiologische Daten maßen, und setzte sich hinter mir auf einen Stuhl, um dann erneut mit den Fragen zu beginnen.

»Sind wir in Allentown in Pennsylvania?«

»Ja.«

»Ist Ihr Name Jack Barsky?«

»Ja.«

»Ist Ihr Geburtsname Albrecht Dittrich?«

»Ja.«

»Arbeiten Sie derzeit bei MetLife?«

»Nein.«

Der gesamte Test dauerte nicht länger als eine Viertelstunde. Danach zog sich der Prüfer in ein anderes Zimmer zurück, während Agent Reilly und ich uns die Zeit mit Small Talk im Untersuchungsraum vertrieben. Als der Prüfer eine halbe Stunde später zurückkam, sagte er: »Sie haben alle Fragen wahrheitsgemäß beantwortet bis auf diese eine.« Er deutete auf eine der Fragen auf dem Papier. Ich las die Frage: *Haben Sie nicht alle Kontakte zum KGB abgebrochen?* Plötzlich fiel es mir auf. »Diese Frage lässt sich weder mit Ja noch mit Nein richtig beantworten. Könnte es daran liegen?«

»Allerdings«, antwortete der Prüfer. »Ich schreibe die Frage um, Sie müssen dann an einem anderen Tag wiederkommen und sie beantworten. Wir brauchen ein vollständiges Testergebnis.«

Ich fragte mich, ob der erfahrene Prüfer diese schwierige Frage absichtlich eingebaut hatte, um seine Testmethoden zu überprüfen. Aber das verriet er mir nicht.

Agent Reilly setzte mich bei meinem Auto in der Stadt Bangor ab und ich fuhr nach Hause. Der Lügendetektortest hatte mich sehr nervös gemacht, besonders, da ich diese entscheidende Frage nicht richtig beantwortet hatte. Als ich nach Hause kam, war es noch früh am Tag, und ich war zu aufgekratzt, um einfach herumzusitzen. Deshalb schnappte ich mir unsere Motorsense und machte mich daran, einen steilen Hang am Rand unseres Grundstücks zu bearbeiten.

Als ich an dem steilen Hang stand und auf das lästige Unkraut losging, erlitt ich fast so etwas wie eine Panikattacke. Mein Herz raste und ich bekam kaum Luft.

Was wird aus mir werden?

Was ist, wenn ich den Test wieder nicht bestehe? Komme ich dann doch noch ins Gefängnis?

Was wird aus Jessie und Chelsea?

Diese Gedanken schossen mir in Endlosschleife durch den Kopf. Sosehr ich mich auch bemühte, Antworten zu finden, indem ich das, was die FBI-Agenten gesagt und getan hatten, analysierte, fand ich keine Ruhe. Mir blieb nichts anderes übrig, als zu hoffen.

In dieser und den folgenden Nächten schlief ich nicht gut, aber meine Stimmung verbesserte sich deutlich, als ich eine Woche später die letzte Frage des Lügendetektortests fehlerfrei beantwortete. Jetzt wusste ich, dass das FBI an meine Aufrichtigkeit glaubte.

36

In den folgenden sechs Wochen befragten mich Joe Reilly und sein Partner mehrfach nach allen Details meines Lebens.

»Wir fangen ganz von vorne an. Und Sie müssen in Bezug auf alles ehrlich und offen sein.«

»Ich habe nichts mehr zu verbergen«, sagte ich. So empfand ich wirklich. Ich hatte so viele Jahre ein Doppelleben geführt, niemand hatte gewusst, wer ich wirklich war, nicht einmal ich selbst. Nun konnte ich zum ersten Mal alles erzählen, ohne etwas zurückhalten zu müssen.

Wir trafen uns ein- bis zweimal in der Woche in dem Motel und durchkämmten meine gesamte Lebensgeschichte und KGB-Laufbahn. Am Ende hatte ich das Gefühl, dass die Agenten Reilly und Roe mehr über mich wussten als ich selbst.

»Sie wissen nicht, warum man Sie rekrutiert hat?«, hakte Agent Roe nach.

»Nein. Vielleicht ging das von der Partei aus oder von meinem Freund Günter, oder sie haben mich ausgesucht, weil ich das Stipendium erhielt. Man hat es mir nie gesagt. Eines Tages hat einfach dieser Mann an meine Tür geklopft. Ich dachte damals, er sei von der Stasi, aber er könnte auch ein KGB-Kontaktmann gewesen sein. Er hat mir seinen Namen nie genannt.«

Wir fuhren nach New York, und ich führte die Agenten zu mehreren Stellen, an denen tote Briefkästen eingerichtet gewesen waren. Ich zeigte ihnen eine Gruppe von Felsen im Cunningham Park in Queens, wo auf einem der Steine das »Styx« stand; einen hohlen Baum im Inwood Hill Park an der nördlichsten Spitze von Manhattan und einen anderen hohlen Baum im Van Cortlandt Park in der Bronx.

Schließlich machten wir uns auf die Suche nach meinen Notfallpapieren – dem kanadischen Pass und dem Führerschein, die ich fünfzehn Jahre zuvor versteckt hatte. Wir fuhren zu einem Viertel in der Nähe der U-Bahn-Station Gun Hill Road in der Bronx und folgten einem schmalen Pfad, der mitten durch die hundert Meter breite Grünfläche zwischen der Bronx im Westen und River Parkway im Osten verlief. Auf beiden Seiten des Pfades wucherten Unkraut und Sträucher.

Irgendwann drehte ich mich zu Joe Reilly um und sagte: »Das wird schwierig. Ich habe keine Ahnung, ob ich die Stelle wiederfinde.«

Fünf Minuten später blieb ich abrupt stehen.

»Haben Sie etwas?«, fragte Reilly.

Ich deutete zu den Resten einer Parkbank links neben dem Weg. Von dem Holz war fast nichts mehr übrig, aber die zwei Stützen aus Beton ragten noch aus der Erde.

»Vielleicht…«, sagte ich und ging zu dem linken Pfosten. Ich bückte mich und zog kräftig daran, um die Unterseite freizulegen, und da war es. Das Päckchen, das ich fünfzehn Jahre zuvor unter der Bank vergraben hatte, war immer noch da.

»Ich hab's!«, rief ich triumphierend und wusste, dass diese Entdeckung sowohl bewies, dass ich die Wahrheit gesagt hatte, als auch, dass ich ein ausgezeichnetes Gedächtnis hatte.

Wir verließen New York, die Befragungen gingen weiter. Jeden Abend fuhr ich nach Hause und tat, als sei alles in Ordnung, aber innerlich erhöhte sich meine Anspannung immer mehr. Das FBI hielt sich bedeckt und verriet nichts über seine Pläne für meine Zukunft.

Abgesehen von den Sitzungen mit Agent Reilly und Roe veränderte sich mein Leben bei der Arbeit und zu Hause nicht. Erstaunlicherweise bemerkten weder Penelope noch meine Kollegen meine Anspannung.

Obwohl Reilly in Bezug auf meine Zukunft nicht einmal Andeutungen machte, schien sich zwischen ihm und mir so etwas wie Verständnis zu entwickeln, zuerst auf intellektueller, dann auf emotionaler Ebene. Aber das hieß nicht, dass ich nicht ins Gefängnis gesperrt oder nach Deutschland abgeschoben werden würde, mit unbekannten Folgen für Penelope und meine Kinder.

Bei einem unserer Gespräche fragte ich mit einer gewissen Sorge: »Penelope will ihren Bruder in Toronto besuchen. Darf sie fahren und kann sie die Kinder mitnehmen?«

Eine Woche später teilte mir Agent Reilly mit, dass das FBI meiner ganzen Familie erlaubte, nach Kanada zu fahren. Man wolle den Alltag meiner Familie nicht beeinträchtigen, und es war immer noch zu früh, um Penelope in die laufenden Ermittlungen einzubeziehen.

Ich deutete das als sehr positives Zeichen dafür, dass man mir vertraute. Wer erlaubt einem Ex-Spion, das Land zu verlassen, wenn er ihm nicht traut?

Und dann kam ein heißer Donnerstag Mitte Juli. Wieder fuhr ich, wie so oft in den zurückliegenden zwei Monaten, zu einem Verhör links an der Abbiegung vorbei auf die Columbia-Portland-Mautbrücke und weiter zum Dorf Watergap.

Wie lange geht das noch so weiter?, fragte ich mich. *Wir haben mein ganzes Leben schon zweimal vorwärts und rückwärts durchgesprochen. Was kann ich ihnen denn noch erzählen?*

Ich klopfte an die Tür des Hotelzimmers. Als mir Joe Reilly öffnete, grinste er übers ganze Gesicht.

»Kommen Sie herein«, sagte er. »Heute ist Ihr Glückstag.«

»Wie meinen Sie das?«

»Die Regierung der Vereinigten Staaten hat über Ihre Zukunft entschieden. In Anerkennung Ihrer Ehrlichkeit und uneingeschränkten Kooperation dürfen Sie im Land bleiben. Das Gleiche gilt auch für Ihre Familie.«

Das war die bei Weitem beste Nachricht, die ich in meinem ganzen Leben bekommen hatte. Ich konnte kaum einen lauten, erleichterten Freudenschrei unterdrücken. Endlich war die Zukunft erkennbar und die Aussichten waren gut!

»Das FBI wird sich um Sie kümmern, Ihren Lebenslauf bereinigen und Ihnen authentische, legale Papiere beschaffen«, sagte Reilly. »Das kann eine Weile dauern, da Ihr Fall sehr ungewöhnlich ist. Normalerweise bekommen Leute wie Sie eine neue Identität und kommen in ein Zeugenschutzprogramm. Aber Sie sind in der amerikanischen Gesellschaft so fest integriert, dass diese Option Ihr Leben und das Ihrer Familie nur aus dem Gleichgewicht werfen würde. Deshalb versuchen wir lieber, Ihnen saubere Papiere zu beschaffen.«

Vor Freude ganz außer mir sagte ich: »Kann ich jetzt Penelope ins Vertrauen ziehen?«

»Ich denke, jetzt ist es so weit«, erwiderte er.

Am folgenden Freitag sagte ich Penelope, dass sie am Samstagvormittag zu Hause sein müsse, weil »einige Beamte der Stadtverwaltung uns ein paar Fragen zur Flächennutzung in der Nachbarschaft stellen wollen«. Ich hoffte, das wäre die letzte Lüge, die ich je erzählen müsste.

Die »Beamten der Stadtverwaltung« Joe und Dave erschienen am nächsten Morgen um zehn Uhr. Wir setzten uns an den Küchentisch und Joe eröffnete das Gespräch.

»Mrs Barsky, wir wissen, dass Ihnen bewusst ist, dass Jack ein ehemaliger KGB-Spion ist. Wir wissen auch von seiner Vergangenheit. Wir sind vom FBI.«

Penelopes Gesicht wurde aschfahl, aber bevor sie etwas sagen konnte, sprach Joe weiter.

»Aber es ist alles in Ordnung. Jack hat vollständig mit uns kooperiert, und die amerikanische Regierung hat beschlossen, keine Anklage zu erheben. Ihre ganze Familie darf im Land bleiben.«

Penelope begriff nicht, was Joe sagte, und sagte mit zitternder Stimme: »Ich wusste, dass das kein gutes Ende nehmen würde. Ich wusste es!« Sie wandte sich wütend an mich und fuhr mich an: »Wie konntest du das mir und den Kindern antun? Wie konntest du nur?«

An dieser Stelle fiel ihr Agent Roe mit ruhiger Stimme ins Wort. »Mrs Barsky, bitte beruhigen Sie sich. Alles wird gut. Sie haben ein schönes Haus und Sie können es behalten. Ihr Mann wird seinen Job behalten, und eines Tages wird es Ihnen allen freistehen, zu gehen, wohin Sie wollen. Es dauert nur noch einige Zeit, die ganzen Formalitäten abzuschließen, um Jack gültige Papiere zu beschaffen.«

Als sie das begriff, atmete Penelope erleichtert auf, aber tief in meinem Herzen wusste ich, dass sie keinen Frieden hatte. Seit ich ihr alles gestanden hatte, hatte sie oft ihrem Ärger über meine Geheimniskrämerei Luft gemacht. Sie war mit einem Spion und Lügner verheiratet, dem sie nie wirklich vertrauen konnte.

Mit diesem Besuch bei uns zu Hause war der Großteil der Verhöre abgeschlossen, aber Joe und ich trafen uns weiterhin jede Woche in einem Restaurant in Watergap. Er hatte meistens noch einige Detailfragen, die ich beantwortete, so gut ich konnte. Aber wir waren inzwischen auch Freunde geworden. Nach seinen Fragen saßen wir noch ungefähr eine Stunde lang zusammen, aßen gemeinsam und unterhielten uns über das Leben, die Geschichte, die Politik und die Menschen. Wir stellten fest, dass wir vieles gemeinsam hatten. Nachdem wir uns oft getroffen hatten, nahm ich meinen Mut zusammen und stellte ihm auch einige Fragen.

»Wie habt ihr mich eigentlich gefunden? Wie ihr wisst, habe ich meine Tätigkeiten für den KGB schon 1988 beendet. Warum also erst jetzt?«

»Nun ja«, begann Joe und trank einen Schluck Kaffee. »1991 meldete sich ein gewisser Wassili Mitrochin beim britischen

Geheimdienst. Mitrochin war Archivar beim KGB gewesen und hatte im Laufe der Jahre Tausende handgeschriebener Notizen gesammelt; er hatte Dokumente in den Archiven des KGB abgeschrieben. Genau genommen meldete er sich zuerst bei der CIA, aber der junge Agent dort nahm ihn nicht ernst und schickte ihn wieder weg. Ich kann dir garantieren, dass dieser Mann keine große Karriere machen wird.«

Ich hörte mir die Geschichte mit großem Interesse an und beugte mich vor, während die Geräusche im Restaurant in den Hintergrund traten. »Und in diesen Notizen war ein Hinweis auf mich?«

»Allerdings. Sie erwähnten einen Jack Barsky, Codename ›Dieter‹, der irgendwo an der Ostküste als Geheimagent lebt. Mitrochin erklärte, dass es insgesamt neun Ordner über diesen Dieter in den Archiven gibt. Er hatte nur Einblick in die Ordner bis zum Jahr 1984.«

»Aha«, sagte ich. »Das erklärt, warum ihr die Ordner in diesem Motelzimmer mit Details aus meinen früheren Jahren beschriftet habt. Und wie habt ihr mich schließlich gefunden?«

»Als mir im Herbst 1993 dein Fall übertragen wurde, sagte mir der Leiter des FBI persönlich, dass dies der größte Fall von Spionageabwehr sei, den wir in dieser Zeit hatten. Ein illegal im Land lebender Agent, über den es beim KGB neun Ordner gab, musste sehr ernst genommen werden. Immerhin steckten wir gerade mitten im Aldrich-Ames-Debakel.«[4]

Wir unterbrachen einen Moment unser Gespräch, während die Kellnerin unsere Teller abräumte und Joe Kaffee nachschenkte.

»Dich zu finden, war nicht sehr schwer. Wenn du John Miller heißen würdest, hätte das einige Probleme bereitet; aber Jack Barskys gibt es nicht so viele. Als wir herausfanden, dass du mit Mitte dreißig einen Sozialversicherungsausweis beantragt hast, als Fahrradkurier gearbeitet hast, mit Auszeichnung dein Studium abgeschlossen und dann eine große Karriere in der IT-Branche gestartet hast, wussten wir, dass wir den richtigen Mann hatten. Ein solcher Lebenslauf ist einfach nicht normal, vorsichtig ausgedrückt.«

Ich konnte mir ein Schmunzeln nicht verkneifen.

»Übrigens hätte es dich schon viel früher erwischen können. Nur wenige Monate bevor du deinen Sozialversicherungsausweis beantragt hast, hätte uns die Behörde informieren müssen, wenn jemand über dreißig einen solchen Antrag stellt. Aber da das Programm keine Ergebnisse brachte, war es gestrichen worden.«

»Wie lange habt ihr mich denn beschattet? Immerhin sind Undercover-Agenten oft sehr lange inaktiv. Ich hätte ein Schläfer sein können.«

»Genau das war unsere Befürchtung, aus diesem Grund sind wir langsam und sehr vorsichtig vorgegangen. Wir wollten dich nicht warnen. Deshalb habe ich zuerst dein Haus von den Hügeln auf der anderen Straßenseite aus beobachtet. Ich habe auch regelmäßig deinen Müll durchsucht. Keine angenehme Arbeit, besonders im Sommer, das kannst du mir glauben. Und als euer Nachbarhaus zum Verkauf angeboten wurde, hat es das FBI gekauft. Ein Agent und eine Agentin zogen ein und spielten ein Ehepaar.«

Ich hätte am liebsten laut gelacht. Ich stellte mir vor, wie Joe meinen Müll durchwühlte und mich mit dem Fernglas beobachtete, während ich den Rasen mähte oder die Morgenzeitung las.

»Natürlich habt ihr absolut nichts gefunden«, sagte ich mit einem leichten Grinsen.

»Nein«, seufzte Joe. »Wir hätten die Beschattung schon viel früher abbrechen können, aber dann sind wir auf etwas gestoßen, das uns stutzig machte. Du warst mit einem Mann befreundet, der in Kuba geboren ist und in die Vereinigten Staaten eingewandert ist.«

»Wer? Mein Kollege Gerard? Er ist der schlauste Mann, mit dem ich je zusammengearbeitet habe. Was ist mit ihm?«

»Wir fanden heraus, dass ihm eine Wohnung in der Bronx gehörte, die er an einen sowjetischen Diplomaten niedrigen Ranges vermietet hatte. Die Alarmglocken schrillten. Hatten wir es mit einem internationalen Spionagering zu tun? Als Penelope auch noch nach London flog, wurde der Alarm noch dringlicher. MI5 hat sie die ganze Zeit beschattet.«

Ich schüttelte verwundert den Kopf, als ich hörte, was alles ohne mein Wissen geschehen war. Der Spion, der ausspioniert wurde und davon absolut nichts merkte!

»Mit diesen Ermittlungsergebnissen bekamen wir schließlich die richterliche Erlaubnis, dein Haus zu verwanzen. Bald darauf haben wir den Streit zwischen dir und Penelope mitgehört, bei dem du ihr deine KGB-Vergangenheit gestanden hast. Das war der Beweis, wir konnten handeln.«

Jetzt hatte ich alle Puzzleteile zusammen. Es kommt nicht oft vor, dass das Objekt einer strafrechtlichen Untersuchung aus dem Mund des Ermittlers die ganze Geschichte erfährt.

★ ★ ★

Es war nur eine Frage der Zeit, bis ich die richtigen Papiere bekam; ich wusste, dass ich Geduld haben musste. Da mein Fall so ungewöhnlich war, war der Prozess mit einigen Schwierigkeiten verbunden. Es scheiterten mehrere Versuche, bis alles genehmigt war. Penelope und die Kinder bekamen ihre Original-Ausweise und Papiere, doch bei mir war die Sache komplizierter. Ich war nie offiziell in die Vereinigten Staaten eingereist; um das nachzuholen, fuhr mich das FBI über den St.-Lorenz-Strom nach Kanada und brachte mich postwendend zurück. Als ich wieder in die USA einreiste, erhielt ich ein I-94-Formular, das die Grundlage für die Greencard wurde, die mir 2009 erteilt wurde.

Joe bekam vom Leiter des FBI ein Anerkennungsschreiben für sein gutes Urteilsvermögen und seine umsichtige Vorgehensweise in meinem Fall und ging bald nach dem offiziellen Ende meiner Befragung in den Ruhestand. Danach hielt ich über drei andere Agenten den Kontakt zum FBI, alle drei waren Profis von höchstem Kaliber. Besonders dankbar war ich dem Mann, der die ganzen bürokratischen Hürden überwand, um meinen Fall endgültig abzuschließen, und mir ermöglichte, amerikanischer Staatsbürger zu werden. Er ist immer noch als Agent aktiv, deshalb nenne ich hier nicht einmal seinen Vornamen, aber er ist mein Held.

Im Laufe der Zeit lernten Joe und ich uns noch besser kennen und schätzten uns immer mehr. Wir stellten fest, dass wir einige Charaktereigenschaften gemeinsam hatten. Wir arbeiteten beide schwer und setzten uns sehr diszipliniert für unsere jeweilige Sache ein. Aber wenn die Situation Flexibilität erforderte, scheuten wir nicht vor spontanen Entscheidungen zurück, die in keinem Lehrbuch standen. Ich erinnere mich noch an eine abrupte 180-Grad-Wende, die Joe in Washington vornahm und dabei den ganzen Grasstreifen auf der rechten Straßenseite benutzte. Eine andere Gemeinsamkeit war unsere tiefe Ehrlichkeit, die uns wiederum zu sehr glaubwürdigen Lügnern machte, wenn es die Situation erforderte.

Eines Abends in Washington nutzten wir die Happy Hour im *Marriott*, bevor wir am folgenden Morgen in der FBI-Zentrale auftauchen sollten. Wir kamen mit einer lebhaften und ziemlich neugierigen jungen Frau ins Gespräch, die Joe ansah und fragte: »Und was machen Sie beruflich?«

Ohne mit der Wimper zu zucken, antwortete Joe wie aus der Pistole geschossen: »Wir sind Meeresforscher. Wir tauchen bis zum Meeresgrund und erforschen seltene Mineralien.«

Es kostete mich große Mühe, nicht lauthals loszulachen. In dieser eiskalten Lüge lagen Kühnheit und Frechheit, die ich gut nachvollziehen konnte. Es war deshalb nicht überraschend, dass wir beschlossen, in Kontakt zu bleiben, nachdem Joe in Rente gegangen war. Als ich später anfing, Golf zu spielen, lud mich Joe in seine wöchentliche Golfgruppe am Samstagmorgen ein.

Ich bin ein leidenschaftlicher, wenn auch nur mittelmäßiger Golfspieler geworden. Insgesamt habe ich über hundert Runden Golf mit meinem früheren Feind und Beschatter gespielt.

TEIL VI

ERLÖSUNG EINES SPIONS

37

Ich war mit den Entbehrungen der Nachkriegsjahre in der DDR aufgewachsen, hatte für den KGB gearbeitet und war erfolgreich in die Vereinigten Staaten integriert worden. Ich hatte alle Verbindungen zu den Russen gekappt und mich in der amerikanischen Gesellschaft nach oben gearbeitet. Als ich gerade gedacht hatte, ich hätte es geschafft, war ich vom FBI geschnappt worden. Inzwischen führte ich ein Leben in der gehobenen amerikanischen Mittelklasse, hatte eine sehr gute Stelle und einen Beruf, den ich liebte, und ich zog zwei wunderbare Kinder auf. Ein ehemaliger kommunistischer KGB-Spion lebte den amerikanischen Traum.

Aber es gab einige Dinge, vor denen ich nicht weglaufen konnte.

Obwohl ich glaubte, ich hätte meine größten Hindernisse überwunden, konnte ich meinem größten Feind nicht entfliehen: mir selbst. Ich brauchte mehr als eine Flucht. Ich brauchte Veränderung.

Der größte Teil meines Lebens war von materiellem Reichtum und Zufriedenheit bestimmt, aber das Fundament zeigte Risse. Und diese würden wachsen, mein Fundament würde einbrechen.

Penelope und ich wussten, dass unsere Ehe bereits am Ende war, aber wir blieben um der Kinder willen zusammen. Ich fand Erfüllung in meinem Beruf und in meiner Fürsorge für Chelsea und Jessie.

Sechs Jahre lang investierte ich einen großen Teil meiner Freizeit in das Basketball-Training von Chelsea. Sie hatte sich schon früh für diesen Sport begeistert.

Sie und ich saßen eines Tages auf dem Sofa und sahen zu, wie Michael Jordan auf dem Court Körbe zauberte, da richtete sich Chelsea auf und fragte mich: »Was ist das?«

»Basketball«, sagte ich.

»Das will ich auch machen.«

Ich war begeistert, denn jetzt hatte ich endlich einen Grund, vor dem Haus einen Korb anzuschrauben und selbst ein wenig zu dribbeln und zu werfen. Ich hatte damals ja keine Ahnung, dass ich acht Jahre später meinem kleinen Liebling zusehen würde, wie sie im ersten Semester, in ihrem ersten Spiel der College-Oberliga, der Division One, einen Drei-Punkte-Wurf meistern würde.

Nachdem Chelsea Basketball für sich entdeckt hatte, zeigte sie darin die gleiche Hartnäckigkeit, mit der ich an meinem Englisch gearbeitet hatte. Ihr erstes Spiel war eine harte Probe – sie wurde von einem perfekt geworfenen Pass am Kopf getroffen, was mich an meine ersten Versuche im Basketball erinnerte –, aber sie wurde bald zum Star ihrer Mannschaft.

Ein Schuljahr lang spielte sie in einer Freizeitmannschaft, dann meldete ich sie für die Sommerferien zum Donyell-Marshall-Trainingslager in Reading an, ungefähr hundertzwanzig Kilometer von unserem Haus entfernt. Es war ein sehr hartes Trainingslager und es wurde mit fast militärischer Strenge geleitet. Als ich Chelsea acht Tage später abholte, hatte sie blaue Flecken und Schrammen und war total erschöpft.

»Genug Basketball für eine Weile?«, fragte ich, als wir im Auto saßen. Der eiskalte Blick, mit dem sie mich daraufhin bedachte, blieb mir unvergesslich, und ab diesem Moment wusste ich, dass sie diesen Sport genauso sehr liebte wie ich früher. Die nächsten Jahre unterstützte ich sie, so gut ich konnte. Ich begleitete sie durch enttäuschende Erfahrungen an der Highschool und durch die Jahre, in denen sie in zwei auf nationaler Ebene spielenden Mannschaften war. Ab dem Alter von zwölf Jahren feierte Chelsea keinen Geburtstag mehr zu Hause. Immer war irgendwo ein Turnier und wir verbrachten unzählige Stunden auf dem Weg zu Sporthallen nah und fern.

Diese gemeinsame Zeit brachte uns einander sehr nah und schuf eine besondere Verbindung zwischen uns. Sogar als Teenager schien sie mich tatsächlich zu mögen. Eines Tages schaute ich ihr beim Training in der Schulsporthalle zu. Als sie mich entdeckte, zog sie mich durch die Tür und rief: »Hey, Leute, das ist mein Dad!«

Wir entwickelten auch eine Sprache, die nur wir beide verstanden. Als Chelsea sechs war, sah sie mich am Computer tippen, ohne auf die Tastatur zu schauen. Als sie mich fragte, wie ich das mache, antwortete ich: »Ich habe kleine Augen an den Fingerspitzen.«

Viele Jahre später kam sie vom Basketballtraining nach Hause und sagte zu mir: »Dad, meine Finger haben jetzt auch Augen.«

Sie und ich waren die Einzigen, die verstanden, was sie damit meinte, obwohl meine Finger beim Basketballspiel nie Augen hatten wie ihre.

Basketball trug auch stark zu Chelseas persönlicher Entwicklung bei. Fleiß, Disziplin, Teamgeist, Ehrgeiz und der richtige Umgang mit Siegen und Niederlagen waren nur einige der Lektionen, die sie bei diesem Spiel lernte.

Der ganze Einsatz und die vielen Opfer zahlten sich schließlich aus. In Chelseas vorletztem Schuljahr bekam sie von fünfzehn Colleges Stipendien angeboten, einschließlich mehrerer, die in der Oberliga, der First Division, spielten. Wir besuchten sie alle; für mich war der Höhepunkt dieser Reise der eindrucksvolle Empfang an der Militärakademie in West Point.

Ende Juni 2005, drei Wochen nach Chelseas achtzehntem Geburtstag, fuhren wir für einen Besuch an der St.-Francis-Universität nach Loretto in Pennsylvania. Ich hatte seit Langem beschlossen, ihr nach ihrem achtzehnten Geburtstag von meiner Vergangenheit zu erzählen, und diese vierstündige Fahrt bot dafür die ideale Gelegenheit.

Ich begann zögernd, da mir voll und ganz bewusst war, welche Bombe ich platzen lassen würde.

»Chelsea, ich muss dir etwas Wichtiges sagen. Könntest du bitte die Kopfhörer abnehmen?«

Sie schaute mich etwas verärgert an und fragte: »Was?«

»Nun«, sprach ich weiter. »Ich war früher ein Spion.«

Jetzt war es draußen.

»Hä?« Plötzlich hatte ich ihre gesamte Aufmerksamkeit.

In der nächsten Stunde redete ich ununterbrochen und erzählte ihr meine ganze Geschichte: woher ich kam, wie ich hierhergekommen war, was ich getan hatte und dass wir jetzt alle in Sicherheit waren. Als ich erzählte, dass ich ein großes Risiko eingegangen war, als ich beschlossen hatte, nicht weiter für den KGB zu arbeiten, und dass meine Sorge um sie der Grund dafür gewesen war, brach sie in Tränen aus.

Die Enthüllung meiner Vergangenheit vertiefte unsere Beziehung noch mehr, und nach achtzehn Jahren konnte ich endlich die drei Worte sagen, die sie so gerne hören wollte: »Ich liebe dich.«

Ein Jahr später fuhren Penelope und ich Chelsea wieder nach St. Francis, wo sie ihr Studium begann. Wir fuhren mit zwei Autos, damit wir Chelsea eines dalassen konnten, die zwei Frauen fuhren gemeinsam, und ich folgte ihnen. Auf der Fahrt bekam ich einen Anruf von einem Headhunter, der mir eine neue Arbeitsstelle anbot.

»Jack, die wollen Sie haben und bieten Ihnen einen beachtlichen Bonus, wenn Sie unterschreiben.«

»Sagen Sie denen, dass ich das Angebot annehme. Kein Grund für lange Verzögerungen«, antwortete ich begeistert.

Sobald ich aufgelegt hatte, rief ich Penelope an und erzählte ihr die gute Nachricht. Ihre Reaktion war eher zurückhaltend, womit sie meine Freude ein wenig trübte. Mit sechsundfünfzig Jahren hatte ich den Höhepunkt meiner Karriere erreicht. Zwei Wochen später würde ich meine Stelle als Leiter der Informationstechnologie einer großen Firma in New Jersey antreten und vierzigmal so viel verdienen wie als Fahrradkurier. Außerdem mussten wir keine Studiengebühren zahlen, Chelsea erhielt ein volles Stipendium. Ich hätte außer mir vor Freude sein müssen, aber ich war es nicht. Das viele Geld war großartig, aber das änderte nichts daran, dass meine Ehe immer mehr in die Brüche ging.

Die Heimfahrt mit Penelope war furchtbar. Wir sprachen kaum ein Wort. Nachdem wir uns kurz über unsere Eindrücke vom Campus und dem Cheftrainer ausgetauscht und diskutiert hatten, wo wir auf dem Heimweg chinesisches Essen mitnehmen konnten, sprachen wir nicht mehr viel und verstummten schließlich ganz. Wir hatten uns nicht mehr viel zu sagen.

1999 waren wir in ein neues Haus gezogen – eine pompöse Vorort-Villa mit einem begehbaren Kleiderschrank, der größer war als meine gesamte erste Wohnung in Berlin. Dieses gigantische Anwesen in Pittstown in New Jersey hatte eine große Eingangshalle mit einem riesigen Kronleuchter, im Garten eine aus Granit gemauerte Terrasse und einen Pool mit Wasserfall.

In den ersten Jahren war Penelope damit beschäftigt, dieses leere Gebäude in ihr Zuhause zu verwandeln. Aber sobald die erste Begeisterung verflogen war und sie sich eingerichtet hatte, verfiel sie wieder in ihre Niedergeschlagenheit. Wir lebten jetzt mehr wie eine Wohngemeinschaft als wie ein Ehepaar zusammen. Da Chelsea ausgezogen war und Jessie in zwei Jahren auch achtzehn werden würde, verlor unsere Ehe jede Existenzgrundlage.

Ich fühlte mich in diesem riesigen Haus sehr einsam, und der Alkohol war jeden Abend mein treuer Gefährte, bevor ich mich in mein eigenes Schlafzimmer zurückzog.

★ ★ ★

Einige Wochen nachdem wir Chelsea an der Universität abgesetzt hatten, packte ich meine Taschen für eine Reise nach Kalifornien zu einer exklusiven dreitägigen Konferenz mit erstklassigen Rednern, Golf, einem guten Unterhaltungsprogramm und köstlichem Essen. Die Ehepartner waren mit in dieses Paradies eingeladen worden, aber Penelope wollte nicht.

»Fahr nur und genieß die Zeit mit deinen Kollegen«, sagte sie.

Nach einem sechsstündigen Flug nach San Francisco mietete ich ein Auto, fuhr auf dem Pacific Coast Highway in Richtung Süden und kam kurz nach Sonnenuntergang in Pebble Beach an. Der Concierge der Hotelanlage parkte mein Auto und führte mich in mein Zimmer im ersten Stock. Ich trat ans Fenster und zog die Vorhänge auf. Vor mir lag ein atemberaubender Blick auf den Golfplatz, mit weißem Sand im Vordergrund, dem rauschenden Meer im Hintergrund und der Silhouette einer eindrucksvollen Zypresse am Rand des Blickfelds.

Während ich diese Schönheit betrachtete, befiel mich plötzlich starke Traurigkeit. Ich wünschte mir so sehr, diesen Moment mit jemandem teilen zu können. Ich ging zu Bett und wusste, dass die Einsamkeit auch an diesem wunderbaren Ort mein ungebetener Begleiter sein würde.

Der nächste Morgen begann mit einem gigantischen Frühstücksbuffet, danach folgte eine offene Diskussionsveranstaltung mit Stuart Varney, einem Wirtschaftsjournalisten, den ich schon oft im Fernsehen gesehen hatte. Ich kramte einige Erinnerungen aus der Vergangenheit hervor und stellte einige

Fragen über die Zukunft der Nationalstaatsidee und die Rolle der Denkfabrik der Trilateralen Kommission. In einer Pause schaute mich Varney fragend an und sagte: »Solche Fragen hätte ich von einem IT-Manager nicht erwartet.«

In mir steckt viel mehr, als Sie ahnen, dachte ich.

Nach der Mittagspause spielten wir Golf. Meine Gruppe begann am siebten Loch, das berühmt für seinen 100-Yards-Abschlag auf einem Grün ist, das auf drei Seiten von rauschenden Wellen umgeben ist. Wie es der Zufall wollte, hatte ich den ersten Schlag.

Nervös holte ich aus. *Oh nein, ein schlechter Schlag!* Aber wie von Zauberhand geführt, landete der Ball auf dem Rasen, rollte weiter und machte ungefähr zehn Zentimeter vom Loch entfernt halt.

Natürlich habe ich das genau so geplant, dachte ich, während die anderen Golfspieler meinen Schlag beklatschten. Am Ende gewann meine Mannschaft den zweiten Preis und ich nahm eine faszinierende Kristallvase als Souvenir mit nach Hause.

Die folgenden zwei Tage waren mit Veranstaltungen am Vormittag und Golfspielen am Nachmittag gefüllt. Ich spielte auf den berühmten Golfplätzen Spyglass Hill und Spanish Bay und es war wirklich das Paradies auf Erden. Bei der Party am letzten Abend trat die Coverband *Rain* mit ihrem unglaublichen Tribut an die *Beatles* auf. Sowohl ihre Musik als auch ihr Auftreten waren so authentisch, dass man sich auf einem echten Beatles-Konzert wähnte, ein Erlebnis, für das ich als Schüler alles gegeben hätte. Aber der Wunsch, das alles mit einem anderen Menschen zu teilen, wuchs immer mehr, und der Schmerz war fast größer als der Genuss.

Am nächsten Morgen mussten wir wieder Abschied von diesem Paradies nehmen. Ein feiner Nieselregen lag in der Luft, als ich in den Mietwagen stieg, um nach San Francisco zurückzufahren. Während ich durch die Stadt Watsonville fuhr, fing ich plötzlich an zu weinen und konnte nicht mehr aufhören. Meine Gefühle brachten mich aus der Fassung, ich wurde von einer Trauer überwältigt, deren Grund ich nicht hätte nennen können. Woher kam diese Traurigkeit? War sie nur die Reaktion auf den Abschied, auf das Ende dieser paradiesischen Tage? Oder lag dahinter etwas anderes? Die Reise schien meinen Akku nicht aufgeladen, sondern mir nur noch stärker bewusst gemacht zu haben, dass er leer war.

Einige Tage nach meiner Heimkehr gerieten Penelope und ich in eine schlimme, verletzende Auseinandersetzung, und es wurde überdeutlich, dass auch unser stilles Arrangement als Wohngemeinschaft unerträglich geworden war. Eine Woche später reichte ich die Scheidung ein und zog in eine Dreizimmerwohnung in der Nähe meiner Arbeit. Mein einziger Gefährte dort war Barney, ein afrikanischer Graupapagei, der mich jedes Mal mit den Worten »Du Idiot!« begrüßte, wenn er mich erblickte.

Innerhalb weniger Wochen war ich vom Höhepunkt meines Lebens in die Tiefen der Verzweiflung gestürzt und war am Boden zerstört. Ohne ersichtlichen Anlass weinte ich mich jede Nacht in den Schlaf. Nachdem ich in meinem Leben so oft einsam gewesen war, verstand ich nicht, warum ich die Einsamkeit dieses Mal nicht aushalten konnte.

Während der Alltag in leerem Gleichmaß weiterging, schlug eine gute Freundin, die mich sehr gut kannte, vor, dass ich wieder mit Frauen ausgehen solle.

Meine Antwort war kurz und knapp: »Mit diesem Thema habe ich abgeschlossen.«

»Nein, Jack, im Ernst«, sagte sie. »Ich kenne dich vielleicht besser, als du dich selbst kennst. Mehr als alles andere bist du ein liebender Mensch.«

»Das mag stimmen«, sagte ich mit einem Seufzen, »aber Liebe muss auf Gegenseitigkeit beruhen, und ich scheine immer in Einbahnstraßen zu landen. Ich will nicht weiter darüber sprechen.«

Ich verdrängte diesen Gedanken, während ich langsam aus den Tiefen der Verzweiflung herauskroch. Bei meiner Arbeit funktionierte ich, aber in meinem Leben war wenig Freude. Die einzigen Dinge, die den Schmerz der Einsamkeit betäubten, waren mein abendliches Trinken und das Golfspiel.

Ich ahnte nichts davon, dass mir die größte Veränderung meines Lebens bevorstand.

38

Einige Tage nach Jessies achtzehntem Geburtstag trafen er und ich uns mit Chelsea im *Clinton House*, unserem Lieblingsrestaurant. Ich hatte Chelsea bereits gesagt, dass ich Jessie meine zwielichtige Vergangenheit enthüllen würde.

»Ich kann es kaum erwarten, sein Gesicht zu sehen«, sagte sie und erinnerte sich an ihre eigene Reaktion, als ich es ihr erzählt hatte.

Sobald die Kellnerin unsere Bestellung entgegengenommen hatte, räusperte ich mich und begann mit meinem Geständnis.

»Jessie, ich muss dir etwas sagen. Am besten rücke ich direkt mit der Sprache heraus: Ich war früher Geheimagent für die Russen.«

Jessie starrte mich an. Chelsea beugte sich mit einem leichten Grinsen vor.

»Du machst Witze, oder? Das ist unmöglich«, sagte Jessie und schaute Chelsea fragend an. Ich erzählte ihm von Berlin, Moskau und wie ich in die Vereinigten Staaten gekommen war; er stellte immer wieder Zwischenfragen. Es dauerte eine Weile, bis er alles begriffen hatte.

»Papa, du musst ein Buch schreiben. Wenn du es nicht schreibst, dann mache ich es«, sagte er. In seiner Stimme lag ein Stolz, den ich bei ihm nie zuvor gehört hatte. Ich erinnerte mich an den Tag, an dem ich ihn einmal mit ins Büro genommen hatte, um ihm zu zeigen, wo ich arbeitete. Später hatte ich dann mitgehört, wie er einem Freund berichtete: »Mein Vater arbeitet eigentlich nichts. Er sitzt einfach den ganzen Tag in seinem Büro und redet mit Leuten.« Plötzlich war der langweilige Büroangestellte in den Augen seines Sohnes zu einer Art Actionheld aufgestiegen.

Bevor wir uns an diesem Abend trennten, erinnerte ich Jessie noch einmal daran, dass ich immer für ihn da war, wenn er etwas brauchte. Der Scheidungsprozess war inzwischen zu einer juristischen Schlacht mit Missverständnissen und viel Stress geworden. Jessie wohnte noch bei Penelope; ich konnte nur ahnen, wie das Leben zu Hause für ihn sein musste.

Zwei Wochen später beschloss Jessie, zu mir zu ziehen. Er und ein Freund packten seine Sachen zusammen, als Penelope nicht zu Hause war. Das war nicht unbedingt die beste Vorgehensweise, aber sie spiegelte das Verhältnis zwischen uns in jenen Tagen wider.

Bald nachdem Jessie bei mir eingezogen war, schrieb er sich am Mercer County Community College ein. Jetzt war ich wenigstens nicht mehr allein. Die Zeit mit Jessie veränderte unsere Beziehung nachhaltig.

Ich hatte immer noch kein Interesse an einer neuen Beziehung und spielte so viel Golf, wie ich konnte – samstags mit der Gruppe um Joe Reilly und sonntags mit Kollegen von der Arbeit. Abends half mir nach wie vor der Alkohol, der düsteren Realität meines Lebens zu entfliehen.

Wenigstens lief es bei der Arbeit gut. Neben Golf war sie für mich der einzige Lichtblick. Anfang Herbst beschloss ich, eine Assistentin einzustellen. Die Personalabteilung traf eine Vorauswahl unter den Kandidatinnen und gab mir die Lebensläufe der zwei, die sie in die Endauswahl genommen hatte. Nach telefonischen Vorgesprächen lud ich beide Kandidatinnen zu einem Vorstellungsgespräch ein, um sie persönlich kennenzulernen. Bei einer Bewerberin, einer jungen Frau namens Shawna, hatte ich Bedenken: Sie erwähnte am Telefon, dass sie Christin sei.

Hoffentlich ist sie nicht zu extrem, dachte ich mir. Doch dann erinnerte ich mich, dass ich schon mit einigen guten Leuten zusammengearbeitet hatte, die offen zu ihrem christlichen Glauben standen. Sie waren fast immer ehrlich und fleißig.

Shawna saß mit dem Rücken zur Tür am Tisch, als ich das kleine Besprechungszimmer für das Vorstellungsgespräch betrat. Als sie sich umdrehte und wir uns ansahen, verliebte ich mich sofort. Ich weiß, dass das übertrieben klingt, aber es war, als wäre ich von Gottes unsichtbarer Hand geschlagen worden. Niemand – wirklich *niemand* – hatte je eine solche Wirkung auf mich gehabt.

Sie war in einem schwarzgrauen Kostüm makellos gekleidet, hielt den Kopf und die Schultern gerade und strahlte in jeder Hinsicht Eleganz aus. Aber was mir am meisten auffiel, war das Leuchten, das ab dem ersten Moment aus ihren Augen zu strahlen schien. Ihr Lächeln war weder verführerisch noch oberflächlich; es war ruhig, sogar ernst, und spiegelte ein großes Maß an Selbstvertrauen wider. Sie war vierundzwanzig Jahre jünger als ich.

Es war nicht das erste Mal in meinem Leben, dass ich mich verliebte, aber vor Shawna war das immer nach und nach geschehen. Selbst bei Christiane, deren Schönheit mich auf der Tanzfläche so fasziniert hatte, war es nicht Liebe auf den ersten Blick gewesen. Im Laufe der Jahre war ich vielen schönen Frauen begegnet, aber ihre äußere Schönheit hatte meine Seele nie so angerührt wie Shawna in diesem Moment.

Es gelang mir, Haltung zu bewahren und das Vorstellungsgespräch hinter mich zu bringen; es überraschte mich jedoch nicht, dass Shawna als die Bessere abschnitt. Zu ihrem eindrucksvollen Lebenslauf gehörte unter anderem, dass sie als Fremdsprachensekretärin bei den Vereinten Nationen gearbeitet hatte. Sie trat mit Stil und Würde auf. Später fand ich heraus, dass sie in ihrem Heimatland Jamaika ein Mädcheninternat nach britischem Vorbild besucht hatte. Sie beantwortete alle meine Fragen, konnte schnell und entschlossen reagieren und stellte sogar selbst einige gute Fragen. Am Ende war die Entscheidung nicht schwer.

Jetzt hatte ich also eine neue Assistentin, aber ich durfte mir nicht anmerken lassen, wie attraktiv ich sie fand. Ich hatte kein Recht, mich in eine viel jüngere Frau zu verlieben, und schon gar nicht in eine, die mir unterstellt war. Außerdem steckte ich immer noch mitten im Scheidungsprozess mit Penelope.

Ich behielt meine Gefühle für mich, aber ich fand Wege, ihr zu helfen, so gut ich konnte. Ich erfuhr bald, dass sie zwei Personen zu versorgen hatte: ihre Mutter, die spät im Leben in die Vereinigten Staaten gezogen war, und ihren Sohn, der gerade die Highschool begonnen hatte.

Unsere Firma befürwortete es, dass Vorgesetzte neue Mitarbeiter zum Essen einluden, also begleitete ich Shawna nach zwei Wochen zum Mittagessen in ihr Lieblingsrestaurant, einen Mexikaner. Damit brachte ich ein echtes Opfer, denn ich mag eigentlich kein mexikanisches Essen. Irgendwann kamen wir auf den Glauben zu sprechen, und ich fragte sie, was ihr den inneren Frieden gebe, der mir und anderen im Büro an ihr aufgefallen war und der mich faszinierte.

»Wie ich schon beim Vorstellungsgespräch gesagt habe«, antwortete sie, »meine Kraft kommt von Jesus.«

Ich erinnerte mich zwar, dass sie das erwähnt hatte, aber ich konnte es immer noch nicht begreifen. Wie konnte ihr jemand Kraft geben, den sie nie gesehen hatte, der sogar schon zweitausend Jahre lang tot war?

Ich erklärte ihr offen meine Einstellung.

»Ich war früher radikaler Atheist und stand der Kirche und dem Christentum extrem feindselig gegenüber. Aber seitdem habe ich zu viele gute Christen kennengelernt, um meine Feindseligkeit gegenüber Ihrem Glauben aufrechtzuerhalten. Jetzt lautet mein Motto: ›Leben und leben lassen.‹ Solange Sie nicht versuchen, mich zu bekehren, stört es mich nicht.«

Sie lächelte, als berührten sie meine Worte überhaupt nicht.

Durch ihr Schweigen ermutigt, redete ich weiter und erklärte ihr mein Glaubenssystem.

»Der Atheismus erscheint mir inzwischen genauso unlogisch wie das Christentum. Die einen behaupten, es gebe einen Gott, und die anderen sagen, es gebe keinen. Keine Seite kann ihre

Hypothese beweisen, beides sind letztendlich Glaubensbekenntnisse. Ich glaube an die Vernunft, aber meine Vernunft reicht nicht weit genug, um das Universum zu verstehen. Ich halte es mit Sokrates, der sagte: ›Ich weiß, dass ich nichts weiß.‹ Es mag also einen Gott geben, aber …«

Ohne den Satz zu beenden, zuckte ich die Achseln und bezeichnete mich kühn als Agnostiker (heute würde ich es eher *feige* nennen).

Auf der Rückfahrt zum Büro wollte ich sicherstellen, dass mein Standpunkt klar geworden war.

»Sie können glauben, was Sie wollen, aber bitte glauben Sie keine Sekunde, dass Sie mich bekehren könnten.«

Shawna hatte bereits beobachtet, wie freundlich und fürsorglich ich mit meinem Team umging. Ihre Antwort auf meine Erklärung war eine kühne Aussage: »Sie sind bereits Christ. Sie wissen es nur noch nicht.«

Darauf wusste ich nichts zu sagen.

Während meiner ganzen Zeit als Manager habe ich immer versucht, meine Untergebenen darin zu unterstützen, ihr volles Potenzial zu entwickeln, selbst wenn ich sie dann verlor, weil sie Chancen innerhalb oder auch außerhalb unserer Firma wahrnahmen. Als Shawna mir also erzählte, dass sie sich am Philadelphia Bible College eingeschrieben hatte, um einen Bachelorabschluss in biblischer Theologie zu machen, wurde ich neugierig und dachte, dass ich ihr vielleicht später helfen könnte, in der Firma eine höhere Position zu erreichen.

Als ich sie um eine Probe ihrer akademischen Arbeit bat, brachte sie mir ein kürzlich fertiggestelltes Essay über das biblische Buch Ruth. Ich las das Essay und fand ihren Schreibstil sehr gut, aber ich wusste nicht, ob ihre Aussagen der Quelle gerecht wurden.

»Ich schätze, ich muss das Original lesen, um beurteilen zu können, ob Ihr Aufsatz schlüssig ist.«

Shawna, die immer auf solche Gelegenheiten wartete, zog eine Bibel aus ihrer Tasche und reichte sie mir. Ich nahm das Buch mit nach Hause. Während ich darin las, wurde mir bewusst, dass ich zum ersten Mal eine Bibel aufschlug, seit ich als Kind versucht hatte, das erste Buch Mose in Opa Alwins Bibel zu lesen.

Für mich als Mann war das Buch Ruth nicht gerade der beeindruckendste Text, den ich je gelesen hatte, aber mein Interesse war geweckt, und ich wollte mehr über die Bibel wissen. Als ich das Shawna gegenüber erwähnte, gab sie mir eine CD-Reihe, auf der die gesamte Bibel aufgesprochen war, und bewies mir erneut, dass sie auf jede Eventualität vorbereitet war.

Ich kann sie mir auf der Fahrt zur Arbeit anhören, überlegte ich, während ich die CDs neben meine Aktentasche legte. *Das ist keine schlechte Idee.*

Ich beschloss, meine Engstirnigkeit gegenüber der Bibel aufzugeben. Immerhin war sie das meistgelesene Buch der Menschheitsgeschichte. Außerdem hatte ich auf der einstündigen Fahrt zur Arbeit genug Radio gehört. Das war die Gelegenheit, eine Bildungslücke zu schließen, ohne dass ich dafür Zeit oder Geld investieren musste.

Während ich mir das Alte Testament anhörte, stieß ich auf viele Abschnitte, die ich nicht verstand, und ich hatte viele

Fragen, die ich gerne einem Lehrer gestellt hätte. Also fragte ich Shawna, ob sie mir helfen könne, einige Stellen besser zu verstehen. Schlagartig wurde unsere Beziehung zwischen Vorgesetztem und Angestellter auf den Kopf gestellt. Shawna wurde meine Lehrerin und ich war der Schüler. Sie gab mir Bibelstellen auf, die ich abends lesen sollte, und wir begannen, uns jeden Morgen eine halbe Stunde vor Arbeitsbeginn zu treffen, um über verschiedene Themen zu sprechen. Wir setzten uns in ein kleines Besprechungszimmer. In unseren Kalendern stand: Logistische Planungen.

Bei diesen Gesprächen, die für mich rein akademisch waren, gelang es Shawna immer, einige Bemerkungen über den Gottesdienst einzuflechten, den sie am vergangenen Wochenende besucht hatte. Das, was sie beschrieb, klang völlig anders als die katholische Messe, die ich kannte.

Shawna sprach so begeistert von ihrer Kirche, dass ich neugierig wurde, und als sie mich eines Tages einlud, sie zu begleiten, nahm ich die Einladung an.

Wir verabredeten uns für einen Gottesdienst am Samstagnachmittag in der Zarephath Christian Church. Ich kam pünktlich auf dem Parkplatz an, aber Shawna kam ein wenig zu spät. Ich wartete geduldig im Auto. Auf keinen Fall würde ich allein in die Kirche gehen, ohne zu wissen, was mich dort erwartete.

Als Shawna kam, war der Lobpreis fast zu Ende. Wir setzten uns in eine der hintersten Reihen. Ich war überrascht, wie professionell und angenehm die Musik war – eine Freude für meine kritischen Ohren.

Als der Pastor das Podium betrat, strahlte er auf die gleiche Weise, die ich schon von Shawna kannte. Selbst heute noch fehlen mir die Worte, um den Anblick zu beschreiben. Der Pastor wirkte engelhaft und nicht von dieser Welt, aber doch vollständig präsent und in diesem Leben engagiert. Er strahlte eine Fröhlichkeit aus, die ausdrückte: »Ich habe inneren Frieden gefunden und niemand und nichts kann ihn mir nehmen.«

Als er zu predigen begann, verspürte ich eine Faszination, wie ich sie noch nie gekannt hatte. Der Pastor sprach ruhig und unaufdringlich, voller Ehrfurcht; ein angenehmer Gegensatz zu einigen provokativen Höllen-Predigten, die ich ausschnittweise im Fernsehen gesehen hatte. Er sprach von Gottes Liebe zu seinem Volk. Ich hatte noch nie eine solche Beschreibung von Gott gehört. Was der Pastor über Gottes Liebe sagte, widersprach jeder Logik: Gottes Liebe ist absolut. Es gibt keine Möglichkeit, ihr gegenüber neutral zu bleiben. Entweder man nimmt sie an oder man lehnt sie ab.

Ich sehnte mich schon lange nach bedingungsloser Liebe, wie ich sie selbst verspürt hatte, als Chelsea geboren worden war; die Art von Liebe, die ich zu ihr und zu Jessie immer noch empfand. War es möglich, dass *mich* jemand genauso lieben konnte?

Am Ende des Gottesdienstes tat ich etwas, das sonst überhaupt nicht meine Art war. Ich hatte das starke Bedürfnis, mit dem Pastor zu sprechen; deshalb stand ich auf und ging zum Altar.

Natürlich war ich mit meiner Körpergröße kaum zu übersehen, und der Pastor trat sofort auf mich zu und begrüßte mich.

»Sie können unglaublich gut reden«, sagte ich, als beurteile ich einen TED-Talk.

Der Pastor dankte mir und stellte mir dann einige Fragen über mich. Wir unterhielten uns ungefähr fünf Minuten. Als er genug gehört hatte, rief er einen Hilfspastor herbei und fragte, ob es okay sei, wenn sie für mich beteten.

Ich zuckte die Achseln und sagte: »Warum nicht?«

Während sie beteten, legten sie ihre Hände auf meinen Rücken und meine Schultern. Zu meiner Überraschung löste das bei mir fast kein Unbehagen aus. Es war, als hätte ich in einer einzigen Stunde den größten Teil meines emotionalen Widerstands gegen den Glauben aufgegeben.

Bevor ich mich verabschiedete, ging der Pastor in den hinteren Gottesdienstraum und kam mit zwei Büchern zurück: *Der Fall Jesus* von Lee Strobel und eine rot gebundene Bibel. Ich las das Buch von Lee Strobel am nächsten Tag und die Bibel im Laufe des nächsten Jahres. Lee Strobels Buch überzeugte mich nicht vollkommen, aber ein Same war gesät. Zum ersten Mal in meinem Leben öffnete ich mich für die Möglichkeit, dass Jesus Christus nicht nur ein besonderer Mensch gewesen ist, sondern auch Gottes Sohn war, der gekreuzigt wurde und von den Toten auferstanden ist. Man könnte sagen, dass die Tür zum Glauben weit offen stand.

Als ich Shawna meine Gedanken mitteilte, machte sie mich auf eine halbstündige Rundfunksendung aufmerksam, die wöchentlich ausgestrahlt wurde, *Let My People Think* (Lass mein Volk nachdenken); der Sprecher hieß Ravi Zacharias. Ich beschloss, sie mir während der nächsten Fahrt zur Arbeit anzuhören. Ravi Zacharias war ein sehr intelligenter, tief philosophischer Denker, der seinen Glauben auf eine Weise darlegte, die meinen Verstand voll einbezog. Die Botschaft, die er vermittelte, beeindruckte mich sehr.

Ganz besonders sprach mich seine logische Herleitung an, dass es ohne eine Macht, die über der Menschheit steht, keine Moral geben könne. Inzwischen hatte ich genug über die menschliche Natur gelernt – ich selbst bin das beste Beispiel; ich will immer gut sein und scheitere doch so oft –, dass ich dieser Argumentation voll und ganz zustimmte.[5] Während ich Ravi Zacharias in meinem Auto aufmerksam lauschte[6], ertappte ich mich dabei, dass ich ihm laut beipflichtete: »Ja, genau!«

Diese Rundfunksendungen befreiten mich auch von einem Irrtum, dem ich seit meiner Jugend erlegen war: dass Religion, besonders das Christentum, nur etwas für die intellektuell Schwachen sei und für die, die mit dem Herzen statt mit dem Kopf reagieren.

Ravi Zacharias begoss den Samen, den Lee Strobel gesät hatte, aber letztendlich war es C. S. Lewis, der mir half, den letzten Schritt zu gehen und an Gott zu glauben. Kurz hintereinander las ich *Pardon, ich bin Christ* und *Über den Schmerz*. Das Argument, das mich am meisten überzeugte, stammt aus *Pardon, ich bin Christ*:

Ich möchte damit jedermann vor dem wirklich dummen Einwand bewahren, er sei zwar bereit, Jesus als großen Morallehrer anzuerkennen, nicht aber seinen Anspruch, Gott zu sein. Denn gerade das können wir nicht sagen. Ein bloßer Mensch, der solche Dinge sagen würde, wie Jesus sie gesagt hat, wäre kein großer Morallehrer. Er wäre entweder ein Irrer – oder der Satan in Person. Wir müssen uns deshalb entscheiden: Entweder war – und ist – dieser Mensch Gottes Sohn, oder er war ein Narr oder Schlimmeres. Wir können ihn als Geisteskranken einsperren, wir können ihn verachten oder als Dämonen töten. Oder wir können ihm zu Füßen fallen und ihn Herr und Gott nennen. Aber wir können ihn nicht mit gönnerhafter Herablassung als einen großen Lehrer der Menschheit bezeichnen. Das war nie seine Absicht; diese Möglichkeit hat er uns nicht offengelassen.[7]

Ich war jetzt verstandesmäßig Christ – durch das Studium historischer Fakten und sokratischen Dialog. Meine Seele musste dem Verstand noch folgen, aber ich hatte mich dem christlichen Denken und der christlichen Kultur geöffnet. Ich ging regelmäßig in den Gottesdienst, las Shawnas Essays von der Bibelschule und half ihr ein wenig bei ihren Recherchen. Das alles zog mich unausweichlich zu einem emotionalen, geistlichen und intellektuellen Ziel hin.

Natürlich kann man nicht allein durch Erfahrung und Logik Christ werden. Der Eckstein des Christentums ist Glaube, der Erfahrung und Logik einschließt, aber weit über sie hinausgeht. Wie im Hebräerbrief steht: »Was ist nun also der Glaube? Er ist das Vertrauen darauf, dass das, was wir hoffen, sich erfüllen wird, und die Überzeugung, dass das, was man nicht sieht, existiert« (Hebräer 11,1). Dementsprechend kann der Glaube nicht durch Studium allein erlangt werden und er kann auch nicht erzwungen werden.

Ich sollte jedoch bald erfahren, dass Glaube ziemlich plötzlich aufblühen kann. Bei mir geschah es ausgerechnet auf einem Golfplatz.

Als ich an einem Morgen darauf wartete, dass mein Partner seinen Ball abschlug, schaute ich zu einer riesigen weißen Wolkenformation hinauf, die am strahlend blauen Himmel stand. In diesem Moment hatte ich ein Gefühl, ähnlich wie vor meinem ersten Kuss, nur viel stärker. Alle Nerven meines Körpers wurden lebendig und kribbelten, während ein tiefes und übernatürliches Bewusstsein in mir zu wachsen begann:

Es gibt ihn wirklich!

War das eine Offenbarung des Heiligen Geistes? Ich konnte es nicht sagen. Ich wusste nur, dass es echt war, und es kam ohne Vorwarnung in einem Moment, in dem ich an nichts anderes dachte als daran, einen kleinen weißen Ball über einen grünen Rasen zu schlagen.

Bald danach hatte Gott noch eine andere Überraschung für mich bereit. In der Gemeinde, die ich besuchte, gab es normalerweise keinen Aufruf zum Altar. Aber als der Pastor eines Tages am Ende des Gottesdienstes noch neben der Kanzel stand, drängte mich eine starke Kraft, die ich mir nicht erklären konnte, durch den linken Gang nach vorne zu gehen.

Das war kein gemütliches Schlendern. Ich marschierte zielstrebig und entschlossen nach vorne und der Pastor bemerkte mich sehr schnell. Als ich bei ihm ankam, sagte er: »Du siehst aus wie ein Mann mit einer Mission. Was kann ich für dich tun?«

»Ich bin hier, um mein Leben Jesus Christus zu übergeben.«

Ich kann mich nicht daran erinnern, was danach geschah, aber Shawna hat mir später erzählt, dass der Pastor sein Mikrofon wieder einschaltete und sich an die Gemeinde wandte, die schon angefangen hatte, den Raum zu verlassen. Sobald er zu sprechen begann, blieben die Leute stehen und hörten zu. Der Pastor erzählte etwas über meinen Hintergrund als Atheist, der hinter dem Eisernen Vorhang aufgewachsen war (das hatte ich ihm und einigen anderen zu einem früheren Zeitpunkt erzählt). Zum Schluss dankte er Gott dafür, dass eine weitere Seele gerettet war, und die Leute antworteten mit lautem und anhaltendem Applaus.

Ich erinnere mich an nichts davon.

39

Nachdem ich mich an jenem Sonntagmorgen für den Glauben an Jesus entschieden hatte, begann ich, über die ungewöhnliche Veränderung nachzudenken, die mit mir geschehen war. Der lange Weg, den ich vom starren Atheisten zum wiedergeborenen Christen zurückgelegt hatte, erschien mir sehr ungewöhnlich. War er das wirklich?

Wie kann ein Mensch die Botschaft der Bibel hören und die Wahrheit beobachten, die sich in der Natur offenbart, ohne zu der Schlussfolgerung zu kommen, dass es Gott wirklich gibt? Ich war schon mein ganzes Leben lang grundsätzlich an alles mit wissenschaftlichem Denken herangegangen und dieses Denken hatte meine Bekehrung in Gang gesetzt. Aber die Wissenschaft hat das Absolute nie erfassen können und wird das wahrscheinlich auch nie schaffen. Naturwissenschaftler versuchen seit Jahrhunderten, die Welt zu erklären. Und immer, wenn sie glaubten, sie hätten die letztgültige Antwort gefunden, mussten sie sich doch korrigieren.

Albert Einstein, vermutlich der brillanteste Wissenschaftler der Geschichte, übersah die Quantenmechanik, was beweist, dass es selbst für die schlausten Köpfe immer noch etwas zu lernen gibt.

Die Urknalltheorie besteht aus einer Reihe hochkomplexer mathematischer Gleichungen, die nur sehr wenige verstehen können. Ich bin überzeugt, dass auch diese Theorie eines Tages verbessert, korrigiert oder sogar ersetzt wird.

Auch wenn die Jagd der Menschheit nach Wissen edel und gut ist, ist unser Anspruch auf die absolute Wahrheit nichts weiter als Arroganz.

Wiedergeboren. Was bedeutete das für mich? Äußerlich war ich immer noch derselbe Mensch. Aber innerlich begann ich, Veränderungen an mir zu beobachten. Die radikalste Veränderung war, dass ich immer mehr akzeptierte, dass ich mein Leben nie unter Kontrolle haben werde, egal, wie sehr ich mich darum bemühe. Als ich anfing, darüber nachzudenken, verstand ich, warum Ravi Zacharias Gott »den großen Weber« nennt. Immer schon hatten andere Menschen Entscheidungen getroffen, die die Weichen meines Lebens stellten, z.B. Rosis Entscheidung, mit mir Schluss zu machen, die Entscheidung des KGB, mich zu rekrutieren, die Entscheidung des FBI, mich nicht strafrechtlich zu verfolgen. Das alles waren Ereignisse, die mein Leben massiv verändert haben und über die ich absolut keine Kontrolle hatte.

Rückblickend gab es viele Momente, in denen ich in großer Gefahr stand, verhaftet oder vielleicht sogar getötet zu werden, aber irgendwie hat mich Gottes Hand während meines riskanten Lebens immer beschützt. Ich hätte eigentlich gefasst werden müssen, als mein erster Brief mit der Bitte um Zusendung einer Geburtsurkunde ankam. Ich hätte an der South Side von Chicago Opfer eines Gewaltverbrechens werden können. Ich hatte Glück, dass das FBI wenige Monate vor meinem Antrag aufhörte, alle Antragsteller für einen Sozialversicherungsausweis, die älter waren als dreißig Jahre, zu überprüfen. Ein anderes Mal entging ich der Verhaftung, als ich dem Sachbearbeiter auf

dem Passamt meinen Antrag und meine Papiere wieder weg-
nehmen konnte. Ich hätte überprüft werden müssen, als ich ein
Last-Minute-Ticket für die Concorde in bar bezahlte. Und so
weiter und so fort.

Schließlich gab es erstaunliche Ereignisse und Personen, die
den Lauf meines Lebens veränderten: die Predigt des Pastors
an meinem ersten Morgen in der Kirche, die wie persönlich
auf mich zugeschnitten war; Christiane, die direkt nach meiner
Rückkehr aus Moskau in meiner Berliner Wohnung auftauchte;
die missglückte letzte Übergabeoperation; Joe Reilly als leitender
Ermittler in meinem Fall und Shawna, die in meinem Leben auftauchte, als ich dringend einen Zeugen des Evangeliums brauchte, auch wenn mir das nicht bewusst war. Das sind nur einige
Beispiele für die überwältigenden Beweise, dass ein allmächtiger
Gott mit meinem Leben einen komplexen Teppich gewebt hat.

Dass ich meine eigene Schwäche im Angesicht von Gottes
großer Macht anerkannte, hat mir endlich ein gewisses Maß an
innerem Frieden gebracht. Obwohl ich immer ein sehr aktiver und engagierter Mensch war – und wahrscheinlich auch
immer sein werde –, habe ich endlich angefangen, die Bedeutung des Wortes *Entspannung* zu verstehen. Es bedeutet loszu-
lassen. Es bedeutet, das zu tun, was ich tun muss, aber ohne den
Drang, alles kontrollieren zu müssen, und ohne ängstlich an den
Nägeln zu kauen, wenn Pläne vielleicht einmal nicht aufgehen.
Es bedeutet, meine Sorgen nicht in mich hineinzufressen oder
sie auf andere abzuwälzen, sondern sie zu Jesus zu bringen, der
lebt und handelt und alles weiß.

Obwohl Jesus bei mir immer noch viel zu tun hat, stellte
ich fest, dass ich ein freundlicherer und geduldigerer Mensch

wurde. Im Supermarkt habe ich aufgehört, mich an der Kasse vor Kunden mit vollen Einkaufswagen zu drängeln. Ich hebe häufiger Abfall auf dem Parkplatz auf und ich sage viel öfter *Danke* und *Bitte* als früher.

Und schließlich gab ich meinen Schlummertrunk auf. Zum ersten Mal seit fast dreißig Jahren stellte ich fest, dass ich ohne die bisher übliche halbe Flasche Wein einschlafen konnte. Ich ging auch weiterhin zum Gottesdienst, las weiter in der Bibel und belegte an einem christlichen College einen Kurs über C. S. Lewis. *Dienstanweisung für einen Unterteufel* gehört zu den interessantesten Büchern, die ich je gelesen habe. Seine starke Botschaft, dass die Hektik und der Lärm unseres täglichen Lebens unseren Blick auf das wirklich Wichtige versperren können, hat mich stark angesprochen.

Anfang 2008 fragte Pastor Rob, als wir uns nach dem Gottesdienst unterhielten: »Bist du bereit, dich öffentlich zu deinem Glauben zu bekennen?«

»Ich bin nicht sicher, was du damit meinst«, antwortete ich zögernd.

»Die Taufe mit Wasser. Wir haben im März einen Taufgottesdienst.«

Darüber musste ich erst nachdenken. Wahrscheinlich hegten einige meiner Bekannten die gleichen Vorurteile gegenüber dem christlichen Glauben, wie ich es jahrzehntelang getan hatte. Sie würden mich vielleicht weniger schätzen, wenn ich mich offen zu meinem Glauben bekannte. Aber spielte das wirklich eine Rolle? Ich kam zu dem Schluss, dass es das nicht tat. Wenn ich nicht bereit war, offen und öffentlich zu meinem Glauben zu stehen, war das verlogen und feige. Und das kam für mich nicht infrage.

Am 16. März 2008 kam ich früh in der Kirche an und zog in einem Hinterzimmer Shorts, ein T-Shirt und Badeschuhe an. Als ich an die Reihe kam, trat ich auf die Bühne und stieg in das mit Wasser gefüllte Becken, in dem ich in mehr als nur einer Hinsicht die Kontrolle aus der Hand gab.

Pastor Rob und ein Helfer hielten mich fest und nach einem kurzen Gebet drückten sie mich nach hinten und tauchten mich vollständig in das lauwarme Wasser. Ich tauchte triefend nass und grinsend wieder auf. Hier stand ich, und alle, die es interessierte, konnten es sehen: *Der ehemalige Sowjetspion Jack Barsky war Christ!*

Pastor Rob hatte die Details meines Lebens gehört, als ich seiner Nichte bei einer Geschichtsarbeit half und ihr von einigen meiner Erlebnisse als Spion erzählte. Von meiner Geschichte inspiriert, sprach mich der Pastor einen Monat vor Ostern 2009 an und fragte: »Wärst du bereit, beim Ostergottesdienst Zeugnis zu geben?«

»Ja«, antwortete ich, ohne an die möglichen Folgen zu denken.

Der Pastor erwies sich als ein Mann großen Glaubens, als er mich bat, bei allen drei Ostergottesdiensten zu sprechen, ohne vorher einen Entwurf meines Zeugnisses zu sehen. Es gab keinen Probelauf. Er reichte mir einfach das Mikrofon.

An Ostern gab es einen Gottesdienst am Samstag und zwei am Sonntag. Beim zweiten Sonntagsgottesdienst waren Jessie und Chelsea und auch Shawna und ihre Familie da. Das war das erste Mal, dass meine zwei Kinder mich offen und öffentlich meinen Glauben bekennen sahen.

Ich berichtete der Gemeinde von meinem Weg vom Atheismus über den Agnostizismus zum christlichen Glauben, und ich beschrieb, wie Gott die ganze Zeit in meinem Leben am Werk gewesen war, obwohl ich ihn nicht kannte. Am Schluss rezitierte ich ein Gedicht mit dem Titel »Einsamkeit«, das ich geschrieben hatte, als ich kurz nach meiner Rückkehr von der Konferenz in Pebble Beach in tiefer Verzweiflung versunken gewesen war.

> Einsamkeit ist eine trampelnde Menge, die den niedertrampelt,
> der Trost sucht und auf dem Wüstenboden liegt, einen Arm
> zum Himmel ausgestreckt im verzweifelten Flehen um Gnade
> Einsamkeit ist eine Gefängniszelle mit Mauern aus Angst
> Einsamkeit schreit vor Schmerz in die Welt hinaus, nur um
> vom verstärkten Echo des vergeblichen Schreis gemartert
> zu werden
> Einsamkeit ist eine Fata Morgana von allem, was gut ist, eine
> Fata Morgana, nah genug, um spürbar zu sein, aber weit
> genug weg, um quälend unerreichbar zu bleiben
> Einsamkeit ist die Vision einer Schulter, an die man sich lehnen
> kann, die immer im letzten Augenblick entzogen wird und die
> einen in einem angsterfüllten, ewigen freien Fall in die völlige
> Dunkelheit stürzt
> Einsamkeit ist ein stummer Schrei nach einer heilenden Hand
> Einsamkeit ist die Gewissheit, dass es keine heilende Hand gibt
> Einsamkeit ist ein Dämon, der nur sich selbst kennt

In der ursprünglichen Version des Gedichts hatte ich mit einem schmerzerfüllten Verzweiflungsschrei in Großbuchstaben geendet: ICH BIN EINSAM! Aber als ich das Gedicht an Ostern rezitierte, schloss ich mit einem hoffnungsvolleren Gedanken:

> Einsamkeit ist Jesus am Kreuz, von den Menschen verraten.
> Freue dich, Bruder, Jesus ist auferstanden.
> Er bietet dir seine Liebe an.
> Jesu Liebe überwindet das Gespenst der Einsamkeit.
> Wer bei Christus ist, kann nicht einsam sein.

Robs Vertrauen zu mir wurde nicht enttäuscht, aber noch bemerkenswerter fand ich, dass ich mein Zeugnis in diesen drei Gottesdiensten vor ungefähr tausend Leuten gab, von denen viele in der Nähe meiner Wohnung und meiner Arbeitsstelle wohnten, und doch drang auf wundersame Weise nichts von meiner Geschichte an die Medien. Kein Lokaljournalist griff meine Geschichte auf und anscheinend war keiner meiner Arbeitskollegen zu einem dieser drei Gottesdienste gegangen.

Wenn meiner Firma die Informationen über meine Vergangenheit zu Ohren gekommen wären, hätte ich mit einer fristlosen Kündigung rechnen müssen.

Damals war mein juristischer Status immer noch nicht ganz geklärt, obwohl ich die volle Unterstützung der amerikanischen Regierung hatte. Ich konnte daraus nur schließen, dass mich Gott beschützte und entschieden hatte, dass für mich die Zeit noch nicht gekommen war, an die Öffentlichkeit zu gehen.

Während mein Glaube an Gott immer mehr wuchs, wuchs auch meine Beziehung zu Shawna. Ihre Worte »Sie sind schon Christ, Sie wissen es nur nicht« stellten sich als prophetisch heraus. Eines Tages erhörte Gott mein Gebet und verwandelte unsere wachsende Freundschaft in eine immer tiefer werdende Liebe. Shawna hatte mich gebeten, auf dem Heimweg bei ihr vorbeizukommen, um ihr bei einigen Reparaturen zu helfen. Ich war mit Schraubendreher und Hammer schon immer recht geschickt gewesen und freute mich darauf, dieser Frau, die ich so sehr bewunderte und liebte, mein Können zu beweisen.

Ich stand auf einem Stuhl und schraubte eine wackelige Vorhangstange fest, als ich plötzlich Worte hörte, die mit leiser, scheinbar körperloser Stimme gesagt wurden: »Ich liebe diesen Mann; ich kann nicht anders. Ich liebe diesen Mann.«

Ich antwortete darauf nichts, aber das Eis war gebrochen. Als ich ihre Wohnung verließ, bat ich sie um eine Umarmung, und sie umarmte mich. Ich fühlte mich, als könnte ich den ganzen Weg zu meiner Wohnung rennen. Mein ganzes Leben veränderte sich auf eine Weise, die ich nie erwartet hatte.

Im Laufe der nächsten anderthalb Jahre wuchs unsere Beziehung immer mehr, und am 12. September 2009 heirateten Shawna und ich in derselben Kirche, in der ich Jesus angenommen hatte und mich hatte taufen lassen. Jessie und Chelsea waren dabei und auch Shawnas Mutter und ihr Sohn Carmellau. Wir sind jetzt eine neue Familie aus völlig unterschiedlichen Teilen; aber wir sind die am besten funktionierende Familie, zu der ich je gehört habe.

Zwei Jahre später, mit zweiundsechzig Jahren, wurde ich noch einmal Vater, als Shawna ein wunderschönes Mädchen zur Welt brachte, das wir Trinity nannten. Ich bat Joe Reilly, der längst im Ruhestand war, Trinitys Pate zu werden. Obwohl wir inzwischen mehrere Hundert Kilometer voneinander entfernt wohnten, telefonierten wir regelmäßig miteinander und sprachen über Geschichte und Weltgeschehen, Sport und Politik. Schon immer sind Menschen in Kriegen, für die sie selbst nichts konnten, von jemandem getötet worden, der unter anderen Umständen ihr bester Freund hätte sein können. Meine Beziehung zu Joe ist für mich der beste Beweis dafür, dass Freundschaft die Macht hat, Feindschaft zu überwinden.

Die ersten Jahre unserer Ehe waren schwierig, unter anderem wurde ich entlassen, zur gleichen Zeit, als Shawna ihre Schwangerschaft feststellte. Für leitende Angestellte über sechzig gibt es nicht mehr viele Angebote, und als ich nicht sofort eine neue Arbeit finden konnte, geriet mein Glaube ins Wanken. Ich wandte mich wieder meinem alten Gefährten, dem Alkohol, zu. Aber Gott war treu und hat meine Gebete erhört. Nach anderthalb Jahren erzwungener Untätigkeit fand ich eine gute Stelle, die es mir erlaubte, für meine ganze Familie zu sorgen. Ein Jahr lang pendelte ich jede Woche dreihundert Kilometer, dann konnten wir unser Haus in New Jersey verkaufen und in ein schönes Haus am Hudson, nördlich von Albany in New York, ziehen.

Aber Gott war mit mir noch nicht fertig. Er hatte immer noch einige größere Veränderungen in meinem Leben vor. Als ich gerade dachte, die Vergangenheit läge endgültig hinter mir, brachte Gott sie wieder ans Licht.

40

Ich hätte mich nie darum bemüht, die noch ungeklärten Dinge in meinem Leben aufzuarbeiten. Ich hoffte immer nur, endlich die lange Prozedur, amerikanischer Staatsbürger zu werden, abschließen zu können, aber ich hatte es damit nicht eilig. Gedanken an eine Rückkehr in das Land meiner Geburt waren nicht mehr als eine vage Idee. Deutschland war für mich ein fremdes Land geworden; wenigstens hatte ich mir das eingeredet.

Aber Gott beschloss, Chelsea zu benutzen, um eine Tür zur anderen Seite des Atlantiks aufzustoßen. Ich hatte ihr erzählt, dass sie in Deutschland einen Halbbruder hat, der Matthias heißt. Irgendwann im Jahre 2009 begann sie ohne mein Wissen, ihn systematisch im Internet zu suchen. Monatelang blieb diese Suche erfolglos. Aber eines Tages im Frühling 2010 rief mich Chelsea an.

»Hallo, Chelsea.«

»Ich habe ihn gefunden.«

»Wie bitte? Wen hast du gefunden?«

»Matthias natürlich. Er kommt mich in einem Monat besuchen. Aber dich will er nicht sehen.« Die Enttäuschung war ihr anzuhören, aber mich störte das nicht. Ich war noch nicht bereit, die amerikanische Seifenblase platzen zu lassen, in der ich seit Jahren lebte, und mich der Vergangenheit zu stellen. Oder dem kleinen Jungen in die Augen zu schauen, den ich in

Deutschland zurückgelassen hatte. Er war inzwischen ein Mann von achtundzwanzig Jahren.

Aber als Matthias in den Vereinigten Staaten war, änderte er seine Meinung und sagte zu Chelsea: »Ich will meinen Vater treffen.«

An einem Freitagabend rief mich also Chelsea an und sagte: »Matthias und ich gehen ins *Clinton House* essen, und wir möchten, dass du mitkommst.«

Da das *Clinton House* nur fünf Kilometer von meinem Haus entfernt war, konnte ich mich schlecht weigern. Chelsea ließ mir keine Wahl.

Als ich das Restaurant betrat, erwarteten mich die zwei Halbgeschwister am Eingang. Das war der sonderbarste Empfang, den ich je erlebt habe. Matthias starrte mich nur lange an, ohne ein Wort zu sagen. Nachdem wir uns an den Tisch gesetzt und unser Essen bestellt hatten, begannen wir, uns zu unterhalten. Die anfängliche Unsicherheit wich schnell einem lockeren Gespräch – hauptsächlich auf Englisch um Chelseas willen, aber auch, weil Matthias' Englisch viel besser war als mein eingerostetes Deutsch. Als wir mit dem Essen fertig waren, beschlossen wir, das Gespräch bei mir zu Hause fortzusetzen.

Irgendwann war Schluss mit den Höflichkeiten und dem Small Talk, und ich musste mich der schmerzhaften Frage stellen, die zwischen uns stand: der nach meiner *Entscheidung*. Die unbequeme Wahrheit war, dass ich ein Kind dem anderen vorgezogen hatte, und jetzt saßen sie beide vor mir, das eine wartete auf eine Erklärung, das andere hörte gespannt zu.

Ich wählte die einzige Erklärung, die Matthias vielleicht nachvollziehen konnte, nämlich dass ich alle Fakten gegeneinander abgewogen hatte und dass Chelsea meine Unterstützung viel nötiger gebraucht hatte als er. Darin gab er mir recht. Er erzählte, dass der KGB sich gut um ihn und seine Mutter gekümmert hatte, solange ich dort noch beschäftigt gewesen war. Man hatte Christiane bis Anfang 1990 mein Gehalt gezahlt, noch über ein Jahr lang, nachdem ich alle Verbindungen abgebrochen hatte. Matthias erinnerte sich an mindestens zwei bezahlte Urlaube in Moskau und Jalta. Schließlich bestätigte er mir, dass der KGB seiner Mutter die sechzigtausend Dollar von meinem Konto ausgezahlt hatte. Darüber war ich sehr froh. Ich sah das als ein weiteres Glied in der Kette der Ereignisse, die nur Gott bewirkt haben konnte.

Als Matthias und ich uns voneinander verabschiedeten, spürte ich einen schwachen Hoffnungsfunken, dass wir eine Beziehung zueinander aufbauen konnten – etwas, das wir nie gehabt hatten. Aber besuchen konnte ich ihn nicht. Mein Antrag auf die amerikanische Staatsbürgerschaft steckte immer noch in den Mühlen der Bürokratie fest. Aber ich hatte dank der Hartnäckigkeit und des Einsatzes meiner Tochter Chelsea meinen Sohn zurückbekommen.

Anscheinend war meine Akte irgendwo in den Büros der amerikanischen Einwanderungsbehörde liegen geblieben. Telefonische Anfragen nach der Bearbeitung meines Antrags blieben ergebnislos und selbst das FBI bekam keine klare Antwort. Wie in einer Episode aus Franz Kafkas *Das Schloss* – eine Horrorgeschichte, die die Frustration eines Menschen beim Umgang mit einer großen, gesichtslosen Bürokratie beschreibt – schien es darum zu gehen, die richtige Person zu kennen, die selbst die richtige Person kannte, die wiederum die richtige Person kannte. Ohne die unermüdlichen Anstrengungen meines FBI-Verbindungsmannes, dem ich ewig dankbar sein werde und der tatsächlich die richtige Person kannte, würden meine Papiere vielleicht immer noch in bürokratischen Endlosschleifen festhängen und langsam das vergilbte Aussehen alter historischer Dokumente annehmen.

Am Morgen des 20. August 2014 bekam ich wider alle Hoffnung den lang ersehnten Anruf.

»Hier ist Officer Cahill vom Heimatschutzbüro in Albany. Könnten Sie morgen Vormittag in mein Büro kommen?«

Das Gewohnheitstier in mir antwortete erst einmal: »Warten Sie, ich schaue in meinem Kalender nach.« Doch dann wurde mir bewusst: *Auf diesen Moment wartest du seit dreizehn Jahren!*

»Was sage ich da? Natürlich kann ich kommen. Um wie viel Uhr soll ich da sein?«

Am nächsten Morgen traf ich mich mit Officer Cahill, der meinen Eid abnahm. Zehn Minuten später verließ ich als stolzer – und offizieller – amerikanischer Staatsbürger sein Büro.

Bei meiner Rückfahrt zum Büro dachte ich über den kurvenreichen Weg nach, der hinter mir lag: aus dem kleinen Dorf Rietschen in Ostdeutschland über Jena und Berlin nach Moskau und weiter in mein endgültiges Zuhause, in die USA. Völlig unerwartet war für mich, wie emotional ich reagierte: Es war ein wunderbares Gefühl, wieder eine Heimat zu haben.

Nachdem ich US-Bürger geworden war, beantragte ich das Dokument, das ich drei Jahrzehnte zuvor so begehrt hatte. Als der Pass mit der Post ankam, öffnete ich den Umschlag und zog das marineblaue Büchlein heraus. Nachdem ich mein Passbild im Laufe der Jahre auf so viele Fälschungen geklebt hatte, war es ungewohnt, es an seinem endgültigen Platz auf einem echten amerikanischen Pass zu sehen.

An Alex und Sergej und alle anderen: Ich habe endlich einen echten amerikanischen Pass!

Jetzt, da ich das heiß ersehnte Dokument in den Händen hielt, tauchte in meinem Hinterkopf die Idee auf, für einen Besuch nach Deutschland zurückzukehren. Dieser Gedanke ließ mich nicht mehr los und schließlich sagte ich zu Shawna: »Ich muss gehen und ich muss so bald wie möglich gehen!«

Inzwischen hatte ich E-Mail-Kontakt zu mehreren alten Freunden von der Oberschule und der Universität aufgenommen und bald nahm die Reise in die Vergangenheit Gestalt an: Ich würde über einen Zeitraum von zwei Wochen siebzehn Leute an neun verschiedenen Orten treffen. Meine Herkunftsfamilie tauchte nicht in meinem Reiseplan auf. Meine Mutter wäre inzwischen vierundneunzig gewesen, und es war sehr unwahrscheinlich, dass sie noch lebte. Mein Vater war verschwunden, als ich siebzehn war, und der Kontakt zu meinem Bruder war schon abgebrochen, als ich noch in Berlin gelebt hatte.

Doch es kam noch ein weiteres Element auf den Plan: deutsche Medien. Im Jahr zuvor hatten Shawna und ich unerwarteten Besuch von ihrem Halbbruder Richard bekommen. Er war in Deutschland aufgewachsen und Shawna hatte ihn nie kennengelernt. Er hatte Kontakt aufgenommen und tauchte eines Tages bei uns auf. Als er herausfand, dass ich Deutscher war, wollte er mehr über meine Vergangenheit wissen.

»Wie hat es dich in die USA verschlagen?«, fragte er, während wir einen Spaziergang um den Teich machten, der das Herzstück unseres Gartens bildet. Ich hatte damit gerechnet, dass er diese Frage irgendwann stellen würde.

»Ich hatte Hilfe von der Regierung«, antwortete ich ein wenig zweideutig.

»Von welcher Regierung?«, fragte Richard nach. »Von den Deutschen oder den Amerikanern?«

»Weder noch. Von den Russen.«

»Wie bitte?«

»Nun ja … ich war früher ein sowjetischer Spion.«

»Was?!« Richard blieb abrupt stehen.

Das war die übliche Reaktion, wenn Leute zum ersten Mal etwas über meine Vergangenheit hörten. Aber dann sprach Richard weiter: »Komm, wir gehen zurück ins Haus. Das will ich mir aufschreiben.«

Nachdem er sich zwei Seiten Notizen gemacht hatte, sagte er begeistert: »Ich verspreche dir, dass das groß herauskommen wird.«

Klar, Richard, dachte ich bei mir und hatte Mühe, die Augen nicht zu verdrehen. Er war bei der Deutschen Bahn beschäftigt, wie wollte er meine Geschichte an die Öffentlichkeit bringen?

Ich hatte Richard jedoch unterschätzt. Er kannte um zwei Ecken Susanne Kölbl, eine Journalistin des *Spiegels*, des Magazins, das ich während meiner Ausbildung in Berlin und Moskau so gründlich gelesen hatte. Frau Kölbl und ich telefonierten einige Male, aber wir kamen überein, nichts zu unternehmen, solange mein Status in den USA nicht geklärt war.

Drei Tage vor meinem Abflug nach Deutschland schrieb ich Frau Kölbl eine Mail, teilte ihr mit, dass ich nach Berlin käme und dass wir uns für eine Tasse Kaffee treffen könnten, falls sie Interesse hätte.

Am Morgen des 17. Oktober 2014 packte ich meinen Koffer, küsste Shawna und Trinity zum Abschied und brach zu einem weiteren Abenteuer auf.

Der Flug nach Deutschland erinnerte mich schmerzlich daran, dass Flugzeugsitze nicht für Leute ausgelegt sind, die größer sind als 1,80 Meter. Zur Schlange an der Passkontrolle in Berlin-Tegel humpelte ich, doch mein Kopf war ganz klar. Das war das erste Mal seit achtundzwanzig Jahren, dass ich den Kontinent wechselte, und dieses Mal konnte ich einen echten Pass vorlegen, keine Fälschung. Doch was war, wenn die Deutschen längst meine wahre Identität kannten und wussten, dass ich in Wirklichkeit Albrecht Dittrich war? Was war, wenn ich zum Staatsfeind erklärt worden war und gleich verhaftet wurde?

An der Passkontrolle war ich so nervös wie Jahrzehnte zuvor, aber der Beamte ließ mich problemlos durchgehen. Vielleicht überraschte ihn mein akzentfreies Deutsch, aber meine Einreise nach Deutschland war reine Routine.

Ich wollte mein Gepäck ins Hotel bringen, mich dann mit Richard treffen und zusammen mit ihm einfach durch die Stadt schlendern. Aber während ich mich auf meinen müden, schmerzenden Beinen langsam durch die Hallen schleppte, bemerkte ich, dass mich ein paar Leute anschauten.

Stimmt etwas nicht? Bin ich so verknittert, dass ich die Aufmerksamkeit von Fremden errege?

Dann entdeckte ich Richard, der rund zwanzig Meter weiter weg an einer Mauer lehnte.

Warum kommt er mir nicht entgegen?

Die Antwort auf diese Frage erhielt ich, als mir plötzlich ein Mikrofon unter die Nase gehalten wurde und ich in eine Fernsehkamera blickte. Frau Kölbl ist eine gute Journalistin mit einem klaren Gespür für Dramatik, sie konnte sich den historischen Moment, in dem ich wieder deutschen Boden betrat, nicht entgehen lassen.

Ihre erste Frage stellte sie auf Deutsch, aber mein Versuch, ihr in meiner Muttersprache eine vernünftige Antwort zu geben, war so kläglich, dass meine ersten Worte in der späteren Sendung gnädigerweise herausgeschnitten wurden.

Zum Glück schaltete Frau Kölbl auf Englisch um. Meine Antworten spiegelten meine körperliche und emotionale Müdigkeit wider und meine Anspannung angesichts dieses völlig ungewissen Abenteuers. Viele Fragen gingen mir durch den Kopf, einige mögliche Antworten waren beängstigend. Würden mich meine Freunde und meine Familie abweisen? Würden sie mir schonungslos ins Gesicht sagen, dass meine Entscheidungen moralisch falsch, ja, sogar abscheulich und verachtenswert gewesen seien? Wie hatte ich meine Mutter, meine Frau und meinen Sohn verlassen und spurlos verschwinden können? Konnte ich diese Fragen ehrlich und glaubwürdig beantworten? Ich begriff jetzt, dass sich dieser Besuch zu einem weiteren belastenden Moment meines Lebens entwickeln konnte.

Zum Glück sprachen wir nach dem Interview nur noch über die Planung für diesen Tag und die dunklen Gedanken wurden verdrängt. Wir brachten meine Taschen ins Hotel und frühstückten in einem der Cafés, von denen es in Berlin eins an fast jeder Ecke gibt. Der deutsche Kaffee war stark und gut und das Gebäck versetzte mich fünfzig Jahre zurück. Die deutschen Bäcker haben ihr Handwerk nicht verlernt.

In den nächsten zwei Tagen zogen Richard, Frau Kölbl und ich durch die Straßen Berlins. Bis auf das Gebiet um das Brandenburger Tor und den Alexanderplatz war Ostberlin kaum wiederzuerkennen. Ältere Gebäude waren entweder durch neue ersetzt oder verschönert worden und überall wurde gebaut. Ich konnte das Wohngebäude in Lichtenberg, in dem ich vierzig Jahre zuvor gewohnt hatte, nicht wiederfinden. Deutschland investierte viel Geld, um Berlin seinen früheren Glanz als Hauptstadt zurückzugeben.

Für alle Berlinbesucher sind die Reste der Mauer eines der ersten Ziele. Für mich war es das erste Mal, dass ich dieses Monster genauer anschaute. In der Zeit des Mauerbaus lebte ich in einem abgelegenen Teil Ostdeutschlands. Wir hatten im Westen keine Familie, und ich kannte niemanden, der dort Verwandte hatte. Während meiner ganzen Jugend und auch noch in meiner Zeit beim KGB akzeptierte ich die Mauer als notwendiges Übel. Ich glaubte ernsthaft, dass sie meinen noch jungen kommunistischen Staat vor der westdeutschen Elite beschützte, die von Nazis durchdrungen war. Mein Leben in Ostdeutschland verlief so reibungslos, dass ich nie auch nur im Entferntesten daran dachte, in den Westen zu gehen. Deshalb war mir in all diesen Jahren nie in den Sinn gekommen, dass der Hauptzweck der Mauer nicht darin bestand, Leute aus dem Westen *aus*zusperren, sondern die DDR-Bürger *ein*zusperren.

Ein Besuch im Mauermuseum öffnete mir die Augen, und mir wurde endlich bewusst, welches Grauen dieser Todesstreifen dargestellt hatte. Hunderte Ostdeutsche wurden für etwas ermordet, das Amerikaner als selbstverständlich hinnehmen: die von Gott gegebene Freiheit zu entscheiden, wohin man gehen und wo man wohnen will.

Noch ein anderer Schatten aus der Vergangenheit verfolgte mich bei meinen Reisen: das Gespenst der Stasi. Es begann mit einem Besuch im Stasi-Museum.

Jahre zuvor hatte ich die Erinnerungen von Markus Wolf gelesen, dem Leiter der Hauptverwaltung Aufklärung im Ministerium für Staatssicherheit. Viele in der internationalen Agentenszene betrachten Wolf als den größten Spion des zwanzigsten Jahrhunderts. Unter seiner Leitung hatte Günter Guillaume gearbeitet, der ostdeutsche Spion, der Willy Brandt 1974 als Bundeskanzler zu Fall brachte. Das Buch hatte mir nichts Neues über die Arbeit von Geheimagenten erzählt, aber auf das, was ich im Museum erfuhr, war ich nicht vorbereitet. Das Ausmaß der ungesetzlichen Aktivitäten, mit denen die Stasi die DDR-Bürger überwacht und kontrolliert hatte, entsetzte mich. Ich verließ das

Museum mit Schuldgefühlen, Beschämung, Abscheu und Wut. Die Stasi und der KGB hatten bei ihren Verbrechen zusammengearbeitet, ich war ein loyaler Angestellter gewesen und hatte bereitwillig an ihren Intrigen mitgewirkt.

Das Fundament meiner marxistisch-leninistischen Ideologie war schon lange vorher zusammengebrochen, aber mein Besuch in Ostberlin und im Stasi-Museum war ein weiterer Schritt, um die giftigen Überbleibsel aus jener Zeit zu beseitigen. Ich sah Gottes Hand darin, dass er diese Reise lenkte, mich heilte und mir half, meine amerikanische Gegenwart ehrlich und sauber mit meiner deutschen Vergangenheit zu versöhnen.

41

Meine neu erworbenen Einblicke in die Gräuel der Stasi waren meine stillen Begleiter beim Ausflug nach Jena, wo ich meine Studienjahre verbracht hatte.

Mein früherer Kommilitone Günter traf mich in Berlin und wir fuhren gemeinsam in die Universitätsstadt. Fünfundvierzig Jahre hinterlassen bei jedem Menschen ihre Spuren und Günter bildete davon keine Ausnahme. Während unserer Studentenzeit war er schlank gewesen, hatte lange Arme, dichte schwarze Haare und einen Schnurrbart gehabt. Jetzt hatte sich sein Bauchumfang fast verdoppelt und von seinen Haaren war nicht mehr viel übrig. Aber die strahlenden, leicht schelmischen Augen waren unverkennbar. Das war immer noch mein guter Freund Günter.

Die zweieinhalb Stunden, die wir gemeinsam im Auto saßen, waren sehr unterhaltsam. Günter gehört zu den besten Geschichtenerzählern, die ich je gekannt habe. Also erzählte er die meiste Zeit und ich lachte schallend. Und da er immer noch den Akzent seiner Heimatstadt Jena sprach, versetzten mich seine Geschichten in unsere Jugendzeit zurück.

Die meisten von Günters Geschichten erzählten von seiner beruflichen Vergangenheit. In den 1970er-Jahren hatte die DDR-Regierung den Bedarf an ausgebildeten Chemikern überschätzt. Deshalb hatte Günter wie viele Doktoranden nach dem Studium Probleme gehabt, Arbeit zu finden. Schließlich fand er als Wissenschaftler in der Fälschungsabteilung der Stasi eine Stelle, wo mit Ausnahme von Geld alles nachgemacht wurde, was gebraucht wurde. Günter und seine Kollegen wurden führend in der Welt in ihrem Handwerk. Aufgrund seiner herausragenden Leistungen stieg Günter zum Leiter der ganzen Abteilung auf.

Als wir in Jena ankamen, war es schon dunkel. Günter und ich brachten unsere Sachen ins Hotel und gingen dann in das Restaurant, wo wir mit meinem Sohn Günther, seiner Mutter Edeltraud und seinem Stiefvater Bruno verabredet waren. Zwei Jahre zuvor hatte Günter einen E-Mail-Kontakt zwischen Edeltraud und mir ermöglicht und mein Sohn hatte mich zwei Wochen lang in meinem Haus in New Jersey besucht. Ähnlich wie mit Matthias war unser Wiedersehen am Anfang unsicher und unangenehm gewesen, aber am Ende stand die echte Hoffnung auf einen Neuanfang. Jetzt war ich hier, um ihn wiederzusehen und seine Mutter über vierzig Jahre nach unserer letzten Begegnung wiederzutreffen.

Es war ein ungewöhnlich warmer Oktoberabend. Günther, Edeltraud und Bruno saßen an einem Tisch im Freien und erwarteten uns. Als wir näher kamen, wurde Günther plötzlich unruhig. Er stand auf, deutete auf Günter und fragte seine Mutter: »Wer ist das?«

Als sie es ihm sagte, wurde er wütend.

»Entweder geht er oder ich!«

Der junge Mann ließ nicht mit sich reden. Offenbar hatte ihm Edeltraud erzählt, dass Günter früher bei der Stasi gewesen war, und mein Sohn wollte auf keinen Fall mit einem früheren Agenten am Tisch sitzen. Ich war gezwungen, mich zwischen meinem Freund und meinem Sohn zu entscheiden, und hatte eigentlich keine Wahl. Ich setzte mich an den Tisch und Günter musste wieder gehen. Wir verabredeten uns für den nächsten Tag, um andere Freunde zu besuchen, und er ging resigniert und etwas irritiert davon.

Auch wenn uns ideologisch Welten trennten, ließen Günter und ich unsere Freundschaft wieder aufleben. Wir werden wahrscheinlich Freunde bleiben, solange wir auf dieser Erde leben.

Der Lauf der Geschichte hatte es mit der verträumten Stadt Jena gut gemeint. Die Stadt war nach der Wiedervereinigung wirklich aufgeblüht. Im Gegensatz zu Berlin, das eine radikale Veränderung durchgemacht hatte, präsentiert sich Jena der Welt immer noch ähnlich wie vor fünfzig Jahren. Die meisten Gebäude, an die ich mich erinnerte, stehen noch, aber sie wurden restauriert und sehen viel schöner aus. Ich hatte kein Problem, alte Orte aus meiner Studentenzeit zu finden: das fünfhundert Jahre alte Hauptgebäude der Universität, wo mich Herr Nowak für die SED rekrutiert hatte; den Studentenklub *Rosenkeller*, in dem ich unzählige Samstagabende verbracht hatte; das Wohnheim, in dem ich zum ersten Mal vom KGB angesprochen worden war; den Hörsaal, in dem ich viele Chemievorlesungen gehört hatte; das Gebäude mit dem Labor, in dem ich mich unfreiwillig in Brand gesetzt hatte, und den Hof, in dem ich das Experiment mit dem brennenden Senfgas durchgeführt hatte.

Selbst das Restaurant *Die Sonne*, in dem ich meinen ersten KGB-Kontaktmann getroffen hatte, gab es noch, auch wenn es außen frisch gestrichen und innen vollständig renoviert war.

An jenem Abend traf ich mich mit vier früheren Kameraden aus meiner Basketballmannschaft. An diesem Abend floss viel Alkohol, was mich in die Tage zurückversetzte, als wir mit reichlich Bier Siege gefeiert oder Niederlagen betrauert hatten.

Ich verbrachte einige Zeit mit einigen anderen Freunden und auch mit Journalisten vom *Spiegel*. Und ich bekam die Gelegenheit, mich endlich bei Edeltraud für mein unreifes und feiges Verhalten ihr gegenüber während ihrer Schwangerschaft und nach Günthers Geburt zu entschuldigen. Erstaunlicherweise hat sie mir vergeben.

Meinen letzten Abend verbrachte ich allein mit meinem Sohn Günther und am nächsten Morgen nahm ich schweren Herzens Abschied von Jena.

Nach Jena machte ich Abstecher nach Rietschen, Bad Muskau und Spremberg mit einem kurzen Zwischenstopp in Reichenbach, wo ich einen unerwarteten Schatz erhielt: eine beglaubigte Kopie meiner Geburtsurkunde. Auch wenn ich keine Papiere hatte, um zu beweisen, dass ich tatsächlich Albrecht Dittrich war, wusste ich zu viel über die Menschen, die während meiner Kindheit in Reichenbach gelebt hatten, um ein Betrüger zu sein.

Leider stand Opa Alwins Oberschule leer. Das eindrucksvolle Gebäude war verlassen, verrammelt und zugenagelt, wie so manche Viertel in diesem Teil Deutschlands seit der Wiedervereinigung. Ähnlich das Schulgebäude in Rietschen, wo ich in meinen ersten zehn Jahren gelebt hatte.

Das Haus in Bad Muskau, in dem ich die zweiten zehn Jahre meines Lebens verbracht hatte, stand noch, frisch renoviert und gestrichen, aber doch noch zu erkennen. Die Haustür mit dem Briefschlitz, durch den ich Rosis Abschiedsbrief bekommen hatte, sah noch aus wie früher. Aber das Toilettenhäuschen und die russischen Wörter an der nördlichen Wand waren verschwunden. Durch ein Gespräch mit einer achtzigjährigen Bewohnerin, die sich noch an meine Mutter erinnerte, erfuhr ich viel Interessantes über das Schicksal anderer Nachbarn, aber hier gab es nicht viel zu tun oder zu sehen. Deshalb setzte ich meine Reise weiter in den Norden fort.

An meinen letzten Tagen in Berlin traf ich mich mit Matthias und seiner hübschen Frau Desiree und staunte erneut, wie Chelsea es ganz allein geschafft hatte, die Kluft zwischen den Familienmitgliedern zu überbrücken. Aber die Beziehung zu Christiane ließ sich nicht wieder in Ordnung bringen. Ich hätte es gerne versucht, aber wie sollte ich ihr erklären, geschweige denn ihr gegenüber rechtfertigen, dass ich sie betrogen hatte? Matthias und seine Frau baten mich, von einem Kontaktversuch abzusehen, und ich wusste, dass ich ihre Bitte respektieren musste.

Bevor ich Berlin verließ, wartete noch eine weitere Überraschung auf mich, eine weitere Gelegenheit, mit einem Teil der Vergangenheit abzuschließen.

Ich saß in Matthias' Wohnung und sah einige Ausdrucke durch, die mir mein Klassenkamerad Jürgen gegeben hatte, als mein Blick auf eine Liste mit Adressen und Telefonnummern fiel. Ich entdeckte Rosi auf der Liste mit einer Berliner Adresse.

»Sollte ich sie anrufen?«, überlegte ich laut.

Matthias schaute mich fragend an. Als ich ihm erklärte, welche Rolle Rosi in meinem Leben gespielt hatte, grinste er spitzbübisch und sagte: »Natürlich musst du sie anrufen. Das wird bestimmt interessant!«

Ohne lange nachzudenken, wählte ich die Nummer.

»Hallo?«

»Rate mal, wer dran ist. Setz dich lieber«, sagte ich. »Hier ist Albrecht.«

Erst kamen fünfzehn Sekunden Schweigen, dann ein Kreischen. »Meine Güte! Wirklich? Da muss ich mich tatsächlich setzen.«

Offenbar hatte Rosi wie viele andere die Gerüchte geglaubt, dass ich bei einem Raketenunfall in Kasachstan gestorben wäre. Als ich sie anrief, war es, als kehrte ich von den Toten zurück. Wir verabredeten uns für den nächsten Nachmittag zum Kaffee.

Als ich am vereinbarten Ort ankam, war Rosi schon da. Sie saß auf einer alten Parkbank vor der Zionskirche. Ich erkannte sie sofort. Sie war immer noch Rosi. Das schöne Gesicht, in das ich mich 55 Jahre zuvor verliebt hatte, war immer noch da, auch wenn die Zeit nicht spurlos an ihr vorübergegangen war, wie bei uns allen.

Bei mir hatten die letzten fünfzig Jahre alle Wunden geheilt, die das abrupte Ende unserer Beziehung verursacht hatte. Ich war mehr von meiner angeborenen Neugier getrieben und wollte wissen, wie ihr Leben verlaufen war.

Rosi hingegen war sehr emotional. Sie sagte: »Ich habe einen großen Fehler gemacht, als ich mich von dir trennte. Wir waren einfach zu jung, um zu schätzen, was wir hatten.«

Während eine Träne langsam über ihr Gesicht lief, sagte ich: »Das ist okay. Ich hege deshalb keinen Groll. Es heißt, dass nichts ohne Grund passiert.« Rosis Geständnis kam mir wie eine Entschuldigung vor, die ich nicht verlangt hatte und die auch nicht nötig war, aber es fühlte sich trotzdem gut an.

An meinem letzten Tag in Berlin machten Matthias und ich etwas, das wir schon dreißig Jahre früher hätten machen sollen: Wir gingen gemeinsam zu einem Fußballspiel. Der Situation entsprechend war er derjenige, der mich mitnahm, und nicht umgekehrt.

Auf dem Weg zum Flughafen erlebte ich wieder einen dieser Momente, in denen deutlich wurde, dass ich wie aus einem Dornröschenschlaf erwacht war. Ähnlich wie die Fehler, die ich aufgrund meiner Unwissenheit in Montreal und New York gemacht hatte, sorgte ich jetzt unfreiwillig für Belustigung in dem Land, in dem ich früher zu Hause gewesen war.

Bevor ich den Mietwagen zurückgab, musste ich ihn volltanken. Aber an der Tankstelle konnte ich an der Zapfsäule keinen Schlitz für die Kreditkarte finden, wie sie in den USA gang und gäbe sind. Dort zahlt man an der Säule und zapft dann die entsprechende Menge Benzin.

Also ging ich in die Tankstelle hinein und fragte die junge Frau hinter der Theke ganz ernst: »Können Sie mir sagen, wie man tankt?«

Da ich das in einem perfekten, akzentfreien Deutsch fragte, schaute sie mich an, als erwarte sie, dass jeden Augenblick eine versteckte Kamera zum Vorschein käme. Dann beschloss sie anscheinend, dass sie einfach mitspielen würde, und erklärte langsam: »Zuerst schrauben Sie den Tankdeckel ab. Dann nehmen Sie den Stutzen von der Tanksäule, stecken ihn in den Tank und drücken auf den Hebel.«

Ihre Erklärung erinnerte mich an die Episode mit dem Schraubverschluss in Montreal, deshalb begann ich zu lachen und erklärte ihr mein Dilemma. Ich weiß nicht, ob sie mir geglaubt hat, aber immerhin lernte ich, dass man in Deutschland normalerweise zuerst tankt und dann an der Kasse zahlt.

Trotz aller Erinnerungen und trotz des guten Essens und des ausgezeichneten Biers, das dazu führte, dass ich drei Kilo zunahm, war Deutschland nicht mehr mein Zuhause. Albrecht hatte einen Blick in die Vergangenheit geworfen und war zufrieden, aber er verschmolz gern wieder mit Jack zu der vollständigen Person, die in den Vereinigten Staaten lebt. Auf wunderbare Weise war ich ein Humpty Dumpty, der von der Mauer hinunterfiel, zersprang und im Gegensatz zum Kinderreim wieder zusammengefügt wurde.

Bei meiner Rückkehr in die USA landete ich auf dem Flughafen Newark, einem der hässlichsten Flughäfen im ganzen Land. Das düstere Gebäude und der furchtbare Service geben einem das Gefühl, gerade in einem Entwicklungsland gelandet zu sein. Aber ich war zu Hause.

Egal, mit welchen Herausforderungen Amerika konfrontiert wird, es wird mein Zuhause sein, solange man hier in Freiheit leben kann. Amerika stand immer für die Freiheit, den eigenen Traum und den eigenen Glauben zu leben; die Freiheit, zu kommen und zu gehen; die Freiheit, zu denken und diese Gedanken ohne Angst auszusprechen; und vor allem die Freiheit, Fehler machen zu dürfen.

Ich bete, dass diese Geisteshaltung in den Vereinigten Staaten von Amerika bewahrt wird.

Zwei Tage nach meiner Rückkehr von dieser ereignisreichen Reise bekam ich im Büro einen Anruf auf meinem Handy.

»Hallo, Jack? Hier ist Draggan Mihailovich, Produzent der Sendung *60 Minutes*.«

Zum Glück war ich auf diesen Anruf vorbereitet. Frau Kölbl hatte sich bei Steve Kroft gemeldet, dem berühmten Korrespondenten von *60 Minutes*, den sie zwei Jahre zuvor bei einem Seminar in den Vereinigten Staaten kennengelernt hatte. Sie hatte mir schon gesagt, dass sich die Redaktion der Sendung für meine Geschichte interessieren könnte.

Mr Mihailovich war sehr professionell, aber auch sehr hartnäckig: »Meine Assistentin und ich würden Sie gern besuchen und Ihnen erklären, was wir vorhaben. Passt es Ihnen am kommenden Samstag?«

Ich stimmte zu und rief sofort Shawna an.

»Du wirst es nicht glauben: *60 Minutes* hat gerade angerufen.«

»Was?! *60 Minutes!* Du träumst!«, antwortete sie.

»Nein, ich träume nicht. Ich weiß nicht, was sie vorhaben, aber sie kommen uns besuchen.«

Dass Mr Mihailovich von mir und meiner Geschichte wusste, war das letzte Glied in der Reihe erstaunlicher Ereignisse, die mir letztendlich erlauben würden, der Welt meine Geschichte zu erzählen.

Als es am Samstag an der Tür klingelte, öffnete ich, Mr Mihailovich trat ein und wedelte als Begrüßung mit einem Exemplar des Buches *Unbroken*. Er erzählte mir, dass er Louis Zamperini, den Helden dieses Buches, gefunden und interviewt hatte und dass er das Gefühl habe, einer weiteren interessanten Geschichte auf der Spur zu sein. Nach einem dreistündigen Interview schien sich Draggan darauf zu freuen, meine Geschichte in seiner Sendung zu erzählen.

Es war ein echtes Erlebnis, mit Journalisten zusammenzuarbeiten, die zu den besten in der Nachrichten- und Unterhaltungsbranche gehörten. Aber der wichtigste Aspekt ihrer Produktion war für mich, dass ich mit meinen erwachsenen amerikanischen Kindern nach Deutschland fahren und ihnen zeigen konnte, wo ich aufgewachsen war. Im April 2015 war ich wieder in Deutschland. Dieses Mal mit Jessie und Chelsea und in Begleitung eines Teams des Fernsehsenders CBS.

Im Gegensatz zu meinem vorigen Besuch war das Wetter in Deutschland einfach nur fürchterlich; es regnete und stürmte jeden Tag. Es zog sogar ein zerstörerischer Orkan über uns hinweg. Aber das Wetter konnte unsere gute Stimmung und freudige Erwartung nicht trüben. Diesmal reisten wir im großen Stil, aber noch faszinierender als die Mercedes-Limousinen waren unsere Begleiter.

Es war schön, meinen Kindern die Orte meiner Jugend zu zeigen. Zur Belustigung unseres Fahrers redeten wir drei ständig durcheinander und zankten uns über alles Mögliche, was bewies, dass Streitlust eine genetische Veranlagung ist. Aber im Gegensatz zu früher nahmen wir die Dinge dieses Mal nicht zu ernst. Wir lachten viel, und wenn es zwischen zweien von uns ein wenig angespannt wurde, sprang der Dritte als Vermittler ein.

Der letzte Höhepunkt unserer Reise war ein großes Familientreffen, das dank der unermüdlichen Bemühungen meiner Tochter Chelsea stattfinden konnte. Da Jessie früher nach Hause fliegen musste als Chelsea und ich, kam Günther aus Jena, um sich von ihm zu verabschieden. Als wir Jessie zum Flughafen brachten, konnten wir das einzige Bild machen, das mich mit allen meinen vier erwachsenen Kindern zeigt. Jetzt, da sich diese Familie wiedergefunden hat, werden wir diese Beziehungen nicht wieder abbrechen lassen, auch wenn uns ein Ozean voneinander trennt.

Die *60-Minutes*-Sendung mit meiner Geschichte wurde am 10. Mai 2015 ausgestrahlt. Dem Aufsichtsrat meiner Firma gefielen die Enthüllungen über meine Vergangenheit wie erwartet nicht. Ich wurde mit Wirkung zum 18. Mai 2015 entlassen, wieder ein wichtiges Ereignis in meinem Leben, das auf meinen tatsächlichen Geburtstag fiel. Meine Stelle zu verlieren, war nicht Teil meines Plans gewesen, aber ich hatte mich an Gottes »Einmischung« gewöhnt und aufgehört, Kämpfe auszutragen, die ich sowieso nur verlieren konnte. Ich habe gelernt, dass es normalerweise zu meinem Besten ist, wenn Gott meine Pläne durchkreuzt. Und ich lerne, ihm bei allem in meinem Leben zu vertrauen. Mein Abschied von einem Job, den ich wirklich geliebt habe, stellte sich als positives Ereignis heraus. Er gab mir die Möglichkeit, dieses Buch zu schreiben und viel mehr Zeit mit meiner kleinen Tochter Trinity zu verbringen.

Heute bin ich fest davon überzeugt, dass Gott die Türen öffnet, durch die wir gehen sollen, und dass er die schließt, von denen wir uns fernhalten sollen. Die Herausforderung besteht darin, die Türen zu finden, über denen »Zutritt erlaubt« steht, und den Schmerz zu vermeiden, den es mit sich bringt, wenn wir mit dem Kopf gegen die fest verschlossenen Türen laufen. Die Schilder waren schon immer an den Türen, aber jetzt achte ich auch auf sie. Ich habe das Gefühl, dass Gott mit mir auf dieser Erde noch nicht fertig ist, und ich freue mich auf das, was er noch bereithält.

Am 1. Juni 2016, Chelseas neunundzwanzigstem Geburtstag, saß ich auf meiner Veranda und schaute Trinity und ihrer Mutter zu, die um den Teich auf unserem Grundstück herumgingen. Trinity hielt immer wieder einen flachen Kescher ins Wasser und hoffte, einen Fisch zu fangen. *Wie oft habe ich ihr*

schon gesagt, dass sie auf diese Weise nie einen Fisch fangen wird? Aber sie gibt einfach nicht auf.

Meine Gedanken wanderten in die Vergangenheit und zu dem Tag, an dem Chelsea geboren worden war, als mich plötzlich ein Schrei aus meinen Gedanken riss.

»Daddy, Daddy, ich habe einen Fisch gefangen!«

»Bist du sicher? Vielleicht ist es nur ein Stück Holz«, rief ich über den Teich.

»Nein, Dad, es ist ein Fisch. Komm und schau selbst«, rief sie zurück.

Langsam stand ich von meinem Stuhl auf und ging näher heran, um mir ihren Fang anzusehen.

Wunder über Wunder: Trinity hielt stolz einen fünfundzwanzig Zentimeter langen Barsch in beiden Händen. Ich war sprachlos.

»Wie hast du das gemacht?«, fragte ich ungläubig.

»Zauberei, Papa. Ich kann zaubern.«

Zaubern, dachte ich, während ich Trinitys strahlendes Lächeln sah. *Ja, Kleines, es ist ein Zauber. Nur Gott konnte etwas so Schönes wie dich zaubern und ich liebe dich so sehr.*

Danke, Gott.

EPILOG

Die Wurzeln meines Lebenswegs liegen fest im Zweiten Weltkrieg und seinen Folgen, da ich vier Jahre und zehn Tage nach Deutschlands bedingungsloser Kapitulation geboren wurde. Deshalb habe ich mich auch immer sehr für die deutsche Geschichte des zwanzigsten Jahrhunderts interessiert. Wie war es möglich, dass eines der zivilisiertesten Länder der Erde in die Fänge solcher abstruser Monster wie Adolf Hitler, Hermann Göring und Joseph Goebbels geraten konnte? Warum in aller Welt gingen die Deutschen diesen Weg mit, der mit Massenmord und dem größten Krieg der Geschichte endete? Wie kann man sich blind stellen, wenn die SS mitten in der Nacht jüdische Nachbarn aus ihren Häusern holt? Warum?

Das alles geschah vor meiner Zeit, was mich immer dazu verleitet hat, die Schuldgefühle und das moralische Dilemma, mit dem sich das deutsche Volk herumschlug, für mich selbst abzustreiten. Außerdem wurde das Land, in dem ich aufwuchs, die DDR, von Männern regiert, die sich rühmten, Kämpfer gegen die Nazis gewesen zu sein. Der Staat und seine Anführer benutzten das Wort *antifaschistisch* als wichtigste Beschreibung für ihren Auftrag. Mit diesem Wort gelang es gut, ein ganzes Land hinter der Führungselite zu versammeln. Als junger Mensch war ich absolut davon überzeugt, dass ich mich der gerechtesten Bewegung der Menschheitsgeschichte angeschlossen hatte. Aber stimmte das?

Bei den Vorbereitungen für dieses Buch habe ich – zum ersten Mal – viel über die Geschichte der Sowjetunion und auch über den KGB und seine Vorgängerorganisationen recherchiert. Ich hatte in jüngeren Jahren schon einiges zu diesen Themen gelesen, aber damals war alles verfügbare Material zensiert und sorgfältig reingewaschen worden, um den ruhmreichen Kampf der kommunistischen Revolutionäre für ein sozialistisches Paradies herauszustellen. In diesem Kontext wurde ganz plausibel erklärt, dass der Sicherheitsapparat im Kampf gegen die Feinde der Revolution gelegentlich auf harte Maßnahmen hatte zurückgreifen müssen.

Selbst als Stalin endlich in Ungnade gefallen war, hatte man vor allem den Kult um seine Person verurteilt. Die Anklage bezog seinen innersten Kreis nicht mit ein; aus seinen Reihen kamen einige nach dem Tod des Diktators an die Macht. Während meiner Jahre in der Sowjetunion widersprach nichts der Illusion, dass ich an einem guten Ort war und einer edlen Sache diente.

Meine »stille Desertion« 1988 war eine rein persönliche und gefühlsmäßige Entscheidung gewesen, ohne ideologische Begründung. Und in den darauffolgenden fünfundzwanzig Jahren zog ich mich bewusst von der Bühne des Weltgeschehens zurück, um meinen amerikanischen Traum zu verfolgen. Als die Berliner Mauer fiel, war ich ein Beobachter, der sowohl emotional als auch körperlich weit entfernt war von den Geschehnissen. Ich wollte nichts weiter als mein geschütztes Privatleben, wollte mit meiner neuen Familie in den Vereinigten Staaten in Frieden leben.

Als die Medien meine Geschichte entdeckten, änderte sich das alles, und ich konnte mich nicht länger zwischen den Vorhängen der Geschichte verstecken. Ich musste mich meiner

Vergangenheit und meiner Rolle während des Kalten Krieges stellen. Die Ergebnisse meiner Recherche waren bestenfalls enttäuschend und oft schmerzhaft. Aufgrund meiner persönlichen Erfahrungen überraschte mich Wassili Mitrochins Enthüllung nicht, dass die erste Abteilung des KGB (Auslandsspionage) in der zweiten Hälfte des Kalten Krieges im Grunde erfolglos war. Aber als ich mich intensiver mit der Geschichte der Sowjetunion befasste, wurden mir die Augen in einem unerwarteten Ausmaß geöffnet. Besonders das Buch *Stalin und seine Henker* von Donald Rayfield, eine sechshundertseitige Abhandlung über die mörderischen Methoden des Stalinregimes, erschütterte mich zutiefst.

Während des Roten Terrors, der kurz nach der Revolution durch die Tscheka, den Vorgänger des KGB, verübt worden war, wurden Menschen aus allen denkbaren und undenkbaren Gründen ermordet: weil sie einer ethnischen Minderheit angehörten, weil man sie verdächtigte, fürs Ausland zu spionieren, weil sie eine Fremdsprache sprachen, im Ausland gewesen waren, verdächtige Prosa schrieben oder Gedichte, zu viel besaßen oder weil sie Angehörige oder auch nur Freunde von Menschen waren, die hingerichtet worden waren.

Am Ende fraß sich das Ungeheuer von innen heraus selbst auf. Fünf von neun Leitern der sowjetischen Sicherheitsorganisation (KGB, NKGB, NKVD, GPU, OGPU, MGB), die Hunderttausende Menschen ermordet hatte, wurden gemeinsam mit ihren engsten Mitarbeitern hingerichtet. Und das Töten ging weiter …

Als ich das Wort *erschossen* zum x-ten Mal gelesen hatte, brach ich in Tränen aus. In diesem Moment erkannte ich, dass ich einen Pakt mit dem Teufel geschlossen hatte. Mein Arbeitgeber KGB war der Nachfolger der Mörderbande gewesen, die für den Tod von mindestens zehn Millionen Sowjet-Bürger verantwortlich gewesen war, auch wenn die tatsächliche Zahl der von Stalin und seinen Henkern getöteten Menschen immer noch umstritten ist. Die Menschen, für die ich gearbeitet hatte, waren alle sehr gebildete, professionelle Saubermänner gewesen, und ich bin sicher, dass sie sich selbst die Hände nicht schmutzig gemacht haben – denn die schmutzige Arbeit (es hat immer noch schmutzige Arbeit gegeben, wenn auch in weitaus geringerem Umfang) wurde anderen überlassen.

In jenen Tagen wusste ich nicht, und vielleicht wollte ich es auch gar nicht wissen, was um mich herum geschah. Aber Unwissenheit befreit mich nicht von meiner Schuld. Ich habe immer versucht, ein guter Mensch zu sein und anderen zu gefallen. Das fing schon bei meinen Eltern an. Als ich mich dann dem KGB anschloss, habe ich mein oft unmoralisches Verhalten damit gerechtfertigt, dass ich einer größeren Sache diente. Aber als meine ideologische Fassade in meinen ersten Jahren in Amerika zu bröckeln begann, konnte ich endlich das Richtige tun. Ich hätte Chelsea genauso im Stich lassen können wie Günther und Matthias. Aber ich hatte keine Ausrede mehr. Die Macht bedingungsloser Liebe war stärker.

Wie kommt es also, dass jemand, der gut sein und Gutes tun will, einen großen Teil seines Lebens einer durch und durch bösen Sache weiht? Die Antwort ist einfach: Wir können und werden als autonome Wesen nie gut sein. Sosehr wir es auch versuchen, haben wir ohne Gottes Führung keine moralische Instanz und keinen festen Bezugsrahmen, um zu erkennen, was gut ist und was nicht. Wenn ich in jüngeren Jahren eine Beziehung zu Gott gehabt hätte, wäre ich vielleicht aufmerksamer gewesen. Ich hätte vielleicht einige grundlegende Fragen gestellt, deren Antworten mich unruhig gemacht hätten, die aber wahrscheinlich meine Entscheidungen beeinflusst hätten.

Aber ich habe diese Fragen nicht gestellt, weil ich so fest davon überzeugt war, dass ich selbst gut sei. Dieser Glaube war Quelle meines Stolzes und im Grunde mein Götze. Und darin liegt, glaube ich, die Antwort auf die Frage, warum die Deutschen Hitler nachfolgten. (Ich muss gestehen, dass ich wahrscheinlich auch nicht anders gehandelt hätte.) Ohne Gott kann der Mensch nichts Gutes erreichen; ohne Gott ist der Mensch verloren.

Mitchristen haben mich gefragt, wie ich mich geändert habe, nachdem ich Jesus mein Leben übergeben hatte. Die Antwort auf diese Frage ist vielleicht ein wenig ungewöhnlich, aber sie ist meine Antwort: Als ich fünfzig Jahre alt war, hatte ich das richtige Verhalten und die richtige Einstellung schon in mir, um Christ zu werden. Mir fehlten nur noch die Begegnung mit Jesus und die Erkenntnis seines Wesens. Wie Shawna bemerkte, nachdem sie mich einige Wochen als meine Verwaltungsassistentin beobachtet hatte: »Sie sind schon Christ; Sie wissen es nur noch nicht.«

Als ich mehr über den christlichen Glauben erfuhr, stellte ich fest, dass er wie angegossen zu mir passte. Um ein Bild zu gebrauchen: Wenn man kalte Hände hat, hat man darin kein Gefühl. Die Hände sehnen sich nicht nach Handschuhen und wissen nicht einmal, dass es Handschuhe gibt. Erst wenn die Hände dann langsam warm werden, fangen sie an, Schmerz zu empfinden. Dann sind die wärmenden Handschuhe sehr willkommen.

Jesus Christus hat einen großen Teil meiner Schmerzen weggenommen, und ich kann auf dieser Erde in dem Wissen leben, dass meine Sünden, die ich wissentlich oder unwissentlich begangen habe, durch sein großes Opfer vergeben sind. Ich bin gelandet. Ich bin endlich *zu Hause*.

Da mir erlaubt wurde, ein dokumentiertes Vermächtnis meines ungewöhnlichen Lebens zu hinterlassen, bete ich, dass dieses Vermächtnis sich mit einem einzigen Wort beschreiben lässt: LIEBE. Ich bin Jesus so dankbar für die größte Liebestat, die man für einen anderen je erbringen kann. Ich danke meiner Frau, dass sie mir geholfen hat, die Wahrheit zu erkennen. Und ich will meine Kinder ermutigen, ein Leben voll Liebe zu Gott und ihren Nächsten zu führen. Einen anderen Weg gibt es nicht.

NACHWORT VON SPECIAL AGENT JOE REILLY, FBI (I. R.)

Ich »traf« Jack Barsky das erste Mal im Sommer 1993. Uns trennten etwa fünfhundert Meter grüne Wiese mit Wildblumen, Unkraut und Gras in einem kleinen Tal mit Falken, Tauben, Hähern, Spechten und anderen Vögeln. Ich beobachtete ihn durch meinen Feldstecher, wie er im Garten arbeitete.

Ich tat, als beobachtete ich Vögel, aber in Wirklichkeit war ich Special Agent beim FBI, und Jack Barsky war ein Geheimagent, den die Sowjetunion in die Vereinigten Staaten geschickt hatte. Zu diesem Zeitpunkt arbeitete er bereits seit über zehn Jahren auf amerikanischem Boden, und wir wollten unbedingt herausfinden, was er im Schilde führte. Leitete er einen Spionagering, stahl er Geheimnisse von wissenschaftlichem, politischem oder militärischem Wert? Das mussten wir herausfinden.

Ich bezog meinen Posten an einem kaum benutzten Feldweg auf einem Hügel mit Blick auf Jacks Zuhause. Von dort hatte ich gute Sicht auf sein bescheidenes zweistöckiges Landhaus, das auf einem Hektar Rasen stand. Nachdem ich einen billigen Klapptisch aufgestellt und Bücher über Ornithologie daraufgelegt hatte, stellte ich meinen Campingstuhl in die richtige Position, packte mein Fernglas aus und beobachtete »die Vögel«. Es kamen nur ganz wenige Autos vorbei und niemand fragte, was ich hier machte.

Den Beobachtungsposten bezog ich in den warmen Sommer- und Herbstmonaten in unregelmäßigen Abständen an

Wochenenden und Feiertagen. Obwohl ich viel öfter Vögel sah als die Familie Barsky, erfuhr ich mit der Zeit doch sehr viel über diese vier Menschen. Ich wollte diesen geheimnisvollen, unheimlichen Jack Barsky unbedingt besser durchschauen.

Unser Beschattungsteam folgte ihm zwar zur Arbeit und zu anderen Zielen und wieder nach Hause, aber ich wollte mehr über diesen Mann wissen. Was für ein Mensch war er? Ich wusste, dass wir ihn irgendwann verhaften und versuchen würden, ihn umzudrehen. Ich wollte mich in die beste Position bringen, um jeden Widerstand von seiner Seite zu brechen.

Das, was ich allein durch meine Beobachtungen erfuhr, überraschte mich: Er arbeitete viel in seinem Garten und pflanzte Bäume und Sträucher. Den größten Teil der Gartengestaltung machte er selbst mit einiger Hilfe von seiner Frau und seiner kleinen Tochter. An heißen Tagen badeten sie in ihrem Pool. Er hatte auch einen zwei- oder dreijährigen Sohn, der auch auf dem Rasen spielte und im Wasser planschte.

Barsky schien seine Kinder sehr zu mögen. Er unterbrach oft seine Arbeit, um mit ihnen zu spielen. Am Abend brachte er seiner Tochter in der Einfahrt Basketball bei. Er wirkte geduldig und verständnisvoll. Oft kam er nach einem langen Arbeitstag in Joggingkleidung aus dem Haus und lief acht Kilometer durch die Gegend. Zuerst folgten wir ihm, natürlich sehr diskret, um sicherzugehen, dass er sich mit niemandem traf und keinen ungewöhnlichen Aktivitäten nachging. Doch nichts dergleichen. In den ersten Monaten unserer Beschattung kam ich zu der Überzeugung, dass Barsky seine Kinder liebte. Seine Beziehung zu seiner Frau hingegen war oberflächlich und fast kühl. Im Laufe der Zeit erwiesen sich diese Beobachtungen als richtig.

Unsere Beschattung dauerte viele Monate lang. Wir erfuhren, dass Barsky ein dynamischer, konzentrierter und intelligenter Mann war, der sich in fast jedem Arbeitsgebiet gut machen würde, außer vielleicht auf dem der Diplomatie. Er stieg in seiner Arbeit schnell auf und war beliebt und respektiert. Ein idealer Spion! Aber was machte er tatsächlich für die Russen oder was hatte er für sie gemacht? Uns allen war bewusst, dass die internen Operationen des KGB nach dem Zusammenbruch der Sowjetunion in Auflösung begriffen waren, aber inwieweit betraf das Barsky? Bekam er immer noch Instruktionen oder war er ein Schläfer?

Aus Monaten der Überwachung wurden Jahre. Irgendwann kauften wir sogar das Haus neben den Barskys, um ihn besser beschatten zu können. Wir fanden keine Hinweise darauf, dass er noch aktiv war. In mir wuchs die Überzeugung, dass er kooperieren würde, falls wir ihn verhafteten. Er schien sich durch und durch dem amerikanischen Leben angepasst zu haben. Er arbeitete sich in seiner Arbeit weiter nach oben und hatte viele Freunde. Er schien sich zu Hause wohlzufühlen und liebte seine Kinder. Ich glaubte nicht, dass er das alles aufgeben und aus Loyalität zu einer bankrotten Ideologie und einem gescheiterten Staat ins Gefängnis gehen würde. Aber das FBI-Hauptquartier sah das anders; die Beschattung wurde fortgesetzt.

Das Justizministerium sorgte für eine weitere Verzögerung. Die Staatsanwaltschaft weigerte sich, Abhörmaßnahmen für Barskys Haus zu beantragen. Wir Ermittler wollten herausfinden, ob seine Frau in seine Spionageoperationen verwickelt war. Sie war aus Südamerika in die USA gekommen und ihre

Vergangenheit lag im Dunkeln. Das Justizministerium weigerte sich, uns zu unterstützen, weil wir nicht beweisen konnten, dass unser Spion tatsächlich spionierte. Man akzeptierte bereitwillig, dass er ein sowjetischer Agent war, der undercover in den USA lebte, und dass er die Identität eines verstorbenen amerikanischen Kindes für seinen Auftrag angenommen hatte. Aber da wir keine Beweise erbringen konnten, dass er im Moment spionierte, wollte man seine »verfassungsmäßigen Rechte« schützen.

Falls das dem Leser bizarr erscheint, freut mich das. Ich und mein Team fanden das auf jeden Fall abstrus. Bei einem hitzigen Gespräch in Washington gewann ich den deutlichen Eindruck, dass einige Juristen im Justizministerium das FBI für eine größere Bedrohung für die USA als Jack Barsky und den KGB hielten. Als sich der FBI-Direktor schließlich für mich einsetzte, siegte der gesunde Menschenverstand. Das Justizministerium bewilligte unseren Antrag aufgrund des Gesetzes zur Überwachung in der Auslandsaufklärung (FISA). Wir bekamen sofort die Erlaubnis zur elektronischen Überwachung.

An einem Wochenende, an dem wir wussten, dass Jack und seine Familie fort waren, gingen wir ins Haus und brachten in der Küche und im Wohnzimmer Abhörgeräte an. Das wurde fachmännisch gemacht und die Wanzen wurden nie gefunden. Innerhalb weniger Wochen brachte ein Gespräch in der Küche zwischen Barsky und seiner Frau Penelope den Fall deutlich voran. Sie war nicht glücklich darüber, mit einem Mann verheiratet zu sein, der nicht das war, was er zu sein vorgab. Er bat sie, seine Haltung zu verstehen. Zuerst konnte er ihr nicht sagen, wer er wirklich war oder woher er kam. Er sagte, er stünde ständig in Gefahr, als Spion verhaftet oder vom KGB als Deserteur »zum Schweigen gebracht« zu werden. Das verriet uns sehr viel, und wir erwirkten schließlich die Erlaubnis, ihn festzusetzen.

Meine persönliche Beziehung zu Jack Barsky begann mit seiner Verhaftung. Genau genommen haben wir ihn aber nicht verhaftet. Wir haben ihn nur festgehalten, bis wir sicher waren, dass er mit uns kooperieren würde, was er vollständig tat. In den Wochen und Monaten, in denen ich und andere Geheimdienstexperten ihn befragten, wurden Barsky und ich Freunde. Er ist wirklich ein faszinierender Mann, der sich als junger Mann auf ein, wie er meinte, großes Abenteuer einließ. Ein Abenteuer, das alle anderen menschlichen Fragen zweitrangig machte. Als seine Begeisterung für Marx und Lenin nachließ und sich die Liebe nicht mehr unterdrücken ließ, wurde aus dem Spion Jack Barsky der Mensch Jack Barsky, und seine Welt wurde komplizierter und schmerzhafter, voll Bedauern, schmerzlicher Erinnerungen und Zweifel, wie die Zukunft werden würde. Ein schwächerer Mensch wäre unter dieser Last zusammengebrochen: gescheiterte Ehen, im Stich gelassene Kinder, Kampf auf verlorenem Posten, finanzielle Ungewissheit – der ganze Müll eines Agentenlebens. Und doch konnte sein innerer Optimismus nicht erstickt werden, der Jack weiter zum nächsten neuen Kapitel seines Lebens trieb.

Jack Barskys altes Leben, seine Kindheit in der DDR, inmitten der äußeren und geistlichen Verwüstung der Nachkriegszeit, wurde vom Evangelium von Marx und Lenin erfüllt. Laut dieser Religion würde aus der Asche der alten Welt eine schöne neue Welt aufgebaut werden. Die frühere Generation junger Deutscher hatte am Altar des Nationalsozialismus angebetet.

Jacks Generation betete die Götter des internationalen Kommunismus an. Es gab keine andere Möglichkeit und wie die meisten seiner Freunde war Jack kein Ketzer.

Während er und ich im Laufe der Jahre über viele Dinge sprachen, stellten wir fest, dass das Leben wie die Ozeanwellen die scharfen Kanten des Glaubens aus jungen Jahren abschleift, bis nur noch ein lebendiger Kern übrig bleibt. Wenigstens für die, die dafür einen Blick haben. Jack Barsky ist ein Mann, der nie aufhören wird, für solche Dinge einen Blick zu haben.

Dieses Buch führt durch viele Abenteuer und enthüllt vieles aus der Welt des Kalten Krieges. Aber am interessantesten ist der Mann selbst, von dem es erzählt. Auch wenn er Fehler hat und aus seinem Leben viele Narben davongetragen hat, kämpft er weiter, ohne sich zu beklagen, und versucht, Verantwortung zu übernehmen und das Richtige zu tun. Es mag wie eine große Ironie klingen, aber es ist trotzdem wahr: Unser Land könnte mehr Menschen wie Jack Barsky gebrauchen.

ÜBER DIE AUTOREN

JACK BARSKY (Jg. 1949) wurde aus Jena vom KGB rekrutiert und diente im Kalten Krieg als Agent in den USA. 1997 enttarnte ihn das FBI. Seitdem wurde seine außergewöhnliche Geschichte von vielen Medien in den USA und in Deutschland erzählt. Heute lebt er als amerikanischer Staatsbürger mit seiner Familie in Georgia, USA.

CINDY COLOMA ist eine amerikanische Bestseller-Autorin. Sie hat zwölf eigene Romane verfasst und als Koautorin bei zahlreichen Biografien mitgewirkt. Sie lebt mit ihrer Familie in Washington.

DANKSAGUNG

Es gab viele Deutsche, die Albrecht Dittrich auf seinem Lebensweg geprägt haben; diese Danksagungen spricht nun Jack Barsky seinen amerikanischen Freunden und Kollegen aus.

Meine erste Runde Dankeschön geht an zwei langjährige Freunde, beides Einwanderer, die es schafften, dass ich mich in unserem Land willkommen fühlte. Joseph Contino, geboren auf Sizilien, streckte mir als Erster seine Hand entgegen, um mich willkommen zu heißen. Gerard Bu, der von Kuba in die USA geflohen war, lehrte mich zu träumen und motivierte mich, so gut zu werden, wie ich konnte.

Nur dank Joe Reilly, seiner Menschlichkeit und seines tiefen Verständnisses meiner Persönlichkeit wurde ich nicht von meiner Familie getrennt und in ein Land ausgeliefert, das nicht mehr das meine ist. Als Joe in den Ruhestand ging, gab er den Stab an einen Kollegen beim FBI weiter, der keine Ruhe gab, bis alle Hindernisse überwunden waren und ich endlich stolzer amerikanischer Staatsbürger wurde.

Chelseas sturer Entschlossenheit ist es zu verdanken, dass ich nun eine erweiterte Familie habe, die bis über den Atlantik reicht. Und dann ist da noch Richard, mein Schwager. Er glaubte meine Geschichte vom ersten Moment an und brachte den Ball ins Rollen. Ohne Richard wäre dieses Buch nicht entstanden.

Susanne Kölbl vom *Spiegel* löcherte mich stundenlang ohne Gnade und zwang mich dazu, mich mit allen Aspekten meiner Vergangenheit auseinanderzusetzen. Draggan Mihailovich von der Sendung *60 Minutes* setzte das Verhör fort. Er hat meine Geschichte mit Integrität, Mitgefühl und Professionalität erzählt.

Dieses Buch wäre ohne meinen Agenten Eric Myers von Dystel und Goderich nicht entstanden. Er hat mich nicht nur entdeckt, er hat mir auch die Grundzüge beigebracht, wie man eine Autobiografie schreibt. Seine unermüdliche Arbeit am Buch-Exposé und seine geduldigen Rückmeldungen an mich während des gesamten Veröffentlichungsprozesses habe ich sehr geschätzt.

Ich hatte das Glück, mit zwei talentierten Textarbeitern zusammenzuarbeiten: Cindy Coloma, meiner Beraterin, und Dave Lindstedt, meinem Lektor. Beide haben schwer gearbeitet, damit wir die fast unmöglichen Abgabetermine einhalten konnten, nachdem ich ihnen eine gewaltige Menge Rohmaterial vor die Füße geworfen hatte. Cindy hat meiner Geschichte Leben eingehaucht, und Dave hat sein herausragendes Talent dafür verwendet, eine zusammenhängende Erzählung daraus zu formen.

Ich danke der Belegschaft von Tyndale Momentum, besonders dem Verleger Jan Long Harris, seiner Kollegin Sarah Atkinson, der Leiterin des Marketings Nancy Clausen, dem Akquise-Lektor Jillian Schlossberg, der »ersten Händchenhalterin« Sharon Leavitt und den vielen anderen, die hinter den Kulissen mitgearbeitet haben. Dieses Team steht für echte Qualität, was so selten ist, dass es wertgeschätzt werden muss. Aufgrund der Fürsorge und Nähe, die mir dieses Team durchgehend gezeigt hat, gehört Tyndale Momentum nun zu meiner erweiterten Familie.

Letzten Endes ist es aber meine Frau Shawna, der der größte Dank gebührt. Sie war der Leuchtturm während meiner erstaunlichen geistlichen Reise und hielt es mit diesem manchmal grummeligen Deutschen aus, der nur schwer mit großem Stress in einem Alter zurechtkam, in dem seine Altersgenossen gemütlich auf den Ruhestand zusegeln. Danke, mein Schatz!

Gott segne euch alle!

ANMERKUNGEN

[1] Auszug aus dem Beschluss des Ministerrats der DDR. Quelle: http://1961.dra.de/uploads/media/Gesetzblatt_1961_02.pdf, Abrufdatum 27.9.17, 13:38 Uhr.

[2] Ben Macintyre, A Spy Among Friends: Kim Philby and the Great Betrayal (New York: Crown, 2014), 42.

[3] »The world's most beautiful metro just got better«, The Telegraph, 13. April 2016; www.telegraph.co.uk/travel/rail-journeys/Moscow-Metro-80-years-of-the-worlds-most-beautiful-underground. Abrufdatum 1.11.17, 20:36 Uhr.

[4] Aldrich Ames war Abteilungsleiter beim CIA und verkaufte von 1985 bis 1994 zahllose Informationen an den KGB und dessen Nachfolgeorganisation FSB. Dies führte dazu, dass mindestens zehn CIA-Spione in der UdSSR enttarnt und hingerichtet wurden. Ames wurde 1994 zu lebenslanger Haft verurteilt (Anm. des Verlags).

[5] Erst nach dem Tod von Ravi Zacharias im Jahr 2020 wurde öffentlich bekannt, dass er mehrere seiner Mitarbeiterinnen sexuell missbraucht hatte. (Anm. des Verlags, 22.09.2022)

[6] Ravi Zacharias

[7] C.S. Lewis, Pardon, ich bin Christ: Meine Argumente für den Glauben. Geschenkausgabe zum 100. Geburtstag von C.S. Lewis, 2. Auflage, Brunnen 2002, 62-63.

David Lubega, Carmen Bohnacker

Mambo No.1
Mein Leben nach dem Erfolgsrausch.
Ein Weltstar begegnet Jesus

Mit seinem Hit »Mambo No. 5« wird David Lubega
als Lou Bega über Nacht zur Popikone. Doch innerlich
bleibt er leer. Seine Suche nach echter Erfüllung droht
sein Leben zu zerstören, als er schließlich in einem
Hotelzimmer eine Bibel findet. Und den Gott des Friedens kennenlernt.

Gebunden, 13,5 × 21,5 cm, 272 Seiten
Nr. 396.167, ISBN 978-3-7751-6167-1
Auch als E-Book

SCM
Hänssler

Pappy Orion Rwizibuka

Flieh, mein Sohn
Wie ich dem Krieg im Kongo entkam
und Gott mich fand

Bürgerkrieg im Kongo: Chaos und Verwüstung beherrschen das Land. Rebellengruppen rekrutieren Kindersoldaten für ihre Kämpfe. Pappys Eltern sehen keine Wahl: Sie schicken ihn weg. Nach Jahren auf der Flucht wird er eingeholt: von der unendlichen Liebe Gottes, die sein Leben radikal verändert.

Gebunden, 13,5 × 21,5 cm, 280 Seiten
Nr. 396.095, ISBN 978-3-7751-6095-7
Auch als E-Book

SCM
Hänssler